D1279970

Le Feu du Mauvais Temps

Du même auteur

L'Acadien reprend son pays, roman, Moncton, Éditions d'Acadie, 1977.
Adapté pour le théâtre par Laval Goupil et publié aux éditions La
Grande Marée, sous le nom *Jour de grâce* en 1995.

Isabelle-sur-Mer, roman, Moncton, Éditions d'Acadie, 1979.

C'est pour quand le paradis, roman, Moncton, Éditions d'Acadie, 1984.

Le Feu du Mauvais Temps, roman, Montréal, Québec Amérique, 1989;
prix France-Acadie, 1989; Prix Champlain, 1990.

Les marées du grand dérangement, roman, Montréal, Québec Amérique,
1994.

Le borgo de L'Écumeuse, Montréal, XYZ éditeur, 1998.

Babel ressuscitée, roman, Lévis, Éditions de la Francophonie, 2002.

Tisons péninsulaires, poésie, Tracadie-Sheila (N.-B.), La Grande Marée,
2003.

Complices du silence?, roman, Montréal, XYZ éditeur, 2004.

Le Feu du Mauvais Temps

CLAUDE LE BOUTHILLIER

ROMAN

éditeur

La publication de cet ouvrage a été rendue possible grâce à l'aide financière du ministère du Patrimoine canadien par l'entremise du Programme d'aide au développement de l'industrie de l'édition (PADIÉ), du Conseil des Arts du Canada (CAC), du ministère de la Culture et des Communications du Québec (MCCQ) et de la Société de développement des entreprises culturelles (SODEC).

Édition originale : Québec Amérique, 1989.

© 2004
XYZ éditeur
1781, rue Saint-Hubert
Montréal (Québec)
H2L 3Z1
Téléphone : 514.525.21.70
Télécopieur : 514.525.75.37
Courriel : info@xyzedit.qc.ca
Site Internet : www.xyzedit.qc.ca

et

Claude Le Bouthillier

Dépôt légal : 1er trimestre 2004
Bibliothèque nationale du Canada
Bibliothèque nationale du Québec
ISBN 2-89261-393-0

Distribution en librairie :
Au Canada :
Dimedia inc.
539, boulevard Lebeau
Ville Saint-Laurent (Québec)
H4N 1S2
Téléphone : 514.336.39.41
Télécopieur : 514.331.39.16
Courriel : general@dimedia.qc.ca

En Europe :
D.E.Q.
30, rue Gay-Lussac
75005 Paris, France
Téléphone : 1.43.54.49.02
Télécopieur : 1.43.54.39.15
Courriel : liquebec@noos.fr

Conception typographique et mise en pages : Édiscript enr.
Maquette de la couverture : Zirval Design
Photographie de l'auteur : Gilles Savoie
Illustration de la couverture : Joseph Turner, *Approche d'un typhon*, 1840

À ma mère… Et à ma famille,
proche et élargie, qui possédait,
dans la semence de l'imaginaire,
ce roman.

Préface

*J*e viens de terminer ce livre. Son souffle me porte. L'ampleur de sa vision m'enivre. Je viens de rencontrer un auteur qui sait qu'il n'est pas le premier homme sur la terre.

J'ai toujours été ému à la pensée que là où je mets le pied, une enfant de cinq ans a peut-être péri, il y a cent mille ans, sous la patte d'un dinosaure. Je n'ai jamais douté un seul instant que l'air que je respire ait déjà été rejeté par des dizaines de millions de mes semblables. Je sais qu'un soir très doux, devant un feu rabougri, un homme vêtu de peaux s'ennuyait de la femme qu'il aimait, et c'était moi.

Claude Le Bouthillier sait tout cela aussi. La première fois que je l'ai rencontré, je donnais une conférence devant une vingtaine de personnes dans un lieu plutôt obscur. Il était venu de Hull pour m'entendre dire comment j'étais entré dans la peau de personnages plus âgés que moi de cent cinquante ans. Il m'a parlé ce soir-là d'un roman qu'il écrivait et qui se situait en Acadie à l'époque de la déportation et de la capitulation.

Deux ans plus tard, il frappe à ma porte, la casquette de travers, le cheveu fou (ce qu'il en reste) et l'œil en feu. Il me parle de ce roman qu'il vient de terminer et je sens tout de suite que je vais aimer ce livre-là. Voici quatre jours, il déposait sur ma table l'imposante brique de son manuscrit. Je m'y suis plongé tout entier.

En levant les yeux, c'est vous que j'aperçois, nombreuses et fidèles lectrices parmi lesquelles se distingue le pelage des quelques lecteurs qu'il nous reste. Je voudrais vous parler une à une, vous retenir un à un, debout devant la porte, une main sur la poignée, l'autre sur le livre, et ne vous laisser partir qu'après vous avoir convaincu de l'absolue nécessité de lire ce roman.

Commençons par les comparaisons. D'abord Michener. Vous vous rappelez Chesapeake ? Vous avez apprécié la formule qui consiste à ancrer le récit en un lieu bien circonscrit et à observer l'humanité s'y agiter à travers les âges. Vous avez goûté le savant dosage du romanesque et du documentaire. Vous retrouvez cela ici.

Ensuite Bernard Clavel. Dans ses romans enracinés dans le terroir de la vieille Europe d'abord, puis dans ceux qu'il a transplantés ici et qui ont fort bien repris, Clavel met en scène des personnages plus vrais que nature dont le souffle et le sang battent jusqu'en nous. Claude Le Bouthillier sait le faire aussi.

Enfin Maurice Druon et ses Rois maudits. Ce n'est pas parce que les années et les batailles y sont moins nombreuses que Claude Le Bouthillier ne sait pas donner à son récit l'ampleur réelle qui le situe dans son époque sous toutes ses dimensions.

Et si nous habitions un pays normal, les personnages de Le Bouthillier se retrouveraient au cinéma.

Je n'ai pas besoin d'en dire davantage puisque vous tenez déjà ce livre dans vos mains. Prenez garde en l'ouvrant, car vous risquez de vous coucher tard cette nuit.

La perte de la colonie française, beaucoup de lâcheté et le courage qu'il faut pour survivre et résister. Faudrait que les Français lisent ça.

LOUIS CARON
Longueuil, le 19 mai 1989

Chapitre 1

Le terroir qui est du côté sud de ce golfe est aussi bon et
beau à cultiver, et plein de belles campagnes et prairies
que nous ayons vu, tout plat comme serait un lac. Et celui
qui est vers nord est un pays haut avec montagnes hautes
pleines de forêts et de bois très haut et gros de diverses
sortes. Entre autres, il y a de très beaux cèdres et sapins,
autant qu'il est possible de voir, et bons à faire mâts de
navire de plus de trois cents tonneaux...
[...] Cette région est en chaleur plus tempérée que la
terre d'Espaigne.

Jacques Cartier
dans la baye des Chaleur, en 1534

À l'entrée de la baye des Chaleurs[1], au printemps de l'an de
grâce mille sept cent quarante, sous le règne de Louis XV,
le capitaine Hyacinthe, un vieux loup de mer breton, barbe
blanche, visage buriné par le sel et la mer, scrutait l'horizon, la
pipe rivée au coin des lèvres. Le voyage depuis Québec[2] s'était
fait sans histoire, et des vents favorables avaient poussé *L'Ensorceleuse* sur le fleuve Saint-Laurent[3] au delà de Gaspeg[4]. Une
dizaine de traversées de l'Atlantique avaient fait de Hyacinthe

---

1. Nommée par les Indiens « *Ktan nemerjéoé* » ou la « mer poissonneuse ».
2. En indien, Québec signifie étroit passage ou rétrécissement de rivière.
3. Les Indiens l'appelaient « le chemin qui marche ».
4. On l'appelle aussi Honguedo, ce qui signifie fin des terres. Aujourd'hui Gaspé.

un marin d'expérience, et ses hommes, des trente-six pour la plupart (car ils s'engageaient pour trente-six mois), le respectaient autant pour sa discipline rigoureuse que pour son sens de la justice.

Pendant ce temps, accoudé au bastingage de *L'Ensorceleuse*, le grand Joseph rêvassait. Bien campé, blond, prunelles en perles grises, nez très effilé, barbe drue et brune teintée de roux, longs cheveux bruns noués par une boucle, il émanait de lui une aura de noblesse, de grandeur et de générosité. Sa musculature nerveuse laissait deviner une grande force ; sa démarche avait la fluidité de la mer, et ses mains noueuses et fines avaient à la fois la robustesse des mains de l'ouvrier et la sensibilité de celles du violoniste. Ses origines étaient cependant bien mystérieuses. Ses parents adoptifs étaient déjà dans la quarantaine lorsqu'ils avaient reçu ce présent venu de France. Ils l'aimèrent d'autant plus qu'ils ne pouvaient avoir d'enfants. Joseph avait grandi dans la rue du Sault-au-Matelot, au cœur de la place Royale, là où Champlain avait fondé Québec. Il avait passé son enfance à deux pas de la batterie royale, tout près des entrepôts et des quais, lieu de transit des marchandises entre les deux continents. Son père, Pierre, l'avait initié très tôt aux secrets de la forge : le fer, le feu, les étincelles. Et la flamme qui dansait, mystérieuse et imprévisible, au rythme des coups de marteau sur l'enclume, le forgea pour l'aventure. Adolescent, Joseph avait participé aux travaux de la forge et aidé son père qui travaillait aux fortifications de Québec ; chaque printemps, il fallait réparer la poudrière et les murailles endommagées par le gel de l'hiver. C'est justement sur les remparts humides que son père avait attrapé une vilaine grippe qui l'avait terrassé. Joseph venait à peine de quitter l'adolescence. Sa peine s'était atténuée avec le temps, et il avait conservé le souvenir d'un homme bon et travailleur. Il lui restait sa mère, Jacqueline Vandandaigne, d'origine flamande, une femme affectueuse qui aimait la terre, la vie et la nourriture. Il l'adorait. Il l'avait néanmoins quittée pour prendre le large à la mi-avril, à la veille de ses vingt-cinq ans…

Joseph fut interrompu dans ses rêveries lorsqu'il aperçut une île qui se profilait au large du soleil couchant. L'île surgit, s'estompa, disparut dans la course du navire qui chevauchait la vague. Elle avait la forme d'un cœur, un cœur venu d'une autre galaxie, d'un autre temps. Les épinettes géantes, noircies par la sauvagerie de ce pays d'embruns, semblaient pomper la sève des nuages, et les longs bouleaux blancs se découpaient sur la cime du ciel comme des reines en exil. La côte sauvage se dressa à quelques lieues et, lorsqu'un petit cap apparut, le capitaine décida d'ancrer le navire à marée basse afin de réparer une voie d'eau. Il lança des ordres, et *L'Ensorceleuse* s'agita de toute part ; les hommes coururent sur le pont, grimpèrent aux mâts et carguèrent la voile. Le calme revenu sur le navire, Joseph sortit son violon et, à la cadence des coups d'archet, les glaciers défilèrent au nord de l'île, tels des Rois mages à la poursuite de l'Étoile. Miscou : île gardienne d'un continent, truffée de cèdres, d'épinettes et de bouleaux, dressés telles des sentinelles vertes et blanches drapées dans la magie et dans la brume. Miscou : nom choisi par les Mi'kmaqs[5] pour décrire une terre basse et marécageuse, une terre hantée par ce géant légendaire, la terrible Gougou, qu'ils appelaient Koukhu. Ce monstre grand comme un mât de navire, à l'allure de femme hideuse, qui poussait des cris horribles et qui, selon la rumeur, gardait ses prisonniers dans une grande poche : sa réserve de friandises. Ne disait-on pas que, le soir venu, dans les tourbières et les blés sauvages de la lande, un cortège endiablé d'âmes de Mi'kmaqs venaient pactiser avec le méchant Gougou afin de prendre leur revanche sur les Blancs qui avaient envahi leur terre, profané leurs sanctuaires, violé leurs femmes et propagé dans leur peuple des maladies mortelles ? Ne disait-on pas aussi que les fils d'Éric le Rouge, ces grands Vikings barbus, avaient arpenté ces baies bien avant la fin du premier millénaire ? Le dragon sculpté qui ornait la proue d'un drakkar échoué à la pointe de l'île semblait confirmer ce dire. Il émergeait encore à grande marée — miraculeusement conservé, probablement en raison d'un enduit spécial —, comme une baleine bleue prête à s'élancer vers le large. Mais enfin, que ne disait-on pas lorsque la brume enveloppait l'île de Miscou dans son cocon ouateux, brume que venait percer le chant des huards ?

---

5. N.D.E. : Graphie conforme à celle proposée par les Mi'kmaqs. En ce qui concerne les accords, nous avons utilisé les règles du français.

Joseph n'avait que faire des rumeurs qui hantèrent l'équipage, cette nuit-là, car le couple de goélands dont l'apparition annonçait la proximité de la terre ainsi que les notes langoureuses du violon ramenaient l'image de sa fiancée, la délicieuse Émilie, plus belle que les framboisiers sauvages de Miscou, Émilie qui avait disparu mystérieusement, partie Dieu sait où, volatilisée… On disait qu'un navire marchand l'avait emportée vers un pays lointain, mais comment savoir? Vivre à Québec était devenu une torture pour Joseph. La brise du large qui remontait le fleuve évoquait en lui l'odeur de sa peau. Le carillon de l'église Notre-Dame-des-Victoires qui tintait à ses oreilles ravivait le souvenir d'un soir de mai, suave frisson: leur premier baiser, dans la noirceur, près du confessionnal. On eut dit que, déjà, leur amour avait été placé sous un signe sacré. Quand il se promenait dans les ruelles perchées sur le promontoire du cap Diamant, il croyait la voir valser, là-bas, au rythme de la brise qui faisait onduler ses longs cheveux châtains, et il croyait entendre, par-dessus le brouhaha de la ville, son rire, source de joie.

Plongé dans sa peine à Québec, Joseph avait sombré dans la morosité. C'est alors que lui étaient parvenues des nouvelles de l'isle Royale. On parlait d'une forteresse construite en l'honneur du roi Louis, avec des tours si hautes que les fils du Roi-Soleil les apercevraient de Versailles; on y avait besoin de tailleurs de pierre, comme sur la route de Berthier. L'idée de pareille aventure lui avait souri. Prendre le large… le grand air, l'espace, l'oubli. La décision avait été facile et, cherchant par tous les moyens à oublier sa fiancée, il avait cédé à l'attrait de l'aventure, encouragé par les histoires de Sinbad le marin qui avaient meublé les rêveries de son enfance. «Les colonies anglaises de Boston vont filer doux», se consola-t-il.

L'Ensorceleuse reprit sa route à l'aube. Alors que le navire fendait la vague à chaque bordée de vent dans la voilure, on se risqua enfin dans l'échancrure de la baye des Chaleurs. «Il a fallu à Jacques Cartier beaucoup d'imagination pour baptiser ainsi cette mer frigorifiée! s'étonna Joseph. À croire que les orangers, les pamplemoussiers et les cocotiers vont surgir au détour de la prochaine vague. C'est vrai qu'il est arrivé en pleine canicule.»

L'Ensorceleuse louvoyait de bordée en bordée, car les vents étaient contraires. Un banc de marsouins gambadaient dans son sillage. Le ciel était très bleu, quasiment violet, et quelques margots, ces grands oiseaux blancs tachetés de noir sur le bout des ailes et de la queue, plongeaient pour attraper des harengs. Joseph était captivé par ce spectacle lorsque le navire arriva en vue d'une petite île en forme de croissant, qui protégeait une baie baptisée Caraquet[6].

— C'est bien ce qui est marqué sur la carte, murmura-t-il. Le campement des Indiens[7] ne doit pas être loin.

Le navire contourna une longue dune à la pointe de l'île Caraquet, une île de trois à quatre lieues[8], de tour, couronnée de rosiers et de framboisiers sauvages qui s'éveillaient au printemps. Sur la côte tout près, un village indien assis en bordure d'un ruisseau. C'étaient des Souriquois, ou Mi'kmaqs, et la tribu se composait d'une vingtaine de familles, enfants, grands-parents et autres membres de la parenté, soit environ deux cents personnes qui habitaient des tentes coniques, faites de longues perches attachées au sommet et recouvertes de peaux et d'écorce de bouleaux. L'installation tenait plus du campement que du village, car l'hiver, plusieurs Mi'kmaqs descendaient vers le sud, dans la région de la rivière Poquemouche ou de la Miramichy, pour chasser. Il régnait une grande animation sur la côte. Une épaisse fumée blanche s'élevait. On boucanait le hareng, l'anguille et le saumon. On préparait les peaux de castors, de visons, de loutres, de renards argentés qui iraient embellir les paradeurs parfumés des cours d'Europe. Joseph n'avait que mépris pour certains nobles qui débarquaient au pays avec leur jabot de dentelle pour établir leur domaine d'été. Hautains, ils se préoccupaient beaucoup plus de leurs frisettes que des habitants de la colonie. Joseph était d'autant plus dégoûté qu'un marquis pédant qui faisait la traversée sur *L'Ensorceleuse* traitait avec arrogance tous ceux qui cherchaient à faire sa connaissance.

------

6. Ce qui signifie, en mi'kmaq, situé à l'embouchure de deux rivières.

7. Le mot «Amérindien», utilisé aujourd'hui, est apparu en 1930 selon *Le Petit Robert*.

8. Mesure de distance, environ quatre kilomètres.

Des Mi'kmaqs commencèrent à tirer du fusil dans une liesse générale : cris, tumulte et joyeux brouhaha. D'autres laissèrent là les crabes, palourdes et moules qu'ils ramassaient pour s'élancer vers leurs canots. Ceux qui chassaient le phoque à la pointe de l'île Caraquet se dirigèrent aussi vers le navire. Hyacinthe, qui avait plusieurs fois invité Joseph à sa table, lui prêta sa longue-vue. L'étonnement accentua le plissement de son front lorsqu'il aperçut près d'une tente un homme à barbe blanche vêtu à l'indienne.

— Mais c'est un Blanc, s'étonna-t-il.

Le capitaine rétorqua aussitôt.

— C'est Gabriel Giraud, dit Saint-Jean. Un vieux rusé celui-là. On raconte qu'il s'est sauvé des galères où il purgeait une peine à vie pour avoir fabriqué de la fausse monnaie.

— Il y a longtemps ? demanda Joseph.

— Vers 1711. Les Mi'kmaqs l'ont recueilli presque mourant. Ils l'ont soigné. Il s'est installé comme commerçant de fourrure dans la Miramichy. En 1730, il est venu ici, au ruisseau qui porte maintenant son nom.

Le vieux Saint-Jean venait d'embarquer dans l'un des canots.

— Ils l'ont adopté comme leur chef, et c'est lui qui tranche dans les chicanes ou pour le partage des fruits de la chasse, renchérit Hyacinthe. C'est leur sagamo, le capitaine des sauvages, celui qui s'impose par son prestige et sa sagesse.

Les canots se rapprochaient à vive allure du vaisseau qui avait jeté l'ancre à quelques encablures de la rive. Les Mi'kmaqs, agenouillés, pagayaient en cadence ; certains, malgré la fraîcheur du printemps, ne portaient que le brayet, simple bande de tissu passée entre les jambes. Ils abordèrent le navire dans une atmosphère de fête d'enfants, tant leur curiosité était grande. La plupart étaient imberbes, et une odeur âcre émanait de leurs corps et de leurs cheveux enduits d'une épaisse graisse d'animal qui servait à les protéger du froid et des moustiques. Joseph s'attarda au spectacle varié des dessins qui ornaient leur peau et qui témoignaient de leurs exploits ou représentaient leur totem. Après les brèves formalités d'usage, le vieux Saint-Jean commença les négociations pour l'échange des fourrures. Les

Indiens demandaient des fusils neufs, de la poudre, de bonnes étoffes, des chaudrons de fer, sans oublier quelques cruches d'eau-de-vie, des miroirs et de la verroterie. Comme Hyacinthe connaissait le Vieux, il savait qu'il ne pourrait lui damer le pion avec de la pacotille et quelques vénérables mousquets.

Une fois les échanges terminés, le Vieux annonça :

— Deux Mi'kmaqs arrivés hier de Port-Royal[9] prétendent que les Anglais de Boston attendent une grosse flotte militaire.

— Comment ont-ils obtenu ces renseignements ? demanda Hyacinthe.

— Vous savez que les Anglais de la Nouvelle-Angleterre se servent des Iroquois pour combattre les Acadiens et les Mi'kmaqs. Un Iroquois nous a transmis ce message.

— Ça pourrait être sérieux, commenta le vieux loup de mer.

Un lourd silence s'installa.

— Si vous aperceviez une flotte anglaise au large de Miscou, pourriez-vous envoyer à temps un messager à Québec ? demanda-t-il finalement.

— Oui, c'est possible, en se rendant en canot jusqu'au poste de Ristigouche[10] dans le fond de la baye des Chaleurs, puis de là par la rivière Matapédia[11] jusqu'à Rimouski[12]. Ensuite, on remonte le Saint-Laurent jusqu'à Québec.

Le capitaine ne disait rien, comme s'il attendait une offre.

— Mais je ne peux pas quitter le campement en ce moment. Vous devriez me laisser quelques hommes, proposa Saint-Jean.

— C'est impossible, rétorqua le capitaine. S'il y a des tempêtes pendant la traversée, on n'aura pas assez de bras pour manœuvrer.

Joseph ne sut pas vraiment ce qui lui arrivait. Il s'entendit dire :

— Je suis prêt à rester jusqu'à l'automne.

---

9. Annapolis Royal.
10. Mot indien qui signifie une main à cinq doigts. Aujourd'hui Campbellton.
11. Mot mi'kmaq qui veut dire la jonction de deux rivières.
12. Mot algonquin qui signifie la terre du chien.

Chapitre 2

Le 31 octobre 1603, l'amiral de France, Montmorency
délivre à Pierre du Gua, Sieur de Monts, gentilhomme
protestant de la cour de France une commission de vice-
amiral « en toutes les Mers, Costes, Isles, Raddes & con-
trees maritimes qui se trouveront vers ladite province &
region de Lacadie » […] et « si avant dans les terres qu'il
pourra descouvrir & habiter ».

[…] Henri IV, le 8 novembre, lui accorde, avec la charge
de lieutenant-général du roi, l'autorité sur toutes les terres situées du 46e degré au 40e, le droit de concéder des
seigneuries, ainsi que pour dix ans le monopole de la
traite avec les sauvages, sur le littoral atlantique, dans la
Gaspésie et sur les deux rives du Saint-Laurent […]
enfin, tout de suite la première année, il sera tenu de
transporter en Acadie cent personnes, y compris les va-
gabonds qu'il pourra conscrire.

Marcel Trudel, *Histoire de la Nouvelle-France,*
Le comptoir, 1604-1627

Joseph s'installa sommairement dans une petite cabane du
campement, à l'endroit où le Ruisseau se jetait dans la mer.
En homme d'action habitué à prendre des décisions sans ter-
giverser, il n'avait pas l'intention de rester inactif dans l'attente
d'une hypothétique flotte anglaise. Il remit donc en marche la
petite forge du vieux Saint-Jean, que ce dernier avait négligée
pour se consacrer au commerce des fourrures. Il n'y avait, pensait-

il, que la flamme pour compenser la douloureuse absence d'Émilie, et des coups de marteaux sur l'enclume naîtraient des objets engendrés par sa douleur. Le soufflet activa la braise, les étincelles virevoltèrent aux coups de marteaux sur les barres rougies, le métal incandescent se purifia en chuintant dans l'eau froide, au rythme du souffle de Joseph et des rigoles de sueur qui sillonnaient son corps. S'entassèrent alors les haches, les ferrures, les clous, les pointes de flèches ainsi que des fers à cheval, car il savait bien qu'un jour on en verrait au Ruisseau.

Ce ne fut que le troisième jour qu'il la remarqua. Élancée, torse nu, bronzée, arborant fièrement un collier de wampum, perles de coquillages marins enfilées qui servaient à la fois de monnaie, de symbole et d'ornement. Son collier mettait en évidence sa poitrine superbe. Elle portait une jupe serrée à la taille par une ceinture rehaussée de broderies et piquée de plumes de huards. Ses boucles d'oreilles étaient sculptées dans des coquillages dorés. Cette magnifique femme n'était autre qu'Angélique, la fille unique du Vieux. Sa mère, une Mi'kmaque qui avait pris le nom bien français de Madeleine, avait épousé en premières noces le capitaine normand Alfred Roussi, de Rouen. Une fille, Françoise, aujourd'hui établie à Gaspeg, était née de ce premier mariage. À la mort de son mari, Madeleine avait épousé Gabriel Giraud, dit Saint-Jean. Angélique n'avait pas connu sa mère, qui était morte en mettant au monde son frère Jean-Baptiste, d'un an son cadet. Angélique se forma une image de sa mère à partir des souvenirs de son père, puis perpétua à sa façon la tradition familiale en développant son talent pour l'emploi des herbes médicinales et en apprenant elle aussi le métier de sage-femme.

C'était pour Joseph son premier vrai contact avec les us et coutumes indiennes.

— Ce n'est pas à Québec, la très catholique, et encore moins à l'église Notre-Dame-des-Victoires, que je pourrais admirer des filles à demi nues. Et capable d'afficher une telle pureté, une telle innocence. Dieu qu'elle est belle!

Il ne pouvait détacher son regard de ses seins qui pointaient, invitants comme une offrande. Il en eut le souffle coupé de ravissement.

— Mais comment une Indienne, fût-elle métisse, peut-elle se parer de ses longs cheveux dorés qui lui descendent jusqu'à la taille? s'étonna-t-il, en notant qu'elle était encore plus blonde que son père. Il était fasciné par sa beauté hybride.

Chaque jour, Angélique venait s'asseoir à l'entrée de la forge, hypnotisée par ce grand barbu taciturne qui frappait sur l'enclume comme un diable déchaîné. Au septième jour, Joseph et Angélique n'avaient échangé que quelques paroles. Ce jour-là, après avoir apporté une boisson faite avec du sucre, du gingembre et de l'eau froide, Angélique se décida à rompre le silence.

— Pourquoi es-tu venu ici? demanda-t-elle.

— Je devais aller travailler aux fortifications de Louisbourg, mais je dois rester ici jusqu'aux glaces pour avertir la garnison de Québec si les Anglais remontent le fleuve, lui répondit Joseph.

— Toujours ces guerres; vraiment, je ne comprends rien à vos principes chrétiens.

— Figure-toi que la plupart du temps, je m'y perds moi aussi, admit Joseph avec une pointe d'ironie.

Angélique, insatisfaite de cette explication sommaire, insista:

— Mais pourquoi quitter Québec?

Alors Joseph se laissa aller aux confidences:

— Lors d'une expédition de trappe dans la région des forges du Saint-Maurice[1], là où on fabrique les canons pour la forteresse de Québec, j'ai été gravement blessé, et les Algonquins m'ont soigné. J'ai passé l'hiver entre le délire et l'amnésie. Au printemps, lorsque je suis revenu à Québec, ma fiancée, qui me croyait mort, n'était plus là. J'ai essayé de la retrouver, mais en vain. Émilie s'était envolée vers je ne sais trop quels cieux. En Louisiane, aux Antilles, en Europe?... Alors, j'ai décidé de partir, de refaire ma vie ailleurs...

Angélique ne disait rien, mais son regard, son souffle exprimaient le goût de consoler, de poser un peu de baume sur sa blessure.

---

1. Trois-Rivières.

— Tu oublieras, dit-elle simplement.

Et Joseph crut entendre: «Je t'aiderai à oublier...» Il avait, lui aussi, des questions qui lui brûlaient les lèvres.

— Comment peux-tu être aussi blonde? lui demanda-t-il enfin.

— On raconte qu'un peu avant l'arrivée des Français, un étrange bateau à la proue sculptée est apparu au large de Miscou; c'étaient des Vikings venus d'une grande île, dans le nord, une île avec des volcans et des geysers. Les Mi'kmaqs les ont reçus comme des dieux égarés et des liens très tendres se sont noués entre nos deux peuples sur les lits de mousse. Comme tu vois, ils ont laissé des traces! dit-elle avec fierté. Il y a bien d'autres légendes encore... Quand la lune se lève, la brise du suroît murmure que Jacques Cartier fut reçu au Ruisseau par le chef des Mi'kmaqs, qui lui offrit sa fille unique en gage d'amitié.

— À en croire la rumeur, le métier de découvreur ne consiste pas seulement à planter des croix! s'exclama Joseph.

Angélique parlait français, mais on décelait dans sa voix l'intonation caractéristique des Mi'kmaqs, douce à l'oreille de Joseph.

— Mon fils par contre n'a pas les traits européens.

Joseph ne pouvait l'imaginer mère.

— Tu as un fils? Mais tu parais si jeune!

— J'ai enfanté à seize ans. Mon homme est mort il y a plus de deux ans, emporté par une maladie des Blancs. Mais moi, j'ai oublié ma douleur non pas dans la forge mais avec les plantes, les herbes et les fleurs.

Une mouette voltigeait dans le ciel ouaté, le temps s'étirait langoureusement. La douceur s'installa. Une voie nouvelle se profilait pour Joseph et, confusément, il sentit émerger du fond de son être une réelle fascination pour cette femme.

Le dixième jour, la forge rougeoya du feu le plus ardent[2]. À force de battre le fer sur l'enclume, il avait exorcisé sa peine et son sentiment de manque. Alors surgit la rage. Ce jour-là,

---

2. Le charbon provenait de l'île de Pokesudie, qui veut dire place de petit passage entre les rochers.

la forge s'embrasa, semblable à l'enfer illustré sur les images des missionnaires. « Après tout, elle aurait pu laisser une lettre, une note, un mot, un message, pour expliquer son geste… Prendre contact avec ma famille… À moins qu'elle ait eu quelque chose à cacher, qu'elle soit partie avec un autre… La reverrai-je un jour ? Pourrai-je jamais clarifier ce mystère ? » songea-t-il, furieux.

La colère le submergea à l'idée qu'Émilie puisse l'avoir trahi et filer maintenant une lune de miel ailleurs. À cet instant, Angélique, qui l'observait, dut reculer, car la flamme prit l'ampleur de l'apocalypse.

Le quatorzième jour, Joseph constata que la poitrine d'Angélique prenait sans cesse davantage la forme du don. Le Vieux, qui s'était aperçu du manège, s'en amusait. Membertou, le fils d'Angélique, se sentant un peu négligé, commença à bouder sa mère. Depuis quelque temps déjà, le soir, lorsqu'il se glissait sous les peaux de castors, Joseph ressentait le frémissement du désir. Et c'est ainsi que, deux semaines après son arrivée au campement, son être tout entier, comme la forge, était devenu de braise.

* * *

Toute la nuit durant, la tribu festoya sur la rive de la Poquemouche, qui ressemblait, en certains endroits, à un fleuve en furie. À la lueur des torches de résine qui embrasaient la nuit, les Indiens harponnaient à grands coups de nigogue[3] les anguilles qui allaient rejoindre celles qui frétillaient dans les paniers. Joseph s'initia à cette forme de pêche. Angélique lui servait de guide. Il était envoûté par cette femme, par son puissant magnétisme. Tandis que les étoiles faisaient la ronde dans le ciel, il laissa monter en lui la passion jusqu'à ce qu'il sente la lune chavirer. Lorsque le soleil se leva, il lui sembla que les feuilles des arbres s'entrelaçaient. Un malaise avait cependant envahi son âme. Non, ce n'était pas le souvenir d'Émilie, mais plutôt Angélique, son origine indienne et son enfant qui n'était

---

3. Harpon qui ressemble à un trident.

pas le sien. Et pourtant… Angélique symbolisait la vitalité de ce continent pétri par l'humus du peuple autochtone et de ses quarante siècles d'histoire. Issue, par sa mère, d'un peuple qui avait incarné le Siècle des lumières bien avant Louis XIV, alors que les Européens massacraient les Infidèles pour conquérir Jérusalem au nom de l'amour du Christ, elle était une bouffée de fraîcheur et de mystère qu'il désirait caresser.

— Viens, lui chuchota-t-elle. Je vais te faire connaître une petite crique paisible où j'aime me retirer.

Elle l'aida à descendre du canot; il était dans un état de ravissement, subjugué par les vibrations de ses doigts. Il était tiraillé entre ses deux passions: l'une inaccessible, l'autre si proche… Ils s'installèrent dans une petite clairière tapissée de mousse, à l'ombre des bouleaux géants. Angélique lui offrit quelques tranches de saumon fumé et des fraises sauvages qu'elle avait apportées. Ils arrosèrent ce festin intime de quelques gorgées d'eau de source puis il s'endormit. Quand il s'éveilla, Angélique le regardait. Joseph s'attarda, comme si la beauté qu'il contemplait allait s'évaporer.

— Pendant que tu sommeillais, j'ai rêvé, lui confia-t-elle.
— À quoi?
— Tu étais étendu sur un lit de mousse, mort. Tu étais très beau, et une lumière émanait de ton être.
— Qu'est-ce que ça signifie? s'enquit Joseph, interloqué.
— Ça représente pour nous une sorte de résurrection.
— Une résurrection? Tiens! Tiens! C'est ce qu'il me faut pour croire à ce qui m'arrive, réfléchit-il tout haut.

Il connaissait l'importance des songes pour les Indiens. Alors il osa et la prit dans ses bras. Son odeur délicieuse le fit tressaillir jusque dans ses fibres profondes. Dieu qu'elle sentait bon! Le soleil s'immobilisa au zénith, puis commença à valser, et Joseph le vit dessiner dans l'azur le symbole de la fusion de leurs deux races, de deux continents. Dans le ciel, au-dessus d'eux, des montagnes surgissaient, se formaient, s'estompaient, et la rivière Poquemouche se mettait à gambader comme une gazelle au rythme des pulsations de leurs cœurs. La forêt était ivre; il y eut comme un arrêt dans le temps, dans l'espace, dans la mémoire, et Joseph entendit la petite source vibrer lorsque

Angélique lui murmura qu'elle le désirait. Elle s'abandonna et, timidement, doucement, il commença à l'effleurer. Angélique s'empressa d'enlever son pagne de wampum. Joseph sentit alors monter en lui l'instinct des bois; il était devenu bourgeon, chatouillant dans son extase les nuages sur la rivière Poquemouche. Cette chaleur, cette intimité, cette passion avait beaucoup manqué à Joseph. Pour Angélique aussi, il y avait longtemps, si longtemps qu'elle n'avait fait l'amour. Elle aimait Joseph depuis le moment où elle l'avait aperçu au Ruisseau. Il y avait des semaines qu'elle avait envie de caresser sa poitrine bronzée, de se blottir sur son duvet soyeux, de humer son odeur d'homme sauvage, de s'envelopper dans sa barbe frisée et sa sueur virile et de sentir son étreinte dans chaque partie de son corps. Son amour avait été raffermi par le respect et la délicatesse qu'il lui avait manifestés depuis son arrivée; elle était sur le point de le prendre de force, s'il n'avait pas fait les premiers pas. Des fourmillements et des frissons parcoururent son corps. Elle croyait voguer sur un nuage d'écume. Le souffle chaud de Joseph découvrait son cou, ses épaules, ses seins qui rougissaient alors qu'il la goûtait de partout. La peau d'Angélique se colorait de cette ardeur qui l'assaillait avec force et douceur. Les mains noueuses et fines de celui qui était devenu son homme la pétrissaient enfin comme une pâte exquise; elles étaient le levain qui fuit le pain chaud et odorant. Elle se fit harpe aussi, comme si chaque corde de son corps participait à une symphonie. Le plaisir qui s'amplifiait en cascades atteignit une telle intensité qu'elle crut un moment perdre le souffle, défaillir; elle avait oublié combien c'était bon. Sa respiration devint haletante, saccadée, et Angélique se fusionna à la force tranquille qui la pénétrait par secousses comme le flux et le reflux d'une mer étale qui monte et se déchaîne, puis elle accueillit dans son nid chaud et onctueux toutes les pulsations et la vie de son homme. Une hirondelle dans le bouleau se mit à gazouiller pour les bercer comme des joyaux précieux. Et elle répétait comme un mantra : « Vous êtes deux jardiniers sur une terre fertile! »

* * *

L'été s'était étiré en rêveries. Membertou, qui était âgé de six ans, gardait ses distances face à Joseph, car il était jaloux de la place que ce dernier occupait auprès de sa mère. En présence de Joseph, il manifestait une grande indifférence et ne parlait que mi'kmaq. Cette attitude finit par mettre Joseph hors de lui, surtout qu'il faisait beaucoup d'efforts pour l'apprivoiser. Costaud, indiscipliné et le nez toujours fourré partout, Membertou n'en faisait qu'à sa tête ; un vrai Sauvage ! Angélique avait tendance à l'excuser car, disait-elle, son père avait été un grand guerrier. L'enfant passait ses journées à vagabonder dans les bois, à manger ici et là dans les autres tentes, à se chamailler pour un rien. Ses mauvais coups ne se comptaient plus. La semaine d'avant, il avait tailladé un canot comme si une rage l'habitait. Puis, pour recouvrir la cabane qu'il s'était construite dans la forêt, il avait dérobé quelques peaux de renards roux dans l'entrepôt. Le Vieux, pour qui les fourrures comptaient davantage que Dieu, l'argent ou les femmes, l'avait sermonné vertement. Joseph insista alors auprès d'Angélique pour que Membertou rende les peaux, mais elle hésitait :

— La vie de famille chez les Indiens est différente, lui expliqua-t-elle. Le vol n'existe pas. Ce qui appartient à l'un appartient à tous. Les désirs des petits sont sacrés. Les enfants sont élevés librement et, quand ils sont plus vieux, ils adhèrent fidèlement aux règles du clan. Tu comprends ?

— Oui, je comprends. On leur permet plus longtemps de vivre une enfance insouciante, mais ne trouves-tu pas qu'il dépasse les bornes, même selon vos propres coutumes ?

Angélique aussi trouvait que son fils allait trop loin, mais son orgueil l'empêchait de le reconnaître. Exaspéré et sentant qu'il n'avait pas de rôle à jouer dans l'éducation de Membertou, Joseph cria :

— Tu es son esclave, tu ne lui rends pas service.

— J'attends qu'il grandisse et qu'il réalise par lui-même que les autres aussi ont des droits. Prends patience, ça s'en vient… Au fond, t'es peut-être jaloux, lui lança Angélique.

— C'est ben possible, rétorqua Joseph, mais j'aimerais quand même qu'il rapporte les fourrures.

Angélique était déchirée entre ses traditions et les demandes de Joseph, qui ressemblaient davantage à des exigences. Finalement, elle céda. Membertou fit une colère terrible. Il hurla, se roula par terre, cassa son arc et ses flèches, pleurnicha, bouda, menaça, mais finit par rapporter les peaux de renards roux à l'entrepôt.

Joseph respira mieux; il lui semblait dorénavant possible de jouer un rôle auprès de Membertou. Ce soir-là, il alluma un petit feu au centre de la grande tente conique, étendit des branches de pin sur le sol pour couper l'humidité et disposa des peaux de loups-marins pour en faire une couche. C'est là que Membertou se coucha. Quand il fut endormi, Joseph prit Angélique dans ses bras et oublia qu'il était père malgré lui. Il était de plus en plus épris de cette femme adorable qui aimait la vie, le plaisir, la beauté et la lecture. Car, européenne malgré tout, elle s'était laissé captiver par le théâtre, comme en témoignaient les longues heures qu'elle passait depuis son enfance, dans les forêts sauvages de Caraquet, à lire les œuvres de Molière, de Corneille et de Racine que lui apportaient les vaisseaux français, encouragée en cela par son père qui, dans ses jeunes années, s'était intéressé à l'art par le biais de la fabrication de pièces de monnaie.

Les difficultés avec Membertou avaient fait réfléchir Joseph. Il ne voulait pas que l'enfant devienne un obstacle à sa relation avec Angélique. C'est pourquoi il décida de garder lui aussi ses distances, de feindre l'indifférence, de faire comme si Membertou ne faisait pas partie de sa vie, d'attendre qu'il fasse les premiers pas. Le stratagème commença à porter fruit: un de ces matins, pendant qu'ils pêchaient à la truite, Membertou hasarda une question sur Québec.

— Est-ce que les tentes à Québec sont plus grandes que celles du Ruisseau?

Une question qui avait surgi à la vue des gros navires en provenance de Québec, qui eux étaient plus gros que les canots indiens…

* * *

Le campement indien était encore endormi et le soleil s'étirait à la pointe de l'île Caraquet, mais Saint-Jean, lui, se faisait déjà bouillir du thé devant sa demeure. Il habitait à l'écart, dans une maison en bois rond avec un toit recouvert d'ardoises provenant de la carrière de l'Anse-à-l'Étang en Gaspésie. Cette carrière avait fourni la ville de Québec en tuiles avant de faire faillite. Le Vieux, qui avait le cœur malade, ajouta à son thé des bois une potion préparée par Angélique : de l'ergot de seigle pour favoriser la contraction artérielle. L'homme était prématurément vieilli ; les dix années qu'il avait passées dans les galères du roi avaient laissé leurs marques : une peau ridée et craquelée, un dos voûté, un crâne dégarni et une longue barbe blanche. Et de son âme surgissait une révolte permanente contre l'injustice, les gouvernements et les institutions, ce qui expliquait qu'il avait choisi de vivre loin de la prétendue civilisation. Lorsque la haine l'envahissait au souvenir de ses compagnons d'infortune, il gravait sur des bois d'orignal des faits de la vie quotidienne à bord des galères ; cela lui servait d'exutoire. Un grand rêve l'aidait aussi à vivre : créer en Amérique un empire des fourrures qui habillerait les cours d'Europe. « Afin de leur montrer, à ces nabots, qu'ils ont besoin des moins fortunés », clamait-il à ceux qui voulaient l'entendre. Les animaux de la forêt n'avaient plus de secret pour lui, non plus que chaque étape de la préparation des peaux : lavage, dégraissage, brossage, lustrage… La bonne chère était son autre péché mignon : la nourriture et le vin qu'apportaient les vaisseaux français qui faisaient escale au Ruisseau. Il s'adonnait à ces plaisirs davantage depuis la mort de son épouse. Mais il était gourmand depuis son enfance, et ses années comme forçat n'avaient fait que creuser son appétit. Il était alors devenu obèse, ce qui n'aidait pas sa santé.

Joseph aussi s'était levé tôt. Il avait rapidement enfilé une chemise de lin grossier et un pantalon de marin ample et bouffant, serré au genou. Il prit son couteau accroché à l'entrée de la tente et se dirigea vers un grand bouleau, près de la maison du Vieux. Ce dernier qui, pour survivre, avait développé un humour assez mordant l'interpella :

— Te prépares-tu à te sauver à Québec ?

Joseph, perdu dans ses pensées, sursauta.

— J'veux écrire à ma mère, et c'est le matin que j'ai les esprits clairs, répondit-il.

Sa mère lui avait montré à lire et à écrire avec de vieux livres de Normandie, qui racontaient l'histoire de Jeanne d'Arc et celle de Guillaume le Conquérant. Il y avait aussi ses récits favoris, les aventures de Sinbad le Marin, qui évoquaient les parfums de l'Orient. Il connaissait tous ces contes par cœur pour avoir feuilleté des centaines de fois les livres jaunis par le temps.

— Vas-tu lui parler d'Angélique? demanda le Vieux, mine de rien.

Il voyait d'un bon œil la relation de sa fille avec Joseph, mais il tenait à s'assurer que celui-ci ne décamperait pas avec la première neige. Joseph aurait préféré ne pas en parler, mais il décida de s'ouvrir au Vieux.

— C'est la raison de ma lettre.

— Si tu n'es pas sûr de toi, tu dois prendre le temps de réfléchir.

Joseph aimait bien cet homme; un autre ne lui aurait peut-être pas fait confiance si facilement.

— Non, mon idée est faite. Parfois, je m'ennuie de ma famille et de la vie plus grouillante de Québec, mais je me sens bien ici. La nature est belle, les gens sont hospitaliers... et puis j'aime votre fille et je commence aussi à m'entendre avec Membertou.

Satisfait, le Vieux alluma sa pipe et ne renchérit pas. Joseph se dirigea alors vers un immense bouleau et découpa de grands morceaux d'écorces sur lesquels il graverait pour sa mère des signes qui exprimeraient son destin.

Chapitre 3

Les souffrances, dit-il, furent quasi l'unique occupation de tous ces pauvres gens ; la maladie les terrassa, et la mort en enleva une grande partie. Le père du Marché fut contraint de repasser en France ; le père Turgis résista quelque temps, consolant son petit bercail, écoutant les uns de confession, fortifiant les autres par les sacrements de l'Eucharistie et de l'Extrême-Onction, enterrant ceux que la mort égorgeait. Mais enfin le travail et le mauvais air qu'il prenait auprès de ces pauvres languissants, le jeta par terre aussi bien que les autres, si fallut-il combattre jusqu'au dernier soupir, il se fait porter vers les malades et auprès des mourants, il les anime et les fortifie, il les encourage, et après avoir enterré le capitaine, le commis et le chirurgien, en un mot tous les autres officiers et huit ou neuf autres personnes de travail, il y mourut lui-même, ne laissant plus qu'un malade à la mort, qu'il déposa saintement à ce passage devant que de rendre l'esprit.

C'est le premier de notre Compagnie qui soit mort de maladie en ces terres. Il a été également regretté des François et des Sauvages qui l'honoroient et aimoient tendrement.

Relation des Jésuites à Miscou en 1647,
cité par W. F. Ganong,
dans *The History of Miscou and Shippegan*

À la fin du mois d'août, le jésuite Ignace de la Transfiguration, coiffé de son tricorne aux larges bords relevés, arriva au Ruisseau. La nouvelle se propagea comme le feu d'automne dans un tas de feuilles mortes. Le missionnaire consacrait sa vie à l'évangélisation des Indiens, et les faiblesses de la chair n'avaient aucune prise sur son ascétisme. Pas même la gourmandise. Au fond, la souffrance le rendait heureux, et les piqûres des moustiques remplaçaient le cilice, pour la plus grande gloire de Dieu. Venu de Québec par voie d'eau, il avait navigué sur le fleuve Saint-Laurent et sur la rivière Matapédia puis, après une escale au poste de Ristigouche, il avait franchi la baye des Chaleurs. Durant ces dix longues journées de voyage, le missionnaire avait médité sur les difficultés auxquelles il s'était heurté. « Quelques baptêmes seulement en dix ans d'apostolat. Pourquoi ? Comment leur faire comprendre ce que sont le bien et le mal ? Quant à la transsubstantiation et à la Trinité, avec les trois personnes en Dieu et les deux natures du Christ, c'est peine perdue »… pensa-t-il.

Ce dont le jésuite ne se rendait pas compte, c'était que même saint Pierre aurait failli sa classe de catéchisme sur ces concepts abstraits qui n'avaient pas de rapport avec le quotidien des Mi'kmaqs. « La Robe noire est arrivée ! Le patriarche est là ! » C'est par ces noms que certains désignaient le missionnaire. Plusieurs Indiens, sans réellement abandonner leurs croyances, s'étaient convertis au catholicisme et vénéraient le prêtre, auquel ils attribuaient des pouvoirs magiques. Pas tous cependant ; plusieurs trouvaient sa religion incompatible avec leurs croyances et soutenaient devant le missionnaire que les lois du Grand Manitou sont écrites dans les rivières, dans les arbres et dans la nature du désir humain, qui est pur… « Vous en avez fait quelque chose de mauvais ! » Ils s'étonnaient de voir les Blancs se comporter envers la femme indienne comme des orignaux en rut, quand la Robe noire était au loin. Ils s'étonnaient car leur liberté sexuelle ne les portait pas à pareils excès. « Vos hommes ont une telle envie de nos femmes, c'est à se demander s'ils en ont jamais vu avant. »

Le chaman était au nombre des opposants. Grand prêtre et magicien de la tribu, il y avait entre lui et le Vieux une entente tacite pour ce qui touchait aux pouvoirs terrestres. Et le Vieux cherchait toujours à le consulter et à lui donner crédit pour les décisions heureuses. Puis Angélique en tant que gué-risseuse, un don que le chaman ne possédait pas, faisait sou-vent appel à lui pour les rituels de guérison. On l'avait surnommé Élouèzes-de-feu parce que ses yeux étincelaient lorsqu'il se fâchait. Il nourrissait une haine terrible contre ceux qu'il appelait «ces gros cochons couverts de poils sales»; il faut dire qu'en plus le missionnaire lui faisait concurrence. Le chaman avait le crâne complètement rasé, sauf pour une crête allant du front à la nuque, le nez peinturé d'un bleu éclatant ainsi que des cercles d'ocre jaune autour des yeux et il soignait son aspect terrifiant. Il avait comme fidèle disciple un géant, le guerrier Ours écumant. Un gaillard celui-là; noir comme un corbeau, farouche et réfractaire aux influences des Blancs et des catholiques, qu'il accusait de détruire le mode de vie des Mi'kmaqs. À quinze ans, sur l'île d'Anticosti, il avait eu à choi-sir entre mourir sous les griffes d'un gigantesque ours blanc ou terrasser le monstre avec son tomahawk. Il avait choisi de se battre et il avait tellement salivé et écumé sous l'effort que ses cheveux avaient blanchi, d'où son nom. «Ces maudits Blancs dont les missionnaires sont les représentants disent de nous que nous sommes pauvres et ignorants, sans foi ni loi, comme des bêtes dans les bois. Ils racontent que leur pays est un para-dis. Mais pourquoi alors abandonner leur famille et traverser des mers difficiles pour venir en nos contrées enneigées pour voler nos peaux de castors qui ne servent plus et manger de la morue matin, midi et soir? Ils gaspillent leur vie à amasser quelques misérables biens, tandis que nous passons agréable-ment les saisons, en nous adonnant aux plaisirs de la chasse et de la pêche. Le paradis il est ici, et ils voudraient en faire un enfer», tonna-t-il.

Élouèzes-de-feu en avait, lui aussi, long à cracher: «Leurs croyances sont stupides: ils mangent le corps et le sang de leur dieu et nous accusent ensuite de cannibalisme. Ils clament que le royaume des ombres est ici-bas; ils n'ont pourtant qu'à ouvrir les yeux pour voir le soleil et les oreilles pour entendre parler les sources, les arbres et l'esprit des animaux. Cette idée de construire des cabanes en bois qu'on ne peut pas transporter avec soi, c'est une ruse pour nous garder au même endroit et nous tenir ainsi en esclavage. Et puis, ces Robes noires ne sont pas normaux; ils ne dorment pas avec nos femmes... »

Le chaman aurait bien maugréé toute la journée, mais une séance d'incantations destinées à neutraliser l'influence du missionnaire l'attendait et il prit la direction de sa tente.

* * *

Ignace de la Transfiguration, qui n'était pas le plus tolérant des jésuites, ne voyait pas d'un bon œil l'alliance d'un Blanc et d'une métisse. Il était imbu de tous les préjugés de l'Européen instruit, avec son mépris, voire son paternalisme vis-à-vis de la race rouge.

— As-tu bien mûri ta décision, Joseph? Les Indiens sont comme des enfants mal élevés qui s'adaptent difficilement à nos croyances religieuses et à nos coutumes.

— Vous faites erreur, mon père. Angélique est une métisse. De toute façon, les Indiens sont des gens dévoués et purs. Ils n'ont pas la langue fourchue, ils sont très hospitaliers et ils me font oublier l'hypocrisie des Blancs. Pourquoi chercher à leur enlever leurs traditions et à changer leur façon de vivre?

Le jésuite ne pouvait se résoudre à admettre qu'il existât des peuples bons en dehors de l'Église. Le fait que les Mi'kmaqs n'utilisaient aucun mot pour exprimer des concepts comme la vertu, le vice, la tentation, les anges, la grâce l'amenait à croire que ce peuple était païen. Il était tout de même intrigué par la découverte, dans les forêts d'Acadie, d'une très vieille croix couverte de mousse, que Champlain et Poutrincourt avaient trouvée en 1607. Il avait aussi lu dans un ouvrage de Lescarbot que dès leurs premières rencontres avec les Blancs, les Mi'kmaqs émaillaient leurs discours du mot alléluia, tandis que ceux de la Miramichy utilisaient la croix comme totem, usage qui remontait à bien avant l'arrivée des Blancs. C'est d'ailleurs pour cette raison qu'on avait nommé ces derniers les Porte-Croix. Selon la légende, après qu'une terrible maladie eut frappé le pays et décimé la tribu, un homme très beau était apparu aux vieux sages avec une croix et il leur avait proposé d'adopter ce symbole pour se protéger contre la maladie. Ce qu'ils firent, et la maladie fut vaincue. D'autres prétendaient que des moines irlandais, dont saint Brandan et saint Colomban, avaient échoué dans cette région avant le premier millénaire. C'est en rêvassant à toutes ces légendes que Ignace de la Transfiguration se laissa porter par le désir de perpétuer la tradition de la croix et de se bâtir un empire en Amérique, pour la plus grande gloire de Dieu…

Sa rêverie fut interrompue par Joseph :

— Elle est blanche de par son père et elle m'aime.

— Eh… mon fils, mais son père est de la race de cette vermine de protestants, répliqua le jésuite.

Angélique arriva sur l'entrefaite et sursauta en entendant pareille abomination.

— Vous n'avez pas le droit de juger votre prochain, s'exclama-t-elle.

— Nous possédons la vérité et nous conseillons même les papes, ajouta le jésuite, hautain.

La discussion commençait à tourner au vinaigre.

— Je connais vos opinions sur les Indiens. Vous avez décrété que nous sommes païens, alors que nous croyons en un Dieu unique. C'est votre civilisation qui nous a apporté la maladie, l'alcool et le mal avec votre religion qui n'est faite que de peurs et de souffrances…

Angélique était hors d'elle. Joseph partageait ses vues et trouvait intolérable que les Blancs traitent les Indiens de race de paresseux, d'ivrognes, de voleurs et de peuple sans morale. Il désapprouvait l'épithète de paresseux car les Indiens vivaient au rythme de la nature, qu'ils respectaient, se gardant bien de lui prendre plus que ce dont ils avaient besoin pour vivre. On ne pouvait non plus les tenir responsables d'ivrognerie puisque c'étaient les Blancs qui avaient introduit l'eau-de-vie pour détruire leur mode d'existence et obtenir leurs fourrures à des prix ridicules. Joseph voyait dans leur sens du partage et de l'hospitalité tout le contraire d'une attitude de voleur, qualificatif dont certains les affublaient « Comment peut-il y avoir vol, si tout appartient à l'ensemble de la collectivité ? » se disait-il.

Quant à leur notion du bien et du mal, elle lui semblait supérieure à celle des Blancs, puisque leur morale permettait justement aux couples mal assortis de chercher le bonheur ailleurs. Mais Joseph était conscient de l'immunité que garantit le mariage catholique. Les jésuites avaient le bras long, et l'excommunication était crainte encore plus que la lèpre. Les exclus étaient bannis du corps de l'Église comme un membre infect et privés de prières et des sacrements. Et puis on leur refusait une sépulture chrétienne. Le plus terrible était l'interdiction pour les fidèles de leur parler, de les saluer. Avec l'incitation à les fuir comme des pestiférés.

«Qui, songeait-il, dans cette petite société, peut résister au rejet? Moi, peut-être, avec mes amis indiens, mais pourquoi exposer nos enfants?»

Joseph sentait qu'il devait s'entendre avec le missionnaire, d'autant plus que le père Ignace était sur le point d'exploser.

— Mon père, dit-il, nous avons beaucoup d'admiration pour votre courage et votre foi qui vous incitent à parcourir des contrées immenses, à souffrir de la faim et du froid, à supporter les injures et les rebuffades. Et puis votre connaissance de la langue mi'kmaque témoigne de votre persévérance… Angélique possède ce que beaucoup de chrétiens n'ont pas: un cœur pur, une simplicité, une grande franchise, et elle acceptera la vérité.

Évidemment, le sens du mot vérité était sujet à toutes les fantaisies. Angélique comprenait bien le jeu de Joseph, mais elle n'avait vraiment pas le goût de composer avec celui qu'elle considérait comme l'instrument du pouvoir blanc pour détruire leur mode de vie afin de mieux les subjuguer. Elle bouillait de rage, mais son amour pour Joseph était profond et, pour se calmer, elle commença à s'amuser avec des petits cailloux sur le sable, les disposant de diverses façons, formant des dessins en rapport avec le tourbillonnement de son esprit.

Le missionnaire, quant à lui, n'osait pas vraiment s'avouer qu'il trouvait cette femme racée et belle et, à cause de cela, d'autant plus menaçante. «La femme non soumise est l'incarnation du diable!» pensa-t-il.

— Je me fais mal comprendre, ajouta Angélique. Les Mi'kmaqs croient aussi en un Dieu unique, mais ils ne comprennent pas pourquoi ils doivent abandonner leurs traditions. Le profit, la propriété et les biens matériels, nous laissons ça aux Blancs. Au début de vos colonies, les Indiens vous ont accueillis avec grande hospitalité ; ils vous ont aidés à survivre au scorbut grâce aux vertus de l'anneda…

Angélique venait candidement de toucher le cœur du missionnaire en évoquant la misère des arrivants qui, pendant leurs premiers hivers, mouraient du scorbut, ainsi que le remède miracle, cette tisane au cèdre blanc que leur avaient apportée les Indiens.

— Oui, c'était un don du ciel, admit le prêtre ; Dieu a certainement permis que les Indiens soient ses instruments pour permettre à la France d'étendre son empire… Respecterez-vous les enseignements de notre Sainte Mère l'Église, comme vous l'avez promis lors de votre baptême ? demanda-t-il subitement.

Angélique murmura qu'elle le ferait.

Alors Ignace de la Transfiguration abdiqua.

* * *

La cérémonie du mariage terminée, Élouèzes-de-feu ouvrit le festin en dirigeant successivement vers chacun des manitous des quatre vents sa pipe en grès rouge, qu'il éleva ensuite vers le manitou du ciel avant de l'abaisser vers le manitou de la terre. Avec son tambour (deux peaux bien lisses, tendues de chaque côté d'un cercle de bois contenant des cailloux), il donna le signal de la fête. De grands feux brûlaient le long de la plage et du Ruisseau, et de longues tables en pin, recouvertes d'écorce de bouleaux, ployaient sous le poids des victuailles en provenance d'Europe et du pays. Le Vieux avait puisé dans ses réserves et il avait aussi acheté des vivres destinés à la haute société de Québec, à partir d'un navire français qui avait fait escale au Ruisseau. Pour le mariage de sa fille, il opta pour la gastronomie française et les menus à l'allure européenne. En plus des tonneaux de vin français et des barils de rhum de la Martinique, il avait sorti les truffes et les chocolats de Rouen, les jambons de Mayence, les oranges du Brésil, les épices des Indes orientales et le café Moka du Yémen. Pour lui, manger était quasiment une religion, un rituel qu'il consommait avec art et raffinement. Le festin prit des allures gargantuesques. Un été exceptionnellement tardif avait permis d'avoir tous les petits fruits de la terre et des bois. En ce 1er septembre 1740, sur la plage du Ruisseau, on avait l'embarras du choix entre la soupe aux huîtres rouges à la menthe sauvage, la chaudrée aux palourdes à l'ail des bois et le saumon fumé aux œufs de huards. Le menu des noces comprenait encore des fruits de mer (coques, flétan, crabes et homards), des brochettes de pétoncles et de crevettes sur baguettes de cèdre, de la morue à la sauce aux moules et des truites assaisonnées de moutarde noire et de sel de mer, enrobées de leur couche de glaise et cuites dans la braise. Les fruits de la terre et du ciel étaient aussi à l'honneur : outardes, sarcelles, tourtres, caribous et ours rôtis à la broche (sur lit de bleuets, d'atocas et de framboises). On n'avait pas oublié non plus les mets d'accompagnement : le riz sauvage, le blé d'Inde, la salade verte (cresson, poireau sauvage, ail des bois, oseille, têtes de violons[1] et pissenlit) arrosée de vinaigrette à la sève de bouleaux. Quelques Indiennes avaient préparé les desserts : des groseilles sauvages et des baies de genévrier à la crème d'orignal, des tartes à la citrouille et aux noix à l'érable, des pains d'orge aux amandes et aux cerises sauvages. Il y avait aussi une variété de boissons ; le thé des bois aux aiguilles de sapin ou encore avec des feuilles de fraisier, de framboisier, de cerisier ou de rosier. Mais les Indiens préféraient le cidre de l'île d'Orléans, le rhum des Antilles, le p'tit Caribou (alcool blanc et porto), la bière de cru (la sapinette), les vins de pissenlit et de mûres ou encore ils faisaient bombance avec les tonneaux de vin de Gascogne et de Bordeaux. Les Indiens s'étaient gavés et n'en pouvaient plus. Certains s'étaient bourrés de leur plat traditionnel à base de maïs, appelé migan, fait de blé d'Inde pilé et bouilli avec du poisson ou grillé et broyé puis mêlé à un potage de viandes et de poissons. Ours écumant s'était empiffré de viandes sauvages et avait quasiment dévoré un quartier de caribou à lui seul.

---

1. Fougères.

Excité par les vapeurs de rhum, il tournait autour du missionnaire en cherchant un prétexte pour lui chauffer les fesses sur la braise. Mais le chaman trouva plus prudent de tempérer les ardeurs d'Ours écumant. Élouèzes-de-feu, qui arborait fièrement au cou une pierre médicinale rouge et noire taillée en ovale, invoqua le Grand Manitou dans l'espoir que le missionnaire ressente les effets maléfiques du talisman qu'on avait trouvé dans le repaire de la méchante Gougou[2].

Membertou s'était caché derrière de grosses citrouilles encore fumantes, cuites sur la braise. Armé d'un lance-pierres, il tirait des petits galets dans les plats de migan. Quant à Ignace de la Transfiguration, il n'avait pu résister aux queues de castors trempées dans le sirop d'érable et cuites dans une feuille de nénuphar. Une mélopée lente et sauvage enveloppa la baie. Le concert commença avec les flûtes de sureau et les tam-tams. Il y avait aussi les tambours d'eau[3], qui produisaient un son plutôt faible mais qui portait loin. D'autres, plus gros, montés sur des pattes, rythmaient les battements du cœur et les vibrations de la terre aux quatre points cardinaux. Angélique se mit à danser; son corps fuselé exprimait une grande sensualité, qui s'amplifia avec le crescendo des sons qui montaient vers les rayons du soleil couchant. Le père Ignace commençait à ressentir des picotements lui chatouiller l'échine, des vibrations qui descendaient tout le long de sa colonne vertébrale. Il ne se doutait pas que les queues de castors qu'il dégustait étaient considérées comme aphrodisiaques. Élouèzes-de-feu sentit monter le trouble chez la Robe noire, ce qu'il attribua aux vertus de sa pierre magique. Puis, le rythme déborda en cadence endiablée, et les danseurs devinrent des ombres chinoises dessinées par les flammes. Les danses frénétiques dégagèrent une telle sensualité que le missionnaire dut fuir à l'écart, un peu plus loin sur la grève, où il retrouva un peu son calme.

On voyait de loin la fumée des feux et des nombreuses pipes à tabac qui encensaient le ciel de leurs arômes terrestres. Au gré des volutes de fumée et des cris de ceux qui, après le

---

2. Déité mi'kmaque. Champlain en parle dans son journal.
3. Ainsi appelés parce qu'ils contenaient de l'eau.

sauna dans la suerie, plongeaient dans le Ruisseau, le missionnaire se mit à rêvasser à un empire français et catholique d'Amérique, où il serait le bras droit de son Dieu et le représentant du Roi auprès de ces peuplades récalcitrantes. Mais il traversait une période de déception, car nombre d'Indiens baptisés refusaient *in extremis* le dernier repos dans un cimetière catholique. Il était courant de voir la famille venir chercher le mourant pour lui donner une sépulture dans les lieux sacrés des ancêtres.

— Nous faisons trembler la royauté et la papauté, se consola-t-il, mais, ici, nous nous heurtons à une résistance que la casuistique n'ébranle pas facilement.

Il fut interrompu dans ses réflexions par Joseph, qui était venu le rejoindre.

— Qu'est-ce qui se passe à Québec? demanda Joseph.

— Les Canayens sont inquiets. La survie de la colonie est fragile, et il y a constamment la crainte d'une victoire anglaise. Les colonies de Virginie et de Boston sont déjà vingt fois plus nombreuses.

Joseph, qui avait encore sur la peau le parfum d'Angélique, se sentait loin de tout ça. Et cette conversation sur Québec n'évoqua même pas le souvenir d'Émilie... Il était assez présent quand même pour s'apercevoir que la Robe noire ne parlait pas de la corruption de certains dirigeants, davantage intéressés à s'enrichir qu'à fortifier la Nouvelle-France.

Chapitre 4

Dès 1653, Nicolas Denys, surnommé la Grande Barbe, obtint de la Compagnie de la Nouvelle-France (établie par Richelieu) une vaste concession s'étendant de Canseau à la baye des Chaleurs, en Acadie. Il y organisa le triple commerce du bois, des pelleteries et du poisson avec, entre autres, des établissements à Miscou, à Nipisiguit et à la Miramichy. Il fut nommé gouverneur de ce territoire et chargé d'y établir quatre-vingts familles.

L'auteur

Cinq mois s'étaient écoulés depuis l'arrivée de Joseph au Ruisseau. Les grandes chaleurs n'étaient pas encore terminées qu'il fallait déjà se préparer pour l'hiver. Mais ce qui pressait le plus, c'était de s'abriter, car les nouveaux mariés ne voulaient pas passer l'hiver dans une tente. Joseph et le Vieux mobilisèrent la tribu et l'on commença par creuser une cave, une bonne leçon apprise dès les débuts de la colonie, quand les premiers arrivants gelèrent royalement. Le cèdre poussait à profusion dans les terres humides en haut du Ruisseau et, l'hiver d'avant, le Vieux en avait coupé quelques cordes. Les Mi'kmaqs commencèrent à équarrir le bois avec une hache de la Nouvelle-Angleterre, plus grosse et plus pesante que la hache de traite fabriquée en France. Des coches furent taillées dans les billots de sorte qu'on puisse les ajuster l'un sur l'autre pour construire les murs. Des chevilles en bois d'érable ou de mélèze solidifiaient le tout. Le reste de la structure, travers et soliveaux, était en pin blanc. L'écorce de bouleau blanc entre les murs servait de coupe-vent. En un rien de temps, la tribu avait érigé une chaumière d'une seule pièce, mesurant environ quinze pieds sur vingt-cinq. Le petit Membertou se promenait avec sa hachette pour enlever les nœuds qui dépassaient. Et comme ce n'était pas le château de Versailles, on lui permit quelques dégâts. Angélique et les femmes préparèrent la mousse et la terre glaise pour calfeutrer les pièces de charpente pendant que le reste de la tribu montait un remblai d'herbes marines séchées d'environ un pied de hauteur, afin de bien isoler les fondations. Enfin, le toit en pente fut recouvert de mousse et ce fut avec l'allégresse du tailleur de pierre que Joseph s'attaqua à l'âtre, la « maçounne », qui servirait pour la cuisson, l'éclairage, le chauffage, bien qu'il chauffât le dehors! Il y travailla avec euphorie, s'imaginant déjà, par un soir de poudrerie, assis devant la flamme qui réchaufferait la couche de fourrure, avec le crépitement des nœuds, l'odeur du bois d'érable, la danse des étincelles et la douceur d'Angélique.

Cet automne-là, les moustiques envahirent le campement. Dans sa chaumière, Joseph dut alimenter constamment un feu d'herbes dans un baril de métal; entre deux maux, mieux valait la fumée que les piqûres. Joseph n'en revenait pas de l'esprit d'initiative des Mi'kmaqs; chaque problème avait sa solution, chaque saison, son divertissement. Durant la saison chaude, ils aménageaient une suerie. Dans une tente très basse, les Mi'kmaqs disposaient en cercle, au centre, des cailloux chauffés qu'ils recouvraient de pousses d'épinettes et arrosaient d'un peu d'eau froide. Puis ils s'assoyaient nus, en rond autour des roches, serrés les uns contre les autres. Parfois, pour s'échauffer davantage, ils chantaient en frappant du talon. Ils couraient ensuite se jeter dans le ruisseau. Un rituel qui avait des vertus thérapeutiques car il facilitait la purification du corps.

Mais il n'était plus temps de s'attarder aux bons moments des grandes chaleurs car il restait encore beaucoup à faire avant l'hiver: le bois à couper, le foin à ramasser, les récoltes à mettre à l'abri, la préparation des poissons et des viandes fumés ou séchés. Il lui fallait encore fabriquer le savon, ramasser les bleuets, les fraises sauvages, les framboises et les pommes de pré. Tout prévoir lorsqu'on doit tout produire. Angélique apprêta le lin dont elle ferait des vêtements, de longues opérations qui consistaient à sécher, à broyer, à carder et à filer. Elle prépara aussi les fourrures ; elle affectionnait les peaux de castors qu'elle cousait ensemble pour confectionner des vêtements ou des couvertures. Le travail était éreintant, mais on lui aurait proposé la lune qu'elle n'aurait pas changé de place. Elle oubliait rapidement ses longues journées lorsqu'elle allait se nicher dans les bras de Joseph et qu'ils s'endormaient paisiblement dans leur chaumière chaleureuse.

Les Mi'kmaqs étaient plus un peuple de trappeurs que d'agriculteurs, donc plus nomades que sédentaires. Mais Angélique avait tant insisté que le clan avait défriché, près du Ruisseau, un terrain où il élevait quelques bœufs, des moutons, des poules, une vache et cultivait un petit potager produisant des navets, des courges, des fayots, du maïs et d'autres légumes savoureux pour agrémenter la table.

Le Vieux participait peu aux travaux de la ferme. Il avait sa propre passion : la trappe, la fourrure, la forêt. Il prépara donc ses pièges et continua, bien sûr, ses randonnées hebdomadaires à son refuge de l'île. Chaque semaine, il faisait le trajet d'une lieue dans sa chaloupe à voile. Par un beau matin de l'été des Indiens, il invita Joseph à l'accompagner. D'abord, il y eut un long silence. Puis finalement le Vieux lui confia :

— Avant de quitter la France par le port de La Rochelle, j'ai dû me cacher quelques mois à l'île de Ré, située tout près. Les habitants de l'île m'ont sauvé la vie. Et depuis, j'ai toujours voulu avoir mon île. Elle est un sanctuaire où je viens me reposer pour oublier mes compagnons des galères. J'y ai construit une belle tour d'observation.

En effet, il avait aménagé à l'extrémité ouest de l'île un repaire, au sommet d'un triangle formé par trois épinettes gigantesques.

— Quelle vue splendide ! s'exclama Joseph.

Le regard portait loin. On voyait les côtes de la Gaspésie en face et, à l'entrée de la baye des Chaleurs, les îles de Chipagan[1] et de Miscou.

— Miscou, c'était l'espoir pour Cartier, qui croyait trouver au delà de l'île le passage tant cherché vers les Indes, raconta le Vieux. Il y est tombé en plein dans le piège de ce mirage lorsque, doublant la pointe nord-ouest de Miscou, il a nommé cette pointe Cap de l'Espérance. Cette île, gardienne à l'entrée d'un continent, a vu défiler et parfois s'arrêter bien des drapeaux : des navires vikings, basques, français, anglais, espagnols, hollandais, des pirates et des boucaniers aussi, qui, à ce qu'on dit, venaient y enterrer leurs rapines et leurs trésors.

Tout près du campement mi'kmaq, dans le prolongement de la côte, se trouvait une petite île que les Indiens appelaient Pokesudie ; elle était un lieu sacré où étaient parfois célébrées des cérémonies religieuses.

— Je viens souvent fumer une pipe dans mon repaire... Je vois défiler plusieurs bateaux d'Europe. Cette année, il est trop tard pour la flotte anglaise et pour les corsaires : le gel arrivera bientôt. T'auras pas besoin d'aller à Québec.

Au fond, Joseph était soulagé. Autant il souhaitait avoir des nouvelles d'Émilie, autant il les appréhendait. Par moments, il aurait bien aimé mettre un point final au passé, boucler la boucle, car il était heureux avec Angélique. Elle offrait tout ce qu'un homme pouvait désirer : beauté, chaleur, générosité, intelligence, sensualité. Le Vieux, qui avait allumé sa pipe, s'envola dans ses souvenirs.

— Que de chemins parcourus depuis les galères !

Il se remémora ses premières années à la Miramichy, lorsqu'il faisait le commerce des fourrures pour le comte de Saint-Pierre, qui avait des droits de traite de l'île Saint-Jean[2] à Miscou. Il était à bord du bateau du comte qui avait fait naufrage, en 1723, dans la région de Caraquet. Celui-ci n'avait pas tellement accepté la perte de ses fourrures. Dégoûté des sautes

---

1. Du mi'kmaq *sepagunchiche*, qui veut dire passage des canards.
2. Actuellement l'Île-du-Prince-Édouard.

d'humeur du comte, le Vieux avait décidé alors de s'installer au Ruisseau… à son propre compte !

À peine sorti de sa rêverie, il se tourna vers Joseph et lui dit :

— Je rêve de voir un jour, le long de ces côtes, des maisons habitées, des villages animés, des gens de métiers : charpentiers, maréchaux-ferrants, serruriers, forgerons, couturiers, chaussetiers, cordiers…

Joseph se laissa aller à rêver avec le Vieux :

— Il me semble y voir des laboureurs et des vignerons. J'entends les mariniers équiper les barques.

— Il y aura des orfèvres, des apothicaires, des pêcheurs, des barbiers…, poursuivit le Vieux.

— … des gens d'Église, renchérit Joseph.

— Je n'en veux pas, s'exclama le Vieux, irrité. Ils nous empêchent de vivre. Nous n'avons qu'à suivre les mœurs indiennes.

Joseph comprenait l'amertume du Vieux, qui gardait encore les meurtrissures du passé.

— J'aimerais aussi qu'il n'y ait ni arquebusier ni canonnier, continua Saint-Jean, mais j'ai peur pour l'avenir. La France ne s'occupe pas vraiment de nous, et les gens les plus entreprenants, les huguenots français, qui veulent venir en Amérique doivent s'installer dans les colonies de Virginie, de Boston, du Delaware. Un bon jour, ces colonies n'accepteront plus qu'il y ait un empire étranger à leur porte.

— Mais Pierre de Gua, l'un des fondateurs de l'Acadie, était pourtant protestant, signala Joseph.

— C'est vrai, mais il y a longtemps de ça. On dit même que Champlain avait des sympathies de ce côté. Mais l'on ne changera ni l'histoire ni la politique française.

Joseph ne pouvait qu'approuver de si sages réflexions. Juchés en haut de leurs épinettes, les deux hommes semblaient suspendus dans le temps. Après un long moment Joseph rompit le silence :

— Ça vient d'où, le mot Kalaket ?

— C'est un mot mi'kmaq qui signifie à l'embouchure de deux rivières. Elles coulent un peu à l'ouest du Ruisseau qui porte mon nom. Mais il y a quelque chose de curieux par rapport à ce mot. Les Normands qui pèchent tout près, sur le banc des Orphelins, naviguent sur de gros bateaux à faible tirant d'eau, appelés calanques. Lorsqu'il y a tempête, ils viennent se mettre à l'abri à l'embouchure des deux rivières… alors, de calanque à Kalaket, il n'y a qu'un pas que les Mi'kmaqs ont peut-être franchi.

Le silence s'installa de nouveau. Comme par cycle : quelques échanges, puis la trêve des mots pour profiter pleinement de la sérénité des lieux. Le Vieux rompit le silence.

— Saurais-tu garder un secret ? J'ai une cachette dont personne ne connaît l'existence. J'amasse depuis des années des vivres séchés, de la farine, du vin, dans une grotte. J'y garde aussi des armes et de la poudre pour soutenir un siège. S'il y a une razzia sur nos côtes, nous nous y cacherons avec Angélique et les enfants.

Le mot enfants rappela à Joseph qu'il avait une nouvelle à annoncer au futur grand-père :

— Angélique attend un petit, chuchota-t-il.

Le Vieux, tout heureux, se mit à pleurer doucement.

* * *

L'été des Indiens tirait à sa fin. En ouvrant les yeux un beau matin, Joseph prit conscience d'un manque ; il fut pris d'un ennui terrible. Il pensait à sa mère, à Québec, à l'animation des quais, des rues, des tavernes, aux repas avec les voisins, aux grands vaisseaux qui arrivaient d'Europe et des Antilles.

Joseph vagabonda toute la journée dans le campement, en réagissant négativement aux sons, aux images, aux odeurs de la vie des Mi'kmaqs. Il ne voyait plus la beauté et l'harmonie mais la laideur et le désordre ; et les superstitions, comme celle qui obligeait ces femmes menstruées à se tenir à l'écart devant une tente. Tout près, un mélange de viande d'ours et de gras bouillonnait dans un chaudron : la viande était trop faisandée, couverte de poils et noircie par une cuisson excessive. Les femmes mangeaient à même le chaudron, gloutonnement, en s'essuyant les doigts sur le pelage des chiens qui attendaient

leur pitance. Les haricots bouillis, arrosés de graisse, lui don-
nèrent envie de vomir. Ours écumant, qui cherchait à s'en faire
un allié, l'invita dans sa hutte, une grande tente ronde, mal aérée
et remplie de fumée. Trop basse pour se tenir debout. Une vingtaine de personnes y étaient installées selon leur âge et leur rang
social ; les femmes près de la porte, pour assurer le quotidien !
Des morceaux de viandes séchées étaient pendus un peu partout, et les chiens circulaient librement entre les jarres d'argile
remplies de farine de maïs. Un vieillard mangeait ses poux, non
par appétit mais pour se venger de leurs morsures. Une odeur
terrible le prit aux narines, le poussa à fuir : retourner à Québec,
retrouver son monde, ses amis, le parfum d'Émilie. Et au risque
d'offenser Ours écumant, il s'éclipsa. Il prit la direction de la
plage, cherchant un réconfort près de la mer.

Sur la plage, des femmes travaillaient à fixer sur un bâti
de perches des peaux et des écorces de bouleaux avec, comme
fil, des racines de sapin et, comme aiguilles, des os affilés.
Joseph ne voyait plus leur esprit d'initiative, leur hospitalité,
leur respect de la nature. Il ne se rappelait plus qu'à Québec,
les conditions d'hygiène étaient aussi terribles et qu'au fond, la
puanteur y était encore plus tenace ; l'odeur de la corruption de
certains dirigeants, celle des superstitions et de l'intolérance
religieuse que la senteur de l'encens n'arrivait pas à masquer.
Lorsqu'il revint à la maison avec son humeur massacrante,
Angélique lui demanda :

— Qu'est-ce qui te tracasse ?

Il hésita, ne voulant pas lui faire de peine.

— C'est trop tranquille ici. Je m'ennuie de Québec.

Cela ne surprit point Angélique, depuis longtemps habi-
tuée au va-et-vient dans sa tribu.

— Pourquoi ne pas bâtir une goélette et partir à l'aventure, en commençant par Québec ? proposa-t-elle.

— Oui, c'est plein de bon sens. Mais je ne sais pas si
j'arriverai à le construire, ce bateau.

— Tu y arriveras avec l'aide de mon père ; il a de l'expérience dans ce domaine.

L'idée lui plaisait réellement et il se laissa gagner par cette
suggestion.

— Nous pourrions vendre à profit nos fourrures à Québec, apporter aux commerçants nos huîtres qui s'entassent à la Pointe-de-Roche[3], revenir avec des outils, des étoffes, des pommes, du cidre. Quelle merveilleuse idée! Pourquoi n'y ai-je pas pensé moi-même?

Il connaissait la réponse; il savait très bien que c'était la peur qui le paralysait, plus forte que le besoin de connaître la vérité au sujet d'Émilie. «Cela pourrait troubler mon bonheur avec Angélique», pensa-t-il.

Angélique, qui devinait le cours de ses pensées, s'inquiéta:

— Tu as beau essayer de me le cacher, je sais que tu penses encore à elle.

Il dut bien lui avouer que c'était un peu vrai.

— C'est ben normal après tout. Je ne sais pas ce qu'elle est devenue; ce mystère me hante… Mais ne crains rien, je suis heureux avec toi et je n'ai pas l'intention de me sauver.

* * *

Un bon matin de novembre, Joseph aperçut au large de l'île une boule de feu qui se déplaçait en changeant de vitesse, de forme et de direction. À l'intérieur, un vaisseau tout noir avec de grandes voiles blanches et, sur le pont, des marins qui s'agitaient.

— Le feu du mauvais temps! s'exclama le Vieux… Il va faire très mauvais demain.

— C'est quoi? demanda Joseph.

— On ne sait trop; le feu s'éloigne lorsqu'on s'approche. Ce serait un vaisseau fantôme, celui d'un explorateur portugais, que les Indiens ont brûlé pour se venger d'une razzia sur leurs côtes.

Le lendemain, il fit un temps horrible. Des vents du noroît se déchaînèrent, faisant gémir les arbres, qui se tordirent mais restèrent rivés au cap, et l'on crut un moment que le campement allait s'envoler. Au matin, la grève réapparut,

---

3. Pointe de terre à une lieue au nord du Ruisseau.

jonchée de débris et d'épaves. Les homards et les crabes s'agrippaient aux hautes herbes de la côte. Cette manne du ciel permit à Angélique de compléter les provisions d'hiver, et le surplus servirait à engraisser les terres.

L'hiver s'annonçait terrible. Vers la fin de novembre, un immense drap blanc recouvrit la baie gelée en rides dentelées. À croire que le ciel était défoncé. Joseph et Angélique étaient plus heureux, semblait-il, lorsque la tempête faisait rage dans la baye des Chaleurs. Au pied de la « maçounne », où la braise brûlait sous la cendre, Joseph, étendu sur un lit de fourrures, grisé par l'odeur d'Angélique, se sentit rempli d'une grande sérénité.

Angélique examina le corps musclé de son homme. Elle l'avait remarqué bien des fois, à la forge, dans la suerie, lorsqu'il avait bâti leur maison, quand ils se caressaient dans la nature ou au coin du feu : Joseph portait sur sa poitrine, côté cœur, un tatouage très habilement exécuté.

— Je suis parti de Nantes en 1717 à l'âge de deux ans. Ma nourrice est morte durant la traversée... Ce tatouage est sûrement un indice au sujet de mes origines. Il est une source constante de question et je tolère mal les énigmes...

— On dirait une armoirie, comme celles des nobles. J'ai toujours pensé que tu étais le fils bâtard d'un roi ou d'un prince, lança-t-elle en riant.

— Mes parents possédaient certainement des richesses. À mon arrivée en Canada, on a trouvé, bien enveloppé dans une des malles, un violon. Pas n'importe lequel : un Stradivarius.

— Alors tu vas pouvoir t'en servir pour célébrer, murmura Angélique. Parce que dans mon ventre notre bébé est pressé de naître et il me donne des coups de pied.

Joseph posa sa main sur le ventre bien rond d'Angélique, qui était secoué par les tressaillements de la vie.

— Si c'est une fille, on l'appellera Geneviève, proposa Angélique.

— Et si c'est un garçon, on le baptisera René-Gabriel en l'honneur de ton père.

La cabane gémit, un coup de vent un peu plus fort étant venu ponctuer ce souhait.

— Y fait pas aussi mauvais que ça à Québec, se plaignit Joseph.

— Faut dire que c'est pas ordinaire cette année. On s'en doutait à regarder la hauteur des ruches d'abeilles dans les arbres. Mais ça ne va pas durer ; en janvier il va y avoir une accalmie et on pourra trapper.

— Attrapez-vous les mêmes animaux que dans la région de Québec ?

— Je crois, oui : le vison, l'hermine, la martre, le renard roux, le rat musqué, mais surtout le castor. Et ça rapporte. Avant, plusieurs Français nous troquaient nos fourrures contre des objets sans valeur : des miroirs, des colliers, de l'alcool pour soûler et voler les Indiens. Mais depuis que mon père s'occupe de la vente, ils sont obligés de payer avec des armes, des munitions, des outils, des tissus…

Angélique parlait avec intensité, toute fière d'avoir un père qui savait se tenir debout.

* * *

En février, Joseph accompagna le Vieux dans la forêt, pour choisir deux pins blancs dont seraient faits les mâts de sa goélette. Ils attendirent ensuite le déclin de la lune, quand la sève ne monte presque plus, pour aller les couper. Joseph passa l'hiver dans l'euphorie, refaisant quasiment chaque jour des plans et des calculs pour son navire. Sa joie était d'autant plus grande que le ventre d'Angélique s'arrondissait et que la naissance approchait.

En avril, au moment de la lune des bourgeons, naquit Geneviève, poupon tout rosé, plein de vie, comme une sarabande de feux chalins[4] au large de la Pointe-de-Roche. Et le même soir, alors que la petite dormait à poings fermés, Joseph joua du violon. Cette nuit-là, dans la neige fondante, il dansa longtemps le long des falaises, comme il ne l'avait pas fait depuis le départ d'Émilie, une danse folle, sauvage, exubérante, qui l'amena à croire qu'ailleurs et dans un autre temps, quel-

---

4. Éclairs de chaleur qui illuminent le bas du ciel, sans le grondement du tonnerre.

qu'un de sa famille avait possédé ce talent. Joseph était heureux ; une petite à lui, à Angélique, à eux. Quant à Membertou, après quelques hésitations et manifestations de jalousie dues à l'attention accordée à la petite, il ne tarda pas à aider sa mère à s'occuper de Geneviève.

En mai, le Vieux échangea avec les marchands de La Rochelle les fourrures de l'hiver contre des ferrures, de l'étoupe, des voiles, du brai, du chanvre de Riga et quelques autres matériaux indispensables pour la construction. Ils ne manquèrent pas non plus l'occasion de s'approvisionner en rhum de la Martinique afin d'agrémenter les corvées. Le Vieux avait déjà une provision de bois, et les billots avaient trempé longtemps dans une fosse à l'embouchure du Ruisseau, où se jetait l'eau de mer, ce qui leur donnait une résistance exceptionnelle. Du sapin pour le pont. Du chêne et du hêtre pour les membrures, bordages et vergues. Du violon, autre nom du mélèze, pour la quille. Il mit le bois à sécher une partie de l'été et, à l'automne de 1741, la goélette commença à prendre forme. C'était le premier bateau de Joseph, mais il avait tellement observé les bâtisseurs de Québec, au chantier du Cul-de-Sac, qu'il se sentait d'attaque pour construire un navire de guerre à trois ponts. Et puis, il avait pour associé dans cette aventure un homme qui n'était pas né de la dernière ondée. Lors de son séjour au bagne, Saint-Jean avait longuement travaillé à la réparation des galères. De plus, les Mi'kmaqs aidèrent avec joie et insouciance. On leur montra à se servir des outils, à calfeutrer et à goudronner. Contemplant son deux-mâts, qui mesurait soixante-deux pieds de long, de l'étrave à l'étambot, sur dix-huit pieds de large, et qui avait un tirant d'eau de onze pieds, un bâtiment à deux ponts, avec gaillard avant et arrière, Joseph se sentit libre comme les cormorans qui sillonnaient la baie. Alors monta en lui le démon du voyage, le feu de l'aventure. C'est ainsi que, tout excité à l'idée de s'élancer sur les mers comme son héros d'enfance, Sinbad le Marin, il baptisa son navire *Le Feu du Mauvais Temps*. Et il ajouta, à la proue, le dragon sculpté qui avait orné le drakkar viking échoué près de Miscou !

Chapitre 5

Les pesches sédentaires, estans ici regardées comme un
bénéfice assuré
L'intendant Jean Talon, le 2 novembre 1671

En janvier 1742, Jean-Baptiste, le frère d'Angélique, revint
au Ruisseau, tel l'enfant prodigue après deux ans de va-
gabondages. Il avait visité Québec et Montréal, puis séjourné
quelque temps chez les Odawas[1] de la région d'Ottawa, un
nom algonquin qui signifie Père des nations, désignation pro-
phétique par sa vision d'une future capitale! Il y était resté le
temps d'apprendre le jeu de crosse. Il avait ensuite fait escale
chez les Hurons et les Ériés de la région des Grands Lacs. Sur
le Mississippi[2], il avait admiré de grands canots de douze
mètres, pointus à leurs deux extrémités, dirigés par quatorze
hommes qui faisaient la traite des fourrures jusqu'au poste de
Michillimackinac[3]. Jean-Baptiste portait au front une cica-
trice, pénible souvenir du combat singulier qu'il avait livré à un
chef iroquois et qui lui avait épargné de courir entre deux
rangées de guerriers armés de branches de cerisiers. L'homme
avait mûri, son jugement s'était affiné. Il avait découvert ce

---

1. Algonquins.
2. Qui veut dire Père des eaux.
3. Emplacement actuel de Detroit.

qu'il cherchait dans ses migrations. Ses excursions à l'intérieur des terres et dans la région des Grands Lacs lui avaient rappelé son goût de la mer, de la pêche ; un intérêt à contre-courant des habitudes mi'kmaques. Déjà, avant ses voyages, les capitaines basques et normands lui confiaient le soin de veiller, tout l'hiver durant, sur le matériel de pêche qu'ils viendraient reprendre au Ruisseau le printemps suivant ; de surveiller aussi, à Miscou et à Chipagan, les misérables cabanes couvertes de toile, mises à sac par des pillards à la recherche de ferrures et de clous. Des cabanes où les pêcheurs allaient se reposer, installés sur les paillasses d'herbes séchées dans leur lit de cordages, après leur journée en mer.

Jean-Baptiste ne revenait pas les mains vides. Il fit sensation lorsqu'il déploya un arc de quatre pieds, extrêmement puissant, qu'il avait reçu des Abénakis. Il avait rapporté à Membertou une paire de patins fabriqués avec des os de chevreuil, à son père, quelques succulentes recettes des Grands Lacs et à Angélique, des masques sacrés utilisés dans les rituels de guérison ainsi qu'un sac à médicaments fait avec la queue d'un castor. À Jeannette-Anne, la jeune Indienne qu'il avait remarquée avant son départ et qui commençait à habiter ses rêves, il offrit un jeu de dés, appelé waltestaan, fabriqué par les Mi'kmaqs de la Gaspésie. Il n'avait pas oublié les autres membres de la tribu, distribuant çà et là des blagues à tabac perlées, étuis à couteaux décorés et pipes en tous genres, dont l'une, appelée pipe tomahawk parce que le calumet était assorti d'une lame de hache, fit le bonheur d'Ours écumant. Il donna à Élouèzes-de-feu une amulette (un petit sac recouvert de perles de verre et contenant le cordon ombilical d'un nouveau-né) qui, suspendue au-dessus du berceau, avait, disait-on, pour vertu de garantir une longue vie à l'enfant qui y dormait. Jean-Baptiste revenait la bourse assez bien remplie de louis d'or, de guinées anglaises et de pièces espagnoles qu'il prévoyait utiliser comme mise de fonds pour son commerce de morue. « Un profit assuré sur les marchés d'Europe, des Antilles et du Levant, se disait-il, car n'y a-t-il pas au plafond du parlement de la Nouvelle-Angleterre une morue en or ? » C'est ainsi que la couleur de l'or illumina ses rêves, ce qui inquiéta son père, qui le voyait devenir comme le Blanc : un ramasseur d'écus. Il était aussi noir qu'Angélique était blonde, aussi solitaire qu'elle était sociable ; il avait le nez aussi pointu qu'elle l'avait retroussé. Comme si l'influence blanche ne l'avait même pas effleuré dans ses gènes. À vingt-deux ans, il était aussi passionné pour la pêche que son père pour la trappe. Il passa donc l'hiver à se préparer, amassant des réserves de sel et de « bouette », qui consistait en éperlans pêchés sous la glace l'hiver et harengs frais du printemps, préparant les lignes et les hameçons, arrangeant la cale du *Feu du Mauvais Temps*. Joseph l'aida. Membertou aussi. Il avait beaucoup grandi durant ces deux dernières années. À huit ans, il en avait assez de faire des châteaux de sable et de jouer à faire sortir de leur coquille les barlicocos ramassés sur la grève. Il voulait aussi être du voyage. Angélique hésita, inquiète des rigueurs de la pêche au large des côtes.

— Il va avoir le mal de mer.

— Il y a un vieux truc dont m'a parlé le capitaine Hyacinthe : il suffit de mettre du sable dans ses mocassins…

Mais Jean-Baptiste et Joseph comprenaient que les arguments d'Angélique n'étaient que prétexte pour garder Membertou à terre. Joseph lui répondit pour toucher sa fierté.

— Ça va en faire un homme aguerri. Et son désir de m'accompagner, c'est une preuve qu'il m'a adopté !

Mais, toujours inquiète, elle implora :

— Tu le surveilleras, pour qu'il ne prenne pas froid.

Elle avait ses raisons d'être craintive, car Membertou avait failli être emporté par une mauvaise fièvre peu de temps avant l'arrivée de Joseph au Ruisseau. Il n'avait survécu que grâce aux soins d'Angélique, qui maîtrisait bien l'art de traiter les malades avec des herbes médicinales. Plusieurs disaient qu'elle possédait le pouvoir des mains : un fluide s'en dégageait pour hâter la guérison. De chaudes vibrations qui picotaient la peau lorsqu'elle caressait Joseph.

— Tu sens bon comme un rosier sauvage, lui murmura-t-il, question de lui changer les idées et de la rassurer.

Angélique répondit en se pelotonnant contre lui. Elle l'aimait, toujours fascinée par ses yeux rieurs qui semblaient caresser la vie et les êtres… toujours avec une touche d'ironie.

***

La patience de Jean-Baptiste vint à manquer. Le mois de mai était déjà entamé et, à cause du vent du nordet, les glaces restaient bloquées entre l'île Caraquet et le Ruisseau. Chaque matin, il surveillait la lutte des banquises pour s'agripper aux rives. Chaque soir, il scrutait le firmament pour voir si les étoiles étaient brillantes ou pâles, si la lune avait perdu son halo ou si les «marionnettes» dansaient. Espérant une risée du suroît.

Enfin, l'heure du grand départ sonna. Les Indiens vinrent souhaiter bon vent aux pêcheurs. Élouèzes-de-feu arborait fièrement pour l'occasion sa ceinture de wampum ornée de symboles représentant le grand empire des Mi'kmaqs : les districts de la Gaspésie et des Maritimes, ceux de Gaspé, de Ristigouche, de Miscou, de Poquemouche et de Miramichy. *Le Feu du Mauvais Temps* s'élança, entouré de bleu, de mer, d'azur. Au loin, la côte gaspésienne s'illuminait des tons d'émeraude et de violet. Les vagues des alentours se teintaient de mystère à la pointe de leur crête de cristal, et la mer se tapissa de glaciers qui giguaient encore : quelques retardataires qui ne pouvaient quitter leur berceau. La goélette croisa au large de Chipagan un canot d'écorce gréé d'une petite voile. Et, au large de Miscou, à la hauteur du banc des Orphelins, ils rencontrèrent plusieurs bateaux normands et basques qui arrivaient d'Europe ; certains étaient de conception nordique ou hollandaise : flancs renflés, varangues plates, formes rondes, des navires lourds, comme les hourques et les galiotes, pouvant transporter beaucoup de marchandises. D'autres, comme la goélette de Joseph, ainsi que les caravelles et pinasses portugaises ou espagnoles avaient la coque plus fine et plus allongée, une poupe carrée et la varangue moins plate. Jean-Baptiste en profita pour échanger, contre quelques louis d'or, des vivres frais aux équipages européens qui se nourrissaient depuis des semaines de biscuits de marins, de bœuf salé, de lard, de pois et de fayots.

La morue était abondante, et l'équipage du *Feu du Mauvais Temps* n'en finissait plus de remonter les lignes lestées d'un

53

plomb de trois livres et munies de deux hameçons. Par moments, les bancs de morues étaient tellement drus qu'ils donnaient l'impression de soulever le navire. Un petit problème se posa cependant: les hameçons étaient trop courbés. Les morues les avalaient, et il fallait parfois les ouvrir pour récupérer les hameçons Le travail était rude; des journées entières à pêcher et apprêter la morue. Sur le pont, Jean-Baptiste, vêtu de son grand tablier de cuir, jouait le rôle de piqueur (coupant la gorge et fendant le ventre des poissons), Ours écumant, celui de décolleur (arrachant les tripailles, exutoire pour sa colère), tout en prenant soin de conserver dans des barils distincts les foies qui serviraient, une fois filtrés, à la fabrication d'huiles médicinales. Il restait ensuite à Loup-Marin, un jeune Indien qui aimait la mer, à jouer le rôle d'habilleur, c'est-à-dire à enlever l'arête dorsale des morues, tandis que Joseph recouvrait chaque rang de poissons d'une couche de sel, en attendant qu'on retourne au Ruisseau pour les faire sécher; un procédé qu'on appelle pêche sèche. Membertou était moins actif. En fait, il passa le plus clair de son temps juché à la hune du grand mât, à dessiner dans les toiles de la voilure les baleines blanches qu'il voyait au loin!

Jean-Baptiste avait prévu rejeter à la mer les morues géantes qui séchaient mal, mais il eut la chance de croiser un bateau arrivant de Saint-Malo, qui apprêtait la grosse morue (pêche mouillée ou verte; la morue était ouverte et salée, mais pas séchée) dont les Parisiens raffolaient. L'échange eut lieu: deux petites morues pour une grosse. Et Jean-Baptiste se mit à rêver au voyage qu'il ferait à Québec pour y livrer une cargaison de morues séchées qui se vendraient quinze livres le quintal[4]. Après trois jours en mer, les pêcheurs regagnèrent le Ruisseau, la goélette chargée à ras bord, au risque de faire naufrage sur le banc des Orphelins! La tribu n'avait pas chômé en leur absence. Elle avait construit ce qu'on appelait un échafaud[5], c'est-à-dire un grand plancher surmonté de deux

---

4. À cette époque, le quintal correspondait à un poids de cent livres.

5. À Port-Royal, l'écrivain Marc Lescarbot parlait de l'échafaud «qui s'élevait sur la grève, comme un théâtre de comédie».

pignons et d'un toit recouvert d'une voile de navire, où un piqueur, un décolleur et un habilleur prépareraient le poisson lorsque la pêche se ferait à quelques lieues du littoral. Déjà une volée de goélands tournoyaient autour de la goélette, attirés par la perspective d'un repas gagné sans effort. Les Indiens avaient aussi installé des pierres dressées, appelées « graves », pour le séchage de la morue. Une opération délicate. L'entreprise faillit d'ailleurs tourner au désastre. On utilisa trop de sel, ce qui brûla la morue. Puis, pendant une vague de chaleur et d'humidité qui s'abattit sur la région, on ne retourna pas assez souvent la morue sur la grave. Finalement, on trouva le dosage idéal de sel, de soleil et de vent. Jean-Baptiste se remit alors à rêver aux pièces d'or qui tinteraient bientôt dans son coffre.

* * *

Joseph avait abandonné sa goélette pour faire les foins à la Pointe-de-Roche, où trois roches se dressaient telles des sentinelles en bordure des battures d'huîtres. Angélique était là aussi, particulièrement fière de ses citrouilles ; elle avait suivi la tradition indienne de tremper les graines dans l'eau avant de les semer dans des boîtes d'écorce qu'elle avait gardées bien au chaud quelque temps. Transplantées dans le potager, les citrouilles éclataient maintenant de lumière, taches orange sur fond de foin sauvage. Membertou s'amusait à poursuivre les lapins sauvages. La petite Geneviève gazouillait dans son hamac, tandis que sa mère, coiffée de son chapeau de pluie conique, fait de branches de sapins tressés, chantonnait des berceuses indiennes en cousant une croix d'étoffe rouge et bleue sur la couverture de l'enfant, afin de la placer sous la protection d'en haut.

— Qu'est-ce qui t'arrive ? lui demanda Joseph, étonné.

— Les missionnaires ont peut-être raison. Mon bonheur avec toi m'a permis de pardonner à ceux qui ont fait mal à mon père. Je ne veux plus nourrir de haine et de rancune.

Joseph la prit par la main, heureux, en paix avec lui-même, avec la nature et avec Dieu. La mer était basse. Les huîtres se chauffaient au soleil. Il y avait à perte de vue des coquillages remplis de chair savoureuse.

— Un jour, quand les Français seront solidement implantés en terre d'Amérique, nos petits-enfants commerceront avec la mère patrie. Ils apporteront des caisses d'huîtres à La Rochelle et en ramèneront du bon vin.

Angélique voyait les choses sous un jour différent.

— J'ai bien peur que nos enfants ne connaissent la guerre et l'occupation, comme me le disait Jean-Baptiste l'autre jour. La France néglige trop ce pays. Que deviendrons-nous? s'inquiéta-t-elle.

Joseph la prit dans ses bras; sa chaleur réconfortante ramena la quiétude en elle. Bercés par les effluves de foin coupé et par l'air du large, ils s'étendirent à l'orée d'un muleron[6] doré. C'est probablement ce jour-là que fut conçue la petite Marie-Joseph, dite Josette.

6. Petite meule de foin.

Chapitre 6

[…] Disant que lorsque le Soleil, qu'ils ont toujours reconnu et adoré comme un Dieu, créa tout ce grand Univers, il divisa promptement la Terre en plusieurs parties, toutes séparées les unes des autres par des grands lacs; que dans chaque partie il fit naître un homme et une femme, qui multiplièrent et vécurent fort longtemps; mais qu'étans devenus méchants avec leurs enfants, qui se tuaient les uns les autres, le Soleil en pleura de douleur, et la pluie tomba du ciel en si grande abondance que les eaux montèrent jusqu'à la cime des roches et des montagnes les plus hautes et les plus élevées. Cette inondation, qui disent-ils fut générale par toute la terre, les obligea de s'embarquer sur leurs canots d'écorce pour se sauver du gouffre furieux de ce déluge général, mais ce fut en vain par un vent impétueux qui les culbuta et les ensevelit dans cet horrible abîme; à la réserve cependant de quelques vieillards et de quelques femmes qui avaient été les plus vertueux et les meilleurs de tous les Sauvages. Dieu vint ensuite pour les consoler de la perte de leurs parents et amis: après quoy il les laissa vivre sur la terre, dans une grande et heureuse tranquillité: leur donnant avec cela toute l'adresse et l'industrie nécessaire pour prendre des castors et des orignaux autant qu'ils en auraient besoin pour leur subsistance.

Ancienne légende indienne du Canada,
raconté dans *Honguedo*.

Membertou accompagnait parfois son grand-père à l'île Caraquet. Il couchait alors dans l'observatoire des grands arbres. Cette nuit-là, il fut incapable de s'endormir. En plus de l'excitation qu'il ressentait à l'idée du voyage à Québec qu'il devait faire avec Joseph, les volées d'outardes et de canards faisaient un vacarme terrible. Il descendit de son perchoir au moment où l'aube se levait à la pointe de l'île et que les rayons du soleil y dessinaient des anges ailés. C'est du moins ce que crut voir Membertou. Envoûté par ces images et distrait par ses rêveries sur Québec, il gambada dans cette direction d'un pas alerte, disparaissant presque dans les hautes herbes. Son grand-père lui avait parlé de la méchante Gougou, qui habitait dans une grotte au nord-est de l'île, sur le flanc d'une petite colline couverte d'herbes à outardes. Ce coin de l'île lui sembla étrange. La terre n'avait pas la même couleur. La végétation aussi était différente. Il s'arrêta net, constatant avec effroi qu'il était dans la zone de Gougou. La panique le saisit. Il ne pouvait plus bouger. Les anges ailés avaient décampé bien avant lui. «C'est peut-être le souffle de la méchante Gougou qui change la couleur du sol», se dit-il.

Une bande de lièvres, poursuivie par un renard argenté, le fit sursauter en passant à quelques toises de lui. Leur manège le captiva et l'apaisa. Les lièvres disparurent tout à coup, comme par enchantement. Membertou courut vers le lieu où ils semblaient s'être volatilisés. Derrière un bosquet d'arbustes, il trouva une entrée à flanc de colline. La curiosité l'emporta et il entra. Une faible lumière scintillait au loin. Sur le versant de la plage, le passage s'élargissait. Membertou pénétra dans une grotte scintillant de mille feux. Il se demanda s'il rêvait. Il aperçut des peintures indiennes qui paraissaient très anciennes, avec leurs ocres jaunes, brunes et rouges. Sur sa gauche, une fresque montrait un être auréolé de lumière, qui ressemblait au Grand Manitou tel que le dépeignait le chaman. De son souffle naissait une planète avec une végétation qui lui était inconnue et il distingua des animaux et des oiseaux étranges. Il était stupéfait, muet d'émerveillement. Une deuxième fresque illustrait un homme et une femme nus qui contemplaient un jardin garni d'arbres et de fleurs que Membertou n'arrivait pas à nommer. Cela lui rappela les histoires que le missionnaire contait au sujet du jardin d'Éden. Plus loin, il discerna un grand canot sur lequel se posait un oiseau tenant dans ses serres une touffe d'herbe. Un animal à l'air très doux, avec une seule corne au front, se tenait sur un petit promontoire, presque submergé par les flots. Membertou s'attarda longtemps à ce dessin. Il aurait aimé apprivoiser un animal aussi beau, bien que celui-ci lui parût orgueilleux, défiant le déluge avec sa corne unique, dressée comme une flèche. À sa droite, une peinture représentait un grand bateau portant une sculpture du dieu Odin à sa proue. «Mais ça ressemble au vaisseau échoué à l'île de Miscou, constata-t-il. Les Mi'kmaqs ont peint le navire des Vikings!»

Il pensa aux cheveux blonds de sa mère qui permettaient de croire que les Mi'kmaqs et les Vikings avaient mélangé leur sang. Ces cheveux couleur épi de blé qu'il ne se lassait jamais de regarder et de caresser.

Vraiment, il n'y comprenait plus rien. Il regarda attentivement les symboles peints près du navire: vingt-quatre signes d'un genre différent de celui des écritures sur les peintures de l'Éden.

Il poursuivit son exploration, découvrant d'autres peintures, qui paraissaient plus récentes. Une scène frappa son imagination: une famille, avec un enfant dans un berceau d'écorce. Il pensa à Joseph, son nouveau père, et à Geneviève, sa petite sœur qu'il apprenait à aimer. Cela n'avait pas été facile, car dès les premiers mois de la naissance de sa sœur, il avait manifesté de la jalousie. Puis lorsqu'elle commença à marcher, il passa de longues heures à jouer avec elle. Il l'agaçait, lui jouait des tours, lui faisait des grimaces pour la faire pleurer; une façon de montrer une certaine rancune face à l'enfant qui prenait sa place. Mais par ailleurs, quand Joseph perdait patience et grondait Geneviève, Membertou s'interposait. Ses colères étaient remarquables. Il criait et cassait tout ce qu'il trouvait à portée de sa main. Une vraie furie qui explosait lorsqu'il était puni (par Joseph, qui ne respectait pas toujours les mœurs indiennes), pour avoir fait mal à Geneviève, l'avoir incitée à faire des mauvais coups ou à dire des mots inacceptables. Le bruit des vagues, tout près, le berça comme pour célébrer ce moment de rapprochement avec sa nouvelle famille. Soudain, un scintillement au-dessus de sa tête attira son regard. Dans une faille de la grotte, sur une roche d'un bleu sombre, trônait un petit coffre en métal poli. Il s'approcha, intrigué. L'examina. L'ouvrit. Il en jaillit un ruisseau de couleurs : jaune, bleu, rouge, violet, de l'or et des pierres précieuses. Ce qui le fascina par-dessus tout, ce fut une croix en or, avec des rubis aux pointes. «Ça doit être ça, le paradis décrit par le chaman et le missionnaire.»

Toutes ces beautés lui avaient fait oublier la méchante Gougou. «J'ai hâte que grand-père m'explique tous ces mystères.»

Il referma le coffre et sortit de la grotte du côté de la plage. Le soleil s'étirait doucement sur la pointe de Miscou. Il y trouva le vieux Saint-Jean, qui comprit tout lorsqu'il aperçut Membertou sur la plage.

— D'où sors-tu ? lui cria-t-il en le voyant sortir des hautes herbes.

— Grand-père, j'ai trouvé une sorte de paradis là-bas, dans une grotte, lui répondit Membertou, encore sous l'effet de l'enchantement des lieux qu'il venait de visiter.

Le vieux Saint-Jean resta un moment sans voix, puis se ressaisit.

— Je croyais t'avoir interdit de t'aventurer là-bas. Tu dois maintenant me jurer de n'en parler à personne.

— Oui, oui, mais explique-moi, raconte-moi ce qu'il y a dans la grotte.

— Un peu de patience… Assieds-toi, puis écoute bien. Il y a très longtemps, les Mi'kmaqs ont découvert ce site et les tableaux dans la grotte racontent leur propre histoire. Ils ont aussi peint l'histoire de la création du monde selon leurs croyances. On y retrouve les mêmes légendes que dans le catholicisme avec le jardin de l'Éden, le déluge…

— C'était quoi le déluge ?

— Certains parlent du châtiment de Dieu pour punir les hommes de leur méchanceté. D'autres racontent que, dans les temps anciens, une lune est tombée sur la terre et a causé cette catastrophe. Cet astre serait tombé sur un continent qui aurait produit une civilisation très florissante avant d'être englouti.

On l'appelait l'Atlantide. Ses habitants durent fuir devant les tremblements de terre et les éruptions des volcans. Plusieurs se rendirent en Perse; d'autres en Égypte, où ils construisirent les grandes pyramides. Le déluge a aussi englouti les terres basses du Canada.

— Où as-tu appris toutes ces choses?

— Je ne t'ai jamais parlé de mes jeunes années à Rouen. Mon père était imprimeur et possédait une grande bibliothèque où j'ai beaucoup appris sur les civilisations perdues. Souvent, le soir, les savants huguenots de la ville se réunissaient chez nous et j'écoutais leurs conversations, caché en haut du grand escalier de pierre. C'était après les guerres de religion, mais on continuait quand même de harceler mes parents, qui furent ruinés à cause de leurs croyances. Ils ne se remirent jamais de cette faillite et moururent dans la misère. J'avais alors vingt ans et une seule idée en tête : me venger, laver notre honneur. Je me suis alors lancé dans la fabrication de fausse monnaie afin de racheter le domaine familial, mais hélas, je me suis fait prendre et on m'a condamné aux galères.

Membertou avait déjà entendu parler de l'épisode des galères et, là, il était impatient de connaître la suite.

— J'y ai vu un animal superbe, se rappela Membertou. Existe-t-il quelque part?

— Les Anciens l'appelaient la licorne. Une légende raconte qu'elle fut trop fière pour se réfugier dans le Grand Canot et qu'elle périt dans le déluge.

— C'est injuste! s'écria-t-il. Pourquoi le dieu de la Création ne protège-t-il pas ses créatures?

— Nul ne connaît le dessein qui est le sien, expliqua le Vieux avec une pointe d'amertume.

Après un silence il continua :

— Tu as dû remarquer les peintures indiennes sur les Vikings, avec leurs écritures.

— Oui, et il y a des drôles de dessins en bas de ces tableaux…

— On les appelle des runes. Les Vikings les inscrivent sur de petits disques de pierre dont ils se servent pour prévoir l'avenir.

— Et le vaisseau à la proue sculptée… ? Il ressemble au bateau échoué à Miscou.

— Cela s'appelle un drakkar. Les Vikings sont restés quelque temps… D'ailleurs ta mère Angélique en conserve certains traits…

— C'est pour éloigner les curieux de cet endroit que tu as lancé la rumeur de la méchante Gougou ?

— Oui.

— Où est sa demeure alors ?

— On croit qu'elle se terre sur l'île de Miscou, mais comment savoir ?

Un lourd silence s'installa pour marquer la solennité du moment, comme si le souffle maléfique de la Gougou les avait enveloppés.

— J'ai une certaine crainte, lui confia le Vieux. Chaque année la mer ronge le cap. Bientôt il ne restera plus rien de ces trésors.

À ces mots, Membertou eut un sursaut. Captivé par l'histoire qu'il entendait, il avait presque oublié « son » trésor.

— J'ai trouvé un petit coffre rempli de pierres précieuses et de pièces d'or…

— Petit gougou, va. Je croyais que tu ne l'avais point remarqué. Bon, il vaut mieux tout te raconter alors. Il y a plus de vingt ans, lors des grandes marées d'octobre, la carcasse d'un navire calciné est apparue près de Miscou, aux abords d'un petit îlot que j'ai appelé l'île au Trésor. Tu te rappelles l'histoire de ce vaisseau maudit que les Mi'kmaqs brûlèrent pour se venger des razzias… On raconte qu'un certain Gaspar de Corte Real, d'une famille de navigateurs portugais, massacra des Indiens béothuks à Terre-Neuve, en l'an 1500; d'autres membres de la tribu ne tardèrent pas à lui réserver le même sort. En 1502, son frère Miguel partit à sa recherche et il fut tué à l'île aux Hérons par un jeune Mi'kmaq qui l'accusait d'avoir séduit sa fiancée. Une légende raconte que l'explorateur reviendra un jour dans un navire en flammes, pour se venger. Tu sais, il y a peut-être un fond de vérité à la légende du feu du mauvais temps… J'ai trouvé le coffret dans la cale et je l'ai apporté dans la grotte. J'ai pour mon dire qu'un jour ce trésor servira, sinon pour assurer notre prospérité, au moins pour marchander avec les Anglais qui, j'en ai bien peur, nous traiteront bientôt comme des esclaves. Ce trésor est sacré. Il pourrait nous permettre de vivre dans la richesse, mais nous devons refuser d'y toucher sauf en cas d'extrême nécessité. Il nous faut vivre comme les gens ordinaires, autrement nous deviendrons possessifs et cupides. J'étais le seul à connaître ce lieu. Désormais je partagerai ce secret avec toi, mon grand.

Le Vieux refusa d'en dire davantage. Membertou, fier de la confiance que lui accordait son grand-père, ne posa plus de questions.

Chapitre 7

Ce que l'on nomme Carraquet est une isle devant lequel il y a une fort grande baye qui s'enfonce de trois lieues il y a une rivière dans son fond (Rivière du Sud)... jay visitté cette baye des deux bords du costé du nord (Maisonnette et Anse Bleue)... Ensuite est Chipagan, ce n'est autre chose que un grand enfoncement qui va d'une mer à l'autre par des coupures qui forment des isles, il n'y a que de petits bâtiments qui peuvent y passés ils font le tour d'une pointe, les chaloupes passe par une petite passe (entre l'île de Pokesudie et la terre ferme) pour aller dans cette baye qui se nomme Chipagan de sorte qu'elle forme une autre isle qui fait une pointe qui la longe fort loin en mer, l'on nomme cette pointe miscou...

Tiré du mémoire concernant l'abbaye des Chaleurs au sud du fleuve Saint Laurans. Fait à Louisbourg ce 19e Aoust 1724 par Sieur L'Hermmitte, ingénieur du roy.

[...] un rocher fort haut, eslevé des deux costez...

Champlain, en vue du rocher Percé

À la fin de septembre, *Le Feu du Mauvais Temps* était prêt pour le voyage à Québec. Angélique transporta dans un petit cagibi des pots de confiture à la citrouille. Jean-Baptiste chargea la cale de morues séchées. Joseph empila des caisses d'huîtres ramassées sur les battures de la Pointe-de-Roche.

Angélique profita d'un court répit dans cette corvée pour ouvrir quelques huîtres qu'elle dégusta avec Joseph. «Ça stimule les passions», lui murmura-t-elle. Joseph n'avait pas besoin de tant d'encouragement et la vérité de ses dires fut confirmée…

Lorsque le soleil fut au zénith, le vaisseau effleura Miscou, avec ses cabanes de pêcheurs bretons, basques et normands. En face, sur l'île de Chipagan, on apercevait les traces des installations de Nicolas Denys du temps où le roi lui avait accordé, par lettre patente portant un grand sceau de cire verte, le titre de lieutenant général et gouverneur de l'Acadie des côtes et l'avait chargé d'y installer des comptoirs de traite pour la pêche et les fourrures, les deux sources de revenus qui incitaient la France à s'occuper de ses colonies. Denys avait sillonné pendant près de cinquante ans ce vaste territoire, au temps où la France avait encore des rêves à la mesure du continent.

— Tout un personnage que ce Denys, entreprit Joseph, songeur.

— Qui c'est? demanda Membertou.

— Il est venu avec les fondateurs, Razilly et D'Aulnay. Tu as peut-être remarqué, dans la bibliothèque de ton grand-père, les deux livres qu'il a écrits; un vigoureux plaidoyer pour le développement de notre pays. Pendant plus de cinquante années, il s'est battu pour y intéresser le roi; il est même allé le voir à Versailles pour lui offrir ses plus belles fourrures de renards argentés. Sans grand résultat cependant.

Voilà qui frappa l'imagination de Membertou, lui qui ne comprenait pas que les Français laissent leur pays lointain et merveilleux pour la neige et les brumes du Canada.

* * *

Le second soir, *Le Feu du Mauvais Temps* jeta l'ancre près du rocher de Percé. À l'aube, bien installé dans un doris, Membertou rama en direction de cette merveille de la nature, dressée comme un sphinx, avec ses deux énormes trous perforés par la mer. Les petites embarcations pouvaient le traverser, à marée haute, ce que Membertou entreprit de faire, puis, au risque de se casser le cou, il escalada le rocher en faisant dégringoler des fossiles millénaires. Joseph lui pardonna sa fugue devant la provision d'œufs qu'il avait rapportés et qui firent ses délices. Tout près, sur l'île Bonaventure, les margaux, ces fous de bassan, voltigeaient comme pour lui fabriquer un toit, une myriade de flocons qui, par instant, prenait l'allure d'une véritable tempête de neige.

Le lendemain, Joseph et son équipage firent escale à Gaspeg, surnommée la clef du Canada parce qu'elle commandait le passage du fleuve vers Québec et un des havres les plus sûrs du littoral atlantique.

— C'est ici qu'en 1534 Jacques Cartier a pris possession du pays, raconta Joseph. Avec une croix de cinq toises arborant un écusson à trois fleurs de lys et un écriteau portant la mention : VIVE LE ROY DE FRANCE.

— Est-ce qu'on peut la voir ? demanda Membertou.

— Elle s'est écroulée… en piteux état comme la Nouvelle-France. Si le roi ne s'occupe pas plus de son butin, grogna Joseph, il n'en restera plus rien.

Joseph devait remettre à une dénommée Françoise quelques sacs de farine fleurie que lui envoyait le Vieux. Elle était la fille de Madeleine, une Indienne qui avait épousé Saint-Jean en secondes noces. Françoise n'avait jamais accepté sa seconde famille, et le Vieux n'avait jamais compris pourquoi. Ainsi les liens entre Saint-Jean et sa fille adoptive étaient-ils strictement commerciaux. Françoise dirigeait le poste de traite de Gaspeg pour les fourrures de la région. Elle était autodisciplinée et avait un tempérament d'ermite qui forçait l'admiration. Elle se livrait rarement, afin de protéger son intimité, mais ce jour-là, elle parla à Joseph de son mari Pierre Le Vicaire, qui était à la pêche, de ses petites dernières, Anne et Marie, et de son désir de visiter Québec. Jean-Baptiste, qui n'avait jamais vraiment entendu sa demi-sœur exprimer un désir personnel, n'en revenait pas.

— Tu es la bienvenue… Il y a de la place, proposa Jean-Baptiste.

— À un autre moment, peut-être…

À l'instant où ses hôtes partaient, elle demanda des nouvelles du Vieux, ce qui fit dire à Jean-Baptiste qu'elle en était sûrement à son retour d'âge !

***

Le Feu du Mauvais Temps entreprit la remontée du fleuve Saint-Laurent, et un vent favorable le poussa rapidement en vue des côtes de Tadoussac, à l'embouchure du Saguenay.

— Le Sieur de Roberval a tenté en vain d'implanter des colons dans cette région, raconta Joseph. C'était en 1541, lors du dernier voyage de Cartier à la recherche du fabuleux royaume du Saguenay où, disait-on, l'or poussait partout.

Membertou, fasciné par le spectacle que lui offraient des baleines, n'écoutait que d'une oreille et s'exclama :

— Des bancs de baleines là-bas !

Une dizaine de bélugas blancs caracolaient, virevoltaient, pirouettaient comme des enfants, en s'approchant de la goélette ; Membertou en avait le souffle coupé. Certains expulsaient l'eau de leurs poumons en geyser, tandis que d'autres sortaient hors de l'eau et se laissaient retomber sur le dos près du navire, aspergeant les passagers d'une cascade d'eau et d'écume projetée par leur queue. La lumière rose du crépuscule se reflétait dans ce ballet de corps fuselés qui s'élançaient et s'arquaient en fendant la vague. Les dauphins se mirent aussi de la partie, faisant une danse en zigzag dans laquelle ils frôlaient nonchalamment la coque, à tribord, puis plongeaient et réapparaissaient à babord. Un peu plus loin, quelques rorquals bleus au dos marbré dormaient au fil de l'eau, en ronflant bruyamment, tandis que des goélands prenaient un malin plaisir à gratter la peau de leur dos séchée par le soleil. Pour certains, c'était l'heure du repas ; ils engloutissaient donc d'énormes quantités de krill et d'eau. Membertou admira longtemps ce spectacle, puis porta son attention sur les fous de bassan qui planaient en quête de harengs et de caplans.

Pendant la nuit, Membertou rêva qu'il arrivait à l'île Caraquet sur un béluga. Monté à califourchon sur le doux animal qu'il guidait avec des cordeaux d'algues tressées, il apparaissait dans une gerbe d'écume et la tribu tout entière l'acclamait.

Jean-Baptiste fit un cauchemar : son père l'avait enfermé dans un grand coffre en or avec du pain sec et de l'eau pour le punir de sa cupidité. Il se réveilla en nage, cherchant à se convaincre qu'il ne voulait que démontrer aux Blancs la capacité des Indiens de devenir de grands commerçants.

Quant à Joseph, il tenait la barre, se remémorant son enfance et les heures passées le long des quais où de gros navires d'outre-mer venaient chercher leur cargaison de fourrures, où arrivaient aussi des Antilles les barils de sucre, de mélasse et de rhum. Parfois, avec ses amis, il allait surveiller la construction des navires, près de la rue Cul-de-Sac. L'odeur du goudron le faisait rêver à la route des épices qu'avait suivie son héros Sinbad. Il y avait aussi les senteurs du bois : le chêne, le hêtre, l'orme et les grands pins blancs dont on faisait les mâts des navires. Et d'autres parfums, plus discrets : ceux des amours clandestines. C'est justement parmi les cordes de bois qu'il avait rencontré Émilie, dont les parents étaient en train de se faire construire une nouvelle demeure, une grande maison à trois étages située près de la rue Sous-le-Fort, du côté du Cul-de-Sac. Joseph et Émilie avaient alors connu en secret la période des amours, les rencontres à la sauvette, les traversées à Lévis sur la glace en s'inventant un autre univers au balancement de la carriole. Joseph fut brusquement tiré de sa rêverie par Jean-Baptiste qui venait prendre la relève. Fatigué de sa nuit et de ses impossibles rêveries, il s'endormit rapidement, mais son sommeil fut traversé par un rêve étrange qu'il avait fait fréquemment pendant son enfance. Dans un château en pierre, près d'un fleuve, une meute de chiens aboyaient, tandis que des gens à cheval partaient pour la chasse aux sangliers. Il n'arrivait cependant jamais à distinguer les visages. À son réveil, il se demanda si ce n'étaient pas ceux de ses parents inconnus.

La seigneurie de Saint-Jean-Port-Joli se dessina sur la rive. Joseph mit le cap sur la côte et se réjouit à l'idée de rencontrer un grand amateur d'huîtres, le seigneur Jean Aubert de Gaspé en personne. Dans le manoir construit en bordure du fleuve, une longue table était dressée dans une grande salle aux hautes boiseries. Mis à part les trésors de l'île Caraquet, Membertou n'avait jamais rien vu de si beau : les couverts en argent disposés sur une fine nappe empesée, les bougeoirs suspendus en cristal brillant de mille feux, les serviteurs en livrée, les dames qui exhibaient leurs riches parures. Mais Joseph était pressé. Il avait tellement hâte de revoir Québec, sa mère, ses amis. Et sans se l'avouer, il espérait bien avoir des nouvelles d'Émilie. Quelques heures plus tard, Québec était en vue. Une grande émotion l'étreignit lorsqu'il aperçut l'île d'Orléans, puis le cap Diamant, surmonté du château Saint-Louis. Il s'attarda à l'animation des quais de Québec, où se balançaient, près de la Batterie Royale, une trentaine de navires venant de France, de Louisbourg et des Antilles ; l'un d'eux s'apprêtait à appareiller pour la France avec une cargaison de fourrures.

— Il doit y avoir des fourrures de chez nous, observa Membertou.

— Et qui coûtent dix fois le prix, renchérit Jean-Baptiste.

Un autre vaisseau était chargé à ras bord de pin blanc destiné à la fabrication des mâts des bâtiments de la marine royale. Jean-Baptiste réfléchissait déjà au commerce qu'il pourrait entreprendre avec les grands pins blancs de la Miramichy. Un navire des Antilles attira son attention. Des hommes faisaient rouler des tonneaux de rhum jusqu'aux charrettes ; l'image de cette boisson chaude caressant le gosier donna soif à Jean-Baptiste. Pour Joseph, c'était l'image d'Émilie qui revenait comme une douleur sourde qui se réveille. Des souvenirs surgissaient avec ces goélands qui s'amusaient dans le ciel, comme à l'époque des amours enfantines. « Pourquoi ne puis-je oublier ? Bien sûr, elle a été mon premier amour, mais il y a plus. Que réveille-t-elle en moi pour que l'ancrage soit si solide ? » se demanda-t-il.

Chapitre 8

Je cherchai lieu propre pour notre habitation, mais n'en
pu trouver de plus commode n'y mieux situé que la
pointe de Québecq, ainsi appelé des Sauvages, laquelle
estoit rempli de noyers.

Champlain, en 1608

Déjà avant l'arrivée des Blancs, Québec[1] était pour les
Indiens la ville du son, de la musique, de la fête, et Joseph
sentit la joie l'envahir lorsqu'il entendit carillonner la cloche de
mille livres, en haut du cap. Jean-Baptiste et Membertou l'ac-
compagnaient. Ils longèrent la Batterie Royale, onze canons
installés au niveau du fleuve, et arrivèrent à la Place Royale, la
place du marché. Il y avait là des gentilshommes coiffés du tricorne, des ramoneurs noirs de suie, des Indiens vêtus de costumes bariolés et, près de l'église Notre-Dame-des-Victoires
(construite sur les fondations de l'Habitation de Champlain),
des orfèvres fabriquant des objets religieux. Sur une estrade, au
centre de la place, une troupe de théâtre jouait les exploits des
coureurs de bois. Partout une grande animation. Le tumulte
du marché. Les bruits de charrettes dans les ruelles. Les roule-
ments de tambours annonçant les proclamations royales, ces
édits lus par des crieurs et qui interdisaient à peu près tout. Des

---

1. Dont Cartier disait: «[...] là est la ville et la demeurance du Seigneur
Donacona, laquelle demeurance se nomme Stadaconé.»

paysans déambulaient dans tous les sens, vendant leurs poulets et leurs légumes ; d'autres transportaient des tonneaux de vin sur des perches portées à l'épaule. Dans les ruelles zébrées de crachats jaunâtres, s'amoncelaient les détritus, le crottin des chevaux et des bœufs et il flottait dans l'air des senteurs de poisson et d'excréments. Mais les odeurs du pain frais, la fragrance des épices et les effluves plus caressants de l'air salin qui s'amenait du large l'emportaient sur ces senteurs nauséabondes. Un crieur public, avec son tricorne à plume, son manteau bleu brodé de lys d'argent et son jabot de dentelle, agitait une clochette. Après avoir annoncé la vente d'indulgences, il déclama :

— Oyez, oyez. Qu'on se le dise, bonnes gens, messeigneurs, gentilshommes, il est interdit de vendre des boissons aux Indiens, sous peine d'amende, de prison ou d'excommunication... Défense aux étrangers de vendre leurs produits à moins d'être munis d'un permis spécial...

— Tiens, tiens, observa Joseph, il faut que je trouve un moyen d'écouler ma marchandise.

Ils quittèrent la place du marché pour se diriger vers l'auberge *Le Chien d'or*[2] (dans la rue Buade). Joseph y venait souvent quand il habitait à Québec. Dans la salle enfumée, attablés devant de grands pichets de bière, des clients jouaient au jeu de hoca, aux cartes ou aux dés. Joseph ne reconnaissait plus l'endroit. Le décor avait changé ; les fourrures accrochées aux murs n'étaient plus les mêmes. Le propriétaire, le gros Philibert, installé derrière le comptoir, lui expliqua :

— Mon associé, Gaboury, a déménagé à Boston après bien des démêlés avec les autorités religieuses concernant la vente des boissons.

Joseph ne put cacher sa déception.

— Maudits règlements. La Nouvelle-France perd peu à peu ses meilleurs hommes.

---

2. Une sculpture du Chien d'or, datée de 1661, ornait la façade de l'auberge. Un roman historique sur l'époque de la guerre de la conquête, écrit par William Kirby, porte ce nom. Il est publié chez Stanké.

— C'est bien vrai, renchérit Philibert. Encore la semaine dernière, une famille qui refusait de se convertir au catholicisme a dû partir pour New York.

Joseph s'installa un peu à l'écart, avec Jean-Baptiste et Membertou. Fatigué du long voyage, un peu étourdi aussi par cette effervescence, il commanda un pichet de rhum pour Jean-Baptiste et lui ainsi qu'un grand verre d'eau d'érable pour Membertou.

— Le feu a détruit la maison de la veuve Lamothe hier, dit quelqu'un.

Le feu, danger permanent à cause des foyers mal nettoyés. Joseph connaissait ça ; il en avait vu des incendies pendant son enfance. À une autre table, on se plaignait de la rigueur des autorités ecclésiastiques :

— C'est rendu que les femmes sont obligées de se cacher sous les couvertures, pesta un coureur de bois. À cause de ces maudits édits, elles ne peuvent même plus porter les cheveux longs, ni montrer leurs épaules.

— Les curés voient des démons partout, conclut son compagnon. Heureusement qu'il y a la forêt et les Indiennes. Avec tous ces règlements pour nous empêcher de vivre, je comprends que Gaboury ait lâché la taverne.

Joseph aurait bien aimé revoir son ami, qui l'avait toujours accueilli comme un père lorsqu'il venait se rafraîchir avec Émilie, parfois même après la fermeture. Tout à coup, le fils du tenancier s'approcha de leur table et dit à Jean-Baptiste :

— T'es indien, toi ; t'as pas le droit de boire ici.

— Les Indiens habitaient ce lieu des millénaires avant l'arrivée des Blancs ; je ne bougerai pas d'ici.

Philibert s'amena au pas de course.

— Son père vient de Normandie, s'interposa Joseph.

Le tenancier éclata de rire.

— Il est noir comme un corbeau… Dehors, avant que j'appelle les gardes… Je ne veux pas perdre mon permis, moi !

Deux joueurs de hoca se levèrent et tentèrent d'empoigner Jean-Baptiste. Les mains commençaient à lui démanger et, d'un seul coup de poing, il en étendit un sur une table. Ce n'était plus la colère maintenant qui habitait Jean-Baptiste :

cela l'avait mis hors de lui de se faire donner des ordres dans son propre pays.

— Mon peuple prêchait l'égalité à l'époque où vos ancêtres vivaient dans la barbarie, hurla-t-il.

Membertou, se croyant déjà sur le sentier de la guerre, cassa une cruche de rhum sur la tête d'un assaillant. À cet instant, des soldats entrèrent en trombe dans la taverne, alors que le propriétaire chargeait dans sa direction, armé d'un tesson de bouteille. Il valait mieux quitter ce décor de chaises cassées et de couteaux dégainés. Joseph, Jean-Baptiste et Membertou profitèrent de la confusion causée par l'arrivée des soldats pour décamper par la porte arrière, qui donnait sur une ruelle. Jean-Baptiste était vert de rage, incapable de comprendre le mépris des Blancs. Joseph, quant à lui, ne s'attarda pas à ses émotions. Il n'avait qu'un souci en tête : semer les gardes. Par bonheur, une foule était attroupée tout près. Ils s'y agglutinèrent. Un homme, tête nue, les mains liées, se traînait à genoux.

— C'est un huguenot condamné au pilori, leur expliqua un badaud.

— Pourquoi ? s'étonna Membertou.

— Il a fait le commerce de la viande le vendredi. Alors, il doit expier sa faute à l'église Notre-Dame-des-Victoires.

— La puissance du clergé…

— Eh oui !

Joseph se rendit compte à quel point il s'était éloigné de ces usages depuis son départ pour les forêts de Caraquet.

* * *

La mère de Joseph travaillait comme bénévole chez les Hospitalières de l'Hôtel-Dieu. C'est là qu'il la retrouva. Il la serra longuement dans ses bras, rempli de remords, comme s'il l'avait abandonnée. Elle avait beaucoup vieilli, et il eut l'impression qu'il la voyait pour la dernière fois. Après lui avoir beaucoup parlé de sa nouvelle vie, de sa nouvelle famille, il lui offrit un manteau et un chapeau qu'Angélique avait confectionnés avec les plus belles peaux de renards argentés de son père.

— Ce sera bon pour réchauffer mes vieux os, lui dit-elle en le remerciant.

Quant aux religieuses, elles lui achetèrent toutes ses huîtres et ses pots de confiture à la citrouille, pour un prix dérisoire, de l'avis de Joseph : quelques écus et des caisses de pommes. Il réussit encore à négocier pour rapporter à Angélique quelques étoffes de soie et du ginseng, plante aux vertus médicinales qu'on cueillait depuis quelque temps en Nouvelle-France pour la vendre à bon prix en Chine.

* * *

Après avoir passé une nuit agitée, tiraillé entre sa vie à Caraquet et celle de Québec, entre le souvenir et la réalité, entre le besoin d'en savoir davantage et celui d'oublier, Joseph décida de revoir Cristel, la sœur cadette d'Émilie. Il ne lui avait pas parlé depuis son départ, à l'époque où il cherchait désespérément des indices sur la destination de sa fiancée. Il alla cogner à sa porte. Elle lui sauta au cou, innocente et pure comme l'Émilie de ses amours. Ils allèrent se promener sur les remparts, près du château Saint-Louis qui dominait le fleuve, et parlèrent longuement. Cristel se décida enfin.

— J'ai quelque chose à te remettre, dit-elle.

De la poche de son manteau, elle tira un petit paquet qu'elle remit à Joseph. Il l'ouvrit et ce qu'il vit le laissa sans voix : une lettre et un portrait d'Émilie. Son être se mit à tressaillir.

Émilie avait appris, à Nantes, que Joseph était vivant mais, comme elle s'apprêtait à revenir, un navire qui avait fait escale au Ruisseau lui apporta la nouvelle que Joseph avait femme et enfant. Silencieux, Joseph ressassait des bribes de sa lettre : « Je ne veux pas nuire à ton bonheur... Un riche marchand jersiais prend soin de moi... prend soin... prend soin... et je reprends goût à la vie. » Émilie ! Son nom fusa, rythmé par les coups du courant, en bas du cap : Émilie, un nom qu'il n'arrivait pas à neutraliser. Une sorte d'ivresse le terrassa, comme si l'île d'Orléans tout près, qu'on appelait aussi l'île de Bacchus en raison de la vigne qui y poussait,

avait fermenté dans l'air tous les vins de la terre. Cristel chercha à le distraire

— Regarde les feux là-bas sur l'île aux Sorciers. C'est
l'autre nom donné à l'île d'Orléans parce que les habitants y
allumaient des feux le soir.

Et l'ivresse devint brasier. Longtemps il resta sur les remparts, à contempler le portrait d'Émilie à la lueur des flammes.
Longtemps il resta pétrifié, coincé dans une étreinte entre le
ciel et la terre, le fleuve et le cap, comme dans un rêve. Et
lorsque les feux s'éteignirent au loin, que l'ivresse se dissipa et
que le courant se reposa dans la marée perdante, il sut qu'il
devait choisir.

— J'ai très envie d'aller la trouver, avoua-t-il.

— Il ne faut pas, mon ami. Tu es bien, là-bas, avec ta
nouvelle famille, tu oublieras. Émilie t'aime toujours, mais elle
doit maintenant suivre son destin.

Il savait qu'au fond Cristel avait raison. Et la lettre d'Émilie ne faisait que le confirmer.

* * *

Le Feu du Mauvais Temps appareilla le lendemain à destination de l'Acadie et du Ruisseau. Jean-Baptiste ne posa pas
de question à Joseph, habitué en Indien à respecter le silence
de l'autre. Il avait lui-même l'esprit ailleurs ; il calculait les
profits tirés de la vente de la morue. Quant à Membertou, il
sentit le trouble chez Joseph, ce qui lui fit du chagrin, car il
avait appris à l'aimer et s'était beaucoup attaché à lui durant
leur voyage.

Chapitre 9

Il règne un vice intérieur dans les colonies. Les gouverneurs, les intendants ou les ordonnateurs qui sont
pour les diriger, sont fortement persuadés qu'on les y
envoie que pour faire fortune et y agissent en con-
séquence, ce qui cause la ruine du commerce et est un
grand obstacle au progrès des colonies.

Michel Le Courtois de Surlaville,
vice-gouverneur de l'Isle Royale

Josette naquit le 23 mars 1744, au Ruisseau. Joseph, le cœur
en joie, dansa passionnément à la Pointe-de-Roche, reprit
goût au violon et fut aux petits soins pour Angélique, qui avait
eu un autre accouchement long et pénible. Mais, après
quelques mois, il en eut assez de jouer à la nourrice, et le goût
du voyage et de l'aventure commença à lui picoter l'échine.
L'histoire classique de l'homme qui désire une nombreuse
famille, mais qui n'a pas la patience de s'en occuper! Angélique
savait qu'elle ne devait pas chercher à le retenir. Elle l'aimait
trop pour l'étouffer; et la possibilité qu'il gagne quelques écus
à Louisbourg, où il y avait pénurie de main-d'œuvre, lui fit
mieux accepter ce départ hâtif. Pour Membertou, ce fut tout
autre chose. Il ne voulait pas montrer sa peine; il se renferma
alors dans son monde de fantaisies, où il rêvassait aux trésors
de la grotte. Quant à Jean-Baptiste, il se consola du départ de
Joseph en s'occupant de la goélette, promesse de pêches

fructueuses et d'une abondance de louis d'or. Le Vieux n'approuvait pas ce départ, mais il se sentait mal placé pour faire la morale à Joseph. Il était de la même trempe que lui. Joseph s'embarqua donc sur la *Licorne*, navire qui arrivait de Québec chargé de vivres pour la forteresse de Louisbourg. À bord, il rencontra Nicolas Gauthier, l'un des plus riches commerçants de Port-Royal, qui ravitaillait clandestinement Louisbourg. Gauthier exploitait des magasins, des moulins à farine, des scieries et des goélettes pour pratiquer son commerce jusqu'aux Antilles.

— Les habitants ne doivent plus avoir que des huîtres et des coquillages à manger, lui raconta-t-il.

— Qu'est-ce qui s'est passé?

— Le sol de l'Isle Royale n'est pas bon pour la culture. Il faut compter sur l'aide de Québec, de Port-Royal ou de la mère patrie. L'an dernier les récoltes ont été mauvaises à cause des vagues de chaleur, de la rouille et des insectes qui ont grandement endommagé les récoltes. Ensuite, presque toute la morue verte et sèche a été envoyée à Paris et aux Antilles. Quant aux colonies de la Nouvelle-Angleterre, elles ne peuvent nous approvisionner en vivres parce que la sécheresse a sévi chez elles aussi.

— Les Anglais de Boston vous vendent des marchandises? s'étonna Joseph.

— Ça te surprend! Autant te le dire sans détour: en temps de paix, il y a à Louisbourg plus de bateaux venant des colonies anglaises que de navires français. Et quand on est en guerre, ben c'est pas mal la même chose, ironisa Gauthier. Le roi de France interdit le commerce avec les Anglais mais, lorsque les navires français n'amènent pas ce qu'il nous faut, les autorités ferment les yeux et on va chercher ailleurs ce qui nous manque! D'autant qu'elles en profitent largement. Pis, entre nous, le marché de Boston est ben plus proche, expliqua-t-il.

Joseph avait l'impression d'avoir tout à apprendre au sujet de Louisbourg. Gauthier continua:

— La France a envoyé trois navires de ravitaillement, mais l'un des bateaux a coulé dans les glaces. À part ça, plusieurs barils de farine n'avaient pas le poids régulier, d'autres étaient trop humides ou contenaient un mélange de graines. C'est la même histoire chaque année, mais ça dérange moins quand les récoltes sont bonnes au Canada. D'habitude, quand on est mal pris, les Basques qui viennent pêcher la morue au large de l'Isle Royale nous vendent, à prix d'or bien sûr, des biscuits de marin et du lard salé. Mais, avec la guerre qui s'annonce, c'est pas sûr qu'ils vont venir encore.

— Si je comprends bien, les habitants de Louisbourg vont être bien heureux des secours que vous apportez… Qu'est-ce que vous transportez?

— Des quintaux de farine fleurie et entière, des barriques de blé noir et de froment. J'ai aussi acheté du bétail à Québec, ainsi que du vin, du cidre, du cognac… j'oublie le nombre de tonneaux… et d'autres douceurs pour les riches: des amandes, du savon, des vêtements, des draps, des soieries, des souliers. Mais c'est loin d'être suffisant!

— Si c'est comme à Québec, j'imagine que les notables vont se graisser la patte.

— Mon ami, c'est encore pire. Plusieurs officiers s'enrichissent aux dépens du roi et des hommes de troupe. Le commissaire-ordonnateur et le gouverneur en profitent eux aussi. Non seulement on diminue les rations des soldats, mais on vend à Boston les outils et les matériaux qui devaient servir à réparer la forteresse.

— Vous ne pouvez pas porter plainte?

— Que peut faire un soldat ignorant ou un commerçant contre un officier protégé par le gouverneur? C'est vrai que, parfois, ça dépasse les bornes. De Saint-Ovide, l'ancien gouverneur, a été accusé d'escroquerie et il a perdu son poste il y a cinq ans parce que la corruption et le vol étaient partout. Quant au gouverneur actuel, Du Quesnel, il n'est guère mieux. Et pis le commissaire-ordonnateur Bigot est pire que tous les autres mis ensemble.

— Des belles canailles! La Nouvelle-France n'a pas grand avenir avec ce monde-là!

— Surtout qu'à cause de la succession d'Autriche, il est presque certain que la France et l'Angleterre vont entrer en guerre. Et si c'est le cas, on va se battre en Amérique. Alors, tu vois ça : Port-Royal et la Grand'Prée sont déjà sous tutelle anglaise, la forteresse de Louisbourg est aussi solide qu'un château de sable et les colonies anglaises sont vingt fois plus nombreuses que nous.

Joseph ne put qu'acquiescer. Mais il songea à sa petite famille qu'il avait quasiment abandonnée au Ruisseau. Qu'allait-elle devenir si la guerre éclatait ?

* * *

La mer était calme ce jour-là au large de l'île Saint-Jean, que les Mi'kmaqs avaient baptisée Abegweit, ce qui signifie terre bercée par les flots. Joseph retrouva Nicolas Gauthier installé sur la dunette avant. Il avait l'air soucieux.

— Le bétail est en train de mourir. Si on n'arrive pas bientôt, mon voyage n'aura pas servi à grand-chose.

— On doit ben approcher de Louisbourg, lança Joseph pour l'encourager.

— Si les vents peuvent souffler du nord, on y sera dans quelques jours… De toute façon, on peut rien y changer. Toi, qu'est-ce que tu feras à Louisbourg ?

— On m'a dit qu'on y manquait de bras. Alors je tente ma chance.

— Tu devrais t'enrôler comme corsaire. Si la guerre est déclarée, les prises pourraient être intéressantes. Déjà l'été dernier, les Anglais ont cherché à intercepter les navires de ravitaillement de l'Acadie, et le Kinsale, stationné à Canso, a capturé un navire de Louisbourg.

— Ouais ! De toute façon, le métier de soldat, ça doit être comme l'esclavage.

— Je voudrais pas te décourager, mais ils sont mal payés et, pour gagner davantage, ils doivent travailler aux fortifications. Les officiers s'occupent des cantines et de l'alcool. Ça fait que les soldats sont toujours endettés. Ensuite, ils sont mal nourris : des rations de lard, souvent pourries. Quant aux vêtements, on n'en parle pas, avec leurs chemises de toile de dernière qualité. La corruption est partout. Les pêcheurs ne sont pas mieux amanchés. Les officiers et les nobles contrôlent l'arrivée des cargaisons de marchandises et d'agrès de pêche. Même chose pour ceux qui exploitent des commerces, comme les Dugas qui ont une boucherie. Ils sont obligés de remettre une partie de leur profit à ceux qui les tiennent par la gorge. Triste vie!

Joseph avait écouté en silence, inquiet et ahuri. Il n'avait pas fait tout ce voyage pour rebrousser chemin maintenant. Et il avait du mal à comprendre ces histoires de corruption qu'il entendait à propos des dirigeants de Louisbourg.

— Y devraient se révolter.

— Il y a quelques années, les pêcheurs ont envoyé une requête au ministre, sans résultat. Pour les soldats, c'est autre chose. J'ai bien peur que ça finisse par une mutinerie. Surtout que les soldats suisses du régiment de Karrer n'ont pas le même attachement à la France que les autres hommes de troupe. Déjà il y a eu des désertions vers les colonies anglaises. Ces soldats suivent l'exemple des huguenots français qui s'installent à Boston, au Massachusetts ou en Virginie.

— Je ne le sais que trop bien, s'exclama Joseph en pensant à Gaboury. On s'affaiblit pour renforcer l'ennemi!

— Ouais! comme s'il n'était pas assez fort comme c'est là.

* * *

Le 30 avril 1744, une brume épaisse enveloppa le navire, au point qu'on ne distingua même plus la dunette avant. Le danger que présentaient les banquises était cependant écarté, et une nuée de goélands vola autour du vaisseau, signe que Louisbourg était proche. Joseph soupira d'aise en songeant qu'il allait bientôt pouvoir toucher cette forteresse du bout du monde! Quand, le 1er mai, Louisbourg surgit de la brume comme un éclair dans le ciel, il demeura ébahi. Il n'avait pas imaginé une forteresse aussi gigantesque. Installé dans la hune de vigie, il contempla la ville en forme d'étoile, ceinturée de remparts, construite sur l'emplacement nommé le Havre à l'Anglois, où vivaient plus de sept mille personnes. Des soldats, des pêcheurs. Tous les corps de métiers y étaient aussi représentés : charpentiers, menuisiers, chaufourniers, maçons, tailleurs de pierre, forgerons, serruriers, boulangers… comme dans les villes maritimes de France. À l'extérieur de l'enceinte, le village de pêcheurs : des cabanes aux toits de gazon et, tout près, les petites embarcations, les entrepôts et les vigneaux pour sécher la morue. Dans l'air, une odeur de poisson qui se mêlait à la fumée du quai de carénage, où l'on faisait bouillir la poix servant à réparer les navires. La baie en forme de bouteille aplatie, avec ses huit brasses de profondeur, abritait une soixantaine de vaisseaux de différents tonnages. Une forêt de mâts !

— Louisbourg, c'est à la fois une forteresse, un poste de pêche à la morue et un vaste comptoir où la France, Québec, les Antilles et la Nouvelle-Angleterre échangent des marchandises, expliqua Gauthier. C'est aussi un repaire de corsaires et de contrebandiers ! Tiens, je ne vois pas les flottes de pêche françaises et basques. D'habitude, les bateaux de la Rochelle, de Marennes, de Saint-Malo, de Saint-Jean-de-Luz et des Sables-d'Olonne arrivent plus tôt… Serait-ce que la guerre a été déclarée en Europe ?

Les quais grouillaient de monde, une foule bigarrée dans un tourbillon de marchandises : les barils de porc salé, les sacs de grains, les boisseaux de pois séchés, les paniers de fromage de Québec, qui virevoltaient en passant de mains en mains.

— C'est plus animé que le port de Québec, constata Joseph.

Gauthier s'agitait, décrivait, racontait.

— Regarde, un autre vaisseau en provenance de Québec. Les barils sur le pont doivent contenir du saumon salé… L'autre navire français, plus loin, vient des Antilles avec sa cargaison de rhum, de sucre et de tabac. Finie la disette !

— Et les vaisseaux battant pavillon anglais ?

— Ils viennent de la Nouvelle-Angleterre. Boston, New York. Un marché d'avenir, si on sait s'y prendre.

Joseph observa la forteresse, là où se dressait le château Saint-Louis, la résidence du gouverneur, avec son magnifique toit d'ardoises importées de Nantes. Au cœur du château, entre les appartements du gouverneur et les casernes, se dressait l'horloge de la tour. Alors qu'elle carillonnait onze heures du matin, les Mi'kmaqs costumés s'avancèrent dans leurs canots le long de la *Licorne*. Le tohu-bohu s'amplifia lorsque le vaisseau accosta. Des coups de canons retentirent, une puissance de feu qui fit trembler la forteresse de partout. Une troupe de soldats attendait sur les quais. Joseph débarqua. Les dalles de pierre tanguaient devant lui, tout comme cette foule colorée, hétéroclite et bruyante. Les tambours de la marine formèrent une haie d'honneur, arborant fièrement leurs uniformes, justaucorps, gilets et culottes bleus et rouges, et frappant sur leurs tambours bleus, décorés de fleurs de lys jaunes. Il reconnut aussi les soldats des Compagnies Franches de la marine, avec leur uniforme gris-blanc, bordé de bleu, veste et bas blancs, leur épée sur la hanche, leur mousquet de Tulle muni d'une baïonnette et leur corne à poudre attachée à la giberne de trente charges.

— Tu vois les soldats suisses, dit Gauthier en les montrant du doigt, ceux qui portent un justaucorps rouge avec des manchettes bleues et des boutons blancs. Eh bien, les autorités ne les aiment pas trop parce que la plupart ne sont pas catholiques et qu'ils obéissent de reculons aux sergents français.

— Et les soldats français?

— La situation laisse aussi à désirer. Plusieurs sont pas mal chétifs… Il y a des repris de justice et des orphelins recrutés à Paris. Si la guerre éclate, engage-toi comme corsaire… C'est plus palpitant.

Joseph était absorbé par le spectacle lorsque quelques Mi'kmaqs et Abénakis se mêlèrent aux troupes. Sur la place, on entendait parler toutes sortes de langues; une vraie tour de Babel! L'accent de Boston, celui des habitants venus échanger les produits de la ferme contre le rhum et le sucre, le parler étrange des pêcheurs portugais, celui des pêcheurs bronzés par le soleil de la Martinique qui côtoyait celui des pêcheurs qui ont l'habitude du froid de la baye des Chaleurs ou des Acadiens de Port-Royal. Il y avait encore les commerçants puritains du Massachusetts se bouchant les oreilles devant les jurons des capitaines français. Sans oublier l'exotisme: les perroquets du Brésil, les singes d'Afrique et les esclaves noirs des Caraïbes. Un carrousel de couleurs et de sons, alors que les canons crachaient le feu et que la ville s'agitait de toutes parts.

Chapitre 10

Sur les représentations que les cochons de quelques particuliers ne sont pas enfermés et causent des dégâts à la
morue, aux poulets et même sont si voraces qu'il est à
craindre quelques fois pour les petits enfants, il est
ordonné à tous ceux qui ont des cochons, de les enfermer
et de les tenir dans leurs cours, ou les mener à la campagne, au large, faute de quoi, il sera permis à ceux qui
trouveront des cochons mangeant la morue ou les poulets ou les trouveront dehors, de les tuer.

Le Normand de Mézy,
commissaire-ordonnateur à Louisbourg

*Properly speaking they have but two seasons, winter and
autumn…*

Thomas Pichon, *Genuine Letters and Memoirs* (1760)

L e 2 mai 1744, le lendemain de l'arrivée de Joseph à
Louisbourg, une voile française apparut à l'horizon, et la
foule se massa sur les quais.

La paix ou la guerre ?… La question était sur toutes les
lèvres. La réponse vint rapidement. Louis XV avait déclaré la
guerre à l'Angleterre, pouvait-on lire sur les copies de l'ordon-
nance du 15 mars 1744 qui furent affichées un peu partout
dans la ville. L'excitation gagna tout le monde. Les officiers rê-
vaient aux promotions éventuelles ; les marchands spéculaient

sur leurs profits, puisqu'il faudrait armer des navires en course, ou corsaires; quant aux habitants, ils s'inquiétaient de l'approvisionnement en vivres. La tentation de devenir corsaire était très forte chez Joseph; la perspective de capturer des navires anglais et de protéger les voies de ravitaillement des Acadiens de la Grand'Prée et de Port-Royal qui, seuls, pouvaient nourrir Louisbourg, lui souriait de plus en plus. L'aventure! La chose était facile puisque Maurepas, le ministre de la marine, avait envoyé des commissions en blanc pour permettre l'armement des navires et la guerre des corsaires. Mais Gauthier recommanda à Joseph d'attendre, car il lui réservait une place de choix.

La vie à Louisbourg était loin d'être facile. Les casernes étaient malpropres et infestées de vermine. Les paillasses, qui n'étaient changées qu'une fois l'an, abritaient bien des hôtes indésirables. Joseph, comme bien d'autres, préférait donc dormir sur les remparts quand le temps le permettait. La nourriture infecte et répugnante l'affectait: insipides biscuits de marin, lard cru ou bœuf salé au goût putride avec cinq livres de mélasse par mois. Et comme la famine menaçait la ville, il n'y avait plus de farine pour faire les pains de six livres, ration des soldats pour quatre jours. L'émeute grondait chez les pêcheurs. Ceux de Louisbourg, du poste de la Baleine et de Lorembec parlaient de dévaliser les magasins du roi. Le samedi 23 mai, l'accumulation des frustrations culmina en véritable délire populaire, à l'occasion du départ de la flottille de Dupont-Duvivier, qui avait pour mission de prendre le poste de Canso et de protéger ainsi les voies de ravitaillement reliant Louisbourg et l'Acadie.

Mais les occupations quotidiennes ramenèrent Joseph à d'autres réalités. Et il dut faire comme tous les autres mercenaires: travailler aux fortifications pour augmenter son pécule en réparant des murailles de trente pieds qui se désagrégeaient sous l'effet du gel et de l'humidité. Un travail rude, cause de hernies et de nombreuses fractures. C'est ainsi que Joseph fut affecté à un groupe qui travaillait aux batteries, sur l'île de l'Entrée, située aux abords de la rade. Quatorze heures par jour d'un labeur inhumain. De cinq heures du matin à sept heures du soir, dans le froid et la brume, à creuser jusqu'au roc (trois toises[1] cubes à huit hommes en dix jours), à transporter de Port-Toulouse la terre utilisée pour fabriquer les briques, à préparer les pierres de taille pour les ajuster aux angles des bastions, à cuire les pierres à chaux dans les fours où crépitaient autant la flamme survoltée que la rage des mercenaires. Pour oublier, Joseph s'adonna lui aussi au jeu, surtout au hoca, introduit en France au temps de Mazarin. Le démon du jeu était partout et c'est à qui prédirait l'arrivée du prochain navire ou le sexe du nouveau-né. Dans les tavernes, le jeu incitait à boire du taffia (rhum) et l'alcoolisme était un véritable fléau. Quand ils ne buvaient pas, les hommes froliquaient (couraient la prétentaine) avec des Indiennes. L'alcool et les femmes étaient leurs seules soupapes. Après la distribution de la solde, les soldats disparaissaient dans les tavernes pour sombrer dans l'oubli… et dans les dettes de jeu. Il n'était pas rare d'apercevoir en traversant la place publique, affalés sur un cheval de bois, le dos rougi, des soldats qui avaient reçu le fouet pour avoir commis des méfaits pendant qu'ils étaient ivres. Joseph était attiré par des jeux de toutes sortes : les cartes, les dés ou les jeux de la vie et du hasard. Le risque demeurait pour lui une façon d'influencer le destin, de résister à l'inéluctable. Mais Louisbourg ne lui en offrait pas beaucoup. Alors l'ennui commença à le tenailler. Le jour sur les remparts, son regard se portait sur les bouquets d'ombelles blanches qui découpaient les champs. Elles faisaient la beauté de l'Angelica, cette plante aromatique qui avait des propriétés médicinales et qu'on utilisait aussi en confiserie. Son nom lui rappelait sa compagne Angélique, elle aussi captivante au goût et à l'odeur. C'était encore pire la nuit sur les remparts, seul face aux étoiles. Entouré d'échafaudages et d'ouvrages de maçonnerie inachevés, éclairé par la lueur diffuse de la lanterne de la tour qui guidait les navires dans la rade, il n'arrivait pas à se réchauffer sous son caban épais et sa cape de cuir. Il se remémorait alors la chaleur d'Angélique, l'attachement de Membertou, la peau rosée et l'odeur fraîche de Geneviève et Josette, le côté bon vivant du Vieux. Parfois il se

---

1. Une toise équivalait à près de deux mètres.

réveillait en sueur, inquiet, comme s'il craignait d'être, malgré lui, forcé de rester loin de tous ces êtres chers, se demandant bien quelle mouche l'avait piqué de venir dans ce lieu maudit. D'autres nuits, le souvenir d'Émilie ressurgissait, surtout après le départ des grands voiliers pour l'Europe. Alors son désir de la revoir le tourmentait profondément. Plus encore lorsqu'il lisait et relisait sa lettre, qu'il évoquait son visage, qu'il caressait son portrait, cette peinture qu'il plaçait religieusement dans son petit coffret après l'avoir contemplée. L'image d'Angélique se surimposait parfois, et le combat reprenait, une image chassant l'autre et s'estompant ensuite, le laissant face à la première.

La fin de mai n'était pas encore arrivée que l'expédition Duvivier revint à Louisbourg avec l'annonce de la prise de Canso. En prime, des navires anglais, sept cents têtes de bétail et deux mille moutons. La ville était en liesse ; partout la fierté, l'énervement et les récits d'aventures. Joseph devenait de plus en plus impatient à force de voir défiler les prisonniers anglais. Déjà François Bauchet de Saint-Martin, capitaine du *Signe*, avait fait des prises ; Pierre Detcheverry et Jean Fougère aussi, quoiqu'une surprise attendît ce dernier, qui se vit confisquer la sienne parce qu'il n'avait pas la commission réglementaire de corsaire. Bigot, Duquesnel et Duvivier, en flagrant conflit d'intérêts du fait qu'ils savaient de quel côté le pain était beurré, avaient armé le *Cantabre* de canons et de pierriers.

Gauthier dénicha enfin une place de choix pour Joseph sur la goélette *Le Succès*, avec le réputé Pierre Morpain, capitaine du port de Louisbourg. Un solide gaillard qui avait accompli bien des exploits sur les côtes des colonies américaines. Avant la chute de l'Acadie (la Grand'Prée, Port-Royal…), il avait déjà connu la guerre des corsaires une trentaine d'années auparavant, et la mer n'avait plus de secret pour lui.

Dans les casernes, situées à l'arrière du bastion du roi, la plus grande bâtisse de Nouvelle-France et, probablement, de toute l'Amérique du Nord (le bâtiment avait trois cent soixante-cinq pieds de long), Joseph alla chercher son sabre de corsaire. Au pied des armoiries des Bourbons gravées dans la pierre, il entendit des éclats de voix, une discussion animée sur la famine et sur les prisonniers anglais. Des pêcheurs invectivaient des marchands, les accusant de priver les habitants de vivres, indispensables parce qu'ils trafiquaient avec les prisonniers. Il est vrai que les prisonniers anglais n'avaient jamais été si nombreux en ville, que ce soit sur les bateaux ancrés ou chez des particuliers, et leurs moindres faits et gestes alimentaient les cancans. «Cela devrait se régler bientôt, songea Joseph, car il va y avoir un échange avec les prisonniers français détenus à Boston.»

Lorsque l'énorme carillon de la tour de l'horloge qui surmonte la chapelle sonna l'angélus, Joseph fit son entrée dans le monde des corsaires; il venait de se joindre à l'équipage de Morpain. Une aventure plus palpitante que de réparer son uniforme, de fourbir son mousquet, de mettre des fers à ses souliers. Finies les corvées de soldat! C'était un monde différent. Des gens à part, dont le code de solidarité s'inspirait du droit de la mer. Joseph apprit avec l'aide du second, un Robichaud, à lire les portulans, cartes marines qui indiquaient les routes de navigation en pointillés noirs sur les mers bleues. Elles portaient aussi des dessins de blasons, de frégates, d'animaux étranges; monstres ou sirènes ailés marquant des endroits mystérieux ou fabuleux. Il découvrit l'art de manier le sabre, devint habile à courir sur le pont et à grimper aux cordages. À force de scruter l'horizon pour apercevoir les voiles des futures prises, de pointer les canons sur les cibles et de se préparer à l'abordage, Joseph finit par se prendre pour un émule du corsaire Jean Bart… et de Sinbad. Son univers se limitait à un espace allant de l'étrave à l'étambot, entre babord et tribord, un monde jonché de mâts de misaine, de hune, d'artimon, de beaupré, un empire parsemé de haubans, de vergues et de voiles, où il fallait ferler l'aurique, rentrer le foc et carguer les perroquets et la grande voile lorsque le capitaine lofait dans le vent.

À la mi-août, *Le Succès* rentra à Louisbourg avec deux prises: le *Nancy* et le *Kingsbury*. D'autres navires avaient aussi été capturés, dont le *William and Mary*, qui transportait des Irlandais et du charbon. Une surprise attendait Morpain et son équipage. Morpain avait été fait commandant du *Caribou*, navire du roi armé de cinquante-deux canons. Et il y avait des mauvaises nouvelles. Le *Cantabre* avait été capturé près de Cape Cod, comme l'avaient été huit bateaux de pêche au large de Terre-Neuve. Cela fit réfléchir Joseph. Il pensa alors à son avenir, surtout qu'à en juger par la régularité des prises anglaises, il fallait s'attendre à un blocus. Il profita donc de quelques jours de répit pour aller aux nouvelles. Il y avait foule près des quais : des dames de la haute société, des filles de joie, des pêcheurs, des canonniers, des soldats ainsi que des marins venant du Portugal, de la Martinique, de la Louisiane, attroupés devant une tribune de vente aux enchères où l'on exhibait une esclave noire. «La ville est plus diversifiée et colorée que Québec», songea-t-il. Le port était encombré par six navires de la Compagnie des Indes, les plus gros jamais vus à Louisbourg, leurs cales remplies de produits exotiques (thé, café, épices, porcelaine, soie) destinés au marché européen. Joseph admira un instant ces mastodontes des mers puis, comme il faisait très chaud, il décida de se rafraîchir. Les tavernes étaient bondées en raison de cet afflux de marins, et Joseph passa l'après-midi dans l'animation des jeux de cartes et de jaquet, les pichets de rhum, les histoires grivoises, la fumée et la frénésie, attentif aux récits de ces mondes étranges d'Orient auxquels se mêlaient les préoccupations quotidiennes. Les uns craignaient un blocus : «Les flottes basques et françaises ne sont pas venues, ce qui fait cent cinquante navires de moins pour commercer !» Les autres s'inquiétaient de la disette : «On n'a pas assez de nourriture pour nous et il faut en plus nourrir tous ces marins des navires de la Compagnie des Indes… cet hiver, ce sera la famine.»

D'autres encore parlaient de la guerre des corsaires que les Anglais étaient en train de gagner, ce qui incita Joseph à la prudence. Il prit donc la décision de ne pas rembarquer sur *Le Succès*.

* * *

La fête de Saint-Louis. À cause de la guerre et de la famine, il n'y eut pas de grandes réjouissances. Ni feu de joie et d'artifice, ni défilé militaire, ni salve d'artillerie, pas même de procession religieuse. Et l'on ne fit pas sonner la cloche de cent livres prise sur un navire anglais. Mais cela ne changea pas grand-chose aux beuveries et aux fêtes populaires où l'on célébra jusqu'à en oublier son nom. Faut dire que le peuple aimait particulièrement le mois d'août, en raison de ses quatre fêtes, dont l'Assomption le 15.

Joseph profita de la journée de la fête de Saint-Louis pour se reposer à la caserne, située près du demi-bastion Dauphine, à côté de la poudrière. Il partageait sa chambre avec seize soldats qui vivaient, flânaient, faisaient la cuisine dans le même chaudron et dormaient à deux par paillasse. Mais là il oublia les lieux pour savourer dans un moment de farniente les framboises sauvages qu'il avait ramassées à l'anse de la Cormorandière et pour polir amoureusement la pièce d'or à l'effigie de Louis XIV qu'il avait trouvée sur la grève. Celle-ci provenait de l'épave du *Chameau*, navire royal qui avait fait naufrage au large de Louisbourg en 1725, avec sa cargaison de 700 000 livres en or : la solde de la garnison de Québec. La tempête avait été si violente que les trois cent dix passagers avaient péri, y compris l'ingénieur de Louisbourg et le fils du gouverneur Ramesay, de Montréal. La mer était tellement déchaînée que pas un seul cochon échoué sur la grève n'avait survécu.

Joseph finissait de déguster ses framboises lorsque deux soldats entrèrent. Il y avait celui qu'on appelait Jehan, un tout jeune homme originaire de Vendée, un faux-saunier impliqué dans la contrebande du sel, de la graine de révolutionnaire qui avait évité les galères de peu. Thierry aussi était venu : un pauvre orphelin originaire de Paris qui avait cru sortir de sa misère en s'engageant dans l'armée ! « On n'est pas plus libres que les esclaves noirs qui croupissent ici », pensa Joseph. Mais sa pièce d'or lui donna un instant une illusion de richesse, et il décida d'inviter ses compagnons.

— Y a un nouveau cabaret dans la rue du bastion Dauphine. Du bon rhum avec du gigot d'agneau pour pas cher. Ça nous changera de nos repas puants ! Je vous paie la traite.

Jehan et Thierry acceptèrent avec enthousiasme. Ils sortirent dans la rue étroite et boueuse, arrosée par une pluie fine. Un pourceau se vautrait dans les détritus.

— Attrapons-le, s'écria Thierry.

En ce jour de Saint-Louis, le cochon, sans doute abasourdi lui aussi par le bruit de la fête, leur glissa plusieurs fois entre les mains. Ils le coincèrent finalement dans le fond d'une impasse.

— Je vais le cacher dans la caserne, proposa Thierry.

Un édit permettait en effet aux habitants de s'approprier les porcs errants, car ils étaient devenus une plaie pour la ville et un danger pour les petits enfants.

— Je vous rejoindrai au cabaret, cria-t-il en s'éloignant.

Joseph et Jehan entrèrent dans la taverne. L'atmosphère était bruyante et enfumée. Malheureusement pour Joseph et son compagnon, les écuelles en étain étaient vides ; il ne restait plus d'agneau. Mais il y avait encore du rhum et du vin, ce dont ils ne se privèrent point ! En ce jour de fête, la morosité et les effets de la famine et du blocus se faisaient sentir de façon plus aiguë. Même la libération des amis faits prisonniers à Boston ne suscitait pas la joie, parce que cela faisait augmenter le nombre de bouches à nourrir. Puis Thierry les rejoignit, mais comme l'heure du couvre-feu s'annonçait, il ne restait plus qu'à revenir à la caserne.

* * *

Joseph commença à lorgner du côté des canons. Les canonniers étaient mieux payés : soit six livres de plus par mois et des primes pour l'adresse au tir. Ils formaient une unité d'élite et jouissaient de certains privilèges, dont celui d'être exemptés du travail aux fortifications. L'expérience que Joseph avait acquise avec les canons du *Succès* allait lui permettre d'être embauché comme assistant canonnier-bombardier. Il se laissa pousser la barbe, polit son sabre, revêtit un manteau bleu à rebord rouge et à boutons blancs et apprit à polir amoureusement les canons noirs montés sur une armature de bois rouge. Il s'absorba dans ces tâches pour oublier ses misères, tant et si bien qu'il en vint à considérer ses canons comme des fétiches et que chaque coup qu'il tira devint musique à ses oreilles.

Septembre passa. Octobre aussi. Vint novembre. Et, en ce premier du mois, jour de la fête des morts, le temps était particulièrement brumeux.

— Allons au village des pêcheurs, chez mon ami DesRoches; il sert parfois des repas, proposa Thierry.

— Je ne peux pas, répliqua Joseph. Après le coucher du soleil, la forteresse est fermée, et la porte Dauphine est gardée par trente soldats. Nous risquons le fouet ou, pire, le cachot.

— Ils n'en sauront rien. Nous reviendrons à l'aube, lorsque les marchands et les pêcheurs entrent dans la ville.

Cette suggestion chassa les craintes de Joseph, qui ne demandait pas mieux que de se laisser convaincre.

La maison de DesRoches était une simple maison de pêcheur au toit couvert de chaume. Tout à côté se trouvait une grande embarcation à rames, lourde et robuste, gréée d'une voile. DesRoches s'en servait pour pêcher la morue à quelques lieues du littoral. À l'intérieur de la maison, sur le plancher de terre battue, peu de meubles, hormis une grande table, des bancs et des petits barils vides tenant lieu de sièges. Un vaste foyer servait pour la cuisson, et un gros chaudron de morue bouillie y trônait. De chaque côté de la cheminée, on remarquait des lits superposés, couverts d'une paillasse. Et, au-dessus de la porte d'entrée, le fusil couché sur deux crochets de bois. Dans une pièce attenante, des agrès de pêche et quelques barils de bière d'épinette (appelée sapinette: infusion de bourgeons, additionnée de mélasse et de brandy). Les DesRoches, la soixantaine passée, étaient des gens simples et accueillants, habitués à héberger les marins basques et normands ainsi que les «évadés» d'un soir qui désiraient fuir la monotonie des casernes. Réunis dans la pièce, se trouvaient Jean Lelarge, capitaine de navire à Louisbourg, et son beau-frère, Télesphore Samson. Assis près du feu, Pierre Detcheverry, un corsaire basque à la solde des Français, qui prétendait que les Basques avaient montré à Colomb la route du Nouveau Monde. Il incarnait les deux grandes vertus basques, indorra et sendora; la première, pour la force et l'endurance physique, et la seconde, pendant moral de celle-ci, pour la force de caractère et le stoïcisme dans l'épreuve. Le vieux DesRoches était en train de raconter les dernières nouvelles :

— Valérien Louis, dit le Bourguignon, un ancien soldat et un tailleur de pierre, a refusé d'admettre sa culpabilité lors d'un procès pour vol, même après avoir été soumis plusieurs fois à la question avec un tisonnier chauffé.

— C'est difficile de continuer à protester de son innocence avec un pareil traitement, intervint Joseph.

— Ouais, ses misères commencent. Le procureur du bailliage a ordonné que l'exécuteur de la haute justice lui donne le fouet aux quatre coins de la ville, le mette au pilori et le marque au fer rouge, sur l'épaule, avec la fleur de lys. Comme si ça ne suffisait pas, il sera condamné à ramer ensuite le reste de sa vie sur les galères du roi.

Joseph frissonna à l'idée qu'on soit capable de tant de barbarie. On ne riait pas quand les voleurs étaient des pauvres !

— T'as pas de meilleures nouvelles à nous raconter ? demanda Jehan, qui n'avait pas perdu son sens de l'humour.

— Pas vraiment, continua DesRoches. Sauf que les Mi'kmaqs de l'abbé Leloutre n'ont pas réussi à prendre Port-Royal.

— Mais enfin, explosa le capitaine Lelarge, faut quand même pas demander aux Indiens de réussir avec leurs tomahawks là où les troupes de Duvivier ont échoué avec leurs fusils… On avait pourtant promis d'envoyer de Louisbourg les bâtiments de guerre le *Caribou* et *L'Ardent*… Nous avons perdu notre chance de reprendre l'Acadie.

Le sang du corsaire Detcheverry ne fit qu'un tour.

— C'est le gouverneur qui est fautif ; trop peureux face au blocus anglais. Avec quelques canons, on l'aurait gagnée, cette bataille. Si on me l'avait demandé, moi, avec mon navire, j'aurais réussi cet exploit, se vanta-t-il.

— Et les Acadiens de la Grand'Prée et de Port-Royal ? demanda Joseph.

— Je crois qu'ils vont d'abord regarder de quel côté tourne le vent, commenta Lelarge. René LeBlanc a beaucoup d'influence là-bas et il est un partisan de la collaboration avec les Anglais.

— Ça se comprend. Il a des contrats avec eux, appuya Samson.

La vieille DesRoches, qui avait son franc-parler, mit son grain de sel:

— Ouais, le patriotisme, c'est pas mal une affaire d'argent et d'intérêt!

Joseph désapprouva intérieurement: «Gauthier a aidé les Français. C'est vrai qu'il a des contrats à Louisbourg et que sa fille est mariée à un officier de la garnison, mais il risque la prison et la ruine s'il se fait prendre. Il place son honneur au-dessus de l'argent.»

La discussion s'orienta ensuite sur la forteresse.

— Les murs de Louisbourg vont s'effondrer au premier coup de canon, prédit Thierry. N'importe quel idiot sait qu'on ne fait pas du mortier avec du sable de mer.

Joseph en profita pour faire porter ses réflexions sur l'art de la guerre.

— Les ingénieurs de Verville et de Verrier ont appliqué les principes de défense établis par l'ingénieur militaire et maréchal de France, le Marquis de Vauban, en bâtissant une forteresse qui a la réputation d'être un chef-d'œuvre de l'art de la fortification. Mais je ne saisis pas la logique qu'il y a à bâtir une forteresse entourée de collines. Si les Anglais installaient des canons côté terre, on pourrait pas se défendre, puisque la plupart des nôtres, les plus gros, sont placés en prévision d'une attaque par mer.

— On dépense inutilement pour la forteresse au lieu d'envoyer des colons. Dire qu'on verse des torrents de sang en Europe, alors que quelques milliers de soldats français nous assureraient la victoire, commenta Samson.

Detcheverry intervint:

— Le coût de Louisbourg, c'est une histoire soigneusement entretenue. N'oubliez pas les fortunes faites dans le commerce de la morue, ce qui enrichit le trésor des Bourbons. Il y a aussi la nécessité de protéger la Nouvelle-France et le négoce des fourrures. La construction de la forteresse, même dans les années de folles dépenses, n'a pas dépassé ce qu'il en coûte chaque année pour armer et envoyer ici un gros navire de guerre. La France a ainsi, à peu de frais, une base pour sa marine et un port commercial pour enrichir la mère patrie.

— En parlant d'argent, amena Thierry, vous connaissez le proverbe: « Point d'argent, point de Suisse. » Eh bien, les Suisses du régiment de Karrer sont mécontents. Ils sont luthériens et ne défendent la forteresse que pour l'argent. Et maintenant, on refuse de les payer pour travailler aux fortifications. J'ai bien peur qu'une mutinerie se prépare.

Un vent d'inquiétude commençait à souffler dans la chaumière. La disette, la guerre, la mutinerie et quoi encore ! Lelarge, qui comptait armer le *Brasdor*, corsaire appartenant à l'entrepreneur Maillet, avec canons, mousquets, sabres, haches et un équipage de cent hommes, commença à douter de la sagesse de son projet, songeant qu'il risquait de se heurter à plus fort que lui. Bonne hôtesse, la vieille DesRoches savait quand il fallait changer l'air. Elle alla chercher une cruche de rhum, qu'elle posa sur la grande table à côté de la marmite fumante.

— C'est la meilleure morue de toute l'Amérique, expliqua-t-elle. Pis mon époux a choisi rien que des mâles, le lingard. Ça fait cinquante ans qu'il pêche ici et, quand on habitait en France, il traversait à chaque printemps.

— Ça fait longtemps que la pêche se fait à Louisbourg ? s'enquit Joseph.

— Pour te donner une idée, répondit Detcheverry, quand l'écrivain Marc Lescarbot est venu à Canso, en 1607, y a rencontré un vieillard, un Basque, le capitaine Savalette, originaire de Saint-Jean-de-Luz; il en était à sa quarante-deuxième traversée de l'Atlantique. Pis on venait bien avant !

Chapitre 11

Le port de Louisbourg peut être appelé la clé des colonies françaises et britanniques en Amérique du Nord. La possession rendrait le roi de la Grande-Bretagne maître de tout le continent nord, jusqu'aux établissements français sur le Mississippi (la Louisiane). Ce pays au climat sain, recevant des sujets de la Grande-Bretagne, pourrait en un siècle ou deux devenir aussi peuplé que la France et fournir l'assise d'une supériorité de la puissance britannique sur le continent européen.

Shirley, gouverneur du Massachusetts

Joseph était de garde, le 30 novembre, dans la guérite du demi-bastion Dauphine. Sentinelle pour une heure, selon l'horaire d'hiver; cela était amplement suffisant pour le geler jusqu'aux os, malgré quelques gorgées d'alcool. La journée avait été particulièrement maussade. Il y avait eu en permanence la bruine venant de la mer, crachin qui s'infiltrait à travers les vêtements, et le vent, qui façonnait la côte et découpait les épinettes rabougries. Vers midi, de violentes rafales de vents s'étaient élevées et la mer s'était déchaînée sur les caps. En fin d'après-midi, les bourrasques s'étaient calmées, et une neige mouillée avait recouvert les remparts. Elle tombait en lourds flocons projetés horizontalement par le vent et coupait le souffle. Difficile de s'imaginer mieux en fait de paysage tourmenté et mélancolique. Toute la journée, une grande animation régna dans le port en préparation du départ pour la France de quatre mille hommes et de cinquante-trois vaisseaux, dont quatre navires de guerre et six mastodontes de la Compagnie des Indes; le convoi profiterait de la nuit pour passer, inaperçu, devant les canons anglais.

— Il était temps, pensa Joseph. Le rationnement a pris des proportions inquiétantes.

Joseph compta les bâtiments qui sortaient du port et se demanda pourquoi il ne partait pas lui aussi. Voir et toucher Émilie, boucler la boucle, rompre l'ensorcellement. La question s'éternisa dans son esprit tandis qu'il observait l'interminable procession des navires qui s'évanouissaient dans la nuit.

* * *

Joseph avait mûri pendant ces longs mois à côtoyer les soldats et à être témoin des intrigues qui se nouaient ou se dénouaient quotidiennement. Il en avait assez de voir les officiers et la petite noblesse s'enrichir au détriment des soldats et du peuple; l'injustice le révoltait. «Des escrocs qui s'enrichissent aux dépens de la colonie», conclut-il. Le moral des troupes était au plus bas, et le temps de chien ne faisait qu'aggraver les choses. En plus, une odeur de morue rance flottait constamment sur les remparts. La tension monta encore d'un cran lorsque, quelques jours avant Noël, les soldats reçurent leur ration bimensuelle. Les pois et haricots secs pour la soupe étaient pourris, une cause de maladies et de diarrhées. «On garde les légumes frais pour les gens qui ont les écus», entendait-on dans les casernes. Enfin, lorsque des officiers réquisitionnèrent du bois que des soldats avaient coupé pour chauffer les casernes, cela mit pour ainsi dire le feu aux copeaux. Un sacrilège! Ils savaient pourtant qu'en hiver le bois était aussi important que le pain.

* * *

Joseph était de corvée le soir du 26 décembre au château du gouverneur Louis Du Pont du Chambon. C'était fête et il fallait s'assurer qu'il y avait du bois en quantité suffisante pour alimenter les cheminées. Ce qui permit à Joseph d'observer les gens de la «haute» et de constater la distance qui le séparait d'eux. Plein de beau monde paradait dans les salons du château: les membres du conseil supérieur et du bailliage, de l'Amirauté tout entière, l'écrivain du roi, les ingénieurs et les arpenteurs du roi et, bien entendu, les officiers, qui faisaient tous partie de l'aristocratie. Le gouverneur du Chambon succédait à DuQuesnel, décédé en octobre. Il avait pour épouse la très ravissante Jeanne Mius d'Entremont. Le gouverneur n'était pas respecté des soldats, à cause du peu d'expérience qu'il avait dans l'art de la guerre et des manigances qu'il avait déployées pour s'enrichir. Ils ne lui pardonnaient pas d'avoir nommé ses trois fils et ses quatre neveux aux postes de commande. Entre deux brassées de bois, Joseph aperçut le capitaine d'infanterie, Joseph DuPont Duvivier, l'homme le plus riche de Louisbourg, qui s'essuyait le front avec son mouchoir brodé. Ce gentilhomme bien fortuné, grâce aux revenus que lui procurait ses domaines fertiles du comté de Cognac, n'avait pas le cœur à la fête; il était préoccupé par l'échec qu'il avait essuyé à Port-Royal, alors qu'une victoire aurait pu le couvrir de gloire! Il en voulait au capitaine Michel de Gannes, en train de jouer au billard, qu'il tenait responsable de l'échec de l'expédition. Celui-ci aussi pensait au différend qui l'opposait à Duvivier, envers qui il nourrissait une haine féroce pour ses médisances et pour ses machinations par lesquelles il s'était accaparé le monopole des agrès de pêches. Mais l'invité le plus remarqué était sans contredit le commissaire-ordonnateur François Bigot, responsable de l'administration quotidienne de Louisbourg, des politiques économiques et des questions de droit civil, ainsi que gardien du trésor public. Il était connu qu'il dépensait les fonds publics pour reproduire, à Louisbourg, le faste de Versailles, et les soldats le soupçonnaient de retenir sur leur solde l'argent nécessaire pour financer les réparations effectuées aux fortifications.

Des bougeoirs éclairaient une table bien garnie de viandes succulentes assaisonnées d'épices rares, de fruits au brandy servis dans de la porcelaine de Chine, de vins et de liqueurs fines. Le major de la place, Jean-François Eurry de La Perelle, faisait le paon dans son uniforme neuf tout en dégustant des chocolats avec Bigot.

— La révolte gronde chez les soldats, confia-t-il à Bigot.

— Ils ne sont jamais satisfaits, ces gueux! Il faudrait pendre les plus effrontés, pour l'exemple; ça calmerait les autres.

— Au risque de les exciter davantage?... Non. À l'automne, quelques militaires ont fait amende honorable, pieds nus, la corde au cou, en implorant, sur le parvis de l'église, le pardon de la foule. Ça n'a qu'attisé la révolte. M'est avis qu'y aurait avantage à leur donner, pour Noël, des meilleures rations, des vêtements plus chauds et même un peu de brandy.

— Ils ont les mêmes privilèges que les soldats de l'empire français et de la garnison de Québec. Vous voudriez peut-être aussi qu'on leur apporte des coupes glacées en plein mois d'août!

Bigot faisait allusion aux banquets sur l'herbe au cours desquels l'aristocratie et les officiers consommaient des boissons fraîches servies avec des glaçons conservés dans une bâtisse au toit conique qui servait de glacière.

— Pourquoi pas, après tout? appuya La Perelle, voyant qu'il n'y avait rien à espérer de Bigot.

Faut dire qu'il était inquiet, La Perelle, car il côtoyait les hommes de plus près que Bigot. Mais il était loin de se douter qu'une mutinerie se tramait.

Le givre des vitres l'empêchait de voir à l'extérieur, et il s'efforça de ne pas penser aux soldats transis dans cette purée de pois. Il se réconforta en songeant à l'invincibilité de la forteresse, s'exagérant le périmètre des remparts, la profondeur des fossés, le nombre des mortiers et des canons et l'épaisseur des voûtes à l'épreuve des bombes. Un peu avant minuit, Joseph vint rejoindre les soldats, qui, eux, n'avaient guère de motifs de réjouissances. Ils avaient reçu les présents d'usage: quelques cruches de tafia et du porc salé. Mais rien pour dissiper la rancœur et la morosité, d'autant plus qu'ils apercevaient cette lumière chaude inaccessible, qui venait du château alors qu'un air de musique filtrait à travers la brume. Joseph commençait à regretter d'être parti à l'aventure, et l'image de sa famille en train de célébrer joyeusement au Ruisseau lui revenait constamment à l'esprit. Il avait reçu des nouvelles d'Angélique par un coureur de bois. Elle lui parlait du vide que son départ avait causé en elle. Angélique, son trésor adoré qu'il fuyait comme il se fuyait lui-même. Il imagina le Vieux, patriarche de la tribu, en train de bercer ses filles, tout en leur racontant une histoire alors que Membertou en profitait pour allumer la pipe de son grand-père.

— Voilà ce que m'apporte l'errance, s'avoua-t-il.

La nuit fut agitée. Les soldats suisses parlaient fort et couraient partout.

— Il y a des officiers qui gardent sur leur liste les noms des soldats décédés, pour avoir leur solde et leurs rations, racontait l'un.

— Paraît qu'y vont jusqu'à revendre les uniformes des soldats morts, ajoutait l'autre.

— Nettoyer les latrines du gouverneur, ce n'est pas digne d'un soldat, explosa un troisième.

Et un silence lourd s'abattit sur Louisbourg.

Joseph fut réveillé à la pointe du jour par un vacarme du diable. Les cent cinquante soldats du régiment de Karrer hurlaient tous à la fois, injuriant les soldats français, qu'ils accusaient de lâcheté parce qu'ils hésitaient à se mutiner. De toute façon, les Suisses les haïssaient car il leur semblait que les Français étaient épargnés tandis qu'eux étaient toujours envoyés en première ligne comme chair à canon. Le chef du groupe déroula un long rouleau de parchemin et proclama:

— Voici nos demandes: un dédommagement pour notre participation à l'expédition de Canso, l'argent qu'on nous doit pour le travail aux fortifications, des vêtements propres et chauds, du bois de chauffage en quantité suffisante et une nourriture digne d'un soldat.

— On va finir sur le gibet, se plaignit un soldat français.

— Tu préfères crever dans cette misère? répliqua son voisin.

Le soldat René-Antoine LeMoine, dit Saint-Amant de Paris, annonça:

— Les Suisses ont raison; j'en ai assez de manger des ragoûts puants et de coucher sur des paillasses infestées de vermine pendant que les officiers se bourrent les poches avec notre solde et font la fête.

Cela dit, il agrippa son tambour et sonna l'appel en sortant de la caserne. Joseph brandit son sabre de corsaire. D'autres prirent leurs armes et les suivirent. Ils rejoignirent les soldats qui affluaient au son des tambours. Quelques officiers tentèrent de s'opposer à la révolte, mais ils n'avaient plus d'influence sur les troupes et certains d'entre eux, les plus haïs, furent bien chanceux d'avoir la vie sauve. Les soldats, en rang de bataille, conduits par trente fusiliers, firent battre les tambours par toute la ville. Seuls les canonniers et les sergents français refusèrent de bouger.

Le 27 décembre au soir, il y eut fête pour la garnison. Une fête qui prit des allures d'orgie. Les mutins pillèrent les magasins et distribuèrent généreusement les cruches d'alcool. L'ivresse se répandit dans les rues de Louisbourg et la débauche dura toute la nuit. Au matin, Bigot et du Chambon n'ayant pas encore cédé aux demandes de la garnison, un groupe de soldats décida d'envahir le château. Certains menacèrent de massacrer la population et de s'emparer de la caisse de la colonie ; d'autres, de livrer la forteresse aux Anglais. Du Chambon finit par capituler. Plusieurs soldats, obnubilés par la victoire, crurent qu'ils pouvaient se passer de dirigeants, surtout qu'ils contrôlaient les magasins du roi. Déjà, certains avaient commencé à fixer aux marchands les prix qu'ils voulaient bien payer. Joseph était d'accord avec les demandes des soldats, mais l'anarchie qui rendait la forteresse vulnérable à la moindre attaque l'inquiétait. « Après tout, se dit-il, je suis venu ici pour défendre mon pays. » C'est ainsi que Joseph refusa de participer aux désordres.

L'atmosphère resta tendue tout au long de l'hiver. Joseph était résolu à retourner au Ruisseau. Mais comment ? Les glaces bloquaient la baie, et la bande d'Indiens qui migrait tous les ans dans la Miramichy, à quarante lieues de Caraquet, était déjà partie. Il n'osa pas entreprendre seul ce voyage à travers les bois et dans la poudrerie. Pas moyen, évidemment, de faire parvenir à Angélique la lettre qu'il écrivit néanmoins, une belle lettre sur de l'écorce de bouleau qu'il déposa dans un petit coffret, à côté de la peinture d'Émilie. Sa lettre exprimait tout l'amour qu'il ressentait pour elle, et il l'assurait qu'il ne repartirait plus à l'aventure. Puis l'ennui le tarauda jusque tard dans la nuit et il dégringola sur la pente de la mélancolie. Ses amis Thierry et Jehan cherchèrent à le distraire, mais eux non plus n'en menaient pas large. L'hiver sembla interminable à Joseph, qui s'isola dans sa torpeur alors que l'anarchie régnait toujours dans la ville. Du Chambon et Bigot étaient au désespoir, surtout qu'ils appréhendaient une attaque anglaise contre la forteresse. Ils durent accorder l'impunité à la garnison, en échange de quoi les mutins promirent de rentrer dans les rangs et de défendre Louisbourg. Joseph se réjouit de ce dénouement, prêt, lui aussi, à se battre, pour pouvoir rejoindre au plus vite Angélique et les enfants.

* * *

Sur le vieux continent, en ce début de mai, la guerre de la succession d'Autriche, opposant la France et l'Angleterre, se prolongeait. En Amérique, les Français de Louisbourg et de Nouvelle-France ainsi que les Anglais des treize colonies britanniques se battaient toujours, par corsaires interposés, chacun essayant de détruire les navires de pêche de l'autre camp. Et il y avait l'omniprésent abbé Leloutre, grand vicaire en Acadie et sagamo des Mi'kmaqs, que les Anglais des colonies exécraient comme le diable en personne, le tenant pour l'instigateur des raids indiens qui semaient la terreur dans les territoires anglais. Le prix des chevelures indiennes était donc à la hausse sur les marchés de la Nouvelle-Angleterre. L'abbé Leloutre était venu à Louisbourg avec les Indiens de Beaubassin pour renforcer les alliances. Le gouverneur avait alors donné aux Indiens du tabac, des boutons et des décorations de cuivre poli. Joseph avait eu l'occasion de parler brièvement à l'abbé :

— Vous n'auriez pas eu des nouvelles de ma famille au Ruisseau ?

— Non, malheureusement. Les Indiens n'ont pas beaucoup circulé cet hiver…

Joseph s'y attendait, mais cela n'empêcha pas le pincement au cœur. Le soir du 6 mai, Joseph aperçut le feu du mauvais temps. Une grosse boule de feu semblait flotter au-dessus des vagues. On apercevait à l'intérieur un trois-mâts noir à voiles blanches. Joseph distingua nettement le drapeau noir de pirate avec le crâne de mort et les os entrecroisés, puis la coque devint tison et les voiles s'embrasèrent de flammèches. Il crut alors entendre des coups de canons tonner dans le lointain. « Un bien mauvais présage pour Louisbourg », conclut-il, amer.

Le lendemain, le *Saint-Dominique*, navire de pêche basque, annonça l'arrivée imminente de la flotte ennemie. Le 9 mai, Joseph, qui se gelait les orteils à son poste de vigie sur le demi-bastion, vit s'approcher une goélette de ravitaillement. Il eut tôt fait de reconnaître le bâtiment d'un homme qu'il aimait bien et dont la tête était mise à prix par les Anglais, Nicolas Gauthier. Celui-ci arrivait de Port-Royal avec cinquante têtes de bétail à bord. Le 10 mai, à la faveur d'une nuit noire et brumeuse, *La Société* appareilla, porteuse d'un message visant à renseigner Versailles sur la situation de la garnison et à lui annoncer l'arrivée des premières voiles anglaises. Au matin du 11 mai, la flotte ennemie se rassembla dans la baie de Gabarus, à quelques lieues de Louisbourg. Les colonies du Maine, du Connecticut, de New York, du Massachusetts, du New Hampshire et du Rhode Island avaient fourni des bateaux et des combattants armés. Ces forces étaient placées sous la direction de William Pepperell, et le commodore anglais Peter Warren, qui était stationné aux Antilles avec ses navires de guerre, l'avait rejoint.

Le sort défavorisait les assiégés. D'un côté, mille cinq cents hommes, recrutés, pour la moitié, parmi les habitants et les pêcheurs, et qui connaissaient à peine le maniement des armes. De l'autre, plus de huit mille envahisseurs, dont la plupart étaient des militaires entraînés. Du Chambon envoya un certain nombre de voiliers de faible tonnage par le fond, pour obstruer l'entrée du port. Jean Lelarge sacrifia une de ses goélettes et enchaîna, dans le goulet, une série de mâts flottants. Puis on fortifia les batteries de l'île d'Entrée qui commandaient l'étroit passage vers la mer. Les bâtisseurs de Louisbourg avaient bien pensé en disposant les bastions de façon à couvrir tous les angles sous un feu croisé de canons et de mousquets ; l'art de la géométrie appliquée aux fortifications ! Et l'artillerie placée du côté de la mer rendait la forteresse quasi imprenable. Mais leur œuvre présentait une faille impardonnable. N'ayant pas cru possible l'arrivée des envahisseurs par voie terrestre, ils avaient omis de fortifier les hauteurs avec des batteries ou des redoutes isolées. Les maigres efforts déployés pour repousser le débarquement dans la baie de Gabarus furent vains.

— Pourquoi du Chambon n'écoute-t-il pas les conseils de Morpain ? demanda Joseph à Jehan. Avec les soldats inutilement retranchés dans la forteresse, les forces du capitaine Marin venues de Québec et la milice acadienne, on aurait pu empêcher le débarquement. Mais le gouverneur de Louisbourg est un poltron doublé d'un incapable. Et pour les autorités de Québec, nous ne faisons pas partie des défenses stratégiques. Le gouverneur ne veut défendre que Québec, comme Vaudreuil qui a laissé échapper l'Acadie en 1713.

— Et ce n'est pas la bande de valeureux Mi'kmaqs venus du poste de Mirliguiche qui va changer grand-chose, continua Jehan.

— Mirliguiche signifie baie lactée en raison de l'apparence de l'eau avant la tempête. C'est bien ce qui se prépare, une tempête, conclut Joseph.

* * *

Après le débarquement, les Anglais traînèrent leurs canons à travers bois et marécages pendant que du Chambon ordonnait de brûler toutes les habitations et tous les entrepôts des pêcheurs qui se trouvaient à l'extérieur des murs de Louisbourg et de détruire les vingt canons de la Batterie Royale, situés à une lieue de la ville, puisqu'ils étaient inutiles dans une attaque terrestre. Les soldats devaient enclouer les canons, c'est-à-dire les mettre hors de service en les chargeant de poudre après en avoir obstrué la gueule. Or, dans leur précipitation, ils ne firent leur travail qu'à moitié, de sorte que les envahisseurs purent se servir de la Batterie Royale pour bombarder la ville. Le mois de mai passa bien lentement pour Joseph et les autres assiégés, impuissants dans leur forteresse face aux boulets et aux bombes qui pleuvaient de partout. Le désespoir, amplifié par les râles des mourants, s'infiltra dans les ruines.

— Il reste encore un mince espoir, se répétait Joseph. Tant que les batteries de l'île d'Entrée empêchent la flotte anglaise de pénétrer dans la rade.

* * *

Joseph, Jehan et Thierry s'étaient portés volontaires pour aller défendre les batteries de l'île d'Entrée. En juin, ils s'agrippaient encore à l'îlot, mais ils avaient perdu le compte des boulets et du temps. Chaque nouvelle attaque était plus difficile à repousser que la précédente. Joseph se rappela les vieilles légendes des chevaliers du roi Arthur. Mais là, il n'y avait ni Merlin, ni épée Excalibur, ni Graal pour les secourir. Partout, l'odeur de sang et de poudre… et les gémissements des blessés qui avaient affronté la mitraille la poitrine nue ! Des rumeurs de toutes sortes circulaient.

— Paraît qu'il y a jusqu'à mille cinq cents malades et blessés chez les Anglais, raconta Jehan.

— Tout va dépendre des renforts, conclut Joseph, qui, entre deux tirs de canon, scrutait l'horizon dans l'espoir de voir apparaître des navires battant pavillon français.

Le ministre de la Marine, Maurepas, avait bien envoyé à Louisbourg quelques vaisseaux : la *Renommée*, qui dut rebrousser chemin devant le blocus, et le *Vigilant*, armé de soixante-quatre canons, qui fut capturé avec plusieurs centaines de soldats commandés par le marquis de Maisonfort.

À la brunante, un soir de la mi-juin, une flotte apparut au large, et les défenseurs de l'île d'Entrée surent que leur destin était scellé…

— Pavillon anglais !

Avec ces renforts, il y eut une nouvelle attaque des canons de la flotte et de l'artillerie de terre. Une poignée d'hommes résistaient toujours, rivés aux derniers canons rougis par l'interminable tir de boulets. Les gros navires à trois ponts se rapprochèrent, et une multitude de bouches cracha le feu de l'apocalypse. On entendait la musique infernale des orgues qui consistaient en des rangées de canons montés faisant feu en même temps. Joseph, épuisé, les mains et le visage noircis par la poudre, l'uniforme en lambeaux, la barbe roussie par les brûlures, sut que l'hallali avait sonné. Il dirigea un dernier tir, qui frappa de plein fouet une chaloupe remplie d'habits rouges. Finalement, les quelques survivants de Louisbourg se replièrent dans une ville aux remparts ébréchés, tandis que la flotte anglaise entrait dans la rade. Joseph réussit à transporter son ami Thierry, gravement blessé, mais il ne put rien pour Jehan : celui-ci était mort.

Une seule maison était intacte. Le 26 juin, la population décimée par la maladie, l'insomnie et les privations, soumit au gouverneur une requête en faveur de la capitulation. Il ne restait presque plus de poudre, quelques barils à peine. Assez pour une salve d'honneur ! De plus, une brèche dans le bastion du Dauphin rendait l'entrée praticable à l'aide de fascines. C'était la fin.

* * *

Gauthier confia à Joseph :

— À moins d'un miracle, tout est fini… mais une clause de la capitulation va me permettre de fuir.

— Comment ? s'étonna Joseph.

— Certaines personnes qui ne veulent pas être vues des Anglais peuvent sortir masquées ! Viens avec moi… Nous nous cacherons à Beaubassin le temps que ma femme et mes fils me rejoignent.

— Je veux bien, mais comment ? Tous ne peuvent quand même pas sortir masqués.

— Écoute bien… Deux chariots vont sortir du camp, c'est prévu par les clauses de reddition, afin de permettre aux déserteurs des armées anglaises de fuir. Je m'arrangerai avec le commandant pour que tu puisses y prendre place.

— Mais que ferons-nous à Beaubassin ?

— Nous nous cacherons chez les Mi'kmaqs… L'abbé Leloutre nous aidera ensuite à fuir vers la Miramichy. Et, de là, tu pourras aller retrouver ta famille.

Joseph voyait ses craintes se dissiper et l'espoir poindre lentement.

— Il n'y a pas d'autre solution, continua-t-il. La garnison va être rapatriée en France. Ceux qui resteront derrière deviendront des esclaves à la solde des Anglais et devront réparer la forteresse ou extraire du charbon dans une mine des alentours!

* * *

Le 28 juin, les officiers approuvèrent toutes les demandes des habitants, sans exception, et la forteresse se rendit avec les honneurs de la guerre. La forteresse imprenable venait d'être prise! La capitulation décidait en même temps du sort de l'île Saint-Jean, et les soldats se livrèrent au pillage dans la région de Port-Lajoie[1]. Les Anglais parlaient déjà de déporter les Acadiens de l'île, mais durent abandonner leur projet, faute de moyens de transport. Quand les navires de renfort français le *Mars*, le *Saint-Michel*, la *Parfaite*, l'*Argonaute* et le *Mercure* arrivèrent en vue de Louisbourg, l'irréparable avait été commis.

Dans un chariot couvert, Joseph quitta clandestinement la forteresse en ruine, en même temps que le pasteur Samuel Moody, de Boston, un puritain de soixante-dix ans, démolissait à la hache les «idoles de cette forteresse de Satan»! Joseph n'avait qu'une seule idée en tête: rejoindre Angélique et sa famille, en se promettant de ne plus jamais repartir à l'aventure, quoi qu'il arrive. Joseph et Nicolas Gauthier avaient rendez-vous avec des patriotes dans la région de Beaubassin, une distance de soixante-quinze lieues. Les y attendaient les fils de Nicolas, Joseph et Pierre, ainsi que Joseph Broussard, dit Beausoleil, Louis Hébert, Joseph Le Blanc, dit le Maigre, Philippe LeRoy et quelques autres, tous coupables de haute trahison. Une proclamation anglaise les désignait comme

---

1. Actuellement Charlottetown.

rebelles acadiens et offrait une prime de cinquante livres par tête. Gauthier était particulièrement inquiet pour son épouse Marie Allain et son plus jeune fils, que les Anglais avaient mis aux fers à Port-Royal. Mais s'il était impuissant devant ces arrestations, il avait une heureuse nouvelle à annoncer à Joseph.

— Des pêcheurs basques doivent rejoindre leur flotte de pêche au large de Miscou. Tu pourras te joindre à eux, si tu le veux.

— Et comment! s'exclama Joseph.

Un peu plus et il lui aurait sauté au cou.

Chapitre 12

Partez, mon cousin, et profitez des forces que je vous donne pour reprendre Louisbourg. Si vous ne pouvez, ayez-m'en l'équivalent, ou du moins établissez-vous dans le pays de l'Acadie d'une façon qui me mette à même d'y faire des conquêtes. Sur toute chose, secourez ma colonie de Québec. Ce sont des sujets qui me sont attachés, et que j'aime, vous y enverrez des munitions de guerre, et le régiment de Ponthieu y hivernera. Je prie Dieu, mon cousin, qu'il vous ait en sa sainte garde et qu'il bénisse mes armes.

Instructions de la main du roi Louix XV
au duc d'Anville en 1746

Le matelot qui refuse de prier « avec attention et révérence » est menacé de punition. À la première offense, il peut être condamné à payer une amende; à la seconde, à huit jours au pain et à l'eau; à la troisième, à la cale. Cette punition consistait à attacher le condamné par les poignets à une bouline de grande vergue, hissé par cette bouline jusqu'à la vergue... et lâché brusquement à la mer.

NOS RACINES — L'histoire vivante des Québécois

J oseph revint au bercail sur un brigantin de pêcheurs basques qui allaient rejoindre leur flotte de pêche dans la baye des Chaleurs. Après soixante-douze heures en mer à compter les minutes, il foula enfin le sol du Ruisseau. Angélique l'attendait, plus belle encore que dans les rêves qu'il avait faits pendant qu'il montait la garde dans la brume de Louisbourg. Il étreignit longuement Geneviève et Josette, qui avaient peine à reconnaître un père dans cet étranger qu'elles voyaient autant dire pour la première fois. Membertou accourut à son tour. Il avait beaucoup grandi, tout en jambes, et l'adolescent laissait déjà deviner l'homme. La tribu l'accueillit avec cette hospitalité simple des gens de la forêt. Mais il y avait sur les visages une trace de tristesse, qui semblait les empêcher de donner libre cours à leur joie. Joseph prit Angélique dans ses bras.

— C'est quoi ? lui demanda-t-il, inquiet.

Elle fondit en larmes.

— C'est mon père, balbutia-t-elle.

Et elle le conduisit à la maison au toit d'ardoises. Là, le vieux Saint-Jean, étendu sur sa paillasse, le teint terreux, entouré d'amis fidèles, s'éteignait.

— Je ne voulais pas partir avant de te revoir, articula-t-il péniblement.

Sa pensée n'arrivait pas à se faufiler dans ses paroles et à l'approche de la mort, les mots devenaient silence, l'ultime vérité.

— J'ai confié à Membertou un secret, une mission qu'il t'expliquera... Continue l'œuvre commencée... D'autres Blancs viendront un jour... Tu te rappelles lorsqu'on voyait de l'île un grand village le long des côtes...

Il ne put poursuivre, épuisé par l'effort. Il oscilla ensuite entre l'inconscience et le délire — son enfance à Rouen, son séjour sur les galères du roi... — pendant quelques heures, avant de sombrer dans un sommeil profond.

Joseph sentit s'abattre sur lui une lourde responsabilité. Comment préparer l'avenir des siens dans ce pays incertain ? Quelle était cette mission que Membertou s'était vu confier par son grand-père ? Impossible d'en parler à Membertou, qui s'isola dans sa peine. Ce dernier était préoccupé par la requête de son grand-père, qui lui avait dit : «Lorsque je serai mort, tu déposeras sur mon linceul d'écorce de bouleaux la croix d'or du trésor de l'île.»

Le Vieux n'était pas le seul à frôler la mort. Une épidémie, sans doute propagée par les étoffes infectées d'un navire d'Europe, décima la tribu, malgré les potions d'Angélique et les incantations d'Élouèzes-de-feu, qui se promenait en secouant frénétiquement son hochet représentant deux figures sculptées : un ours et un Indien. Les femmes enduisaient les dépouilles de peinture verte, rouge, bleue et jaune, les enveloppaient dans les plus belles écorces, et les hommes les transportaient ensuite hors du campement pour les installer sur une plate-forme d'une dizaine de pieds de haut : pour rapprocher le mort du ciel mais aussi pour le mettre à l'abri des bêtes sauvages. On laissait ensuite les corps se dessécher au soleil avant de les placer dans un coffre d'écorce de bouleaux et de les enterrer avec des présents, arcs, flèches, raquettes, vêtements de loutre et de castor et des urnes de maïs. Tout ce dont le mort avait besoin pour le grand voyage ! Angélique était devenue terriblement agitée et agressive.

— Si tu étais resté avec nous, ça ne serait pas arrivé, lança-t-elle enfin à Joseph, d'un ton accusateur.

Depuis son retour au Ruisseau, il allait de choc en choc. Le Vieux, qui représentait pour lui la pérennité des choses et qui incarnait le père naturel qu'il n'avait pas connu, allait bientôt le quitter. «Et voilà qu'en plus Angélique me blâme, s'attrista-t-il. L'agonie du Vieux nous rend tous irritables...»

Pendant ce temps, Saint-Jean, indifférent à tout ce monde qui s'agitait, s'accrochait toujours à la vie.

* * *

Début mai 1746. Bien qu'elle fût aux prises avec la guerre de Succession d'Autriche, la France, mue par l'énergie du désespoir, fit une dernière tentative pour reprendre Louisbourg et l'Acadie aux Anglais. Maurepas, le ministre de la Marine de Louis XV, envoya une formidable armada de soixante-douze bâtiments... Les vaisseaux de ligne, frégates, corvettes, flûtes, navire-hôpital, transports de troupes et de vivres se rassemblèrent au large de La Rochelle. Le tiers de la flotte française ! Sept cents canons ! Sept mille hommes, sous le commandement de La Rochefoucauld, duc d'Anville. Les forces les plus considérables jamais envoyées en Amérique par Versailles.

Elles avaient pour mission de reprendre Louisbourg, Port-Royal et la Grand'Prée, de détruire Boston et de saccager le littoral de la Nouvelle-Angleterre. Les services de Théotime Chiasson, apothicaire, furent requis sur le *Northumberland*, vaisseau amiral de la flotte, commandé par Pierre-Jacques de la Jonquière, qui devait remplacer le marquis de la Galissonnière, gouverneur du Canada. L'occasion s'était présentée, dès la première semaine en mer, de faire la connaissance du duc d'Anville, à qui un chirurgien avait arraché un bout de gencive en lui extrayant une dent. Difficile de faire mieux avec le genre de tire-bouchon, muni à son extrémité d'un crochet métallique, qui servait à faire ce travail délicat. Il dut préparer une poudre pour calmer la douleur du duc, un homme de grand courage, comme le proclamait Voltaire, mais ce, plus sur un champ de bataille que pour un mal de dents. Extraverti, blagueur, optimiste de nature, Théotime se sentit par la gratitude du duc un homme important, lui qui côtoyait dorénavant l'état-major. Auréolé de son nouveau prestige, Théotime emménagea avec les officiers dans les cabines arrière. Sa femme, Adélaïde, qui l'assistait normalement dans sa pharmacie de Poitiers, avait obtenu la permission assez exceptionnelle de l'accompagner. D'autant plus que leur fille, Mathilde, âgée de onze mois, était du voyage. La petite famille s'installa donc, un peu à l'étroit, entre les flacons, les fioles, les herbages et les poudres.

* * *

Pendant ce temps, en Nouvelle-France, le gouverneur dépêchait Claude de Ramezay, fils d'un ancien gouverneur de Montréal, et sept cents hommes pour faire jonction en Acadie avec les Indiens de Leloutre. La troupe alla attendre la flotte du duc dans la région de Beaubassin. Ramezay plaça son neveu, Charles de Boishébert, à la tête d'un détachement chargé de chasser les Anglais de Port-Lajoie sur l'île Saint-Jean. Ce qui fut fait, tambour battant!

* * *

Le départ de l'armada augurait mal. En raison de vents contraires, les navires restèrent bloqués pendant six semaines à l'île d'Aix. Déjà, la maladie commençait à se propager dans les cales, et la flotte anglaise patrouillait au large, prête à se jeter sur sa proie. Quand la flotte quitta enfin l'île, le 22 juin, des nuages aux teintes ocre noire, comme du sang caillé, semblaient présager un malheur. Toutefois, le vent tourna et permit d'éviter les escadres anglaises, mais la flotte mit tout de même près d'un mois à sortir du golfe de Gascogne et subit de lourdes avaries : voiles emportées, mâts rompus et quelques abordages. Le 23 juillet, au sud des Açores, à environ 32 degrés de latitude, le vent tomba. La chaleur était si intense que le pont se transforma en une fournaise, et le soleil, réfléchi par la mer, brûlait la peau déjà ridée par les embruns et le sel. Le calme plat emprisonna la flotte comme dans un étau. Trois semaines plus tard, l'immobilité et la chaleur toujours étouffante l'accablait encore. Du rarement vu de mémoire de navigateur.

La fièvre typhoïde, la dysenterie et le scorbut firent des ravages, et l'on plaça en quarantaine des sections entières des navires. À bord du *Northumberland*, Théotime se promenait du matin au soir avec sa trousse, mais ni les vomitifs à base d'ipéca, ni le thériaque et les gouttes d'esprit de cochléaria n'eurent d'effet contre le scorbut. Il obtint alors la permission d'augmenter les rations de rhum, qu'on servit avec les oignons et les betteraves, et les cuisiniers firent rôtir à la broche, sur le pont, quelques moutons et bœufs qui, autrement, auraient foulé vivants la terre d'Acadie. Cela aida bien un peu, mais si peu…

À force de voir du matin au soir les vaisseaux immobiles, les équipages furent pris de mélancolie. Le sable semblait figé dans le sablier. On eut dit l'enfer concentré dans l'espace du navire que seul le rêve pouvait franchir. Une puanteur immonde montait des cales obscures, où étaient pendus les hamacs moisis. L'air était chargé d'une odeur persistante d'excréments et de vomissures et, par moments, il semblait à Théotime que le bateau n'était qu'une immense latrine. Ni la fumée qui s'échappait des seaux de goudron ni les boulets rouges dans l'entrepont ne réussissaient à dissiper les miasmes pestilentiels. Les cales devinrent le royaume des rats, des puces et des poux. On dut jeter à la mer quantité de vivres qui pourrissaient dans des barils mal scellés, vendus par des marchands sans scrupule.

Chaque jour, par groupe de sept et partageant la même gamelle, les matelots recevaient leur ration de l'éternel ragoût de biscuits[1] de marins et de lard salé, parfois accompagné de pois et de morue séchée. Pour boire, une eau infecte à laquelle on ajoutait un peu de mélasse pour la rendre buvable. Ce qui restait de vin ranci et de cidre aigre était gardé pour les officiers! Les réserves d'eau douce baissaient dangereusement; plus que quelques dizaines de barils. Un bon matin, Théotime trouva sa grenouille morte dans un baril; elle ne servirait plus à vérifier la qualité de l'eau! Depuis un certain temps, Théotime n'avait plus besoin de prescrire de la poudre cornachine aux malades qui avaient besoin d'un purgatif; la nature prenait le relais! Mais il y avait pire: le râle et le délire des mourants qui ne souhaitaient plus que la délivrance. Certains, agités d'une fièvre violente, se précipitaient à la mer. Chaque matin, l'aumônier juché sur la dunette avant entonnait le *Veni Creator*, puis l'équipage, à genoux, enchaînait avec les litanies de la Sainte Vierge et des saints avant de passer au rituel des morts. Un mousse portait une croix, un autre, un flambeau. Les dépouilles enveloppées dans de vieilles toiles étaient transportées sur le tillac et, après les prières et l'aspersion d'eau bénite, on les jetait à la mer, en ayant pris soin d'y attacher un boulet de canon. Théotime avait envie de hurler lorsqu'il entendait l'abbé Maillard réciter la prière des trépassés. Quand ce n'était pas du *Northumberland*, c'était des vaisseaux à babord ou de ceux à tribord qu'elle s'élevait! Mis à part quelques vomissements, Théotime se portait bien, mais il ne pouvait en dire autant de sa courageuse Adélaïde qui, chaque jour, avait le teint de plus en plus vert et diaphane, prisonnière, elle aussi, du délire qui rôdait dans les cales. Le 9 août, ce fut Adélaïde qu'on enveloppa dans une vieille toile de hauban. Pauvre Théotime!

---

1. Biscuit: cuit deux fois.

Encore sous l'effet du choc, il ne put verser aucune larme. Le désir de s'accrocher, de survivre, demeurait encore au fond de lui. Il lui restait Mathilde, qui démontrait par ses gazouillis une grande sérénité face aux malheurs qui l'entouraient.

Le 10 août, le ciel s'assombrit dangereusement. Un orage tropical se préparait. La foudre tomba, brisant des mâts de misaines, fit sauter des dépôts de gargousses et tua des hommes sur le *Mars*. Entre la chaleur impitoyable et l'orage, Théotime préférait la pluie, d'autant que les hommes pourraient renouveler leurs provisions d'eau douce.

Un autre mois passa. La maladie s'était répandue; elle n'avait épargné personne. Il ne restait quasiment plus d'hommes valides pour manœuvrer. Le 15 septembre, aux abords du littoral acadien, dans les parages de l'île aux Sables, surnommée le cimetière des marins, une brume épaisse enveloppa la flotte. Une tempête d'une violence inouïe se déchaîna et la température chuta. Les matelots qui descendaient des hunes pour carguer les voiles tombaient raides de froid sur le pont, et il n'y avait que les médicaments chauds sur la poitrine pour les soulager un peu. Jean Lelarge, un capitaine de Louisbourg qui faisait partie de l'équipage du vaisseau-amiral en tant que pilote, ne trouva rien de mieux à faire que d'invoquer le ciel; un ciel d'encre à deux heures de l'après-midi, qui faisait qu'on ne voyait que des ombres sur le navire! Les puissants vaisseaux à trois ponts furent secoués comme de misérables bouchons et, par moments, la mer se confondait avec le ciel. Théotime avait l'impression que son cœur s'accrochait aux nuages lorsque le navire piquait dans l'abîme et que les mâts frôlaient la crête des vagues. Un bâtiment de transport alla rebondir sur l'*Amazone* et coula à pic. Puis une flamme, le feu de Saint-Elme, apparut au mât de misaine, le fracas du tonnerre ébranla le navire et le ciel zébra la flotte d'éclairs dantesques. La foudre frappa un navire à tribord, fauchant son grand perroquet et son grand mât de hune et faisant sauter la soute aux poudres. Le vaisseau s'embrasa alors comme un petit volcan qui n'en finissait pas de cracher sa lave.

À la levée du jour, la brume épaisse s'étalait encore sur la mer, masquant les côtes et les dunes dangereuses du littoral.

Les navires tiraient du canon ou du mousquet, sonnaient des cloches pour signaler leur présence et éviter ainsi de s'éperonner.

«À quoi peuvent servir les instruments de navigation par des temps pareils?» s'inquiéta Théotime. «Certes, la boussole indique le nord, et le bâton de Jacob, la latitude, mais où est la terre? L'astrolabe détermine les longitudes, à condition qu'on voie les astres mais, par ce ciel d'encre et de brume... Il reste le fil à sonder, qui permet de mesurer la profondeur des fonds mais, avec le sort qui s'acharne contre nous, qu'y a-t-il devant?» soupira-t-il, craignant à tout instant que le navire heurte un écueil. La brume finit par se dissiper. Aussi loin que portait le regard, ce n'était que désolation, une mer couverte de mâtures, de caisses, de débris: l'*Argonaute* démâté et gouvernail en moins; le *Caribou*, les canons de sa batterie haute à tribord jetés à la mer; le *Mars*, les cales remplies d'eau, qui mit le cap sur la Martinique, escorté par l'*Alcide*. Une traînée de vaisseaux éparpillés jusqu'aux Antilles. D'autres échoués à l'île aux Sables, une longue terre isolée à cent milles des côtes, comme pour y rejoindre les fantômes des cinquante forçats colonisateurs que le marquis de La Roche, un Breton, y abandonna en 1598 et qui n'étaient plus que onze lorsqu'ils furent secourus cinq ans plus tard!

Sur le *Northumberland*, Théotime eut beau écarquiller les yeux, il ne vit à l'horizon aucune voilure. Les vivres manquaient. L'équipage ne dut sa survie qu'à la capture d'une goélette anglaise se rendant à Boston, chargée de vivres. On y recruta aussi un pilote, Jean Lelarge ayant été terrassé par la fièvre; l'Anglais eut le choix entre guider le navire ou finir ses jours au fond des eaux, lesté de boulets. Le 20 septembre, le *Northumberland* jeta l'ancre dans la baie de Chibouctou. Mais les autres vaisseaux n'arrivaient pas et, sur terre, il n'y avait aucun signe de vie dans les feuillages colorés de l'automne. Le duc d'Anville, malade du scorbut, était au désespoir. Six jours plus tard, toujours rien. Alors, l'espoir l'abandonna et il mourut d'une crise d'apoplexie. Le même soir, le vice-amiral d'Estourmel arriva sur le *Trident* avec ce qui restait de la flotte: la *Gironde*, la *Mégère*, le *Diamant*, le *Léopard*, le *Tigre*, le *Castor*, l'*Aurore* et quelques transports de troupes. Il était grand temps. À bord du *Trident*, l'épidémie avait pris de telles proportions qu'il ne restait plus d'hommes sains pour diriger le navire. À terre Bigot avait demandé aux Acadiens, aux Mi'kmaqs, aux Malécites, aux Abénakis et à l'abbé Leloutre de trouver des vivres et d'organiser des hôpitaux. On dressa, sur la côte, des tentes pour les malades, et l'opiniâtre Joseph Le Blanc, dit le Maigre, rassembla deux cent trente têtes de bétail, avec l'aide de Nicolas Gauthier. Le monde à l'envers : l'ancienne colonie à la rescousse de la mère patrie !

Une réunion orageuse eut lieu entre les membres de l'état-major, le 28 septembre. La Jonquière s'opposait au retour de la flotte en France et voulait toujours reprendre l'Acadie. Il eut finalement gain de cause sur le commandant d'Estourmel, qui quitta la séance dans un état d'agitation extrême. Isaac de la Tournaye, l'aide de camp du défunt duc d'Anville, qui veillait au grain, convoqua Théotime pour lui demander de surveiller le commandant, qui sombrait dans des accès de fièvre. Théotime n'en menait pas large lui-même, mais il s'installa près de la cabine de d'Estourmel. Lorsque la lune fut au zénith, il entendit un grand cri : « C'est ma faute si les hommes meurent ; c'est le châtiment de Dieu ! » Un temps précieux fut perdu à essayer de défoncer la porte barrée à double tour. Le commandant baignait dans son sang. Il venait de s'ouvrir le ventre avec son épée. Pour Théotime, c'en était trop. Il se retira dans son réduit, s'appuya le front contre le mortier, comme s'il voulait le broyer avec le pilon, incapable d'échapper à cette prostration qui l'immobilisait telles des serres de vautour.

La Jonquière prit le commandement de la flotte ou, plus exactement, de ce qui en restait. « Trop tard, hélas, pour attaquer Port-Royal », se désola-t-il. « Les tempêtes d'automne, la maladie… Il ne reste plus qu'à retourner en France. »

Son retour se plaça lui aussi sous le signe de la maladie, de la famine et des tempêtes. On était toujours sans nouvelles du *Mercure*, le navire-hôpital, et de vingt et un transports de troupes. Près de trois mille hommes, morts, disparus en mer ou enterrés en sol d'Acadie. Les Indiens fuyaient le cimetière des marins depuis que la maladie s'était propagée chez eux. Durant tout l'automne, des navires isolés gagnèrent la France, comme pour jouer la dernière scène de cette tragédie à l'antique qui, autrement, aurait changé le cours de l'histoire. Écrasé par tant d'épreuves, Théotime s'abandonna à la maladie, et l'abbé Leloutre l'assista dans ses derniers moments.

— Je vous confie ma petite, mon père.

— Mon fils, partez en paix vers les béatitudes célestes. Une famille de la Grand'Prée l'adoptera et l'élèvera comme sa propre fille.

Théotime rendit l'âme dans les vergers de la Grand'Prée, emportant avec lui la dernière vision d'un soleil mauve qui s'élevait derrière le cap Blomidon et souhaitant que sa petite Mathilde, maintenant âgée de quatorze mois, puisse prendre une revanche sur l'histoire.

Chapitre 13

Caton l'Ancien terminait toujours son discours par
« *Delenda Carthago* » (Il faut détruire Carthage), citation
qui depuis symbolise une idée fixe. Le 24 juin 1746,
après avoir parlé à la législature du Massachusetts de la
nécessité de déporter les Acadiens, le gouverneur Shirley
s'exclama : « *Canada delenda est.* »

Au Ruisseau, la paix était revenue. Presque miraculeusement,
le Vieux avait survécu et il n'avait pas de séquelles de sa maladie, si ce n'est une légère difficulté d'élocution. Il devait toutefois
surveiller son alimentation. Mais il succombait souvent à la gourmandise, malgré les remontrances de sa fille. Angélique n'avait pu
découvrir la cachette où il gardait son petit coffret rempli de
sucreries ; il l'avait dissimulé dans une cavité, derrière un tableau
montrant le port de La Rochelle. Qui eût pensé à regarder derrière un cadre ? Angélique s'était réconciliée avec Joseph, des
retrouvailles que scella la naissance d'un fils, le 17 novembre 1746.
Ils le baptisèrent René, comme son arrière-grand-père maternel.

— Un fils pour continuer la lignée, s'enorgueillit Joseph.

Les épreuves l'avaient mûri et, cette fois, il ne fit pas que
danser et jouer du violon pour célébrer la naissance de leur
enfant ; il en prit soin tous les jours : couches, bains, boires,
chansons, bercements...

— Il n'a pas agi ainsi avec ses filles, remarquait Angélique.

Mais elle l'excusait, au fond, en se disant que, maintenant, il acceptait la vie de famille. Le Vieux était terriblement fier de son petit-fils, ce qui lui donnait une raison de plus pour se gaver de pâtisseries. Joseph avait d'autres raisons encore de se réjouir. Émilie venait de moins en moins souvent hanter ses rêves, et le souvenir des moments qu'ils avaient passés ensemble s'estompait à mesure qu'il laissait l'affection d'Angélique le remplir et qu'il nouait des liens avec ses enfants. Et, comme détenteur du secret de la grotte de l'île — révélé par son beau-père —, il avait l'impression d'être le gardien de plusieurs civilisations. Un secret que partageait aussi Angélique, depuis que le Vieux, pendant sa maladie, avait laissé échapper des paroles bien énigmatiques. «Voilà qui permet d'envisager l'avenir avec sérénité, se disait Joseph, un trésor où puiser si la survie des Mi'kmaqs ou des Acadiens était menacée.»

L'idée ne lui traversa jamais l'esprit de prendre ne serait-ce qu'une seule pièce pour lui-même, et il en était de même pour Angélique. Le Vieux avait cependant cru prudent de tenir Jean-Baptiste à l'écart, car il le trouvait peu digne de confiance pour tout ce qui touchait aux richesses.

Les batailles de Louisbourg, situé beaucoup plus au sud, n'avaient pas touché le quotidien de la baye des Chaleurs, mais longtemps, au coin du feu, les gens du Ruisseau commentèrent la tragique épopée de la flotte du duc d'Anville, dont certains épisodes furent quasiment érigés en légendes. On racontait que, pendant le voyage de retour en France, l'équipage du navire *La Palme* avait vécu une aventure assez singulière. Comme il n'y avait plus de vivres à bord, une chasse aux rats fut organisée et ceux-ci se vendirent à prix d'or; même la soupe aux coquerelles devint un mets apprécié. Mais, pour plusieurs, il ne restait qu'à ronger les cordages. C'est alors qu'un matelot rappela qu'il y avait dans la cale cinq prisonniers anglais. Faisant fi de l'opposition des officiers, l'équipage décida d'en livrer un au boucher, en jouant quand même le jeu de la courte paille. Heureusement, un navire portugais chargé de moutons vint à passer et sauva l'infortuné; les moutons furent dévorés quasiment sans cuisson.

— Pour une fois, les Blancs ont apprécié la cuisine sauvage, commenta Membertou.

On raconta encore longtemps, durant les veillées, la seule victoire de la guerre : une victoire des gens du pays, celle de la petite troupe de trois cents hommes qui décida de reprendre la Grand'Prée après l'échec de la flotte d'Anville. Sous les ordres de Coulon de Villiers, cette troupe d'Indiens, de Canadiens et d'Acadiens partie de Beaubassin arriva à la Grand'Prée après dix-sept jours de marche, ayant traversé forêts, marécages et lacs gelés, cassé des traînes et des raquettes sur des souches et sur des arbres morts, dans la poudrerie et les bancs de neige de quinze pieds de haut. L'abbé Maillard, qui accompagnait ces hommes valeureux, leur donna l'absolution générale avant le combat. Et, le moral gonflé à bloc malgré les désastres antérieurs, ils s'élancèrent et abattirent à coups de hache les portes des maisons fortifiées, puis envoyèrent dans l'au-delà près de la moitié des six cents soldats ennemis.

— Dire qu'une poignée de combattants d'ici ont quasiment repris l'Acadie, tandis que le tiers de la flotte française n'a rien pu faire, ironisa Membertou.

— Ça ne devrait pas t'étonner. Ils viennent ici faire la guerre à l'européenne ; en disant « tirez les premiers, messieurs les Anglais », ajouta le Vieux. Ils ne connaissent pas le pays et méprisent notre façon de nous battre.

Joseph ne disait mot ; il approuvait tout à fait les dires de son beau-père, tout en trouvant injuste la réflexion que Membertou avait faite au sujet de la flotte française. « Après tout, raisonnait-il, les gens d'ici, comme les Français, n'ont de prise ni sur la maladie ni sur les tempêtes. »

* * *

En octobre 1748, la France, victorieuse sur les champs de bataille en Europe, signa le traité d'Aix-la-Chapelle. Elle décidait de reprendre Louisbourg en échange de Madras[1] et de territoires gagnés dans les Pays-Bas. Il y avait longtemps

---

1. Ville de l'Inde.

qu'une bonne nouvelle n'était pas parvenue au Ruisseau. Mais Joseph ne trouva aucune raison de se réjouir car l'Acadie restait toujours sous juridiction anglaise. « Il eut suffi d'un seul navire de guerre de la flotte d'Anville pour que la France reprenne l'Acadie », ragea-t-il.

Mais il y avait un mal plus pernicieux qui rongeait le patriotisme de Joseph, et ce, depuis qu'il avait appris que, par suite de l'insurrection à laquelle il avait participé à Louisbourg, huit soldats avaient été condamnés à mort, malgré les promesses d'impunité, tandis que des officiers manifestement corrompus avaient été promus! Un mal qui s'appelait haine et qui était dirigé envers tous ceux qui représentaient le pouvoir français, au point qu'il se demanda s'il ne valait pas mieux changer de langue et de religion.

* * *

Une nouvelle peu réjouissante circula en Acadie à l'automne 1749 : la fondation d'Halifax, dans la baie de Chibouctou, pas très loin de la petite île où avait été enterré le duc d'Anville, qui dut bien se retourner dans sa tombe en voyant débarquer les trois mille émigrants, Irlandais, Allemands, Anglais et un nombre assez important de calvinistes français.

— Voilà où mène le fanatisme catholique de la France, grogna le Vieux. Les protestants français, accueillis à bras ouverts par nos ennemis !

Joseph fit remarquer que la fondation d'Halifax allait sonner le glas de l'Acadie et que les Anglais seraient dorénavant en position pour se débarrasser des Acadiens !

— Dire que l'Angleterre envoie d'un seul coup presque autant de colons que la France en un siècle ! commenta le Vieux.

Comme une mauvaise nouvelle n'arrive jamais seule, un tremblement de terre secoua la baye des Chaleurs et un raz-de-marée déferla sur les côtes, détruisant le campement ainsi que les installations de pêche. On réussit à sauver la goélette de Joseph, *Le Feu du Mauvais Temps*, et celle de Jean-Baptiste qu'on avait nommée *Sikitoumeg*, « là où la baie court à la mer », en laissant les vagues les porter jusqu'à l'intérieur des terres. La foudre tomba en boule de feu à Miscou, au Ruisseau et à Poquemouche. Les Indiens furent terrifiés, convaincus que la méchante Gougou manifestait ainsi sa colère parce qu'ils avaient écouté les paroles des missionnaires. Élouèzes-de-feu et Ours écumant en profitèrent pour inciter la tribu à la révolte contre les Blancs et leurs missionnaires.

— C'est eux qui nous apportent les maladies, vociférait Ours écumant.

— Ils nous font passer pour des barbares. Ils veulent ensuite nous convaincre que nos croyances quant à l'immortalité de l'âme et à l'Esprit qui anime toute chose de la nature sont mauvaises, rugissait Élouèzes-de-feu.

Mais la méchante Gougou ne leur laissa pas le temps de semer les ferments de révolte. Un vent du noroît s'éleva avec violence, emportant des têtes d'arbres enflammés qui vrombissaient dans les airs comme des diables déchaînés. Il ne leur restait qu'à chercher leur salut dans la fuite, par la mer, et encore, à bord de frêles embarcations soulevées comme des copeaux de bois.

Angélique et Joseph étaient mortellement inquiets, car le Vieux était à l'île Caraquet avec Geneviève et Josette. Et l'île était en train de se transformer en un véritable brasier, dont il était impossible de s'approcher. La mort dans l'âme, ils se résignèrent à prendre refuge dans les grottes de Grande-Anse avec René et Membertou. Ils attendirent pendant des heures que les éléments se calment. Membertou, presque un guerrier déjà, resta stoïque, comme il se doit, mais il n'en fut pas de même pour René, craintivement blotti dans les bras de sa mère. Faut dire qu'il n'avait pas encore trois ans. Quand le calme revint, ils sortirent de la grotte. Aussi loin que portait le regard, tout n'était que désolation.

— Regarde, s'exclama Joseph, le coin de l'île où est la grotte a échappé aux flammes.

C'est peu dire que la joie fut intense lorsqu'ils retrouvèrent Geneviève, Josette et le Vieux, bien vivants, tremblants mais heureux. Sur la côte, Jean-Baptiste était au désespoir; sa goélette calcinée gisait parmi les arbres noircis. Le jardin d'Angélique était en ruine, mais elle oublia vite ce petit désagrément lorsqu'elle aperçut sa vache qui se reposait près des trois roches de la Pointe-de-Roche. Les Indiens, qui se considéraient comme les locataires du sol et qui étaient plus attachés à leur liberté qu'à leurs biens, ne souffrirent pas trop de ces dévastations. Ils savaient que tout repousserait rapidement, que l'air pur serait toujours là et qu'à la prochaine saison, les bleuets seraient plus gros dans les casseaux d'écorce. Le Vieux avait gagné le respect d'Élouèzes-de-feu pour avoir survécu à la Gougou, dont il avait pris l'antre pour abri pendant la tourmente. Et l'on appela désormais ce coin de l'île la « Bouillée merveilleuse[2] ».

Chacun avait à reconstruire. Membertou se lança dans la fabrication d'un canot : une armature avec des membrures en pin bombées à la vapeur d'eau et des bandes d'écorces de bouleaux, cousues avec des radicelles d'épinettes. Il appliqua sur les coutures une colle fabriquée à partir d'une peau d'orignal bouillie, en plus d'une couche de résine et, sur la coque, une ocre mélangée à de l'huile de pin. Il s'imagina, le torse musclé et bronzé, pagayant fièrement dans son canot, en mer, sur le fleuve, les rivières et les lacs, par-delà les rapides de l'Outaouais, comme l'avait fait son oncle Jean-Baptiste…

Angélique était heureuse de voir son homme laisser Émilie tomber dans l'oubli et participer davantage à la vie de famille ; des moments savoureux qu'elle n'aurait pas échangés pour le trésor de l'île, surtout les soirées passées à chanter au son du violon. Joseph se fit très présent auprès de ses filles ; il leur montra comment trouver la nacre dans les palourdes pour faire des colliers de wampum, ces tiges tubulaires que les Mi'kmaqs échangeaient avec les Iroquois contre du maïs. Dès qu'il sut marcher, René se mit à suivre partout son père, qui chercha à aiguiser sa curiosité au lieu de le forcer à apprendre. Il avait adopté la philosophie des Indiens, qui bannissaient la fessée ; la réprimande suffisait, sinon la tribu entière ignorait le mauvais sujet tant qu'il n'avait pas obéi. C'est d'ailleurs ce qui arriva à René lorsqu'il refusa de manger ; face à l'ostracisme de

---

2. Parce que la bouillée d'arbres (bosquet) n'avait pas brûlé.

la tribu, il ne tarda pas à demander pardon. Pour le récompenser, Joseph lui offrit des petites billes sculptées dans une pierre rouge, que les Cris allaient chercher au Minnesota pour fabriquer des pipes et qui lui avaient coûté plus de vingt peaux de castors. Il tailla vingt-quatre billes et grava sur chacune des runes, symboles que les Vikings utilisaient dans un jeu divinatoire. René s'initia alors au jeu de billes avec Geneviève et Josette.

— Quand il sera grand, se disait Joseph, il pourra s'en servir pour trouver réponse aux questions importantes.

Lorsque Membertou termina son canot, on fit une petite fête. Le Vieux raconta une histoire de circonstance, l'histoire d'une flottille de canots, légende connue dans la vallée de la rivière Saint-Jean[3] et dans toute la région des chutes de Grand-Sault[4] : «... Après avoir massacré un village de Malécites, une bande d'Iroquois captura la jeune princesse Malobiannah et l'obligea à lui servir de guide »... commença le Vieux.

— C'est quoi les chutes du Grand-Sault ? s'enquit Geneviève, interrompant le récit de son grand-père.

— C'est une grande cascade qui tombe d'un rocher, d'autant plus dangereuse que les gouttelettes d'eau forment un brouillard, expliqua brièvement le Vieux avant de poursuivre. Alors Malobiannah prit la tête de la file de canots iroquois et, pour masquer le bruit de la chute, entonna une chanson guerrière... Les Iroquois comprirent trop tard la ruse ; ils se dirigeaient droit vers le gouffre.

— Et la princesse est morte ? s'attrista René.

— Oui... mais son esprit veille maintenant sur les canotiers de la région.

La fête se termina par un repas, des danses et des chants au son des tambours et du violon de Joseph.

---

3. Nommée ainsi par Champlain le 24 juin, le jour de la Saint-Jean.
4. En indien *kapskouk*.

Chapitre 14

Le plan ébauché comporte une quadruple opération préalable : contre le fort Duquesne, clef de la vallée de l'Ohio ; contre Niagara, poste clef de la région des Grands Lacs ; contre le fort Saint-Frédéric sur le lac Champlain ; et contre les forts Beauséjour, Gaspareaux et Saint-Jean dans l'Acadie Française. L'Armée envahira ensuite le Canada, ainsi démantelé.

Robert Rumilly, dans *L'Acadie anglaise*

L'enceinte palissadée a été terminée aujourd'hui et nous avons entrepris la tâche de nous débarrasser de l'une des plaies d'Égypte.

Winslow parle de la déportation,
dans son journal du 28 août 1755

Alors que la paix régnait au Ruisseau, dans la région de la Grand'Prée, à cent lieues au sud, les Anglais préparaient les déportations. Cette région était colonisée depuis 1680, époque où les Lapierre, Melançon, Pinet, Terriot[1] et d'autres vinrent de Port-Royal et s'installèrent dans une région appelée le bassin des Mines, parce qu'on y avait découvert des traces de cuivre. Ils fondèrent deux paroisses voisines : Saint-Charles des Mines, à la Grand'Prée, et Rivière-aux-Canards, chacune avec son église au clocher gracieux qui s'élevait au-dessus de la nef

———
1. Thériault.

125

de chêne sculpté. En 1755, près de quatre cents familles habitaient la région de la Grand'Prée, grande prairie sillonnée par une multitude de rivières (Gasparot, aux Canards, Habitant, Sainte-Croix…), qui aboutissaient à un riche delta où s'accumulent depuis des siècles les alluvions limoneuses refoulées par les marées énormes qui se précipitent au fond de la baie Française[2].

Fin août 1755. Les cloches sonnèrent l'angélus, tandis que valsait dans l'air bleuâtre la fumée qui s'échappait des chaumières. Aux champs, entre la double verdure de la mer et de la forêt, les paysans et ceux qui réparaient les aboiteaux se recueillirent, debout dans leurs sabots de bois, près des chars de foin salin. Bien droits, comme les blonds épis qui se dandinaient sur le bord du cap Blomidon. Moment de recueillement, mais où perçait l'inquiétude depuis la prise du fort Beauséjour, en juin, et plus encore depuis deux semaines, parce qu'on y avait emprisonné quatre cents Acadiens des alentours. Certains eurent une pensée pour leur mari, père, ou frère aussi emprisonné, mais à Halifax, pour avoir refusé, en tant que délégués[3] des villages, de prêter le serment d'allégeance, ce serment qui les aurait obligés à prendre les armes contre les Français. D'autres se tracassèrent au sujet de leur église, qui était devenue le quartier général des troupes du lieutenant-colonel John Winslow, un sanctuaire vidé de ses objets sacrés et profané par des hérétiques.

Quelques femmes, la tête couverte d'une calène blanche, apportèrent le repas du soir et les flacons de cidre. Il y avait là Angéline Clairefontaine, les cheveux au vent, resplendissante avec son fichu autour du cou et son gilet bleu indigo, lacé à la taille, qui lui donnait l'allure d'une statue de la Vierge, mais inquiète de l'emprisonnement du curé, le père Chauvreulx, parce que cela risquait de retarder son mariage avec le beau Tristan.

Pendant ce temps, la petite Mathilde Chiasson, accompagnée de Quenouille, son gros chien noir, se promenait dans

---

2. Baie de Fundy.

3. Nommés par les Acadiens pour les représenter auprès des Anglais pour des questions d'importance, comme le serment d'allégeance…

les vergers des Belliveau. À la suite du décès de ses parents, lors de la traversée de la flotte du duc d'Anville, elle avait été adoptée par les parents d'Angéline, les Clairefontaine. Neuf années s'étaient écoulées depuis, qu'elle avait vécues dans l'insouciance de l'enfance, loin des intrigues et de la guerre. Papa Clairefontaine avait été durement éprouvé lors du décès de son épouse, mais Mathilde n'avait que de vagues souvenirs de ce deuil, car elle n'avait alors que trois ans. De toute façon, avec les familles nombreuses du voisinage et l'esprit d'entraide, il y avait toujours dans la maison une voisine, une tante ou une cousine qui remplaçait la chaleur maternelle.

Dans une éclaircie du verger, Mathilde aperçut la forge du vieux Nazaire. Il était le seul habitant de la région à posséder une forge; il l'avait montée petit à petit entre ses voyages à Boston, où il vendait la farine de son moulin, actionné par l'eau de la rivière Gasparot grâce à un ingénieux système de valves, clapets, digues, aboiteaux et vis d'Archimède. Le vieil homme, les bras nus et le visage noirci par la fumée, s'affairait devant le feu à marteler un fer à bœuf. Il éprouvait toujours beaucoup de joie à revoir Mathilde, enfant espiègle qui passait son temps à lui jouer des tours et qu'il considérait un peu comme sa propre fille, celle qu'il n'avait pas eue. Il rangea ses outils.

— Viens à la maison, j'ai un goûter pour toi, lui proposa-t-il.

Nazaire vivait seul avec son fils Tristan, dans une solide maison de chêne aux hauts pignons découpés de lucarnes nombreuses, à l'ombre d'un bosquet d'ormeaux. Il lui servit d'abord une tasse d'eau d'épinette, puis une petite chope d'un lait frais avec un jaune d'œuf battu, semblable au lait de poule, avec une tartine au miel. Mathilde dégusta en silence. Elle semblait préoccupée.

— Qu'y a-t-il, ma petite? lui demanda-t-il enfin.

— J'aimerais être grande et belle comme Angéline, lui confia-t-elle.

Nazaire avait remarqué qu'elle portait les boucles d'oreilles d'Angéline.

— Tu sais, lui répondit-il avec tendresse, tu es la plus belle.

Il savait ce qui la tourmentait. Précoce pour son âge, elle était un peu jalouse d'Angéline, qui avait les faveurs de Tristan et qui la traitait comme une gamine. Pour la distraire de ses inquiétudes, Nazaire lui dit :

— J'ai un cadeau pour toi.

Et il lui tendit un peigne en ivoire qui venait des Antilles. Mathilde était ravie. Elle ajusta le peigne dans sa longue chevelure noire et se regarda dans la glace avec coquetterie.

— Tristan me remarquera, soupira-t-elle.

* * *

L'océan rougeoyait sous les rayons du soleil couchant, et un vent tiède soufflait dans les pins et les saules. Longeant le coteau bordé de ruches, Nazaire se sentit envahi d'une grande fierté à la vue de ces plaines fertiles, tricotées de blé, de seigle, d'avoine et de lin. Pas un outil qu'il n'avait forgé ; les charrues et les herses portaient sa marque. Il avait contribué à bâtir ce pays de l'aube au crépuscule, année après année, tout comme ses ancêtres, arrivés là un siècle plus tôt. Les prés où broutaient les troupeaux avaient été arrachés à la mer par un ingénieux système d'aboiteaux, genre de digues construites au moyen de troncs d'arbres et de glaise, qui empêchaient la marée d'envahir les terres, et munies d'un clapet qui laissait s'écouler l'eau des prés. Sur la gauche, l'église où l'on marquait les grands événements de la vie : les naissances, les amours, les mariages, les récoltes, les mortalités... Et à l'ombre des croix du cimetière, les ancêtres qui veillaient sur leurs petits-enfants, heureux de les voir se multiplier si rapidement. «Non, je ne pourrais jamais partir d'ici», songea-t-il.

Depuis peu, la liberté des Acadiens était étouffée par une foule de règlements, de restrictions. Tout avait commencé par l'obligation d'approvisionner les forts en bois de chauffage, sous peine de voir réquisitionner la charpente des maisons. Puis toutes les armes avaient été confisquées par les militaires anglais, qui ne laissèrent au forgeron que son marteau, au moissonneur, sa faux, et au bûcheron, sa hache. Pour ce faire, les Anglais avaient usé d'un subterfuge : sous le prétexte d'une partie de chasse, deux soldats s'étaient présentés dans chaque foyer en demandant le gîte et le couvert. Ils avaient été bien reçus, l'hospitalité étant sacrée chez les Acadiens, ce qui ne les avait pas empêchés de profiter de la nuit pour s'emparer des armes! Ensuite, ils réquisitionnèrent les canots pour empêcher les Acadiens de fuir à Louisbourg ou à l'île Saint-Jean ou, pire, de ravitailler les troupes françaises. Les Acadiens qui présentèrent une requête au gouverneur Lawrence, pour témoigner de leur loyauté ou pour protester contre le vol de leurs armes, dont ils avaient besoin pour se défendre contre les bêtes sauvages et contre certains Indiens qui les considéreraient peut-être dorénavant comme des ennemis, se virent opposer un refus catégorique. Le gouverneur leur signifia que leurs revendications étaient hautement arrogantes et insultantes, et qu'elles étaient un signe de mépris pour l'autorité et le gouvernement de Sa Majesté, des demandes dignes d'un châtiment exemplaire. Telles étaient quelques-unes des pensées qui agitèrent Nazaire pendant sa longue randonnée et, en s'arrêtant aux événements des derniers mois, il frissonna devant ces manigances, porteuses de mauvais présages.

Nazaire était arrivé à proximité de la maison de Clairefontaine. Il se reposa un instant au vieux puits moussu, y puisa un peu d'eau fraîche dans le seau cerclé de fer et la but à l'ombre d'un poirier importé de France. Rafraîchi, il se leva et se dirigea vers la maison. Arrivé sur le seuil, il n'eut pas à frapper avec le lourd marteau d'airain, car la porte était entrouverte en raison de la chaleur.

— Entrez, mon ami, lui lança distraitement Clairefontaine, bien absorbé par une partie de dames avec Tristan. Venez vous asseoir. Prenez la pipe de plâtre et le pot à tabac, en passant.

Près de la grande cheminée, à côté des marmites et des ustensiles accrochés aux poutres équarries, Angéline filait le lin. Elle alla chercher du cidre dans un pot d'étain; il était plutôt léger. Elle aurait pourtant juré qu'il était plein le soir d'avant, mais elle était loin de se douter que pour faire la grande, Mathilde buvait du cidre en cachette. Elle se doutait encore moins que sa sœur épiait les «grands» du haut de l'escalier menant à sa chambre, au lieu de se préparer pour la nuit.

Nazaire dégusta son cidre. Il entama :

— Y a d'étranges rumeurs qui courent au sujet des navires de Boston, mouillés au large des côtes ; ils ont des noms barbares comme l'*Endeavour*, l'*Industry*, l'*Elizabeth*… J'aime pas beaucoup la gueule de leurs canons braqués sur la Grand'Prée.

— Tu t'inquiètes trop depuis quelque temps, lui répondit Clairefontaine entre deux coups de dames. On est habitués à la présence anglaise. Depuis 1713, on est sous leur juridiction, et à part leur maudit serment d'allégeance qu'on n'a jamais prêté, ils nous ont jamais trop bâdrés. De temps en temps, ils s'énervent ; c'est ben normal, car on n'est pas très loin de Boston et, avec Louisbourg, on contrôle l'entrée du golfe. Pis, c'est pas la première fois que les soldats passent l'hiver au village.

— Oui c'est vrai, mais là, ça a l'air sérieux. Nos délégués sont au cachot, riposta Nazaire. Depuis la fondation d'Halifax, les Anglais ont juste une idée : nous déporter. Ils sont trois mille protestants, Anglais, Irlandais ou Allemands, qui n'attendent qu'une bonne occasion pour s'emparer de nos terres, de nos récoltes et de nos troupeaux. Sans compter le millier de huguenots français venus de Montbéliard ; une honte que d'être trahis par des gens de notre race ! Pourquoi penses-tu qu'on a saisi nos archives, qui contiennent les titres de nos terres, ainsi que tous les renseignements sur nos familles ? Pis, c'est pas pour rien qu'ils n'admettent pas les contestations sur l'arpentage des terres devant les tribunaux ; ce serait nous reconnaître le droit de propriété. Y a aussi les machinations de l'arpenteur Morris qui m'inquiètent. Il a noté tous les détails sur l'emplacement des maisons et des bâtiments, l'étendue des terres cultivées, le nombre de têtes de bétail en plus de noter les accès aux voies de communications.

Essoufflé par une telle charge, Nazaire s'arrêta. Il n'était pas très loin de la vérité, mais il aurait quand même été renversé s'il avait pris connaissance ne serait-ce que du titre du rapport rédigé par Morris en janvier 1755 : « Réflexions sur la situation des habitants communément appelés neutres, et méthodes proposées pour les empêcher de s'échapper de la colonie, au cas où, informés du dessein de les déporter, ils tenteraient de déserter en passant dans les colonies françaises». Un beau moineau à ajouter au quintette Lawrence, Shirley, Belcher, Boscawen et Winslow!

— Ils ne pourront pas nous expulser, répliqua Clairefontaine. La France et les soldats de la forteresse de Louisbourg nous défendront. Pis Londres n'acceptera jamais la déportation. Après tout, George II n'est pas un barbare.

— Mon père a raison, lança brusquement Tristan. Je me méfie du gouverneur Lawrence et de Belcher, le juge en chef. Belcher ne cherche qu'à donner un semblant de légalité à ce sinistre projet. Pis, avec les soldats dans les lieux saints et Winslow au presbytère, ça regarde mal. Moi aussi j'ai entendu des rumeurs de déportation. Ça fait trop longtemps qu'on est neutres. Je l'ai toujours dit: ça nous perdra. On devrait prendre les armes!

Sur ces mots, il se leva et commença à taper sur les bûches de l'âtre avec un grand tisonnier. Cela raviva le feu et fit étinceler les assiettes d'étain sur le buffet. Tristan rêvait de répéter l'exploit de Coulon de Villiers, qui, en 1747, en pleine poudrerie et avec une poignée d'hommes, avait chassé les Anglais de la Grand'Prée. Angéline se taisait, troublée elle aussi. Mais dans sa grande naïveté, elle ne pouvait croire ni à la guerre ni à la méchanceté. Sur ces entrefaites arriva le notaire Octave LeBlanc, qui venait préparer le contrat de mariage.

— Avez-vous du nouveau? s'enquit Tristan.

— Je crois que les Anglais veulent nous faire prêter le serment d'allégeance parce qu'une guerre se prépare en Europe… Elle a déjà commencé ici. Mais j'ai confiance dans la Providence, dit le notaire, comme pour se rassurer.

Nazaire ne put s'empêcher de penser que si le notaire parlait ainsi, c'était parce qu'il avait des contrats avec les Anglais. Au fond, il le considérait comme un traître, surtout lorsqu'il voyait dans son gilet sa bourse en chamois qui semblait bien remplie d'écus. Mais l'heure n'était pas à la guerre. Angéline alluma la lampe au pied d'albâtre, et le notaire sortit sa plume d'oie. Il nota soigneusement le nom et l'âge des contractants ainsi que le montant de la dot d'Angéline, dont le trousseau se composait de belles pièces tissées et brodées à la main. Mathilde, les larmes aux yeux, contemplait son prince qui se faisait ensorceler. Il lui rappelait son père, tel qu'on le lui avait décrit et auquel son imagination d'enfant avait donné une stature, une physionomie, un timbre de voix!

Une cloche sonna neuf heures, pour indiquer le couvre-feu.

— Vous n'êtes pas tannés de vivre comme des esclaves? tonna Tristan. J'ai envie d'aller rejoindre les rebelles qui ont établi leur camp dans la forêt.

— Non, une rébellion ne ferait que provoquer les Anglais, le prévint LeBlanc. Il ne faut surtout pas leur donner de prétexte. D'honnêtes citoyens comme nous n'ont rien à craindre!

— Lawrence est un petit tyran, imbu de sa supériorité, riposta Tristan. Il a encore sur le cœur son échec devant le fort Beauséjour, il y a cinq ans. C'est un être méprisé même par ses compatriotes… Vous voulez pas voir qu'ils vont nous «ex-payser». Les forts Beauséjour et Gaspereau sont tombés aux mains des Anglais, et plusieurs centaines d'Acadiens y sont gardés prisonniers. Monckton est en train de passer au fer, au feu et au pillage toute la région de Tintamarre[4], Aulac, Jolicœur, jusqu'à Memramcouk. Boishébert a dû brûler le fort et les magasins à la rivière Saint-Jean pour les soustraire à la soldatesque de Monckton, et il ne lui reste plus qu'une poignée de soldats et d'Abénakis avec le père Germain dans le haut de la rivière. Ensuite, nos délégués, ceux de Pigiguit[5], de la Rivière-aux-Canards, de la Grand'Prée sont emprisonnés à Halifax pour avoir refusé de prêter le serment d'allégeance. Nos prêtres aussi pourrissent dans ces cachots. Il ne reste que l'abbé Manach et l'abbé Le Guerne, qui ont pris le bois avec quelques Acadiens et des Indiens.

— N'oubliez pas l'abbé Desenclaves, à Pobomcoup, dans la seigneurie des d'Entremont, ajouta LeBlanc.

---

4. Actuellement Sackville.
5. Aujourd'hui Windsor.

— Parlez-moi pas de lui, rétorqua Tristan. Il est tellement loyaliste que les Anglais vont l'adopter !

— Mais il y a des bonnes nouvelles, insista LeBlanc. Une flotte française et des renforts de troupes sont arrivés à Québec avec le gouverneur Vaudreuil. Et puis les Anglo-Américains ont été défaits près du fort Duquesne, dans l'Ohio.

Nazaire l'interrompit :

— Ça ne servira qu'à retarder le sort qui s'acharne sur nous. Et cette victoire les incitera à nous exiler.

Le vieux Clairefontaine, qui commençait à saisir le danger, ne put se retenir :

— On aurait dû écouter l'abbé Leloutre et se réfugier en territoire français.

— Si on avait des chefs de sa trempe, il n'y aurait pas grand Anglais pour nous dire quoi faire, ajouta Tristan.

— Il ne faut pas oublier Beausoleil, renchérit Angéline. Quand il fait sa danse de guerre avec les Indiens, les Anglais s'énervent.

Le notaire LeBlanc, voyant la discussion tourner à son désavantage, insista :

— Il faut collaborer avec les Anglais. Ils feront régner la paix dans la colonie, ce qui nous permettra de nous enrichir.

— Pour ça, dit Clairefontaine, il faudrait prêter le serment d'allégeance et prendre les armes contre les Français. Moi, comme pas mal d'autres, je préférerais quitter le pays sans rien emporter plutôt que de trahir ma foi, ma langue et ma race.

— Mais comment ? demanda Angéline. Les Anglais nous ont toujours empêchés de partir, comme les Juifs, du temps des pharaons. Ils ont eu besoin de nous pour contenir les Indiens, pour cultiver les terres et pour ravitailler les forts. De crainte aussi qu'on aille renforcer les populations de Louisbourg ou de Québec.

Nazaire enchaîna :

— Oui, c'est vrai. Depuis la signature du traité d'Utrecht[6], en 1713, les Anglais ont trouvé toutes sortes d'excuses. On a

---

6. La France y a cédé à l'Angleterre Terre-Neuve et l'Acadie.

commencé par nous dire : «Vous ne partirez pas avant que tel ou tel point soit éclairci par la reine Anne» ; mais elle était déjà morte ! Ensuite, on nous a empêchés de partir, sur des navires anglais ou français, et même dans nos propres chaloupes. Après ça, on nous a interdit de partir, sous prétexte que nous devions d'abord ensemencer nos terres. On nous a empêchés de construire une route, par crainte que nous fuyions avec nos biens. Enfin, on a exigé un passeport. En fin de compte, ça fait plus de quarante ans qu'on nous dit n'importe quoi... et que nous obéissons docilement.

— Et là, vous croyez qu'ils vont nous laisser partir ? demanda Tristan, incrédule. Je soupçonne quelque chose de bien perfide. Ils vont nous «expayser» dans des territoires hostiles. Depuis la fondation d'Halifax et l'arrivée de Lawrence, ils sont en position de force et n'ont plus besoin de nous.

Le notaire, qui cherchait à répliquer, n'en eut pas l'occasion, car Tristan explosa :

— On dirait que vous êtes payé pour prêcher pour eux ! Vous êtes-vous converti au protestantisme ?

Tristan faisait allusion aux privilèges accordés à ceux qui reniaient leur foi. LeBlanc se leva, indigné. Qu'une jeunesse ose s'adresser ainsi à lui, un notable, c'était impensable ! Il sortit en claquant la porte.

— Que le diable l'emporte ! conclut Tristan.

Ce n'était pas dans les mœurs de s'adresser ainsi à un aîné, mais étant donné les circonstances, Angéline et Nazaire aimaient la fougue de Tristan et comprenaient son exaspération. Clairefontaine était songeur ; il ne dit rien. Il pensait à ce délégué acadien, à Halifax, qui avait réitéré à Lawrence qu'il persisterait toujours dans son refus de prêter le serment d'allégeance et qui, lorsque le gouverneur sortit l'épée, proclama, en découvrant sa poitrine : «Allez-y, Monsieur, frappez ! Vous tuerez mon corps ; vous n'atteindrez pas mon âme.» Au fond, il s'en voulait de ne pas posséder cette bravoure. Puis il s'approcha du feu et se mit à remuer la braise en se disant que l'homme s'agite et que Dieu le mène, tandis que Mathilde s'efforçait de regagner son lit sans attirer l'attention.

Dans de lourds chariots tirés par des bœufs, les fermiers, en habits du dimanche, affluèrent des villages voisins pour fêter les fiançailles de Tristan et Angéline. La plupart venaient des cantons de la Grand'Prée, c'étaient des gens de la rivière Habitant, du bourg des Melançon et des Gautherot. D'autres, du village d'à côté, Rivière-aux-Canards, et du petit bourg de la Pointe-aux-Boudrots qui était rattaché au village. Et quelques-uns, de plus loin, de Pigiguit, de Cobeguit[7] et même de Port-Royal. Il est vrai que Clairefontaine et le vieux Nazaire étaient bien connus et respectés à la ronde. Une estime démontrée par les nombreux présents d'articles ménagers, d'animaux et de volailles et par l'aide apportée par plusieurs villageois pour défricher un lopin de terre aux jeunes mariés et leur construire une maison.

Dans le verger des Clairefontaine, une plate-forme servait de piste de danse pour les invités. Les violoneux, juchés sur la margelle du puits, battaient la mesure de leurs sabots de bois cloutés qui faisaient des étincelles. Des femmes portant des couleurs vives et éclatantes resplendissaient de fraîcheur, comme de belles pommes d'automne. Angéline avait acheté de l'étoffe au magasin du huguenot Josué Mauger, que tenait son agent aux Mines, le Suisse Joseph Deschamps ; deux indésirables qui ne figuraient pas sur la liste des invités. Le tissu blanc avait servi à faire sa robe de mariée et le rouge, des « défaisures » comme décorations, alors qu'elle n'avait gardé qu'un ruban rouge dans ses cheveux.

Pour se marier, il fallait, selon la coutume, que la femme tisse une paire de draps et que l'homme fabrique une paire de roues : un jeu d'enfant pour les deux tourtereaux, habitués aux travaux de la ferme. Dans les bras l'un de l'autre, les nouveaux mariés se murmuraient des mots doux.

Mathilde avait mis toute la journée à se préparer. Finalement, le beau Tristan dansa un cotillon avec elle. Il faut dire qu'elle avait insisté un peu. Elle était aux anges dans les bras de son prince.

---

7. Aujourd'hui Truro.

— Vous dansez bien, Mademoiselle, lui murmura Tristan.

Ce compliment la fit rougir. Et il se dit en lui-même : « D'ici peu, elle fera battre bien des cœurs. »

Toute la soirée, ces habitants à demi républicains, entêtés et indépendants de caractère, chantèrent les vieilles chansons de France, se contèrent les exploits de chasse et de flibuste et, conformément à la tradition gauloise, critiquèrent et commérèrent sur les faits et gestes de chacun. Sur les longues tables couvertes de nappes de lin, le pain, le fromage doux, le miel odorant et le cidre ainsi que les gigots de bœufs et d'agneaux avaient été servis aux convives ravis.

Soudain le banquet fut interrompu par un brouhaha, un tumulte, venant de l'orée du verger. Joseph Deschamps, l'interprète de Winslow, arrivait, porteur de mauvaises nouvelles : un ordre stipulant que tous les hommes et les enfants mâles de plus de dix ans devaient se présenter à l'église de la Grand'Prée le lendemain, à trois heures, sous peine de se voir confisquer tous leurs biens. Il va sans dire que les gens étaient troublés et qu'ils ne savaient pas trop comment réagir. Braves paysans, ils s'étaient adaptés, bon gré mal gré, à une sorte de neutralité, et comme le danger qui les menaçait était trop vague, ils ne pouvaient réagir en guerriers, du jour au lendemain, surtout qu'ils avaient vécu dans la paix depuis un demi-siècle. Tristan tenta néanmoins d'inciter les hommes à résister.

— Si vous ne voulez pas combattre, au moins cachez-vous demain avec vos armes ; j'ai quelques mousquets…

Quelques-uns l'appuyèrent, mais le notaire LeBlanc et d'autres notables discoururent longuement sur la protection de la Providence et la nécessité d'obéir aux ordres, et convainquirent presque tout le monde que le rassemblement avait peut-être pour motif l'annonce d'une bonne nouvelle ! Le débat fut clos, et la fête aussi !

Chapitre 15

Ce trait de « la liberté absolue des êtres », chez les
Indiens, troubla profondément l'esprit janséniste des
premiers colons européens, au point qu'ils ne purent l'accepter comme un trait de la « civilisation » de l'Indien et
mirent cette coutume sur le compte du « primitivisme de
ces peuples sauvages » [...] les relations sexuelles étaient
considérées comme une chose normale physiquement et
mentalement, rejoignant ainsi la philosophie des peuples
nordiques au vingtième siècle. [...] la femme était considérée comme partie intégrante de la vie familiale et
avait droit aux mêmes satisfactions que l'homme. Il
n'était donc pas mal vu qu'une fille libre passe la nuit sous
le toit d'un garçon libre et la culpabilisation de cet acte
n'est née que des visions chrétiennes sur notre continent... Il est aussi vrai qu'une fois mariée, elle devenait
une épouse extrêmement fidèle, même si la vertu ou la fidélité sexuelle n'était pas considérée comme un trait
essentiel à la bonne marche d'un ménage.

Bernard Assiniwi,
dans *Histoire des Indiens du Haut et du Bas-Canada*

Alors que les gens de la Grand'Prée vivaient dans l'angoisse,
un calme relatif régnait au Ruisseau au printemps de 1755.
Dix années s'étaient écoulées depuis que Joseph était revenu de
Louisbourg. Les enfants avaient grandi, et René approchait
maintenant de sa neuvième année. Il ressemblait beaucoup à
Joseph, qui le choyait particulièrement, ce qui n'était pas sans

créer quelques tensions dans ses rapports avec Membertou et avec ses sœurs, qui ne lui pardonnaient pas d'être le préféré. Cet air de mystère qu'il affichait agaçait aussi, mais on finissait par s'attacher à lui en raison justement de son côté énigmatique et de sa grande générosité. Comme son père, il s'intéressait beaucoup à la danse et il participait à toutes les sauteries de la tribu. René manifestait une fascination surprenante pour les cruches et les bouteilles, qu'il collectionnait. Il leur avait également trouvé une utilité ; il lançait parfois à la mer des bouteilles porteuses de messages qu'il avait écrits sur des écorces de bouleau, en espérant que ces frêles esquifs atteindraient les merveilleuses contrées de l'Orient que lui avaient décrites les marins qui faisaient escale au Ruisseau. Il était très curieux et pouvait aussi bien vous demander, par exemple, ce que faisait la lune là-haut dans le ciel ou s'il y avait de la vie sur les étoiles. Et si on lui répondait par l'affirmative, une deuxième question attendait invariablement son interlocuteur, à savoir : le Christ est-il mort et ressuscité aussi pour les habitants de chacune de ces planètes exotiques ? C'est surtout avec Angélique qu'il laissait libre cours à son imagination. Parfois il échangeait avec elle sur les pouvoirs paranormaux, comme celui de la transmission de la pensée, ou encore il cherchait à savoir comment Élouèzes-de-feu s'y prenait pour prédire des événements.

Fort comme un ours en ses vingt et un printemps, Membertou était déjà considéré comme un chef dans la tribu. Et les femmes cherchaient, sans trop de résultat, à attirer son attention et à le distraire de sa passion pour les armes à feu, passion qu'il avait nourrie au fil des ans, à l'instar de son grand-père. Il s'était monté une véritable petite armurerie, s'approvisionnant à bord des vaisseaux qui relâchaient au Ruisseau. Il pouvait passer des heures à démonter, remonter et astiquer ses arquebuses, mousquets, fusils, carabines et pistolets. Il s'intéressait particulièrement aux mousquets, depuis les Brown Bess ou Queen Anne, armes anglaises de divers calibres, jusqu'aux mousquets français, qui portaient le nom de leur lieu de fabrication : Charleville, Mauberge, Saint-Étienne, Tulle, etc. Les Indiens avaient une prédilection pour les Charleville en raison de leur légèreté. Membertou rêvait d'inventer un fusil à tir plus rapide que ceux en usage, dans lesquels il fallait verser un peu de poudre, enfoncer une balle de plomb dans le canon avec une tige, puis mettre encore un peu de poudre dans le compartiment de mise à feu relié à une mèche, opération qui comportait pas moins de vingt-trois mouvements! La dextérité de Membertou avait incité Joseph à lui confier la tâche de construire les décors de théâtre pour des pièces jouées à l'île Caraquet, satires ou comédies qu'Angélique et d'autres membres de la tribu créaient à partir d'événements du quotidien, au fil des saisons, selon le temps qu'ils avaient à leur disposition. Ces divertissements faisaient passer agréablement les temps morts, tout comme l'Ordre de Bon Temps[1] lorsque Champlain était à Port-Royal. Et Joseph pouvait exercer ses talents de chorégraphe et de danseur avec l'aide de René.

Quant au vieux Saint-Jean, il avait maintenant les cheveux blancs et clairsemés, le visage ridé comme une vieille pomme. Seuls ses yeux gardaient l'éclat et la fougue de sa jeunesse. Au sein de la tribu, il continuait à exercer une autorité sans égale et il raffermissait son prestige grâce aux produits de la vente des fourrures. Il était un peu moins fringant toutefois depuis qu'il avait frôlé la mort, dix années auparavant, mais il était toujours aussi coquin et gourmand. Les nombreux moments qu'il passait avec ses petits-enfants lui donnaient un prétexte supplémentaire pour renouveler ses provisions de friandises à bord des vaisseaux qui faisaient escale au Ruisseau.

* * *

En juillet 1755, le Ruisseau eut l'honneur de recevoir pendant quelques heures une escadre française. Partie de Brest pour Québec, elle relâcha quelques heures au Ruisseau pour s'approvisionner en eau potable. Quatorze navires de guerre, quatre frégates, trois mille hommes! À la faveur de la brume, au large de Terre-Neuve, l'escadre avait échappé aux Anglais.

---

1. Fondé à Port-Royal par Champlain et ses compagnons pour agrémenter les longs hivers par des spectacles et des repas.

Seuls le *Lys* et l'*Alcide*, deux navires d'arrière-garde, avaient été capturés par l'amiral Boscawen. Un troisième vaisseau, le *Dauphin Royal*, le meilleur voilier de la marine française, s'était esquivé de justesse grâce à la supériorité de sa marche. Cette brève escale permit aux habitants du Ruisseau de rencontrer le nouveau gouverneur de la Nouvelle-France, le marquis Pierre de Vaudreuil, fils d'un ancien gouverneur du Canada. Un homme que l'on disait fier et dévoué et qui s'intéressait au pays, car il y était né. De plus, il connaissait le continent, puisqu'il avait été gouverneur de la Louisiane. Le marquis démontra par ses propos qu'il était conscient des enjeux : « La lutte pour garder la Nouvelle-France sera difficile, vu la disproportion des forces en présence et la corruption qui règne en Nouvelle-France comme en France. Davantage peut-être à cause de certains lettrés, philosophes et autres, qui prêchent l'abandon du Canada. » Et il avait ajouté : « Les écrits de Voltaire font plus de tort aux efforts de la France pour aider ses colonies que toute une escadre anglaise. »

* * *

Début septembre 1755. Un bon matin, Joseph alla à la pêche aux palourdes avec Geneviève et Josette. Une vraie manne. Il n'y avait qu'à gratter les fonds marins avec une pioche pour remplir rapidement les sacs. Geneviève, à quatorze ans, était le portrait craché de sa mère : une blonde déesse qui faisait tourner les têtes et battre les cœurs. Elle était plutôt impulsive de nature et un peu jalouse aussi ; elle était jalouse de son frère René, qui avait les faveurs de son père, comme Angélique l'était d'Émilie. Très coquette, elle passait des heures devant le miroir et, comme l'art vestimentaire pouvait satisfaire partiellement son besoin de se faire remarquer, elle aidait à sa façon à monter les pièces de théâtre de l'île en fabriquant des costumes, dont elle aimait d'ailleurs bien s'affubler à d'autres moments. Un peu frivole et volage, elle avait toujours un jeune homme à ses trousses. Les jeunes Indiens étaient très libres sexuellement, du moins jusqu'au mariage ; une coutume qui dérangeait les missionnaires, mais qu'ils n'arrivèrent pas à changer. Geneviève ne comprenait pas que son père cherchât à l'éviter. En effet, Joseph la tenait un peu à distance depuis quelque temps, afin de se protéger contre une vague attirance qu'il ressentait pour elle sans trop vouloir se l'avouer. Cela parce qu'il l'avait aperçue, par hasard, en train de faire l'amour avec Caribou fougueux dans une petite crique de la Pointe-de-Roche. Cette image lui traversa l'esprit lorsqu'il la vit, à demi nue, se pencher pour ramasser les palourdes. Plus il essayait de chasser l'image, plus elle revenait avec force. Il décida alors, pour échapper à l'obsession, de ne pas y accorder plus d'importance qu'aux autres images de la vie quotidienne, c'est-à-dire de l'accepter comme sienne mais de ne pas essayer de s'en défendre et de ne même pas s'y attarder. Cette stratégie le rassura un peu et lui permit de se consacrer davantage à Josette, qui ne suscitait pas chez lui les mêmes tourments.

La cadette restait une énigme pour son père. Physiquement d'abord, elle ne lui ressemblait pas, ni à Angélique, pas même à quiconque dans son ascendance maternelle, selon le Vieux. Très jolie, toute menue, de teint plutôt brun, elle aurait pu passer pour une Espagnole ou une Portugaise. Ce jour-là, une idée surgit dans son cerveau; elle ressemblerait peut-être à quelqu'un de sa famille à lui. «Les enfants ne peuvent-ils pas être le portrait vivant, le témoignage palpable d'un passé inconnu?»

Et ce jour-là, l'eau à mi-cuisse dans la marée montante, il se posa d'autres questions: «Qui, de mon père ou de ma mère, possédait ce talent de danseur que manifeste de façon frappante cette jeune enfant?» Sa démarche, ses gestes n'étaient qu'harmonie, et chaque son, chaque rythme semblait être le signal d'un pas de danse. Elle demeurait un mystère aussi à cause de certains traits de caractère. Ainsi, elle était, en tout sauf dans la danse, d'une lenteur incroyable contrairement à tous les autres membres de la famille. Même dans la pêche aux palourdes. Elle préférait le repos, la passivité, la rêverie; ce que, sur d'autres continents, on appelait la paresse. Et encore là, aucun de ces traits ne semblait courant dans l'ascendance d'Angélique. Joseph fut donc convaincu d'avoir le privilège de contempler le portrait vivant d'un de ses ancêtres.

Depuis son retour de Louisbourg, Joseph s'était assagi. Son goût de l'aventure avait diminué, et l'amour et le dévouement d'Angélique ainsi que l'affection que lui exprimaient ses enfants avaient fait le reste. Il portait bien ses quarante ans, et seul le grisonnement de sa barbe et quelques rides aux coins de ses yeux témoignaient du passage des ans. Durant ces années, il avait continué de faire la navette entre le Ruisseau et Québec avec sa goélette, et d'exercer, si l'on peut dire, son rôle de surveillant et d'espion dans la baye des Chaleurs, rapportant ses observations au poste de Ristigouche ou à Québec. Joseph profitait de chaque voyage pour rendre visite à sa mère, s'ingéniant à trouver des moyens de la gâter. Il avait formé le projet de l'amener vivre au Ruisseau, mais elle se sentait incapable d'entreprendre un si long voyage. Après son commerce, le lien qui reliait maintenant Joseph à Québec n'était plus Émilie mais sa mère. Il avait relégué au fond de sa mémoire le désir de retrouver ses parents naturels ; sa mère adoptive, sa femme et ses enfants constituaient sa famille.

Il ne se doutait pas que, très bientôt, il serait de nouveau face à ses démons par suite du décès de sa mère. Joseph arriva à Québec trop tard pour la voir, lui parler. Cela le consola toutefois un peu d'apprendre qu'elle s'était éteinte dans son sommeil. Il passa toute la journée à se remémorer des souvenirs en se promenant dans Québec, comme une âme en peine. Dans cet état de crise, ressurgit plus fort que jamais le désir de connaître celle qui lui avait donné le jour.

Pendant ce temps au Ruisseau, les familles préparaient ce dont elles auraient besoin pour l'hiver : vivres, vêtements, bois de chauffage, et, pour se divertir, la traditionnelle pièce de théâtre, qui s'inspirait d'une légende indienne sur la méchante Gougou, qui croquait ses ennemis comme des sucres d'orge. D'après le scénario, la fille du chef devait être livrée à Gougou. Son amoureux consultait alors sorcières, magiciens, lutins, elfes, gnomes, farfadets, mutants, bref, tous les êtres qui possédaient un pouvoir spécial. Celui-ci pouvait déplacer les objets, celui-là, se transporter à distance et un autre, lire les pensées.

Et chacun avait sa petite idée sur les moyens de vaincre la Gougou...

Les jours passèrent et la baie commença à s'agiter, tout comme Angélique, qui s'inquiétait du séjour prolongé de Joseph à Québec. Il était parti depuis déjà quarante jours, et sous peu les glaces allaient emprisonner la baie. Angélique s'ennuya de plus en plus, de sa fantaisie, de son odeur et de sa sensualité. Pendant ces quinze années, elle s'était consacrée à son mari et à ses enfants. Sans délaisser le théâtre, son jardin et le métier de sage-femme, bien sûr. Elle ne faisait pas ses trente-sept ans. Ses traits s'étaient épanouis au lieu de vieillir au fil des ans; elle avait un visage parfaitement serein. Mais l'inquiétude se lisait dans ses yeux, car non seulement Joseph tardait à revenir au Ruisseau mais Jean-Baptiste avait un comportement étrange. Il se désintéressait de la pêche, et le surnom de capitaine ne le faisait plus sourire. Tout l'été, sa goélette qu'il avait reconstruite était restée à la côte, et il traversait d'étranges moments de mélancolie. On murmurait que c'était parce que la femme qu'il aimait, Jeannette-Anne, une jeune Indienne de la tribu, lui refusait souvent son affection. Puis, il avait eu de la difficulté à remplir son coffre d'écus. Et finalement il revint de la chasse à l'orignal les mains vides. Le gibier était pourtant abondant, mais il était trop préoccupé pour se concentrer correctement; humilié de cet échec, alors que ses compagnons avaient tous tué un orignal, il s'isola dans sa tente. Ses amis le retrouvèrent assis, les muscles tendus, les yeux fixes; certains le crurent possédé du Windigo. Il en présentait tous les symptômes: dépression, perte d'appétit, nausée, insomnie. Élouèzes-de-feu confirma que Jean-Baptiste avait rêvé au Windigo, le monstre au cœur de glace. Le froid commença à l'envahir et il devint le Windigo. Peu à peu, il vit Jeannette-Anne se métamorphoser; ce n'était plus la femme qu'il aimait mais un chevreuil. Il se mit à saliver abondamment et la salive coula de chaque côté de sa bouche. Une faim dévorante lui tenaillait les entrailles; il ressentit un besoin irrésistible de manger de la chair crue. Ses yeux devinrent alors couleur de feu, et il empoigna son couteau et tua sa proie. Mais la tribu veillait. Sa vigilance de tous les instants avait permis qu'on substitue un chevreuil à Jeannette-Anne. Il dévora alors de grandes quantités de gras cru, qui fortifie le corps dans des maladies semblables. On lui fit boire ensuite une grande cruche de sang de caribou, un fortifiant hors pair. Enfin, Jean-Baptiste s'apaisa et il dormit comme un enfant, tandis que Élouèzes-de-feu et toute la tribu dansaient et chantaient des incantations au grand Manitou pour exorciser le démon. Les souffrances de Jean-Baptiste avaient touché le cœur de Jeannette-Anne, qui se rapprocha de lui. À son réveil, il avait tout oublié et il était prêt à aimer cette femme chaude et ardente qui était allongée près de lui.

Chapitre 16

Nous formons actuellement le noble et grand projet de chasser de cette province les Français neutres qui ont toujours été nos ennemis secrets et ont encouragé nos sauvages à nous couper la gorge. Si nous pouvions réussir à les expulser, cet exploit sera le plus grand qu'aient accompli les Anglais en Amérique, car au dire de tous, dans la partie de la province que ces Français habitent, se trouvent les meilleures terres du monde. Nous pourrions mettre à leur place de bons fermiers anglais, et nous verrions bientôt une abondance de produits agricoles dans cette province.

Lettre du gouverneur Lawrence, publiée dans la *New York Gazette*, le 25 août 1755

[...] Que vos terres et votre maison et votre bétail et vos troupeaux de toutes sortes sont confisqués au profit de la Couronne [...] et que vous allez être vous-mêmes transportés hors de cette province. En vertu d'une faveur de Sa Majesté, j'ai la permission de vous accorder la liberté de prendre votre argent et autant de vos effets que vous pourrez en emporter sans encombrer les vaisseaux à bord desquels vous allez être mis [...] Et j'espère que dans quelque partie du monde où vous tombiez, vous serez des sujets fidèles, un peuple paisible et heureux [...]

Édit du gouverneur Lawrence sur la déportation

Anno Domini 1755, le 4 septembre, quinze heures. Un roulement de tambour, puis le carillon des cloches des deux églises du bassin des Mines. C'était le signal. Les hommes devaient se rassembler dans les lieux saints, comme l'avaient ordonné les autorités anglaises. Quelques Acadiens parlèrent de guet-apens, sans oser y croire. Comment croire à sa propre mort ? D'autant que le temps radieux des jours précédents avait permis de finir les moissons, d'engranger le blé, de rêvasser aux plantureux repas qu'une terre si riche et fertile réservait pour l'hiver. Certains croyaient que la requête qu'ils avaient adressée au roi de France six ans plus tôt avait enfin obtenu réponse. Les Acadiens avaient alors demandé que les souverains anglais et français se mettent d'accord pour leur permettre soit de rester soit de partir, mais dans des conditions raisonnables. Ils ne savaient pas que l'ambassadeur de France à Londres s'était vu opposer au printemps une fin de non-recevoir lorsqu'il avait demandé que les Acadiens puissent partir avec leurs effets, soi-disant parce que cela aurait pour effet de priver le roi de Grande-Bretagne d'un trop grand nombre de sujets «utiles»! Certains se demandaient bien pourquoi on convoquait aussi des gamins de dix ans. L'inquiétude ne fit que s'accroître à la vue des soldats qui fouillaient tous les bâtiments sans exception.

Tristan, armé d'un mousquet, était caché dans la grange des Clairefontaine et il observait attentivement la scène. Les «Habits rouges», baïonnette au canon, encerclèrent l'église après y avoir fait entrer tous les hommes et jeunes garçons. Au moment où les portes se refermaient sur le dernier, Tristan en avait compté quatre cent seize.

— Je ne serais donc pas le seul à me cacher! pensa-t-il avec soulagement.

Tout à coup, il entendit un bruit qui semblait venir du fenil. Il s'avança prudemment et, parmi les bottes de foin et de lin, il trouva Mathilde.

— Qu'est-ce que tu fais là? lui dit-il d'un ton de reproche, mais néanmoins heureux de sa présence.

Elle lui tendit la main pour qu'il l'aide à se relever. Les larmes s'étaient mises à couler sur son visage, et elle chercha réconfort dans les bras de Tristan.

— Je... j'ai... commença-t-elle, mais ses idées se bousculaient et elle n'arrivait à rien articuler intelligemment.

— Pleure pas, ma petite, tout va s'arranger.

Mais il n'y croyait pas lui-même. Elle pleura un peu plus longtemps qu'elle n'en ressentait le besoin, heureuse de se faire consoler par son idole.

Un silence inquiétant s'était abattu sur le village, et Tristan crut un instant que les battements de son cœur étaient devenus si forts qu'on pouvait les entendre jusqu'au cap Blomidon. Des sons rompirent soudain le silence. Des cris! Des bruits métalliques! Des coups de mousquets! Tristan retourna précipitamment à son poste d'observation. Des soldats ouvrirent les portes de l'église et se précipitèrent à l'intérieur. Les portes se refermèrent sur eux.

— J'y vais, s'exclama Tristan.

— Non, n'y va pas; ils te tueront, répondit Mathilde en s'accrochant à lui.

L'agitation cessa presque immédiatement après. La révolte était matée. Tristan hésitait encore lorsqu'il vit une vingtaine d'hommes sortir de l'église. Il reconnut Pierre Terriot, Jacques Roy et Jean Bourg[1], des amis qu'il n'avait pu convaincre de prendre les armes.

— Veux-tu aller aux nouvelles, Mathilde?

— Bien sûr, répondit-elle avec enthousiasme.

Mathilde n'en demandait pas tant: une mission de son prince!

* * *

Elle apprit que vingt délégués avaient reçu l'ordre de communiquer aux femmes du village la teneur de l'édit du gouverneur Lawrence qui sanctionnait la déportation en pays étrangers, ainsi que la confiscation de leurs terres, biens et bétail. En attendant l'embarquement, elles devaient ravitailler les hommes, qui seraient gardés dans un enclos, près de l'église. Telles furent les nouvelles reçues par Mathilde. Les bras chargés de miches de pain prises dans la maison de Clairefontaine, elle se dirigea vers l'église. À l'intérieur, le spectacle était loin d'être réjouissant. Plusieurs paysans qui

---

1. Bourque.

avaient été blessés gisaient sur le sol, et les statues de plâtre et les stations de chemin de croix avaient été fracassées, victimes de la rage des soldats. Les «Habits rouges», fusil en main, arpentaient le chœur, devant l'autel dénudé. La chaire avait été couverte d'un drap noir, et un crucifix y était posé. Mathilde repéra le vieux Nazaire, étendu sur un banc. Elle s'approcha. Elle crut qu'il dormait, mais en le touchant elle réalisa qu'il ne respirait plus. Mathilde se mit à sangloter, alors que l'assemblée, résignée, entonnait pour se donner du courage le Vive Jésus. Absorbée par sa peine, elle ne saisissait que des bribes :

«Portons la croix

Sans choix, sans ennui, sans murmure... »

Elle crut entendre Nazaire lui raconter les légendes du Poitou pour l'endormir...

«... Portons la croix,

Quand nous en serions aux abois... »

Elle se rappela la magnifique harpe qu'il lui avait offerte à Noël...

«... Quoique très amère et très dure,

Malgré le sort et la nature,

Portons la croix... »

Mathilde pleura longuement, accroupie aux côtés de son vieil ami, se demandant bien comment elle annoncerait toutes ces horribles nouvelles à Tristan.

Pendant ce temps, les soldats fouillaient la grange des Clairefontaine. Tristan se fit tout petit sous les meules de foin et il retint son souffle quand les baïonnettes glissèrent sur son corps. Mais il fut sauf. Mathilde revint à la grange à la brunante. Elle ne laissa pas paraître sa déception d'y trouver Angéline. Le malheur semblait les rapprocher et, ce soir-là, elle se laissa bercer par sa grande sœur. Tristan avait encaissé stoïquement la nouvelle lorsqu'elle lui avait appris la mort de son père, et la rage et le désir de venger ce dernier supplantèrent sa peine. Il écouta attentivement sa fiancée qui, elle, était allée aux nouvelles du côté des résistants.

— Vincent LeBlanc et Théophile Arsenault se sont réfugiés dans la forêt, dans le haut de la rivière Gasparot, avec une bande d'Indiens, annonça-t-elle.

Cette nouvelle réconforta un peu Tristan.

— Écoutez bien, dit-il, j'ai une idée. Près du moulin de mon père, il y a un vieux puits qui ne sert plus depuis longtemps. J'y ai caché des mousquets et de la poudre. Apportez-les-moi. Je vous exposerai mon plan.

La nuit tombée, Angéline et Mathilde descellèrent une pierre du vieux puits et trouvèrent effectivement six mousquets, de la poudre ainsi que quelques sabres, qu'elles rapportèrent dans la grange.

— Voici mon plan, proposa Tristan. Vincent, Théophile et moi allons nous infiltrer dans l'enclos avec les armes et, de là…

— Ça n'a aucun sens, objecta Angéline. Tu risques de te faire tuer. Il y a encore un groupe de miliciens de la Nouvelle-Angleterre, des troupes de Shirley, qui viennent d'arriver.

— Nous n'avons pas le choix.

— Oui, nous l'avons. Fuyons vers le nord, dans la vallée de la rivière Saint-Jean, ou bien vers Louisbourg, affirma Angéline.

— Ah! ça, jamais! Il ne sera pas dit que Tristan Pinet s'est comporté comme un lâche. Si mon plan réussit, la révolte s'étendra peut-être jusqu'à Port-Royal et Cobeguit. Alors, il faut essayer. Et toi, Mathilde, qu'en dis-tu?

— Voyons, Tristan, c'est une enfant… objecta Angéline.

— Oui, mais elle est brave. Laisse-la répondre.

Mathilde, toute fière, prit son air de grande fille et proclama:

— Il faut se battre!

— Pauvres de nous! murmura Angéline.

* * *

Le projet tourna mal; on aurait juré que Winslow avait eu vent du complot; il avait doublé le nombre des sentinelles. Il faut dire que l'agitation commençait à gagner de plus en plus de jeunes. Tristan, Vincent et Théophile étaient parvenus à pénétrer dans l'enclos mais, avant qu'ils aient pu distribuer les mousquets, les soldats les avaient cernés. Angéline pleura lorsqu'elle apprit la capture de son bien-aimé, mais elle n'adressa aucun blâme à Mathilde. Au contraire, elle se rapprocha d'elle encore davantage, en bonne grande sœur qui doit prendre soin de la plus petite.

— On va venir à notre secours, répétait Mathilde.

— Mais qui ? lui demanda sa sœur. De Port-Royal à la Petcoudiac[2], les Anglais règnent en maîtres. La plupart des Acadiens ont fait comme nous. Ils ont fermé les yeux. Ils n'ont pas voulu voir la réalité en face ; maintenant il est trop tard. Il y a bien un noyau de résistance à Port-Royal, Cobeguit et à Memramcouk, mais ça ne changera rien pour nous. Boishébert a peut-être donné une bonne raclée aux Anglais dans la région de Le Coude[3], mais c'est loin d'ici. Alors, on ne peut attendre de secours de personne.

— Et mon parrain, l'abbé Leloutre, avec ses Indiens ?

— Il a dû fuir à Québec après la chute de fort Beauséjour. Et sa tête est mise à prix.

Angéline avait pu obtenir que son père, en raison de son âge et de son état de santé, rentre à la maison. Au moins une petite consolation dans l'épreuve ! Mais quand elle lui demanda ce qu'il pensait de cette tragédie, il s'enferma dans son mutisme, de crainte que n'explose la colère que suscitait en lui son sentiment d'impuissance.

Le lendemain du raid de Tristan, les événements se précipitèrent. D'abord, les militaires incendièrent la maison, le moulin et la forge de Nazaire ainsi que les demeures de Vincent et de Théophile. Ensuite, Winslow décida que les prisonniers les plus récalcitrants seraient embarqués sur-le-champ : plus de deux cents hommes vigoureux, y compris Tristan et ses compagnons. Ils refusaient d'avancer, et ce ne fut qu'à coups de baïonnette que les soldats réussirent à leur faire franchir la distance qui séparait l'enclos de la rive. Parfois, un geste de révolte, de désespoir, était vite maté par la pointe d'une baïonnette. Des femmes, des enfants s'accrochaient aux bras et aux mains des infortunés. L'air vibrait de sanglots, de pleurs et de cris. Tristan tenta de s'échapper en apercevant sa

---

2. Petitcodiac.

3. Nommée ainsi en raison de l'angle de la rivière. Actuellement Moncton.

bien-aimée, mais il s'écroula sous un coup de crosse. Des soldats entreprirent alors de le traîner jusqu'au bateau, malgré les efforts d'Angéline, qui multiplia injures et coups de poing. Mathilde ferma les yeux lorsqu'elle vit Tristan évanoui, cherchant à rejeter ces visions d'horreur. Dans sa torpeur, elle entendit la foule entonner un chant qui racontait la futilité de l'existence terrestre et qui prêchait la soumission et l'abandon dans le giron divin :

« Faux plaisirs, vains honneurs, biens frivoles,
Aujourd'hui recevez nos adieux... »

Pour Angéline, ce chant était associé à de beaux souvenirs de moments passés avec son amoureux, un dimanche après la messe. (Elle se souvenait de leur premier baiser, dans les champs de foin...)

« ... Puisque Dieu nous destine à sa gloire,
Ici-bas méprisons les plaisirs... »

(... lorsqu'il caressait ses longs cheveux, en parlant des beaux enfants qu'ils feraient...)

« ... Seul le ciel, pour prix de leur victoire,
Des élus couronne les désirs. »

Ce chant, Mathilde ne voulait pas l'entendre, mais il eut pour effet de calmer les esprits et la soldatesque, qui poussa alors un peu moins brutalement les malheureux vers le point d'embarquement, à l'endroit où la rivière Gasparot se jette dans la mer, pas très loin d'un moulin à vent, qui étendait ses bras en signe de bénédiction.

* * *

Plus par souci d'économie que par humanité, Winslow avait demandé que chaque famille nourrisse ses membres faits prisonniers. Cela permit à Tristan de retrouver presque chaque jour les êtres qui lui étaient si chers et de connaître l'alternance des moments de joie, de tendresse, et des moments de colère. Il s'était remis de son coup sur la tête et n'arrêtait pas d'échafauder des plans d'évasion. Mais comment ? Il avait beau se torturer les esprits, il ne trouvait pas de réponse à cette lancinante question. D'autant plus que la surveillance s'était accrue depuis le 8 octobre, quand vingt-quatre hommes s'étaient sauvés de la goélette *Léopard* et du sloop *Endeavour*, à l'instigation de François Hébert, aventure qui devait se terminer mal puisqu'on brûla les maisons des évadés, que deux d'entre eux furent tués et que, cédant à la menace de représailles contre leur famille, tous les autres se rendirent.

Au village, on ne parlait que des absents. Le bassin des Mines était devenu la terre des veuves et des orphelins. Le vieux Clairefontaine n'était sorti de son mutisme qu'une seule fois, au moment où les Anglais avaient confisqué, pour Winslow, les chevaux noirs auxquels il était très attaché.

— Les scélérats! Il y a bien cent mille têtes de bétail en Acadie, et ces hérétiques vont toutes se les approprier! avait-il hurlé, hors de lui.

Le 19 octobre, l'embarquement commença à la Pointe-aux-Boudrot. Un défilé de charrettes chargées pêle-mêle de malles et d'objets emportés à la hâte. Il y avait des femmes enceintes, d'autres portant des nourrissons, des fillettes craintives qui serraient leurs poupées de chiffon, des infirmes traînés sur leurs grabats, des vieillards transportés sur des charrettes; un véritable cortège funèbre où l'on entendait les pleurs des déportés ainsi que les jurons et les ricanements des soldats. Et les familles éparpillées sur les navires surchargés. Le désespoir aussi pour Angéline, Mathilde et papa Clairefontaine, car le navire sur lequel Tristan avait été embarqué était plein, et ils devaient attendre les prochains bateaux de transport, nolisés par l'agence Apthorp et Hancock de Boston. Une curieuse agence de voyages qui ne se souciait pas tellement du bien-être de ses passagers! Surtout que, pour diminuer les coûts, elle avait choisi des navires qui transportaient des marchandises en des points bien précis des colonies américaines. Le départ des déportés avait été retardé plusieurs fois en raison des délais d'approvisionnement, mais le sursis prit fin dans les derniers jours d'octobre. Escortés par trois navires de guerre, quatorze bâtiments venant des Mines rejoignirent les dix autres de Beaubassin et emportèrent près de quatre mille infortunés vers leurs lieux d'exil. Ceux qui attendaient les prochains navires, destinés à la Grand'Prée et aux paroisses de l'Assomption et

Sainte-Famille de Pigiguit, ou à celles de Saint-Pierre et Saint-Paul de Cobeguit, restaient saisis de désespoir et priaient pour un miracle. Mais ces premiers départs forçaient à se rendre à l'évidence: les êtres chers étaient partis! Et, que ce soit à marée haute, à marée basse, de jour ou de nuit, par temps couvert ou ensoleillé, les voiles avaient disparu à l'horizon.

Dans la maison des Clairefontaine, Mathilde, Angéline et leur père traversaient des moments de peine, de désespoir, de colère, de résignation. Papa Clairefontaine émergea finalement de son silence pour annoncer ce qui aurait pu passer pour une bonne nouvelle.

— J'ai appris que Tristan fait route vers la Caroline du Sud à bord du *Prosperous*.

À ces mots, une lueur s'alluma dans le regard d'Angéline et dans celui de Mathilde, réconfortées de pouvoir nommer un lieu, un climat, décrire un espace, imaginer les plantations de coton, bref, s'accrocher à un repère.

— Espérons qu'il sera mieux traité que les esclaves noirs des plantations, sanglota Angéline.

— Allons le rejoindre maintenant que nous savons où il est, proposa Mathilde, forçant un sourire chez son père et sa sœur.

— Sans un vaisseau, c'est impossible, dit papa Claire-fontaine. Ça prendrait plusieurs mois pour traverser les forêts et franchir les montagnes. Et puis, on n'irait pas loin, avec l'hiver qui s'annonce. Mais, qui sait, on visitera peut-être ces contrées aux frais de la Couronne britannique, ajouta-t-il.

Angéline, transie par le froid de l'automne, s'était rap-prochée de la flamme.

— Pauvre Tristan. Je frissonne pour lui qui est sur ces mers glaciales. Et je ne suis pas là pour le réchauffer, le récon-forter. Il ne me reste qu'à espérer que le temps passe et que mon fiancé me revienne. Elle fredonna:

«Sous le firmament,
Tout n'est que changement.
Tout passe.
Et quoique l'homme fasse,
Ses jours s'en vont courant,

Plus vite qu'un courant,
Tout passe... »

Mathilde prit sa harpe et commença à pincer quelques cordes pour accompagner Angéline.

« ... jeunesse en beauté,
Plaisir, force et santé,
Tout passe.
Tout se flétrit, s'efface.
Rien ne résiste au temps.
Comme une fleur des champs,
Tout passe... »

Cette chanson eut un effet calmant sur la maisonnée, au point que le père Clairefontaine tomba endormi dans son fauteuil.

Mathilde avait rangé sa harpe et était sur le point d'aller se coucher lorsqu'on frappa à la porte. Inquiète, se demandant qui venait à cette heure tardive, Angéline alla ouvrir. Elle ne souhaitait surtout pas voir la face d'un soldat anglais, qui ne pouvait qu'apporter des mauvaises nouvelles ! Elle crut halluciner lorsqu'elle reconnut Tristan, bien vivant, en train de grelotter. Folle de joie, elle lui sauta au cou, le fit entrer et l'installa près du feu. On n'en finissait plus de lui faire répéter son histoire, même le père Clairefontaine, qui n'avait subitement plus sommeil du tout. Et Tristan conta son aventure.

— Après le coucher du soleil, une fois le bateau au large, j'ai réussi à monter sur le pont. Vu le froid et la force des vagues, les Anglais ne pouvaient s'imaginer que je sauterais à la mer. J'ai nagé jusqu'au cap Blomidon. Vingt fois, j'ai cru sombrer, tant les eaux étaient glacées, mais la pensée que vous m'attendiez au chaud m'a donné le courage de continuer.

Papa Clairefontaine lui offrit un bon rhum chaud.

— Il n'y a rien de mieux contre les frissons, lui assura-t-il.

— Je vais te frictionner. Viens près du feu, commanda Angéline affectueusement.

Mathilde aussi eut son mot à dire. Elle ne voulait pas passer inaperçue.

— Aimerais-tu que je te joue une berceuse sur ma harpe ?

— Ça me ferait bien plaisir...

Quelques instants plus tard, Tristan dormait profondément, revigoré par la tendresse d'Angéline, la chaleur du feu et la musique de la harpe. Mais le mal était fait et toutes ces attentions ne suffirent pas à empêcher la fièvre de terrasser Tristan. Au matin, le corps brûlant, il commença à délirer; il projetait de détruire les digues et les aboiteaux, comme l'avait fait un groupe d'Acadiens de Port-Royal en 1704 devant l'envahisseur. Ils avaient inondé leurs terres, comme les Hollandais à l'arrivée des troupes de Louis XIV. Il parla ensuite de creuser un tunnel jusqu'à la rivière Gasparot. Angéline comprit qu'il pensait à sa tentative d'évasion de l'enclos de la Grand'Prée, juste avant l'embarquement, lorsqu'il avait entrepris, avec d'autres, de creuser un passage, idée qui lui était venue en pensant au succès d'un groupe d'Acadiens qui, à la fin de septembre, avaient fui le fort Beauséjour de cette façon.

L'inquiétude remplaça la joie dans la demeure des Clairefontaine. Il tomba un peu de neige durant la première journée de novembre, et Tristan, dans son délire, décrivit la manne du désert qui viendrait sauver le peuple choisi. Le soir, il vit des lueurs de feu danser sur les murs et des ombres chinoises y dessiner le visage du diable. Il aperçut des « Habits rouges » en train de rôtir dans les flammes de l'enfer. Au fond, il ne délirait pas vraiment, car il y avait effectivement des incendies au village d'à côté, à Rivière-aux-Canards. Des maisons qui s'embrasaient comme des buissons ardents. Winslow venait de signifier aux Acadiens qu'il n'était plus question de revenir. Une fumée épaisse s'élevait au-dessus des toits de chaume. Les chiens, abandonnés, fidèles à leur rôle de gardiens, hurlaient près des demeures et, en maints endroits, croyant que le jour se levait, les coqs chantèrent. Tristan entendit les trompettes, et les murs de Jéricho tombèrent; c'était plutôt le clocher de l'église qui s'écroulait dans un fracas épouvantable, soulevant une gerbe de feu et un charivari de cloches. Scénario de feux et de rapines qui se répétait ailleurs: à Memramcouk, à Tintamarre, à Port-Royal; des milliers de maisons, plus d'un siècle de labeur, qui s'évaporaient en cendre.

Les soldats qui avaient temporairement épargné le village (parce qu'ils y habitaient) ne tardèrent pas à découvrir la présence de Tristan. Mais le père Clairefontaine réussit à négocier qu'il demeure sous bonne garde dans sa maison. Ce qui ne fut pas trop difficile, puisque le village était devenu une prison et que Tristan ne pouvait fuir autrement qu'en délire. Mais surtout parce que toutes les économies qu'avait accumulées le père Clairefontaine depuis cinquante ans, ces économies cachées dans un coffret lui-même enfoui dans la terre près d'un cerisier, avaient fait tomber leurs dernières réticences. Au début de décembre, Tristan était assez bien remis, et ses projets d'évasion le reprirent. Mais l'hiver était aux portes, et les sentinelles veillaient. Une autre « croisière » fut annoncée pour le 11 décembre, dans les vieux rafiots venus d'Halifax, de Boston, de New York, qui prendraient leur quota de misérables. Un soir de marée haute, l'embarquement commença. Les familles étaient divisées. Pêle-mêle, des hommes, des femmes et des enfants entreprenaient leur triste voyage vers des terres inconnues. Excellente diversion que la dislocation des familles pour tuer le moral des hommes valides et les rendre incapables de faire la guerre ! Angéline et son père furent contraints de monter à bord du *Cornwallis*, qui avait pour destination la Virginie. Les protestations de Tristan ne changèrent rien au sort qu'on lui destinait et on dut le ligoter pour le conduire sur le *Prince Frederick Williams*.

Envahie par le chagrin, Mathilde attendait sur la grève. Elle vit des gens prostrés autour des feux et d'autres qui s'agitaient sans but, des mères qui appelaient leurs enfants disparus et des enfants qui pleuraient l'absence de leur mère. Elle aperçut la vieille Octavie, qui ramassait une poignée de terre pour l'emporter en exil. Quand son tour vint et qu'on lui annonça qu'il n'y avait plus de place ni sur le *Cornwallis* ni sur le *Prince Frederick Williams*, elle résolut de s'enfuir.

En retournant vers la demeure paternelle, Mathilde remarqua les bêtes affamées qui beuglaient dans les granges, du moins celles qui n'avaient pas encore été réquisitionnées par les Anglais. Il n'y avait plus de fumée qui sortait des cheminées ; seules les girouettes s'agitaient sur les toits, frénétiques, comme pour annoncer leur ultime adieu. Elle arriva enfin à la maison. Par terre gisaient le damier de son père et des morceaux de porcelaine. La faim la tenaillait. Elle trouva de quoi se confectionner une tartine au miel qu'elle dévora en se demandant ce qu'elle allait devenir.

— Au moins ils sont toujours vivants, soupira-t-elle, et je connais la destination de leur bateau…

C'est alors qu'elle entendit aboyer. Le brave Quenouille l'avait retrouvée. Elle resta pelotonnée contre son fidèle ami quelques instants, puis elle repartit vers la grève et les feux qui s'éteignaient un à un, à mesure que les bateaux levaient l'ancre. Cette nuit-là, elle se cacha dans les hautes herbes de la côte et s'endormit, blottie dans le pelage de Quenouille comme dans une couverture. Elle se réveilla aux premières lueurs de l'aube, transie par le froid de l'hiver, pour découvrir que le cauchemar de la nuit précédente n'était pas un rêve. Sur la côte, des meubles, des malles, des objets de valeur que les réfugiés, entassés comme des sardines à bord des navires, avaient dû laisser derrière eux. Ne sachant où aller, elle s'aménagea finalement une cachette dans le caveau à légumes du vieux Nazaire ; elle y apporta sa harpe, du pain et des pots de confiture à l'eau-de-vie. Il lui arriva d'entendre des coups de feu et, un soir, elle évita de justesse des soldats qui fouillaient les alentours afin de débusquer des fugitifs.

Les derniers vaisseaux partirent le 20 décembre et, ce jour-là, le village de la Grand'Prée fut vidé de ses habitants. Un silence strident comme le bruit d'une vrille s'installa. Alors, quelque chose se brisa en Mathilde. Elle erra durant des heures dans les ruines calcinées, sans se préoccuper de la présence des soldats qui occupaient les maisons en sursis. Elle n'osait pas faire de feu ; sa seule source de chaleur était le brave Quenouille, qui la regardait de ses grands yeux tristes. Elle se sentit de plus en plus frileuse, et la fièvre s'empara d'elle. Puis son estomac se révolta, parce qu'elle s'était trop longtemps nourrie de légumes froids, de pommes gelées et de cauchemars.

La neige tomba toute la journée du 21 décembre, et des coulées blanches recouvrirent le cap Blomidon. Au crépuscule, Mathilde crut voir scintiller au-dessus du cap une améthyste, pierre sacrée que les Mi'kmaqs appelaient œil de Gluskâp [4], du

4. Chez les Mi'kmaqs, maître des hommes et des animaux, aussi appelé Gouseclappe.

nom d'une divinité, et présage heureux des dieux. Elle avait grand besoin de leur aide, car l'hiver s'annonçait terrible, à voir les renards dans leur épais pelage. Le soir de Noël, Mathilde, recroquevillée dans sa couverture piquée, entourée de navets, de carottes et de choux, ne se sentit plus la force de sortir du caveau. La fièvre s'intensifia jusqu'au délire où alternaient rêves de fées et visions monstrueuses. Et Angéline n'était pas là pour la bercer, la soigner, lui servir une tisane au miel, bien chaude, et pour frictionner son corps avec un mélange d'alcool et de camphre. Elle imagina le rire de Tristan, le tintement des petites clochettes du troupeau, le carillon de l'angélus, le martèlement de l'enclume de Nazaire, tous ces sons familiers et rassurants de son quotidien d'avant les déportations… et l'écho des chansons du Poitou qui avaient traversé un océan pour agrémenter les soirées, rebondissant dans les vergers de pommes, de prunes, de poires, alors que, tout près, le flot tumultueux de la rivière Gasparot remplissait avec fracas son sillon de vase rouge. Elle imagina les champs de blé, d'orge, de sarrasin et de chanvre, les carrés ordonnés, le long des pentes et des marais soigneusement asséchés à l'aide des aboiteaux. Elle se berça dans ces moissons dorées et ces terres fertiles où apparaissaient le rouge des vergers, l'orange des feuilles d'automne, le vert des pins. Elle s'abandonna aux hautes marées du bassin des Mines, qui venaient langoureusement caresser les digues, les plus hautes du monde (quarante-cinq pieds), surtout à l'équinoxe et à la pleine lune. Elle se rappela la sérénité de papa Clairefontaine pêchant des sardines sur la Gasparot alors que, à côté, un aboiteau attendait que la pluie du ciel dilue le sel de la mer pour que poussent les tiges d'or. Elle aperçut Nazaire escaladant dans une nappe de lumière le cap Fendu. Elle se revit à l'âge de trois ans, avec maman Clairefontaine qui lui racontait des histoires tout en tricotant et tout en imprimant à son berceau un léger balancement au moyen d'une corde reliée à son fauteuil. Elle se rappela aussi des odeurs : celle des vergers en fleurs, celle des pommes fraîches et du pain sortant du four, celle, plus âcre, de la fumée de la pipe de papa Clairefontaine, qu'elle respirait quand il la berçait pendant qu'elle dégustait sa tartine au miel et son fromage blanc.

Mais les tourments revinrent. Elle eut des visions… et les empreintes de Satan lui apparurent alors que des visages sans espoir descendaient des routes poussiéreuses menant à des bateaux ancrés au large. Encerclée par des soldats, une procession lugubre d'hommes et de femmes désespérés, d'enfants inquiets et de chiens hurlants errait dans des ruines fumantes. Elle aperçut au loin les montagnes de Cobeguit dont la crête se perdait dans le bleu du ciel alors que le gris de la fumée montait des maisons en flammes. Ce soir-là, un cauchemar plus horrible que les autres l'éveilla en sursaut : un navire avait sombré dans l'océan, emportant Tristan, Angéline et son père. Elle ne savait pas encore qu'une épidémie s'était propagée sur le *Cornwallis* et que la moitié des malheureux, y compris papa Clairefontaine, avaient péri et qu'à Charleston, en Virginie, on rejetterait vers l'Angleterre ceux qui n'étaient pas déjà morts. Elle ne savait rien de tout ça mais, en jetant un regard sur la baie gelée, elle aperçut (ce n'était plus un rêve) des boules de feu qui roulaient sur la glace comme des tonneaux, des boules dans lesquelles elle voyait des vaisseaux en flammes. Et lorsqu'elle entendit des bruits de chaînes, elle n'eut plus le courage de continuer à se battre. Elle sentit la mort s'approcher de la porte du caveau, la vie peu à peu la quitter et, appuyée contre Quenouille qui gémissait, elle sanglota comme les saules pleureurs de la Grand'Prée, des sanglots qui lui revenaient amplifiés par l'écho des cheminées noircies, des puits et des digues. La grande misère !

* * *

Pendant ce temps, les Anglais se préparaient à la Noël, comme en témoigne cet extrait d'une lettre adressée à Winslow par le commandant Murray du fort Edward le 12 octobre 1755 :

« Dieu merci ! Les transports sont enfin arrivés. Aussitôt que j'aurai expédié mes gueux (*rascals*), je descendrai vous voir, et nous pourrons nous donner un peu de bon temps. »

Chapitre 17

Les habitants des bois sont venus vous dire qu'aussi longtemps que l'herbe poussera à Grand'Prée et aussi longtemps que l'eau coulera dans la rivière Gasparot, les Indiens seront vos amis.

Anonyme

Du fort Cumberland, Prebble écrivait à Winslow, le 24 août 1755 :
Nous nous réjouissons de votre heureuse arrivée aux Mines, et nous sommes charmés d'apprendre que vous avez pris d'aussi bons quartiers pour vous et vos soldats, étant donné que vous avez pris possession des édifices religieux ; nous espérons que vous y remplirez bien les fonctions de prêtre.

Les nouvelles vont vite chez les Indiens ! Déjà, à la mi-septembre, les gens du Ruisseau étaient au courant du Grand Dérangement. En effet, dès les premiers jours de cette « grande chasse », des chasseurs indiens propagèrent la nouvelle. Une bande de Mi'kmaqs quitta le bassin des Mines et traversa l'isthme de Chignectou en remontant la rivière Petcoudiac jusqu'à Le Coude. Ils se rendirent ensuite dans la baie de Chedaïque[1] à quelques lieues de Le Coude et décidèrent, afin de répandre la nouvelle, de remonter la côte

---

1. Grande-Digue.

vers le poste de la Miramichy, puis ensuite jusqu'au Ruisseau.

Le Vieux se doutait bien que les vaisseaux anglais ne se montreraient pas avant le printemps puisque les glaces couvraient la baye des Chaleurs de la mi-novembre à la fin d'avril. Il se méfiait tout de même des navires de guerre isolés et des corsaires qui cherchaient à profiter des périodes de conflits. On avait parfois vu, même en temps de paix, des forbans anglais, espagnols et hollandais faire des razzias sur les côtes, laissant les habitants de la baye des Chaleurs ainsi que les pêcheurs saisonniers du Vieux Continent constamment sur le qui-vive. Par acquit de conscience, il plaça des guetteurs au poste de l'île, jusqu'à l'arrivée des glaces. René, Membertou, Josette, Geneviève et d'autres se relayèrent pour assurer une surveillance permanente.

— On devrait envoyer des messagers au poste de Ristigouche, proposa Membertou.

Il songeait à la tribu de Mi'kmaqs installée dans le fond de la baye des Chaleurs, position stratégique occupée par une garnison française qui contrôlait, à l'embouchure de la rivière Matapédia, une des routes vers Québec.

— T'en fais pas, répliqua son grand-père. Ils ont dû apprendre la nouvelle avant nous. De toute façon, ce n'est pas une poignée de soldats qui va arrêter les envahisseurs. Hélas ! je crois bien que, cette fois, le glas a sonné pour la colonie française.

* * *

C'est à Québec que, le 20 septembre, Joseph apprit que le Grand Dérangement avait débuté. Deux Abénakis avaient canoté sur la Kennebec [2] jusqu'à la rivière Chaudière [3] et, de là, jusqu'à Québec, à un train d'enfer dans les portages et sur la crête des courants ; ils venaient demander au gouverneur Vaudreuil une aide qu'il ne pouvait fournir puisqu'il ne disposait

---

2. Une rivière qui coule dans le Maine.
3. Cette rivière traverse la Beauce.

que de quelques régiments pour protéger un continent plus grand que l'Europe.

«C'est grâce à l'appui indéfectible des Indiens, les Abénakis, Algonquins, Etchemins, Gaspésiens, Hurons, Malécites, Mi'kmaqs et Montagnais, que l'issue finale a été si longtemps retardée», pensa Joseph. Il n'eut plus qu'une idée en tête : rejoindre Angélique et ses enfants au plus vite. Et le chagrin que lui causait le décès de sa mère s'estompa devant le danger qui menaçait sa famille.

Pendant ce temps, au Ruisseau, à la suite de sa maladie et grâce à l'affection de Jeannette-Anne, un curieux changement s'était effectué chez Jean-Baptiste. La fortune avait perdu son attrait, et l'argent commençait à dégager une odeur qu'il aimait moins. La vie de famille prit de l'importance pour lui et il envisagea un rapprochement avec son père, qu'il avait toujours eu tendance à blâmer pour des riens. Et pour bien marquer ce changement, il lui offrit une couverture en peau de panthère, qu'il avait achetée d'un navigateur.

Au début d'octobre, un différend éclata entre le Vieux et Ours écumant au sujet des territoires de chasse. D'habitude, il fallait au Vieux toute sa science et sa ruse pour faire, avec l'appui du conseil des Anciens, un partage qui satisfasse tout le monde ; mais voilà que Ours écumant, qui, au fond, aurait aimé diriger la tribu, opposait un prétexte après l'autre pour empêcher l'entente.

— C'est à mon tour d'avoir les territoires de la rivière Poquemouche, tonnait-il à tous les chasseurs.

— Mais la dernière fois que tu as chassé là, tu as eu de la misère à nourrir ta famille, avait rétorqué Membertou, laissant entendre par là qu'il n'était pas un bon chasseur. Injure suprême !

Dans ces moments-là, le Vieux enviait la sagesse du roi Salomon. Cette tracasserie l'avait dérangé dans sa lune de miel avec sa Honguedo. Il eut préféré rester dans sa maison tapissée de fourrures rares avec sa belle jeune Gaspésienne. Leur liaison avait commencé après que le Vieux lui eut sauvé la vie lors d'une chasse à l'orignal. Honguedo lui vouait depuis un dévouement sans bornes, et elle s'était attachée à lui. Elle lui fit oublier l'amertume des mois passés sur les galères, et il put enfin montrer davantage sa douceur, ce qui le rajeunissait. Mais malgré l'affection qu'il ressentait pour Honguedo, sa grande passion restait toujours la trappe.

— Un jour, nos fourrures seront portées dans toutes les cours d'Europe…

— Et pourquoi pas par les commerçants et les paysans? ajouta Honguedo. À ce que je sache, les nobles ne sont pas les seuls humains de la planète.

— Tu as raison.

Mais il continuait de rêver qu'il irait un jour étaler ses plus belles fourrures à Versailles ou à la cour du Tsar de toutes les Russies. Avec l'argent qu'il recueillerait, il pourrait faire venir en Acadie des colons, des pêcheurs, des trappeurs.

— Ce sont des soldats qu'il nous faut, avant que ton rêve se transforme en cauchemar, murmura Honguedo.

Il le savait mais, pour le moment, il y avait ce différend qui risquait d'empoisonner la vie de la tribu. Après que Membertou et Ours écumant en furent venus aux mains, il décida de prendre le récalcitrant à son propre piège. Il convoqua le Grand Conseil et déclara, en présence des deux protagonistes:

— Tu es un grand chasseur, Ours écumant, et tu as la trempe d'un chef. Pour cet hiver, tu seras responsable de la délimitation des territoires de chasse. Cet honneur reviendra à Membertou l'hiver prochain. J'ai dit!

Il se leva, alluma le calumet et le tendit à Membertou, avant de faire la danse du grand calumet. Membertou fuma. Ours écumant aspira à contrecœur, mais s'il voulait être un bon chef, il devait satisfaire les attentes de chacun, ce qui signifiait qu'il devait céder pour l'hiver le territoire qu'il convoitait. Ainsi fut pris qui croyait prendre!

* * *

Lorsque, le 7 octobre, Joseph mit le pied au Ruisseau, Angélique exulta de joie. D'autant plus ardente et empressée qu'elle était touchée par le chagrin de son homme à la suite du décès de sa mère. Mais sa chaleur ne suffisait pas à faire taire la douleur de Joseph.

Pour se distraire, il se lança à corps perdu dans la préparation d'une cérémonie religieuse sur la Gougou : un rituel qui était célébré au printemps, tous les quarts de siècle, et pour lequel il fallait construire, sous la supervision du chaman Élouèzes-de-feu, un monstre gigantesque qui, selon la légende, dépassait aisément les mâts les plus hauts. Membertou, René et quelques amis fabriquèrent un mannequin sur échasses mesurant près de trois toises ; ils avaient choisi, à la pointe nord-est de l'île Caraquet, deux grands pins devant servir d'armature. Josette et Geneviève l'habillèrent avec des toiles de navire, des chiffons, des fourrures, des branches de pin, des écorces de bouleau et des cordes. René disposa les goulots de ses bouteilles et de ses cruches face à d'immenses soufflets, qu'il avait confectionnés avec des peaux, de façon à reproduire les sons horribles que la Gougou poussait lorsqu'elle mangeait ses victimes, des hurlements qu'on entendrait de la côte et qui pourraient faire fuir le diable en personne.

Angélique participa aussi aux préparatifs en s'inspirant du premier théâtre d'Amérique[4], qui eut lieu à Port-Royal. Elle proposa d'envoyer à l'île Caraquet quelques canots chargés de présents pour amadouer le monstre. En tête de file, Neptune, le dieu de la mer, tiré par quatre sirènes, rythmerait, avec son trident, la cadence des sonneries de trompettes, des battements de tambour, des coups de canons et des chœurs d'enfants. Pour convaincre Joseph, Angélique proposa :

— On pourrait terminer par un festin digne de l'Ordre de Bon Temps.

— Oui, ton père ferait un Neptune majestueux, avec sa longue barbe blanche, réfléchit Joseph, mais il faudra obtenir l'accord du chaman, ajouta-t-il.

Élouèzes-de-feu se fit un peu prier, pour la forme, mais finit par acquiescer. Et les travaux reprirent de plus belle. René décida de construire un petit mégalithe dans lequel on déposerait les présents pendant que des sirènes entameraient la

---

4. Le théâtre de Neptune avec Champlain, Poutrincourt, Lescarbot…

danse celte des quatre éléments (eau, air, feu, terre). Puis Joseph ajouta encore à la cérémonie quatre sauvages costumés qui, sur des dragons ailés, apporteraient le produit de la terre (le maïs), celui de la mer (le wampum), des fourrures, représentant la forêt, et un sablier, symbolisant le temps. Il restait à protéger les matérieux fragiles et l'installation de la Gougou des rigueurs de l'hiver.

* * *

La dislocation du campement eut lieu vers la fin d'octobre. Les Indiens se déplaçaient par groupes entiers, leurs toboggans chargés des biens de chacun, tirés par des femmes chaussées de raquettes. Angélique n'acceptait pas cette répartition traditionnelle des tâches, selon laquelle il revenait aux hommes de chasser et de poser pièges et collets, et aux femmes de monter les wigwams et de jouer le rôle de bêtes de somme. Sa mauvaise humeur était aussi alimentée par l'attitude de Joseph, qu'elle n'avait pas réussi à distraire de ses préoccupations sur ses origines. Alors, elle commença à bouder, puis décida de partir vers la rivière Poquemouche avec les familles des chasseurs.

À la mi-novembre, il ne restait à peu près personne au Ruisseau. Il y avait bien Joseph et René, qui terminaient les décors pour la cérémonie sur la Gougou qui devait avoir lieu en mai. Joseph avait taillé quantité de masques dans des grands pins. René les trempait dans le sang de chevreuil ou la cendre, selon qu'il voulait les teindre en rouge ou en noir. Si le pin résistait à ce traitement, Joseph considérait alors (selon la tradition iroquoise) le masque digne de servir pour la cérémonie. Jean-Baptiste aussi était resté; il prenait de plus en plus ses distances par rapport aux traditions de chasse, préférant s'occuper de la pêche. Comme ses motifs auraient été mal vus, les Indiens privilégiant le chasseur, Jean-Baptiste avait notamment invoqué comme prétexte le fait qu'il fallait prendre soin des vieillards qui auraient retardé la chasse. Les négociations avaient été ardues sur ce point, mais il avait l'appui de son père, qui acceptait mal qu'on abandonne en pleine forêt ceux qui risquaient de compromettre la chasse. Cette tradition s'était cependant révélée indispensable à la survie de la tribu, car la nécessité de trouver des vivres primait tout. D'où l'honorable compromis dont profitait Jean-Baptiste et, indirectement, toute la bande. Lorsque les glaces emprisonnèrent la baie, il prit des éperlans au nigog à travers des trous pratiqués dans la glace ou encore avec des nasses de fibres qu'il plaçait dans l'eau. Puis, avec l'aide de Jeannette-Anne, il prépara son matériel pour capturer les loups-marins du printemps, la graisse et la peau apportant un revenu appréciable. Le travail d'équipe finit de rapprocher Joseph et René. Celui-ci avait remarqué la bouderie de sa mère avant son départ pour Poquemouche et demanda à Joseph un beau matin :

— Qu'est-ce qui ne va pas avec Angélique ?

Joseph ne savait trop quoi dire.

— Dans l'amour, répondit-il enfin, il y a des moments où l'on se heurte. Mais ne crains rien, j'aime beaucoup ta mère.

Et il disait vrai. Son amour pour Angélique était bâti sur plus de quinze années de vie commune jalonnée de moments sublimes, mais aussi de moments difficiles qu'ils avaient toujours réussi à surmonter.

À la mi-décembre, Joseph et René rejoignirent leur famille six lieues à l'est. Ils retrouvèrent avec joie le grand-père et Honguedo, Angélique, Geneviève, Josette et Membertou. Tous les accueillirent avec grande chaleur. Angélique dormit bien, lovée dans la chaleur de son homme, se permettant d'oublier pour une nuit ses frustrations. Mais Joseph dormit mal; il pensait à la guerre qui, lentement, gangrenait l'Acadie. René, tout heureux de revoir les siens et fier des décors maintenant terminés, rêva aux pierres précieuses de l'île. Le Vieux, lui, jongla une partie de la nuit, tracassé par la chasse qui s'annonçait mauvaise, et la douce Honguedo n'arriva pas à le calmer. Au matin, il se confia à Joseph.

— J'ai de la misère à leur faire comprendre qu'il faut faire des réserves pour l'hiver. Ours écumant et sa bande vivent au jour le jour sans penser au lendemain et font bombance, au lieu de fumer la viande en prévision des périodes de disette.

Joseph comprenait bien ce problème.

— Ouais, on sera encore obligés de partager avec eux lorsqu'ils n'auront plus rien à manger.

— Cette fois-ci, il y aura des conditions : d'accord pour le partage, mais il faudra qu'ils changent leurs habitudes.

— Où sont-ils maintenant ?

— À une vingtaine de lieues plus haut, sur la rivière Tabusintac, près de la Miramichy. J'ai eu de leurs nouvelles il y a une lune. La chasse n'est pas bonne. Les troupes de Boishébert sont installées pas loin, et il paraît que beaucoup de réfugiés y vivent dans un dénuement extrême. Les gens qui fuient la déportation affluent de partout : la Grand'Prée, Port-Royal, Pobomcoup, Cobeguit, Beauséjour, l'île Saint-Jean... La plupart se dirigent vers la Miramichy ou vers Louisbourg.

— N'oublions pas que, d'ici un an ou deux, tous ces gens reflueront vers le Ruisseau, prophétisa Joseph, car les Anglais ont commencé à remonter la côte.

— ... d'où l'importance d'avoir des réserves, insista le Vieux. Pour nous et pour les réfugiés. Nous devons éviter de tout dévorer comme des gloutons. La semaine dernière, un messager est venu nous demander des vivres au nom de Boishébert, et j'ai envoyé la moitié de nos provisions à ces infortunés. J'ai même ajouté ma dernière caisse de cognac. Je ne pouvais me résoudre à le boire en pensant à ces visages ravagés par la faim et le froid.

— Donner votre cognac ! s'exclama Joseph, mesurant l'ampleur du sacrifice qu'avait fait son beau-père. Mais vous savez qui va en profiter, de votre caisse de cognac ? s'indigna-t-il.

— J'ai fait jurer au messager de Boishébert qu'elle servirait à réconforter les malades et les enfants ; sinon, qu'il ne compte plus sur nous. Quelques gouttes d'alcool ici et là pour les tout-petits, ça rendra leur mort un peu moins douloureuse.

— Que faire ? se tortura Joseph. On ne peut défendre un continent sans une véritable armée.

Chapitre 18

Observez, ils vous en supplient, que l'unique objet de
leur misère est leur seul attachement pour la France, et
leur qualité de sujets de cette Couronne à laquelle les
Anglais n'ont pu les contraindre de renoncer. [...] Les
habitants des Mines, ceux de Beaubassin, ceux des
Rivières (Memramcouk, Petcoudiak et Chepoudie), sont
ou errant dans les bois ou prisonniers chez les Anglais. Il
est rare de trouver une famille rassemblée, et il ne reste à
ceux qui le sont que le désir de se venger.

Supplique des Acadiens
au gouverneur Vaudreuil, en juillet 1756

É tendue près de Quenouille, la petite Mathilde appelait
papa Clairefontaine à l'aide. Elle entendit des chuchote-
ments en mi'kmaq, puis remarqua un Indien qui la regardait.
Elle ne se rendait pas compte qu'elle était sauvée, et que l'abbé
Leloutre venait de remplir la promesse faite à son père, celle de
veiller sur elle ; en effet, avant de repartir chercher du secours en
France, il avait demandé à quelques Mi'kmaqs de retourner à la
Grand'Prée pour secourir les fugitifs et s'enquérir de Mathilde.
Les Indiens la transportèrent jusqu'à leur campement et, grâce
à des tisanes, ils firent baisser la fièvre.

Après avoir repris des forces, Mathilde partit pour la
région de Beauséjour, en longeant, avec ses sauveurs, la rive de
la baie Française. La situation était loin d'être réjouissante.

Traqués de tous côtés, les habitants fuyaient à travers bois et marais en évitant les soldats et les navires de guerre. Le drapeau anglais flottait sur le fort Beauséjour, et toute la région avoisinante, celle des Trois-Rivières (comprenant Chepoudie[1], Memramcouk, Petcoudiac), n'était que désolation. Que ce soit à Chepoudie où les Thibodeau se cachaient dans les bois, à Memramcouk, où les Gaudet faisaient de même, ou encore au village des Bonappétit, dans la bourgade du Ruisseau-des-Renards ou dans le hameau de la Fourche-à-Crapaud, il n'y avait que fugitifs et misère. Parfois, des ruines calcinées tachaient la neige, comme le clocher noirci de Petcoudiac. Le colonel Robert Monckton avait bien rempli sa mission : tout saccager pour affamer les habitants qui refusaient de se rendre. Et ses *Rangers*, pour gagner une prime, ne faisaient pas une grande différence entre un scalp blanc et un scalp indien.

Mathilde et ses amis firent escale chez Toussaint Blanchard près de Sylvabro[2]. Ils restèrent le temps de se réchauffer, de goûter au pot-au-feu et d'assister à une messe célébrée par le père jésuite Labrosse à la chapelle de la Terre Rouge, à Le Coude, le village d'à côté, où l'on enterrait presque tous les enfants de la famille Terriot.

Les Mi'kmaqs avaient reçu pour instruction de placer Mathilde sous la protection de l'abbé François Le Guerne, qui officiait dans le triangle formé par les villages de Cocagne, la Batture[3] et Chedaïque. Ce missionnaire se dévouait sans compter pour le millier d'Acadiens réfugiés dans la région. Mathilde le rejoignit finalement, avec son fidèle Quenouille. Il habitait du côté nord de la baie de Cocagne, près d'un petit ruisseau que les malheureux habitants avaient baptisé le Ruisseau-des-Malcontents. Avec raison d'ailleurs, car ils avaient perdu terres et biens, leur statut de citoyens et, pour plusieurs, des membres de leur famille, morts ou dispersés aux quatre coins de l'Amérique. Elle était loin, songeait l'abbé Le Guerne, l'époque où l'explorateur Verrazano avait baptisé ce

---

1. Chapeau de Dieu.
2. Sylvain Breault (Dieppe).
3. Shédiac.

pays du nom d'Arcadie, parce que la végétation luxuriante et la chaleur de l'été lui rappelaient une région paradisiaque de la Grèce antique qui portait ce nom. Il était loin, se disait-il encore, le temps où Nicolas Denys faisait bombance en ce lieu auquel il avait justement donné le nom un peu rabelaisien de Cocagne. «L'Acadie n'est plus un pays de cocagne, mais une terre de Caïn», clamait maintenant Le Guerne. Certains s'étaient construit des goélettes pour mettre la voile vers Port-Lajoie, sur l'île Saint-Jean, qui était encore une possession française. D'autres, ayant rejoint le capitaine de milice Joseph Godin, dit Bellefontaine, et son groupe d'Abénakis, guerroyaient près de la rivière Saint-Jean, dans les environs de Sainte-Anne-des-Pays-Bas[4]. Il y avait également les soldats de l'officier Boishébert, qui étaient sur le qui-vive à une trentaine de lieues au nord de Le Coude, patrouillant dans la région de la Miramichy, plaque tournante de l'exode et siège du quartier général de Boishébert. Destination que se fixaient la plupart des réfugiés car, selon la rumeur, il restait encore un peu de provisions dans les magasins du roi. C'est d'ailleurs ce que résolut de faire Le Guerne. Et Mathilde le suivit dans le froid et la poudrerie.

* * *

Les Indiens venaient à la Miramichy depuis des millénaires pour y tenir leurs cérémonies religieuses, pour y chasser aussi et pour pêcher le saumon dans l'une des rivières les plus poissonneuses du monde. Il y avait, pendant l'hiver de 1756, près de trois mille cinq cents exilés, installés à la Baie-des-Ouines, à l'Anse-du-fort-français, à la Pointe-Acadienne et à la Pointe-de-Boishébert. Mais le gros de la population demeurait sur une île que les Mi'kmaqs appelaient Kwoomenigork, ou l'île aux pins, une île sise sur la rivière Miramichy, appelée Sainte-Croix pour rappeler l'attachement porté par les Indiens de la région à la croix, symbole qui ornait souvent la proue des canots et qu'ils connaissaient avant l'arrivée des missionnaires. Sur l'île, qui

4. Région de Fredericton.

n'avait même pas une lieue de long, deux cents misérables huttes, une église et les quartiers de Boishébert. Une bourgade surnommée le camp de l'Espérance! L'espérance, une source à laquelle il fallait chaque jour s'abreuver pour avoir la force de continuer. Comme on le faisait aussi à la petite source d'eau fraîche qui arrosait l'île.

La Miramichy: lieu de transit, rond-point où les réfugiés arrivaient et d'où ils repartaient, lorsque c'était possible, à destination de l'île Saint-Jean, de Louisbourg, du poste de Ristigouche, ou de Québec. Certains partaient à la recherche de leur famille à travers les terres dévastées; d'autres, parmi les plus vigoureux, participaient à la guérilla, ou allaient quérir le bétail errant dans la région des Trois-Rivières.

En face de l'île, sur la rive nord de la Miramichy, se trouvaient les débris de l'habitation et du fort de Richard Denys de Fronsac, fils de Nicolas, celui qui, au siècle précédent, avait juridiction sur une grande partie de l'Acadie et dont quelques arbres fruitiers qu'il avait apportés de France rappelaient le passage. Leurs fruits avaient régalé, à l'automne, les réfugiés installés dans les ruines de sa maison de pierre, dans le vieux magasin d'approvisionnement ou dans des cabanes des alentours, vestiges des efforts des commerçants de fourrures et des pêcheurs de morues, au temps où Nicolas Denys vivait. Boishébert avait remis en état le vieux fort, en pieux de bois debout, avec ses quatre bastions, et l'avait armé de dix canons. Il avait aussi installé une batterie de canons à la pointe est de l'île, pour mieux la protéger, mais il n'avait pas prévu le flux constant de réfugiés qui arrivaient, pour la plupart sans vivres, sans arme et dans un état pitoyable. La plupart d'entre eux, après avoir fui la région du fort Beauséjour à l'automne 1755, avaient dû se frayer un passage à travers les broussailles, à coups de hachette et de coutelas, et emprunter des pistes quasi impraticables pour semer leurs poursuivants à travers les marais et les abattis d'arbres morts.

«Comment à la fois faire la guerre et s'occuper des réfugiés?» se lamentait Boishébert. Le Sieur Charles de Boishébert, capitaine, ci-devant commandant à l'Acadie, avait effectivement une très lourde tâche. Seul défenseur de l'Acadie, cet officier de vingt-six ans avait obtenu de Vaudreuil la permission de rester. Enrôlé dans l'armée à l'âge de treize ans, il demeurait en Acadie depuis l'âge de seize ans. Il n'avait quitté le pays que pour un court séjour à Versailles, afin d'y porter des dépêches destinées au ministre des colonies, et pour un autre, dans la région des Grands Lacs, afin d'y commander un détachement. Boishébert connaissait bien le pays. En 1746, il avait accompagné son oncle Nicolas de Ramezay au siège de Port-Royal et, l'année suivante, il avait participé à la victoire de la Grand'Prée. Avant la chute du fort Beauséjour, il commandait, à la rivière Saint-Jean, le fort Latour qu'il préféra faire sauter au lieu de le livrer à l'ennemi. Il prit cependant sa revanche le 26 août 1755, alors qu'avec un groupe d'Acadiens et d'Indiens, il surprit le major Frye en train de brûler Chepoudie. Cette fois-ci, avec quelques centaines de soldats, d'Acadiens, de Mi'kmaqs, de Malécites et d'Abenakis, il n'y avait plus que les tactiques de guérilla qu'il pouvait utiliser contre les troupes nombreuses et aguerries de Monckton. (Il y avait longtemps qu'il avait abandonné les modèles de guerre à l'européenne.) Avec sa centaine de combattants exténués, mal nourris et mal vêtus, Charles de Boishébert avait des raisons de s'inquiéter ; il se trouvait extrêmement désavantagé par rapport aux milliers de soldats anglais et à ceux des colonies américaines, bien appuyés par le tir des canons de la flotte. À l'isle Royale, la forteresse de Louisbourg se préparait pour un siège en règle, comme on le faisait en Nouvelle-France, sur le bord du fleuve Saint-Laurent, à Québec et à Montréal surtout.

— L'hallali s'annonce, confia Boishébert à l'abbé Le Guerne. Les armées étrangères ont décidé de rayer de la carte l'empire français d'Amérique. Quand la résistance aura été brisée en Acadie, Québec tombera. J'ai donc demandé quelques centaines de soldats à Vaudreuil pour envahir le fort Beauséjour et peut-être même Halifax, puisque là, nous aurons l'avantage de la surprise. Mais le gouverneur ne semble pas se rendre compte de l'importance de ces territoires, la première ligne de défense…

— Son père, lorsqu'il gouvernait la Nouvelle-France, n'avait pas une meilleure stratégie, commenta l'abbé. Pourtant, Frontenac et La Galissonnière, eux, avaient compris que la clef de la défense de Québec résidait dans la défense de l'Acadie… Toute cette misère pour rien, soupira-t-il.

Boishébert songeait lui aussi à ces souffrances. Il pensait à ses troupes qui dépérissaient. Déjà une trentaine de morts dues aux privations, à la faim, à la maladie. Il pensait à tous ces héros, morts ou prisonniers, le plus cher à son cœur étant Joseph Broussard, dit Beausoleil.

— Il m'a sauvé la vie, vous savez, lors de la bataille de la Grand'Prée, durant l'hiver 1747, en faisant dévier une salve de mousquet. Les Anglais le mirent hors la loi, mais il ne fut pas facile à capturer, car il se cachait chez les Indiens ; il vivait comme eux et parlait leur langue. Mais, après la chute du fort Beauséjour, où il combattit jusqu'aux derniers moments de la bataille, ils eurent finalement raison de lui. Il fut fait prisonnier, puis fut déporté en Caroline.

— Ce n'est pas le genre d'homme à rester longtemps prisonnier, dit l'abbé Le Guerne pour consoler Boishébert.

* * *

La neige n'était pas plus blanche à la Miramichy qu'au Ruisseau-des-Malcontents. On devait, là aussi, faire face à la triple menace de la famine, de la maladie et de la guerre. Et les magasins du Roi étaient vides. Toutefois Mathilde eut droit à quelques gouttes du cognac du vieux Saint-Jean, denrée qu'on distribua, comme promis, aux malades et aux enfants, bien qu'au compte-gouttes, sous la supervision attentive du Sieur de Niverville, le commandant en second des troupes de Boishébert. D'autres reçurent des morceaux de cidre gelé à cause de la rigueur du froid !

Le père Le Guerne ne suffisait pas à la tâche, et, dès qu'elle fut mieux, Mathilde l'aida dans son travail de consolation, allant de hutte en hutte faire la lecture des Saintes Écritures aux affligés. Elle médita sur ce passage : « Bienheureux les pauvres et les opprimés, car le royaume des cieux est à eux. » Elle en conclut qu'une place lui était sûrement réservée au ciel !

Un grand nombre d'Indiens habitaient au camp et, chaque jour, le missionnaire célébrait une messe chantée en mi'kmaq, qui plaisait particulièrement à Mathilde. Elle commença à s'intéresser à cette langue. Elle en apprit les rudiments dans des écrits du père Maillard, qui avait publié une grammaire, un catéchisme et un examen de conscience dans cette langue. Puis, Joseph Gueguen, un tout jeune candidat à la prêtrise, devint son tuteur. Il maîtrisait parfaitement la langue mi'kmaque ainsi que l'anglais et il faisait fonction d'interprète lorsque les Indiens capturaient des Anglais. Gueguen était originaire de Morlaix, en Bretagne, tout comme les abbés Leloutre et Manach. Mathilde tira profit de la bienveillance et du dévouement de l'abbé Manach ainsi que de l'encouragement de Gueguen dans l'apprentissage de cette langue difficile. Après quelques semaines, elle connaissait assez bien les hiéroglyphes de base. Au même moment, elle se lia d'amitié avec un jeune Indien, orphelin comme elle, qui se nommait Tjigog, c'est-à-dire «surhomme». Titre que bien des Mi'kmaqs revendiquaient d'ailleurs!

* * *

Le camp de l'Espérance était à l'affût des moindres nouvelles. On apprit qu'un nommé Charles Belliveau et ses compagnons, envoyés en Caroline du Sud à bord du *Pembroke*, avaient réussi à se débarrasser de leurs geôliers en cours de route en les jetant à la mer. Les «mutins» s'étaient réfugiés à la rivière Saint-Jean, près de la mission du père Germain. Mathilde espérait que sa famille était à bord, espoir rapidement déçu. Alors, le découragement s'empara d'elle.

— J'aurais dû me laisser attraper par les Anglais à la Grand'Prée, murmura-t-elle à Quenouille. Il n'y a plus rien à manger au camp. Chaque jour des gens meurent. Je ne peux plus supporter cela.

Quenouille, sentant la tristesse de Mathilde, frotta son museau contre sa joue. C'est le mieux qu'il pouvait faire pour consoler sa petite maîtresse.

Dans les huttes voisines, on entendait des enfants gémir. Des gens faisaient bouillir des écorces pour en faire de la soupe; certains en étaient réduits à faire bouillir leurs mocassins. Des rumeurs couraient qu'il se trouvait des gens assez affamés pour manger des morts.

En tout cas, la vaisselle ne manquait pas. Assiettes de la Nouvelle-Angleterre, tasses de Hollande, pots de France, chaudrons de Louisbourg, bouteilles de rhum des Antilles. Mais tous ces articles avaient la même particularité : ils étaient vides ! Une bande d'Indiens étaient montés vers Poquemouche et le Ruisseau, dans l'espoir de ramener des vivres. On attendit, longtemps. Mais ils ne revenaient pas. Mathilde se représenta les armoiries de Richard Denys de Fronsac, des grappes de raisins pamprées d'or, avec deux cerfs pour support, et rêva qu'elle festoyait avec ces fruits. Finalement, elle sortit de sa torpeur pour aller vérifier les collets à lièvre le long de la rivière. Il n'y avait rien ; soit qu'ils étaient morts de faim, soit que les renards les avaient mangés. En haut d'une grande épinette, le croassement d'une corneille brisa le silence. Mathilde enleva ses mitaines, sortit sa fronde, y déposa un petit cailloux blanc, tira et... l'oiseau tomba. « Ça fera toujours bien un pot-au-feu pour les enfants d'alentour », se réjouit-elle.

Ce même jour, une bonne nouvelle parvint au camp de l'Espérance. Une goélette avait réussi à éviter les navires anglais puis à se faufiler entre les glaces. À bord, une cinquantaine d'exilés et une cargaison de vivres et de bétail. Une lueur d'espoir pour les enfants rachitiques au ventre gonflé. Une grande joie pour Mathilde, car elle venait de reconnaître parmi les arrivants des amis de sa famille d'adoption : Olivier Blanchard et Catherine Amirault, Charles Dugas, un major de milice, et son épouse Anne LeBlanc, ainsi que leur fils Joseph. Il y avait encore Jacques Léger, sa femme Anne Amirault, leur fils Olivier et son épouse Marie-Josephte Hébert. Tous des gens qui venaient parfois rendre visite au père Clairefontaine. Mathilde oublia ses peines quand Olivier Blanchard s'installa près du grand feu avec son violon et se mit à jouer une gigue endiablée, accompagné par toutes les cuillères du camp. Mais des questions de plus en plus brûlantes se pressaient sur toutes les lèvres. Chacun voulait des nouvelles de sa famille. Et Olivier Léger, qui s'était rendu jusqu'en Virginie sur le même bateau qu'Angéline, avait des choses à raconter à Mathilde.

— Beausoleil s'est évadé de la Caroline et se dirige vers Québec.

— Il ne tardera pas à nous rejoindre, se réjouit Bois-hébert.

— Et papa Clairefontaine? demanda Mathilde.

Léger contempla le visage de Mathilde, illuminé par les lueurs des flammes. «Pauvre enfant, pensa-t-il. Mais à quoi bon lui cacher la vérité?»

— Le vieux Clairefontaine est mort de chagrin durant la traversée, poursuivit-il. Puis le navire est resté six semaines au port de Galveston[5], car les autorités refusaient de laisser débarquer les déportés. Les épidémies ont fait bien des morts, mais lorsque le navire a mis la voile pour l'Angleterre, Angéline était toujours en bonne santé et elle gardait un bon moral. Pour Tristan, je ne sais rien. Hélas!

Mathilde se mit à sangloter, et Olivier chercha à la consoler.

— On est tous condamnés à mourir ici, lança-t-elle.

— Il ne faut jamais perdre espoir. Aujourd'hui, la misère, demain, la joie. Il faut vivre. Bientôt, nous évacuerons l'île pour aller au poste de Ristigouche ou à Québec.

— Fuir, toujours fuir. Ça va-t-y jamais s'arrêter?

— Moi, je garde espoir que le roi de France va nous envoyer des secours et que nous pourrons retourner dans nos villages.

Même l'évidence ne le faisait pas changer d'idée!

---

5. En Virginie.

Chapitre 19

[…] la pesche est abondante tant en molue, harans, saumons et homars…

Champlain

Avril 1756. Les banquises défilaient dans le chenal, entre l'île Caraquet et le Ruisseau. Jean-Baptiste n'en pouvait plus d'attendre. À la première occasion, il s'élança avec sa goélette, mais les glaces la coincèrent à la pointe de l'île et en endommagèrent la coque. C'est à peine s'il s'en aperçut, tant il vivait dans l'attente de prises fabuleuses, perdu dans ses rêves où il ne voyait que bancs de morues, de saumons et de baleines. Un fantastique empire de la pêche prenait forme dans son esprit: des pêcheurs, des navigateurs, des matelots, des bâtisseurs de navires et puis la marine dont la Nouvelle-France disposerait alors pour se débarrasser des Anglais. Déjà, il voyait le chantier naval fourmillant et les troncs de grands pins blancs dressés sur les navires pour faire les mâts.

«Il n'y aura pas que les Basques, les Portugais, les Bostonnais et ceux des ports de France pour profiter de nos mers poissonneuses. Il y aura les gens d'ici», se dit Jean-Baptiste.

Il lui semblait entendre Angélique prêcher la mise en valeur de la terre, le Vieux ne jurer que par les ressources de la forêt et Joseph faire valoir la nécessité de former des soldats. Ce dernier lui avait lancé peu avant son départ pour la pêche:

«Ouais, une peau de castor, une citrouille, une morue... La colonie n'ira pas loin sans protection.»

L'idée de se protéger avait toutefois fait réfléchir Jean-Baptiste, qui avait armé son navire de petits canons, mais il savait pertinemment que ce ne seraient pas eux qui mettraient la flotte anglaise en déroute. «Mais ça peut faire réfléchir un corsaire isolé», avait-il conclu, comme pour se consoler.

* * *

Membertou commençait à respirer le calme et la sérénité, lui qui était connu pour son caractère impulsif et colérique. Ce changement trouvait ses origines dans la grande fascination qu'il avait depuis quelque temps pour les activités du chaman. Il passait des heures et des heures avec Élouèzes-de-feu. Lentement, il mûrissait son grand projet: devenir chaman.

Il désirait entrer en transe dans le rituel de la «tente tremblante[1]» et, ainsi, communiquer avec le monde des esprits. Mais le chaman, qui avait le pouvoir de prédire certains événements, la capacité de jeter des sorts et le don de repérer le gibier et l'ennemi, devenait d'une extrême prudence lorsqu'il s'agissait de diffuser ses connaissances. Cependant, lorsque Membertou lui avait confié qu'il rêvait beaucoup, il lui avait dit: «C'est bon signe; les chamans ne peuvent s'empêcher de rêver. Mais, d'abord, il te faut être choisi et apprendre à observer, à voir, à apprendre, à sentir.»

Membertou souhaitait ardemment apprendre les secrets du chaman. Pas tant pour être guérisseur, poète et magicien, que grand prêtre. Devenir le guide spirituel de son peuple. Il savait qu'il lui faudrait connaître aussi la religion des Blancs, soit pour la combattre, soit pour en intégrer les aspects bénéfiques. Déjà, il voyait son influence s'étendre au delà des Mi'kmaqs, en faisant sortir de l'orbite des missionnaires les coureurs de bois et les autres Blancs attirés par le mode de vie

---

1. Le chaman entre en transe et la tente tremble. Puis il voit, par exemple, où se trouve le gibier, comment guérir un malade ou comment se portent des personnes dont on est sans nouvelles.

des Indiens. Il commença donc à s'intéresser à la Bible et aux Saintes Écritures. «Je ne veux pas que les robes noires rassemblent les Indiens dans des enclos pour les endoctriner. Seule une religion qui valorise le défi et l'aventure est adaptée à ce pays», songea Membertou.

Le Vieux, indifférent aux transformations de son entourage, resplendissait d'un bonheur qu'on soupçonnait d'être nourri par l'ardente Honguedo. Joseph aussi se portait bien et il avait fini par faire le deuil de sa mère. Il se préparait pour la cérémonie de la Gougou lorsqu'une épidémie de grippe se déclencha, ce qui aviva les inquiétudes d'Angélique pour sa famille. Elle guettait l'apparition du moindre malaise, rougeur, éternuement ou fièvre. Dans le campement, ni les remèdes ni les incantations du chaman, pas plus que les herbes et les potions d'Angélique ne suffirent. Alors, les rituels funèbres firent partie de la vie de tous les jours et les gens encore valides passèrent leur temps à soigner les malades et les mourants ou encore à déposer les dépouilles sur une plateforme spécialement construite à cet effet.

Les saumons remontèrent les rivières, les outardes perdirent leurs plumes; ce fut le signal de l'été. Mais l'épidémie fit des ravages durant toute la belle saison. Il fallait malgré tout s'occuper de la nourriture, alors on décida d'accompagner Jean-Baptiste, qui, avec cet équipage de fortune, se consacra à la pêche à la morue. Il s'y affaira pendant six semaines, jusqu'à la mi-juillet. Quelques Indiens s'intéressèrent au travail de la grave, qui consistait à retourner les morues, peau à l'extérieur sur les pierres plates, afin de les préserver de l'humidité et des ondées nocturnes. Pendant cet été tragique, les vents du nord, frais et secs, furent au moins favorables à ces opérations. Il fallait aussi fumer et sécher les viandes et les poissons. Quelques vieilles femmes continuèrent le tannage des peaux. S'ajouta encore un peu de baume en ces temps troublés lorsque Françoise, fille adoptive de Saint-Jean, qui administrait le poste de traite de Gaspeg, se réconcilia avec son père. Un conflit aux motifs obscurs se termina pour des raisons inconnues. On soupçonna l'influence de son mari, Pierre Le Vicaire, qui tenait son beau-père en haute estime. La petite famille, Françoise, Pierre et leurs deux filles,

Anne et Marie, fut accueillie au Ruisseau dans l'allégresse. Le Vieux débordait de joie, prêt à faire des folies. Il avait gardé espoir de se réconcilier avec sa fille et il lui offrit un présent qu'il avait soigneusement choisi en pensant à elle. C'était tout un cadeau en effet : une broche de diamant qu'il avait subtilisée au trésor de l'île. Aux petites, il offrit deux poupées fabriquées par Jeannette-Anne. Ces présents scellèrent leurs retrouvailles.

Angélique, trop prise à soigner les malades, n'avait pas eu le temps de cultiver son jardin. Joseph s'était donc occupé du potager, dans lequel il avait planté un peu d'oseille pour les potages. Françoise, Anne et Marie l'aidèrent, tandis que Pierre se désâmait à la morue avec Jean-Baptiste. L'épidémie se résorba vers la fin de l'été, au moment où le gibier commençait son périple vers le sud.

René avait cherché à expliquer l'épidémie à partir de l'astrologie celtique, savoir que lui avait transmis un vieux Breton qui se disait druide et qui, l'année d'avant, avait passé l'été au Ruisseau pour soigner une blessure. René avait alors érigé à la Pointe-de-Roche un alignement de dolmens pour étudier les constellations. Les étoiles étaient représentées par une série de pierres dressées. Il put ainsi confirmer que la maladie qui avait frappé la tribu était inscrite dans l'une des trente-six constellations qui composaient l'astrologie celtique. Ce système avait ceci de particulier qu'elle associait une constellation à un arbre symbolisant l'enracinement dans l'ordre terrien.

— Tu es née le 20 juin et tu fais partie de la constellation de l'Ourse, expliqua-t-il à Josette. Ton arbre, c'est le bouleau, créateur et raffiné, et si tu te sens fatiguée, ces temps-ci, c'est qu'il ne se porte pas très bien, à cause des insectes qui mangent ses pousses.

Josette n'allait pas chercher les explications aussi loin. Pour elle, l'épuisement provenait tout simplement de ses nuits blanches à veiller les malades !

C'était tout un spectacle que de voir Membertou ergoter avec René, chacun étant convaincu de la justesse de ses croyances.

— Les Celtes croyaient en un Dieu unique avec des archanges ; alors, pourquoi ne lis-tu pas leur bible ? ironisa René.

Il cherchait à convaincre Membertou de la véracité de l'astrologie celtique. Il poursuivit :

— L'arbre, c'est le lien avec le ciel, par ses feuilles, et avec le sol, par ses racines. Il tire la vie de l'air et du soleil ; il représente la douceur et la beauté du cosmos et nous indique un autre chemin que celui de la violence et des luttes sanglantes du règne animal.

— Tu parles comme si tu étais le fondateur de ce mouvement, lui lança Membertou.

— Pis toi, tu te prends ben pour le grand chaman des Mi'kmaqs, riposta René.

Membertou contre-attaqua :

— Tu glorifies le règne végétal, mais tu oublies les mauvaises herbes ! se moqua-t-il.

— C'est faux, soutint son frère. Chaque plante a son utilité. Et quand tu as eu une mauvaise fièvre l'hiver passé, Angélique t'a donné une potion faite avec des mauvaises herbes !

René venait de marquer des points.

* * *

Au début d'octobre, un certain Gabriel Albert, beau comme un dieu, originaire de Québec et pêcheur à Papôg[2], vint quérir Pierre, Françoise et leurs filles à bord de sa goélette. Lorsque le regard de Gabriel croisa celui de Geneviève, ce fut le coup de foudre. De coquette et séductrice qu'elle était, Geneviève se transforma en une fille rêveuse et timide devant l'homme qu'elle aimait. Elle n'avait que quinze ans mais son corps était formé, son énergie ardente et son caractère trempé par les veilles de l'été. Gabriel, qui n'était venu au Ruisseau que quelques jours, s'ingénia à trouver des prétextes pour prolonger son séjour. Mais il fallait retourner à Québec avant la venue des glaces. Les fiançailles eurent donc lieu dès le début de novembre. Ce fut à peu près le seul événement heureux de l'année.

---

2. En mi'kmaq, Papôg signifie nappe d'eau aux mouvements peu sensibles. Aujourd'hui Pabos.

Le Vieux offrit à Geneviève un collier de perles du trésor de l'île, Angélique, un manteau de fourrure et René, la description de la constellation cosmique de Geneviève, où l'on pouvait voir qu'elle était placée sous la protection du chêne. Et les chênes se portaient bien en Acadie. «Le chêne, lui expliqua-t-il, est synonyme de force et emblème d'hospitalité. Il représente la stabilité et la ténacité. Il inspire respect et confiance.» Josette lui donna un plat en argile, Jeannette-Anne, des mocassins brodés, en poil de porc-épic, et Membertou, qui cherchait plutôt à passer un message à Gabriel, un hochet sculpté, représentant une tête d'ours et qui servait, disait-on, à entrer en contact avec son esprit pendant la chasse. Joseph fit grand plaisir aux futurs mariés; il leur offrit une bouteille d'armagnac qui portait la même date que celle de la naissance de sa Geneviève!

* * *

Hiver 1756-1757. Comme un grand nombre de réfugiés avaient établi des campements sur le bord de la Miramichy, les Mi'kmaqs et la famille de Joseph s'installèrent pour la chasse dans les parages de la rivière Poquemouche. Mais déjà un flot d'expatriés s'annonçait. Il y avait eu une révolte au camp de l'Espérance parce que, aigris par le désespoir, plusieurs habitants accusaient Boishébert de cacher des provisions. C'était un va-et-vient d'affamés vers Poquemouche. Les plus vigoureux arrivaient en raquettes, les autres sur des traîneaux. Ils avaient parcouru vingt lieues depuis le nord, attirés par cette rivière poissonneuse, mais aussi par les réserves qu'avait encore le clan du Vieux et qui ne firent pas long feu. Ces misérables arrivaient dans un état pitoyable, ayant épuisé leurs dernières gouttes d'huile de loup marin et sucé toutes les peaux de bœuf que Boishébert destinait à ses soldats. Ils en étaient réduits à mastiquer quelques souliers de peau de chevreuil. Les réfugiés passèrent le reste de l'hiver à pêcher sous la glace, donnant ainsi raison à Jean-Baptiste, qui avait toujours cherché à mettre en évidence l'importance de la pêche.

Printemps 1757. Un heureux événement pour Jean-Baptiste et Jeannette-Anne : la naissance d'un fils. Par une mer tranquille, ils se rendirent au mont Sainte-Anne, en Gaspésie, de l'autre côté de la baye des Chaleurs, pour y tenir la cérémonie aux nouveau-nés. En haut de la montagne, Jeannette-Anne présenta au soleil son fils Pokamo[3], en le soulevant à bout de bras et en poussant de grands cris afin d'attirer l'attention de l'astre bienfaisant, vainqueur du froid et des tempêtes. Un soleil qui ne réchauffait pas beaucoup les Acadiens transis errant sur les cercueils flottants de l'exil.

---

3. Qui gazouille tout le temps.

Chapitre 20

Les Acadiens(nes) voient mourir leurs enfants à leurs mamelles ne pouvant les substanter. La plupart ne peuvent paraître parce qu'elles n'ont point de hardes pour mettre leur nudité à couvert.

Lettre du gouverneur Vaudreuil
au Ministre le 19 avril 1757

Extrait des mémoires de Boishébert au roi en 1763 :
Parcourir des contrées immenses. Se multiplier en quelque sorte pour se trouver partout où la présence d'un chef était nécessaire. Paraître vainqueur quand on brûlait les forts, et qu'on cherchait asile dans les bois. Ici arrêter les progrès toujours rapide du découragement […] Annoncer et promettre des secours qui ne venaient pas […] Déguiser la disette à ceux qui l'éprouvaient […] Trouver souvent l'habillement et la nourriture d'un peuple nombreux dans les misérables restes de l'indigence. Prendre aux uns pour donner aux autres […] Enlever par toutes voies à l'Angleterre et conserver à la France presque toute une nation qui avait tout à craindre d'un côté, et qui ne recevait rien de l'autre. Faire tout cela journellement vis-à-vis d'un ennemi supérieur, à une distance énorme des ordres et des secours qui ne venaient de Québec que lentement, rarement et à travers mille obstacles. Tels étaient les mesures et les efforts qu'exigeait le plan de défense de l'Acadie.

Au camp de l'Espérance, mai 1756. Le printemps annonça le réveil de la terre ainsi que le moment de creuser les fosses. Près de cinq cents dépouilles attendaient, bien installées dans le repos éternel. Les rigoles d'eau, formées par l'écoulement des eaux lors du dégel et par les larmes lors des enterrements, refluaient dans les fosses, comme le mascaret de la Petcoudiac.

Tjigog et Mathilde, qui se préoccupaient davantage des vivants, participèrent dès la débâcle à la pêche à la vache marine et aux homards, qu'ils dénichaient à l'aide d'un trident. Il y avait encore le saumon, en telle quantité que, la nuit, le bruit que faisaient les poissons en retombant dans l'eau entre chaque saut empêchait de dormir. Les deux jeunes amis se lancèrent aussi dans la cueillette des œufs de tortue, le long des berges sablonneuses de la Miramichy, pour faire de succulentes omelettes à la menthe sauvage, servies avec des salades printanières de feuilles de pissenlit, de poireaux sauvages et de racines de topinambours cuites dans la braise. Mais il fallait également amasser des provisions de ces fruits de la terre et de la mer. Tjigog et Mathilde cueillirent en quantité impressionnante des têtes de violons ainsi que des tiges de cotonnier qui, enveloppées dans des feuilles de nénuphar et cuites dans la braise, donnaient une chair succulente. Tjigog semblait tout connaître : les racines de bardanes, à bouillir (meilleures avec une carcasse de perdrix), les racines des joncs des marais, à braiser ou à broyer pour en faire une farine, la sève des bouleaux, pour faire du sirop. Un seul mets ne plut pas tellement à Mathilde : les orties piquantes, bouillies avec de l'ail des bois et des fourmis rouges ramassées à la rivière des Cinquante-Six-Bretons.

Après de longs délais dus à des vents contraires, des navires chargés de vivres arrivèrent enfin de Québec. Les membres de la colonie purent apaiser temporairement leur faim. Comme les vaisseaux devaient retourner à Québec, Boishébert décida d'y envoyer près de deux cents réfugiés qu'il ne pouvait nourrir et qui cherchaient à piller les magasins. Au solstice d'été, à la fête de la Saint-Jean, une nuée de pigeons arrivant du Sud couvrit le ciel. Tjigog et Mathilde fabriquèrent des petits pièges : quelques nœuds coulants en crin de queue d'orignal, attachés à une planche, et quelques graines. Ils en attrapèrent un bon nombre qu'ils apprêtèrent dans de bonnes tourtières, comme le faisait, au siècle précédent, la famille Denys. Tout un régal pour les habitants du camp !

D'autres réfugiés arrivèrent. Il y avait Alexis Cormier de Cocagne et sa fiancée, Elizabeth Gauthier, puis d'Aulac, Alexis Landry et son épouse, Marie Terriot, veuve de Jean Cormier, avec leurs onze enfants, dont quatre du premier mariage de Marie. Tous des gens qui avaient bien connu le père Clairefontaine. Et il y eut l'arrivée inespérée d'un oncle de Mathilde, Joseph-Jean Chiasson, qui, avec sa femme, Anne Haché, arrivait de l'île Saint-Jean. Mathilde n'avait jamais fait leur connaissance, mais se sentit vite à l'aise en leur compagnie. Lentement, se reconstituait pour elle une sorte de famille. Alors, elle vit en rêve des villages florissants, le long des côtes, avec de petites maisons coquettes et des bateaux de pêche aux couleurs variées. Des gens heureux, prospères. Un jeune homme aussi, qui lui envoyait des poèmes d'amour écrits sur des écorces de bouleaux. Mais elle n'arrivait pas à voir son visage. Son oncle interpréta son rêve : « Ton songe laisse croire qu'on rebâtira notre pays. Puis, il y aura un amoureux pour toi », lui lança-t-il avec un clin d'œil. À partir de ce moment-là, Mathilde reprit confiance en l'avenir. Sa tante Anne s'intéressait à la peinture ; elle dessinait sur des écorces des paysages qu'elle coloriait, grâce à des terres glaises malaxées avec des essences de plantes. Mathilde se sentit attirée par cet art et, sur les conseils de sa tante, entreprit de peindre les visages de ceux qui lui étaient chers. Ensuite jaillirent sur les écorces des Indiens dans leurs magnifiques costumes de chasse ou de guerre, avec plumes de cygne, d'outarde, de canard. Tjigog fut donc représenté sous tous les angles. Et, rapidement, Mathilde rassembla une collection de peintures qu'elle distribua dans les huttes d'alentour. Après quoi elle s'intéressa aux animaux et s'attarda longuement au renard roux qui venait fureter le long des cabanes. Son oncle et sa tante la voyaient s'épanouir, tout fiers de son talent pour l'agencement des couleurs, des lignes et des formes. Elle finit par maîtriser les angles, les perspectives et les jeux d'ombre et de lumière et, peu à peu, à mesure que sa vitalité éclatait, la lumière vint aussi éclairer les zones les plus tristes de son être.

Mathilde était grande et précoce pour ses onze ans. Son corps était mince et musclé, ses cheveux, longs et noir geai, sa poitrine, petite mais annonçant déjà la femme, et son caractère, mûri par les épreuves. Son chien Quenouille était toujours à ses côtés. Elle lui parlait souvent, et il l'écoutait en grognant. «Tu comprends tout, toi», disait-elle en caressant le seul être qui la rattachait à son village de la Grand'Prée.

Il y eut, durant tout l'été 1756, une terrible sécheresse. Les quelques légumes qui réussirent à pousser avaient un goût amer, et Mathilde passa beaucoup de temps à sarcler et à enlever les mauvaises herbes dans le petit potager de sa tante. Seuls les vers étaient gras et dodus. Mathilde était déçue de ne pouvoir satisfaire son péché mignon : la gourmandise. Il n'était pas question de manger des concombres frais, des tomates juteuses et, encore moins, des pâtisseries ou du miel blanc sur des tartines. Elle passa l'été à ramasser des racines et des fruits sauvages, à choisir, parmi les «mauvaises herbes», celles qui étaient comestibles. Elle eut plus de chance avec les produits trouvés dans la nature qu'avec ceux qui étaient cultivés dans le potager. Vers la fin d'août, Mathilde, Tjigog, Joseph-Jean, Anne et quelques amis décidèrent de goûter aux provisions de l'été pour une journée. Malgré la disette, les produits cueillis dans la forêt donnaient des motifs de réjouissance. Pour le matin, Mathilde prépara du gruau avec des graines de pourpier sauvage et de chou gras. Anne boulangea le pain fait à partir de graines appelées mouron des oiseaux. Tjigog broya des racines de chicorée sauvage destinées à remplacer le café. Et Joseph-Jean fit griller des graines de nénuphar pour en faire un genre de maïs soufflé, qu'ils distribuèrent aux enfants d'alentour avec, comme rafraîchissement, une boisson à la surette[1]. Le repas du soir fut un peu plus substantiel. D'abord, une salade de cresson d'eau sauvage, d'oseille des bois, de racines de nénuphar braisées, relevée de moutarde noire et de feuilles de tussilage en poudre (qui remplaçait le sel). Le saumon braisé, apprêté aux feuilles de moutarde, fut dévoré un peu en solitaire, car le potager n'avait pu fournir de légumes. Par contre,

---

1. Oseille.

la corbeille des desserts était impressionnante : fraises, framboises, bleuets, prunes, fruits du sureau et ceux de l'aubépine[2]. Lorsque la nuit tomba, Tjigog enduisit des quenouilles de gras animal pour en faire des flambeaux, et les chansons fusèrent au-dessus du feu. Des chansons indiennes ; d'autres, de la mère patrie : *Sur le pont d'Avignon, Le chant de l'alouette, M'en revenant de la jolie Rochelle.* L'oncle Joseph-Jean entonna *C'est dans le mois de mai,* puis tante Anne continua avec *Le petit bœuf,* et ce fut le tour de Mathilde qui chanta : « Mon père n'avait fille que moi… Marie-Madeleine, ton p'tit jupon de laine, ta p'tite jupe carreautée, ton p'tit jupon piqué… »

La fête se termina au petit matin lorsque tous furent rassasiés et eurent épuisé leur répertoire de chansons.

* * *

Beausoleil, qui arrivait de la Caroline après être passé par Québec, avait obtenu du gouverneur Vaudreuil l'autorisation d'armer un petit corsaire. C'est ainsi que, dès l'automne de 1756, il commença à écumer les côtes de la mer Rouge[3] ainsi que la région de la baie Verte. De temps en temps, au camp, on entendait parler des prises de Beausoleil. Ce diable d'homme tenait la flotte anglaise sur le qui-vive, surgissant là où on l'attendait le moins, délivrant des prisonniers pour les conduire à Louisbourg ou à la Miramichy et prenant, ici, une goélette de cent tonneaux et, là, un vaisseau anglais de dix canons armé en flûte qui devait approvisionner la garnison d'Halifax. Il lui eut cependant été impossible de vaincre la flotte anglaise avec ses trois petits canons et ses six pierriers !

Il y avait encore Boishébert et sa petite troupe de réguliers et de miliciens acadiens, qui battaient la campagne des environs. Ils étaient partout à la fois, à Beaubassin, à Memramcouk, à la rivière Saint-Jean, jusqu'au cap Maringouin, dans la baie Française, se moquant des embuscades

---

2. Dont les épines servent d'aiguilles à coudre, de dards pour les pointes de flèches ou d'hameçons.
3. Détroit de Northumberland.

infructueuses du major Scott. Les Indiens participaient aussi à la guérilla. Plusieurs rapportaient des scalps anglais : une bonne façon de se venger des primes très élevées (vingt-cinq livres environ) que les Anglais offraient pour tout scalp d'Indien, homme, femme ou enfant. Une pratique qui ne choquait pas les puritains parce que les Indigènes, disaient-ils, n'étaient pas les enfants du Seigneur mais ceux du diable, ce qui ne faisait que renforcer la volonté des Indiens d'en finir avec l'envahisseur. Et de lui montrer qui étaient les vrais spécialistes du scalp.

Le soir venu, la flamme des feux, attisée par l'espérance, se nourrissait de rumeurs et d'exploits, d'images de victoires, de visions d'héroïsme et de conquêtes, qui devenaient légendes et fables, comme la quête du Graal. On put croire un moment que Charles Belliveau, en capturant le *Pembroke*, avait accompli un des travaux d'Hercule. Ce qui était une anecdote prit des proportions gigantesques, comme les exploits du héros de *La chanson de Roland* contre les Maures. Dans les faits, peu de temps avant les déportations, Charles Belliveau avait remplacé le mât du *Pembroke* et, comme on refusait de le payer, il avait menacé de l'abattre à la hache. Devant pareille menace, le capitaine anglais avait obtempéré. Ironie du sort, ce fut sur ce même navire qu'il fut exilé. Mais il s'en empara avec l'aide des Boudreau, des Dugas, des Granger et des autres. Il avait alors fait virer le navire vent debout en criant aux Anglais terrifiés : « Pas de danger. Le mât est de bonne qualité. Je le sais bien, puisque c'est moi qui l'ai fait ! » Et comme bon sang ne peut mentir, son fils Pierre ainsi que Bounan Le Blanc et les trois frères Gautreau s'emparèrent dans les semaines qui suivirent d'une goélette anglaise, à Tintamarre. La rumeur voulait maintenant qu'ils se soient emparés de presque toute l'armada anglaise. Et, lorsque arriva au camp une goélette armée de huit pierriers, chargée de vivres pour la garnison de Port-Royal et ayant à son bord, comme prise de choix, le commandant de l'artillerie du fort Beauséjour, on ne fut pas loin de croire qu'on venait de s'emparer de Georges II en personne. Une geste épique amplifiée de façon directement proportionnelle au désespoir.

D'autres nouvelles circulèrent à la Miramichy, dont le triomphe des Canadiens et des Français que marquait la prise de la place forte d'Oswego, près du lac Ontario. Ce combat avait été ordonné par le gouverneur Vaudreuil, malgré les hésitations de Montcalm, et l'on devait la victoire surtout aux gens du pays et aux Indiens. Pierre Gauthier, qui revenait d'une mission d'espionnage à Halifax, annonça d'autres victoires remportées au sud de Montréal, notamment la prise du fort William Henry. Il y eut encore l'arrivée dans la rade de Louisbourg de la flotte de l'amiral DuBois de la Motte. Sa présence ainsi que celle de Boishébert et de ses miliciens effrayèrent les Anglais, qui décidèrent de reporter leur attaque à l'année suivante. Lorsque Olivier Léger, le descendant du soldat-tambour de Port-Royal, apprit cette nouvelle, son sang ne fit qu'un tour : « De la Motte : quel poltron ! Au lieu de se tourner les pouces, cet imbécile aurait dû raser Halifax et capturer la flotte anglaise ! »

En France, les flottes française et espagnole avaient fait reculer les Anglais devant Minorque. Ce fut Joseph-Jean, un peu philosophe, qui résuma l'opinion populaire.

— À croire que les Français sont victorieux partout, sauf ici !

Les produits des cueillettes de l'automne s'accumulèrent. L'oncle Joseph-Jean se préoccupa surtout de renouveler sa provision de tabac et participa à la récolte du riz sauvage. Il s'agissait de se promener en canot dans les marais, d'abaisser les tiges de riz qui dépassaient et de les battre avec la pagaie pour faire s'amonceler les grains de riz au fond du canot. Tjigog et Mathilde dénichèrent les longues noix des noyers gris ainsi que des noisettes à long bec et des châtaignes en assez grande quantité, qu'ils ramassèrent dans des nids d'écureuils. Anne prépara du vin en écrasant des cerises sauvages, avec leur noyau pour une meilleure fermentation. Ce qui donnait aussi un meilleur goût.

Mais tous s'inquiétaient de ce qui était advenu du bétail des Acadiens. Les hommes qui allaient en excursion dans la région de Memramcouk et de Beaubassin ne ramenaient plus rien. « Qu'ont fait Lawrence et ses sbires des cent mille têtes de bétail ? » ragea Joseph-Jean. Il ne voyait qu'une réponse : ils les avaient vendues aux colonies américaines, raison suffisante en soi, pour motiver les déportations.

En octobre, on apprit que les Anglais avaient intercepté des navires de vivres français. Puis des rumeurs commencèrent à circuler dans le camp au sujet de la probité de Boishébert.

— Il garde les meilleures provisions pour lui et ne distribue que de la nourriture pourrie, disait l'un.

— Il envoie des fourrures à Québec, ça ôte des places pour des réfugiés, disait l'autre.

— Il fait comme tous les officiers qui ne cherchent qu'à s'enrichir aux dépens du roi, pensaient la plupart.

— Ce n'est que jalousies et commérages, ripostait Joseph-Jean.

— C'est un héros qui se bat pour nous et qui subit les mêmes privations que nous, disait Olivier Léger, se portant à la défense de Boishébert.

Le sujet de conversation changea lorsqu'un groupe d'Acadiens parmi les plus éclopés s'embarquèrent pour Québec en novembre. L'abbé Le Guerne était également du voyage, obéissant à une directive de son évêque, qui le nommait curé à l'île d'Orléans.

— Je prierai pour toi, ma petite Mathilde.

Elle eût pourtant préféré sa présence à ses prières !

Pour remplir ce nouveau vide, Mathilde reprit le pinceau. Elle y fut aussi encouragée par une étrange rencontre. Il y avait, sur l'île, des prisonniers anglais et le dénommé John Witherspoon, un fermier puritain, s'émerveillait devant ses tableaux, ce qui lui faisait bien plaisir, quoiqu'elle ne voulût pas laisser paraître sa joie devant un Anglais. «Voilà un ennemi qui est sûrement mieux traité, se disait-elle, que les exilés acadiens sur les côtes américaines ! »

Sa façon de le remercier fut de garder le secret qu'il lui confia et de ne pas parler du journal, écrit avec du jus de tabac, qu'il tenait. Une chance qui n'était pas donnée à tous, puisque certains prisonniers acadiens n'avaient d'autre choix que d'écrire avec leur sang.

* * *

Les premières neiges amenèrent au camp la frénésie de la chasse. D'autant qu'il ne restait plus grand-chose à manger. Afin d'amadouer les forces hostiles, Tjigog participa avec d'autres Indiens à une danse sacrée, puis il adressa à l'esprit des animaux une prière pour obtenir leurs faveurs. Mathilde descendit donc la Miramichy avec son ami, qui avait repéré une piste que les chevreuils prenaient pour aller boire à la rivière. Tapie derrière un sapin, Mathilde tendit son arc lorsqu'elle entendit le signal: le cri de la corneille. Mais Tjigog l'avait devancée, et le chevreuil, une flèche à l'épaule, poursuivit sa course en direction de Mathilde. Dans son énervement, elle tira, et l'animal tomba. Tjigog accourut, impressionné par l'habileté de Mathilde et par la taille de l'animal. Il sortit un grand coutelas, acheva la bête en tranchant la gorge de l'animal, lui ouvrit le ventre et en sortit le foie. Mathilde, que la vue de tant de sang répugnait, alla se promener, pendant que Tjigog dégustait un peu de foie cru. Il se délecta en se demandant pourquoi les Blancs faisaient cuire une si bonne viande, qui prenait alors une teinte suspecte.

Ce fut avec une grande joie que Tjigog et Mathilde rapportèrent la viande au camp. Ce soir-là, les réfugiés se régalèrent copieusement, et il ne resta que les os pour la soupe. On en suspendit au-dessus des marmites pour en laisser s'écouler la moelle. On en fit circuler de hutte en hutte. Faut dire que certains ne recueillaient pas beaucoup de calories, l'os ayant davantage une fonction symbolique. La chasse continua avec peu de prises et la faim s'installa de nouveau dans le campement. La maladie aussi fit son apparition. Mathilde confia alors à son oncle:

— On aurait dû nous tuer au lieu de nous laisser souffrir de la faim, du froid et de l'éparpillement de nos familles.

— On ne peut nous massacrer trop ouvertement, car il y aurait des protestations en Europe. Mais c'est uniquement parce que nous sommes de race blanche, comme les Anglais. Y a longtemps qu'on nous aurait exterminés, si on était un peuple indigène.

— Mais pourquoi la France ne vient-elle pas à notre secours?

— Je me le demande souvent, mais elle est désavantagée lorsqu'elle est en guerre, car elle n'a pas de protection naturelle face aux autres pays européens. L'Angleterre, comme île, peut utiliser ses ressources pour développer une marine forte, ce qui la protège contre l'envahisseur, et sa marine surveille étroitement les ports de France. Malgré tout, des troupes françaises ont été envoyées à Louisbourg et à Québec avec le marquis de Montcalm. Hélas, rien pour l'Acadie, qui, dans cette guerre, a été considérée comme une quantité négligeable.

— Finalement, on ne peut compter que sur nous-mêmes.

— Oui, et c'est à espérer que Québec et Louisbourg ne capituleront pas, ou que la France gagnera la guerre en Europe.

* * *

Hiver 1757-1758. Des quelque trois mille Acadiens qui vivaient à la Miramichy l'hiver précédent, il ne restait que la moitié environ. Ceux qui ne reposaient pas à l'ombre d'un grand pin avaient fui aux quatre points cardinaux : Québec, le poste de Ristigouche, l'île Saint-Jean et Louisbourg. Comme les réserves d'herbes, de saumons, de pigeons avaient fondu comme neige au soleil, et que les magasins du roi étaient vides, on décida de sacrifier les derniers chevaux. Pendant ce temps, Tjigog et Mathilde parcouraient les forêts, toujours à la recherche de nourriture. Ils ramassèrent les fruits gelés d'un arbuste appelé gaulthérie [4]; ils en mâchaient aussi les feuilles pour ne pas perdre le souffle pendant leurs longues randonnées. Ils y récoltèrent encore la baie rougeâtre des rosiers sauvages et la couche interne des écorces d'arbres (celle du peuplier, qui servait d'antidote contre la fatigue, et celle des pins blancs, rouges ou gris, qui endormait la faim), ainsi que le thé des bois et les aiguilles de sapin. Rien de bien reluisant ! À leur retour, Mathilde dut même se débattre afin que Quenouille ne termine pas ses jours au fond d'une marmite. Elle emprunta de Joseph Gueguen, parti au Séminaire de Québec, les livres qu'avait écrits Nicolas Denys sur l'histoire et

---

4. Nom donné en 1839 par le botaniste Gaulther.

la géographie de l'Acadie, lorsqu'il avait voulu, au siècle précédent, intéresser Versailles à sa colonie. Il y décrivait les fabuleuses ressources de la mer, de la terre et des forêts. Mais dans cette ère de calamités, les richesses décrites par Nicolas semblaient davantage relever du fantasme.

En mars 1758, la petite vérole se propagea dans le camp. Elle était arrivée avec un groupe de réfugiés de l'île Saint-Jean. On isola alors les malades, de plus en plus nombreux, dans les magasins du roi. Peu de gens acceptaient de les soigner, car ils se seraient exposés à la mort. La charité n'allait pas jusque-là. L'expérience démontrait que rares étaient ceux qui en réchappaient, surtout que les privations avaient miné toute résistance. Alors, il ne resta plus que la foi, une foi qui commença à vaciller en Tjigog lorsque Mathilde tomba malade. Forte fièvre, maux de tête, douleurs sous les bras. On ne pouvait pas s'y tromper. Enfant, Tjigog avait survécu à la petite vérole, et son visage en avait conservé les cicatrices; il était donc à l'abri de cette maladie. Il entreprit de s'occuper de Mathilde, ce qu'il eut fait de toute façon. Ce matin-là, dans la grande salle, une odeur nauséabonde flottait dans l'air et Tjigog aperçut le vieux Terriot qui était mort dans ses excréments. Il nettoya le corps, puis s'empressa de rejoindre son amie, le visage tuméfié, les paupières gonflées. Des pustules apparaissaient sur sa peau; d'autres se desséchaient. Son corps brûlait et, par moments, la fièvre s'emparait d'elle. Tjigog lava son visage à l'eau fraîche pour faire baisser la fièvre, puis nettoya sa bouche avec un peu d'huile d'eucalyptus. Il essaya de lui parler, de lui donner espoir, de mobiliser ses forces, mais elle ne l'entendait pas. Mathilde serrait dans ses mains le petit médaillon qui contenait une boucle de cheveux de sa mère, que son père y avait déposée lors de leur traversée sur un navire de la flotte du duc d'Anville. L'abbé Manach, qui avait entendu parler de l'orpheline par l'abbé Leloutre, vint lui rendre visite. Le père Charles Germain et lui se dévouaient sans compter auprès des malades et des mourants et restaient impassibles devant le danger, car mourir dans ces conditions, c'était le paradis assuré. Le prêtre lui administra les derniers sacrements — un peu d'huile sur sa peau brûlante et boursouflée. Tjigog fut pris d'une grande tristesse et, impuissant, il restait de longues heures à méditer sur un moyen de sauver celle qu'il aimait. Pendant ce temps, Olivier Léger veillait la dépouille de ses parents et Joseph-Jean fabriquait une croix sur laquelle il inscrivit «Jacques Léger, descendant du soldat-tambour, et son épouse bien-aimée, Anne Amirault, décédés dans la foi, au camp de l'Espérance.»

Chapitre 21

Les Acadiens meurent en foule, leur misère passée et présente, l'avidité des Canadiens qui ne cherchent qu'à exprimer d'eux ce qu'ils peuvent d'argent et qui leur refusent ensuite des soins achetés si chers, sont causes de cette mortalité.

Québec, décembre 1757, le journal de Bougainville

En 1606, à Port-Royal, Champlain fonda l'Ordre de Bon Temps. Les quinze gentilshommes de l'Habitation étaient chargés à tour de rôle de remplir les fonctions de maître d'hôtel et de régaler le groupe d'un succulent festin.

Marc Lescarbot, écrivain à Port-Royal, en 1609,
Histoire de la Nouvelle-France

Automne 1757. À Québec, Joseph tentait d'écouler avec profit sa marchandise. Les négociations n'avaient pas été fructueuses en raison de la corruption qui régnait dans la capitale. Bigot, qui abusait de son pouvoir, réquisitionnait les vivres au nom du roi pour les revendre ensuite à des prix astronomiques, et Joseph avait dû céder les fourrures de son beau-père à des prix dérisoires. Il eut plus de chance avec la morue, ce qui lui permit d'acheter du sel de Brouage, le meilleur, disait-on, pour saler le poisson. Ces transactions furent facilitées par un réfugié acadien de Port-Royal, Michel Bourgeois, qui connaissait quelques exilés possédant des louis d'or.

Cet homme, maigre comme un clou et qui toussait tout le temps, vint rejoindre Joseph sur sa goélette.

— Nous sommes près de deux mille loqueteux et crève-la-faim à Québec, alors qu'il y a trois ans, nous étions les fermiers les plus prospères d'Amérique, raconta Bourgeois. Un groupe d'Acadiens a passé l'hiver dans des grottes creusées le long de la rivière l'Assomption… Mais on ne peut pas en vouloir à l'habitant qui, rationné à quatre onces de pain par jour, n'est pas d'humeur à partager.

— Je me suis laissé dire, ajouta Joseph, que les habitants cachent leurs vivres et leurs fusils et qu'ils se présentent habillés en guenilles pour défendre la colonie, sachant qu'en agissant ainsi ils seront équipés avec des habits et un fusil neufs.

— Mais ils ne sont pas à blâmer. Le peuple n'est pas dupe ; il sait que cette disette n'est pas seulement causée par la guerre. Bigot et sa bande de chenapans n'ont pas changé leur train de vie. Bals, fêtes somptueuses et soirées de jeu se succèdent en une ronde effrénée. Un vrai Ali Baba avec ses quarante voleurs ! Plusieurs Acadiens qui sont arrivés avec de la monnaie à ordre n'ont pu s'en faire rembourser qu'une partie ; les commis empochent le reste. Heureusement qu'on distribue un peu de morue salée et de viande de cheval !

— Avec la morue que je vous vends, je n'aiderai pas beaucoup à varier votre menu, s'exclama Joseph.

— Non, mais elle est de bonne qualité et en quantité suffisante pour doubler les rations, l'encouragea Bourgeois.

Joseph avait hâte de partir retrouver Angélique, ses enfants et l'atmosphère un peu plus tranquille du Ruisseau. Mais il devait attendre qu'on charge sa cargaison de sel de Brouage. Il avait rempli les cales du *Feu du Mauvais Temps* de sacs de grains et de quarts de viande salée qu'il avait achetés pour quelques pièces d'or provenant du trésor de l'île. Et même si personne ne surveillait ses allées et venues à l'île, jamais il ne lui serait venu à l'idée d'abuser du trésor. Il s'estimait déjà chanceux d'avoir les moyens de soulager un petit peu la misère des réfugiés du camp de l'Espérance et de ceux du poste de Ristigouche. Il était d'autant plus pressé de partir qu'une épidémie de picotte s'était déclarée. Elle faisait des ravages parmi les plus démunis, surtout chez les réfugiés. Encore ce matin, il y avait eu les funérailles d'un enfant, Michel Gaudet, et de sa mère, Marie-Josephte Girouar[1]. L'Hôtel-Dieu, l'hôpital Notre-Dame et l'Hôpital général étaient pleins, et certaines familles se demandaient bien s'il resterait des survivants pour leur assurer une descendance ; les Richard étaient de celles-là.

— Dire que moi, j'ai la chance de retrouver les miens ! s'exclama-t-il.

Perdu dans ses pensées sur la guerre et sur l'injustice, Joseph avait laissé ses pas le mener sans s'en rendre compte à la taverne Le Chien d'Or, où il avait vécu de si bons moments, comme si, par magie, il pouvait remonter dans le temps. Mais là, une surprise de taille l'attendait : une lettre d'Émilie que Cristel avait laissée pour lui ! Joseph s'était abstenu depuis des années de rendre visite à Cristel et à sa famille afin de ne pas alimenter ses souvenirs, mais avec cette missive d'Émilie, il sentit que son passé allait le rejoindre.

Il s'installa à l'écart, tenant dans une main un verre de rhum et, dans l'autre, cette lettre qu'il n'osait lire. On eût dit qu'il craignait que des vents funestes s'échappent de cette boîte de Pandore. Lorsque la griserie de l'alcool l'eut suffisamment détendu, il se décida.

Cher Joseph, lut-il.

« C'est bien l'écriture d'Émilie », constata-t-il, le cœur battant comme la cavalcade d'une horde de caribous.

> *Je n'ai pu m'empêcher de t'écrire, après plus de seize années, pour te dire enfin la vérité sur ce qui nous a séparés. Je ne pouvais te le dire auparavant, de crainte de nuire à ton bonheur avec ta nouvelle famille. Maintenant, je le peux, je crois, car sûrement tu m'auras oubliée…*

Joseph s'arrêta ; il ne pouvait plus lire, submergé par l'émotion. Il vida un verre de rhum et poursuivit sa lecture :

------

1. Girouard.

Après ton départ pour la chasse, j'ai découvert que j'at-
tendais un enfant de toi. J'étais heureuse. Je comptais les
jours. À l'hiver, lorsque j'ai appris ta disparition dans les
forêts enneigées, près des forges du Saint-Maurice, j'ai
cru devenir folle. Je savais que ma famille accepterait mal
que je sois enceinte. Alors, j'ai décidé de partir. Parvenue
en Europe, j'ai rencontré un homme plus âgé que moi, un
marchand jersiais de religion protestante, qui s'est
intéressé à moi. J'étais désespérée, démunie, sans appui et
j'ai accepté son aide. Nous sommes partis pour l'île de
Jersey afin d'échapper aux persécutions religieuses.
Héloïse, notre fille, a grandi. Elle me ressemble et je crois
qu'elle sera heureuse, car elle est d'une nature très opti-
miste. Je voulais te le dire ; je ne pouvais plus garder pour
moi ce secret qui t'appartient aussi. Sois heureux.

Émilie

Joseph passa toute la soirée à boire dans son coin et à ruminer. « Ma fille, et elle lui ressemble », se répétait-il. Et il la voyait devant lui, une teinte d'ironie dans les yeux bruns, avec ses taches de rousseur et ses cheveux châtains à l'image d'Émilie.

La lettre d'Émilie avait réveillé les souvenirs de Joseph, qui ne sortit de la taverne qu'une fois complètement ivre. Il ne remarqua même pas les soldats du régiment le Royal-Roussillon qui se promenaient dans leurs beaux uniformes. L'esprit sur-volté, il faisait des plans tous aussi fous les uns que les autres ; comme celui de partir illico pour l'île Jersey à bord de sa goélette ! Tout l'après-midi, il se promena dans la basse-ville. L'odeur de goudron émanant du chantier naval, près de la rue Cul-de-Sac, lui rappela ses rencontres avec Émilie dans les piles de bois. À la brunante, un peu moins ivre, il s'arrêta pour prier à l'église Notre-Dame-des-Victoires. Il parla au curé, mais n'en ressentit aucun apaisement. Il dormit peu et mal cette nuit-là. Aux lueurs de l'aube, une idée avait germé dans son esprit. Une stratégie très simple : oublier. Oui, mais comment ? Il pensa alors au chaman algonquin de Cap-Rouge qui possédait des philtres pour amener l'oubli, d'après ce qu'on lui avait dit.

— Pourquoi pas ! Au point où j'en suis !

Il se rendit alors consulter le chaman, qui lui dit :

— Il te faudra trouver du lait de nourrice que tu boiras chaud chaque soir. Pour une lune. Tu y ajouteras quelques gouttes de ce philtre, ajouta-t-il en lui tendant un petit flacon.

Comme si le sein maternel pouvait amener l'oubli !

— Puis, continua-t-il, tu iras à la chasse et, lorsque tu auras tué un orignal mâle, tu prépareras un repas que tu prendras avec les tiens.

Joseph était un peu sceptique, mais il décida de se conformer à ce qu'avait prescrit le sorcier, comme si sa vie en dépendait. Il était si préoccupé qu'il oublia presque d'apporter à Angélique les poudres et les racines de ginseng qu'elle avait demandées pour ses remèdes.

* * *

Angélique ne laissa pas paraître son soulagement lorsqu'à la mi-novembre, juste avant que les glaces n'emprisonnent la baie, la goélette de Joseph arriva au Ruisseau. Elle se doutait bien, à sa mine, qu'il y avait de l'Émilie là-dessous. Et cette fois-ci, elle était déterminée à crever l'abcès qui, par intervalles, les éloignait. Les passions qui couvaient sous la cendre ne tardèrent donc pas à éclater.

— Encore le goût de retourner à Louisbourg ? lui lança-t-elle avec colère.

— Pas tout à fait, répondit Joseph. Je pense plutôt à me rendre en France.

La déception se lut sur le visage d'Angélique.

— Pourquoi pas en Chine tant qu'à faire ?

— Écoute, Angélique, d'ici quelques lunes, les Anglais nous chasseront d'ici. Nous devons prévoir le pire. Avec le trésor de l'île, nous pourrions faire venir des soldats, des armes et des habitants pour défendre ce pays. Il y a assez d'argent pour payer une flotte de guerre.

— Alors, j'irai avec toi. J'ai toujours rêvé de me promener au palais de Versailles.

Joseph ne s'attendait pas à cela. Il voulait certes obtenir des renforts, mais il avait en tête de revoir Émilie et leur fille.

Il fit donc mine de ne pas avoir saisi la proposition d'Angélique, ce qui ne fit qu'aviver la jalousie de cette dernière.

* * *

La maladie qui sévissait à Québec ne s'était pas propagée au Ruisseau. Et puis, la chasse s'annonçait bonne, ce qui permettrait d'envoyer des vivres aux réfugiés de la Miramichy et d'aider les exilés qui transitaient par Poquemouche et le Ruisseau. Déjà, Angélique imaginait toutes les tâches qu'elle devrait accomplir auprès des malades et des orphelins; elle en oublia de bouder Joseph.

La veille du jour de l'An, Joseph tua un gigantesque orignal et se souvint des paroles du chaman: «[...] tu prépareras un repas que tu prendras avec les tiens». Il n'avait pas non plus oublié de boire du lait de nourrice que lui fournissait une jeune Indienne qui venait d'accoucher. Il dormit mal, cette nuit-là, sur les bords de la rivière Poquemouche, inquiet parce que le philtre du sorcier ne semblait pas agir et torturé en pensant à Émilie qui s'ennuyait à l'île de Jersey et à sa fille qu'il n'avait jamais vue.

La nuit calma un peu ses inquiétudes. Joseph savait que l'heure n'était pas à la fête, mais il se doutait en même temps qu'une petite célébration apporterait peut-être une amorce de solution aux problèmes qui le hantaient. Le Vieux, qui semblait deviner ses pensées, le rassura:

— T'en fais pas, j'ai gardé ce qu'il faut pour le repas du jour de l'An!

Il aimait d'autant plus Joseph que celui-ci excellait en cuisine lorsqu'il décidait de mettre ses talents à l'œuvre pour se calmer dans les moments de grande tension.

— Je vais aérer le tonneau de vin de Nantes, continua le Vieux, puis voir si le p'tit caribou[2] est à point.

— Nous avons un peu de riz sauvage, annonça René.

— Il reste des têtes de fougères et de l'ail des bois, continua Josette.

---

2. En mi'kmaq, *ashkote-nibiish*: un mélange d'alcool et de porto.

— J'ai apporté de l'éperlan et du saumon fumé, ajouta Geneviève.

Joseph se mit à la tâche. Il dénicha dans les réserves quelques lièvres et perdrix qu'il désossa. Il trouva aussi un quartier de l'orignal qu'il avait tué, deux quartiers de caribou et trois de chevreuil ainsi que quelques castors et porcs-épics. Il avait eu l'idée de faire un six-pâtes[3], plat fait de six rangs de pâte de maïs séparant les diverses viandes, chaque rang étant saupoudré d'épices et d'ail des bois. Et il y alla d'une innovation : dans la partie droite du chaudron, il alterna les couches de caribou, de lièvre et de porc-épic. Au milieu, il fit de même avec le castor, la perdrix et l'orignal, et à gauche, avec le castor, le lièvre et le chevreuil. Il se fit des repères pour reconnaître les diverses sections de plat, il creusa au centre un petit trou et l'emplit d'eau pour y laisser flotter un clou de girofle. Il ne restait qu'à faire cuire.

Les autres non plus ne chômèrent pas. Josette s'occupa de la soupe à l'ail des bois. Geneviève et Honguedo, des entrées au saumon et aux éperlans fumés. René prépara le riz sauvage avec un peu de champignons, d'oignon, d'ail des bois, de maïs et de lard. Il n'oublia pas d'y placer quelques feuilles de tussilage. Angélique voulut ajouter son grain de douceur avec une citrouille sucrée. Elle la fit cuire, en retira les graines et la pulpe qu'elle remplaça par un mélange de miel, de cidre et de beurre fondu, et remit le tout à cuire. Membertou se chargea d'alimenter le feu et de surveiller l'intensité de la flamme.

Il faisait très doux ce soir-là. Quelques flocons de neige voltigeaient, et des odeurs exquises se répandaient dans l'air. Membertou avait ouvert le tonneau de bière de sapinette. Le Vieux avait commencé à fêter, avec le p'tit caribou, qui cognait assez fort. Assez, en tout cas, pour l'inciter à faire ce qu'il ne faisait jamais, c'est-à-dire à sortir sa flûte. Joseph prit alors son Stradivarius : un présent des dieux, dont l'équilibre dans l'agencement des parties et la composition du vernis en faisaient un instrument primé dans toutes les cours d'Europe. En attendant que le feu accomplisse son œuvre, la petite famille

---

3. *Pag wadjawessi* en mi'kmaq.

s'installa dans la grande tente; elle était ouverte au sommet pour permettre à la fumée de sortir. Une mélodie de Rameau s'éleva puis les chansons fusèrent: celles de la Normandie, de la Bretagne, du Poitou ainsi que les vieilles ballades mi'kmaques de la splendide Honguedo.

Enfin, tous s'attablèrent pour déguster le festin. Les entrées furent succulentes et la soupe, exquise. Le six-pâtes amena la gaieté: que de surprises sous les pâtes!

— À vos choix, clama Joseph: caribou, orignal, porc-épic, chevreuil, castor, perdrix ou lièvre.

Chacun voulait un peu de tout, et un moment de sérénité, d'euphorie et d'oubli s'installa: le moment que Joseph attendait.

— J'ai quelque chose d'important à vous dire. D'ici un an ou deux, nous serons des fugitifs dans notre propre pays. J'ai décidé de me rendre à Versailles pour faire comprendre la nécessité de nous envoyer du secours.

— Et tu crois avoir une chance? intervint René.

— Peut-être. Ce n'est maintenant plus un secret pour les membres de notre famille qu'il y a, à l'île Caraquet, un trésor fabuleux. Je l'utiliserai pour faire venir une flotte. De plus, le gouverneur Vaudreuil m'a remis une lettre qui favorisera mes démarches.

— Tu en as parlé à grand-père? demanda Membertou, qui voulait l'accord du Vieux pour tout ce qui touchait au trésor.

— J'en ai longuement discuté avec Joseph, répondit le Vieux. Ça marchera peut-être. Mais si tu pars au printemps, dit-il en s'adressant à Joseph, tu ne seras probablement pas de retour avec des renforts avant le printemps suivant. Et encore, si tu réussis à te faufiler à travers la flotte anglaise, près des ports de France! D'ici là, nous risquons d'être rendus dans une plantation de coton en Caroline!

Joseph conserva tout son calme.

— Un autre morceau de pâté surprise? demanda-t-il à la ronde, offre qui eut beaucoup de succès, puis il continua: je ne vois pas d'autre choix, à moins de déménager à Québec, jusqu'à ce que la forteresse capitule elle aussi!

Joseph surveillait Angélique, qui restait de marbre. Finalement, elle explosa :

— Tu veux aller en France pour revoir Émilie !

— Ça aussi, c'est vrai, avoua-t-il, préférant dire la vérité. Je ne pourrai pas l'oublier tant que je ne l'aurai pas revue... Je viens d'apprendre que je suis le père de sa fille, Héloïse, qui habite avec elle à l'île de Jersey.

Et il relata le contenu de la lettre qui lui était parvenue lors de son passage à Québec. Le Vieux intercéda en faveur de Joseph :

— Angélique, je crois que Joseph a raison. Laisse-le partir. Ta jalousie n'a pas sa raison d'être.

— J'emmènerai René et Membertou, proposa Joseph.

À l'idée de perdre si longtemps son homme et ses deux fils, Angélique eut les larmes aux yeux. Les filles aussi étaient tristes. Josette rompit le silence en débouchant une bouteille de sirop d'érable. Les convives retournèrent alors leurs assiettes en étain qui avaient servi pour la viande et le « salé » et l'on déposa sur le revers le nectar sucré. Joseph murmura à Angélique :

— Je t'aime.

— Je t'attendrai, répondit-elle.

Puis il joua quelques notes sur son violon, tandis qu'en sourdine, l'on entendait le meuglement d'un orignal. Chacun était conscient de la gravité du moment et savait que des jours terribles s'annonçaient, que de nombreuses lunes s'écouleraient avant qu'un autre festin comme celui-là ait lieu. Et ils en oublièrent de s'échanger les vœux de bonne année !

Chapitre 22

Destroy the vermin who are sealed there...
        Lettre de Amherst à Wolfe et Boscawen, en 1758

*Preparing to rob the fishermen of their nets and to burn their huts; when **this great exploit** is at end (which we reckon will be a month or five weeks).* [...]
        Lettre de Wolfe à son père,
        annonçant pour l'automne 1758
        la destruction des établissements
        de la baye des Chaleurs

Angélique dissimulait tant bien que mal son inquiétude de voir partir Joseph et ses deux fils pour l'Europe. Joseph, lui, ne perdait pas espoir, espoir que son voyage soit fructueux pour la colonie et qu'il le délivre enfin du tourment qu'Émilie était devenue pour lui. Il devait partir en mai, après la débâcle; plus tôt, c'était risqué, à cause des gros icebergs qui passaient au large de Terre-Neuve.

Angélique avait décidé de consulter les oracles au sujet du voyage de Joseph. Elle jeta trois blancs d'œufs dans un bol d'eau froide; il s'agissait ensuite d'y lire les configurations tracées. Ce qu'elle aperçut l'effraya au plus haut point: un bateau sombrait près d'une île et emportait Membertou! Elle en tomba malade.

— On dirait qu'elle le fait exprès, ragea Joseph.

Mais il n'eut d'autre choix que de reporter son départ, ce qui déçut grandement René, qui ne rêvait que de palais depuis des semaines, et Membertou, qui s'imaginait en train de prêcher sur la beauté des croyances indiennes. Joseph soigna Angélique avec amour, jour et nuit. Il était très inquiet. Finalement, la fièvre baissa, mais Angélique mit très longtemps à reprendre des forces. Ce n'est qu'à la mi-juillet qu'elle alla mieux. Le voyage redevenait possible, mais une nouvelle circula au Ruisseau selon laquelle les navires anglais rôdaient partout. Cette fois, le voyage fut remis au printemps suivant.

* * *

Ce fut une bien triste journée pour l'Acadie et pour la Nouvelle-France que celle du 26 juillet 1758, date de la chute de Louisbourg. Comme si la bonne sainte Anne, en ce jour de sa fête, n'avait pas su protéger ses enfants! On assista à la répétition des événements de 1744; les Anglais alignèrent une flotte impressionnante, transportant des soldats des armées régulières et des colonies américaines, face à une bande d'assiégés valeureux mais désorganisés et à quelques navires qui protégeaient la ville en interdisant l'accès à la baie de Gabarus; ceux-ci réussirent néanmoins à entraver les manœuvres de la flotte anglaise durant quelques semaines. Puis, après un déluge de fer et de feu, les troupes anglaises débarquèrent en amont de Louisbourg et assiégèrent la forteresse côté terre. Quelques semaines plus tard, elles entraient triomphalement dans la ville en ruine.

Au Ruisseau, le Vieux était dans son entrepôt en train de lustrer ses fourrures lorsque la nouvelle lui parvint.

— Québec est sauvée pour cette année; la saison est trop avancée pour qu'ils osent lancer une attaque d'envergure... Mais c'est la fin de l'empire français en Amérique, prédit-il avec tristesse.

— Faudrait peut-être quitter la région et fuir à Québec, proposa Angélique.

Elle se rappelait le dur travail de Joseph sur les fortifications, en 1744, une forteresse que, cette fois-ci, les Anglais avaient décidé de raser complètement, tout en emportant à Halifax les plus beaux morceaux.

— Non, répondit son père, notre place est ici. Je ne veux pas quitter les Mi'kmaqs. Et puis, dans un an ou deux, Québec aussi sera tombée aux mains des Anglais, car il y a bon vent que la France se désintéresse de la Nouvelle-France.

Perdue dans ses craintes, Angélique n'entendait pas ce que son père disait :

— Les Anglais vont venir ici et nous déporter. Je ne supporterai pas d'être séparée de toi et de mes enfants ! On raconte que, déjà, la flotte de Wolfe est en train de remonter la côte en détruisant tout sur son passage.

— Je vais poster des guetteurs jour et nuit sur l'île de Miscou. Si des vaisseaux anglais approchent, nous lèverons le camp pour nous réfugier à l'intérieur des terres, dans le haut de la rivière Poquemouche ; nous serons plus en sécurité avec les Mi'kmaqs, dans nos forêts, à quelques lieues de nos mers poissonneuses, que si nous devenons des réfugiés à Québec.

Joseph arriva sur l'entrefaite. Comme il avait eu, l'automne précédent, l'occasion de voir la condition des réfugiés à Québec, il ajouta :

— Là-bas, il y a la famine, les épidémies, la corruption. Ici, au moins, on est tranquilles pour le moment.

Angélique fut bien forcée d'admettre qu'il n'avait pas tort, non sans garder dans ses entrailles une angoisse terrible.

* * *

À la suite de la chute de Louisbourg, un flot de réfugiés déferla au Ruisseau, la plupart en provenance de l'île Saint-Jean, prochaine cible des envahisseurs. Ils trouvèrent à s'héberger tant bien que mal dans des installations de fortune, le temps de se revigorer. Certains se placèrent ensuite sous la protection des troupes françaises, à Ristigouche, quarante lieues au sud-ouest du Ruisseau, ou se mirent en route pour le poste de pêche de Papôg. D'autres s'installèrent à Nipisiguit[1]

—————
1. Actuellement Bathurst (qui veut dire eaux bouillonnantes).

dans les ruines de la seigneurie de Nicolas Denys. Quelques familles venant du camp de l'Espérance, celles d'Olivier Blanchard, d'Olivier Léger, d'Alexis Landry et de son beau-frère, Charles Poirier, décidèrent de s'installer au Bocage, à deux lieues au nord-ouest du Ruisseau.

* * *

Papôg et, près de là, Grande-Rivière, chef-lieu civil et religieux de la Gaspésie, étaient les postes de pêche les plus importants de la baye des Chaleurs. Papôg comptait, outre un magasin général, une trentaine de maisons de pêcheurs, en bois, sans fondation de pierre et sans caveau, avec des cheminées faites de paille et d'argile. Un principe : solidité et simplicité. On y trouvait également une chapelle, où officiait le récollet Alexis Duburon, tout à côté d'une quinzaine de cabanes, au bord de la mer. C'est dans l'une de ces cabanes que s'étaient installés les nouveaux mariés : Geneviève, la fille aînée d'Angélique et de Joseph, et Gabriel Albert. Geneviève ne quittait pas son Gabriel d'une semelle, insistant même pour l'accompagner à la pêche. Lorsqu'elle restait à terre, elle entretenait son petit potager, dans lequel elle avait planté des choux, des navets, de l'oseille ainsi que tout ce qu'il fallait pour accompagner la viande et le poisson. Le soir, lorsque son homme rentrait, une bonne soupe fumante l'attendait pour le réchauffer avant qu'il ne s'endorme dans un lit douillet.

Les sieurs François et Georges de Bellefeuille étaient responsables des postes de pêche de Papôg jusqu'à Gaspeg. Ils touchaient un revenu équivalant au onzième du poisson pêché et louaient des lots de grève aux pêcheurs saisonniers. À l'intérieur de la baie de Papôg, quasiment fermée par un barachois[2], s'élevait sur l'île Beau Séjour leur seigneurie. Le Vieux connaissait bien l'endroit, car la famille des de Bellefeuille était aussi originaire de Rouen. Ses rapports un peu exclusifs avec les sieurs François et Georges lui valaient le privilège de

---

2. Petit port situé derrière une barre de sable émergé où l'on peut échouer (choir) les bateaux.

toujours trouver à embarquer ses fourrures sur des bateaux qui rentraient en Europe.

À quinze lieues au nord-est de Papôg s'élevait le poste de Gaspeg. Ce poste était dirigé par Pierre Révol, fils d'un procureur du Parlement de Grenoble, qui avait été exilé au Canada pour s'être adonné à la contrebande du sel. Révol fils coordonnait les activités des pêcheurs saisonniers et des trois cents habitants permanents de Gaspeg. Nommé sentinelle du golfe par Vaudreuil, il était chargé de surveiller les mouvements des navires ennemis et d'organiser la défense du golfe. Il avait été question de fortifier Gaspeg. On envisageait d'enterrer deux ancres épatées, de chaque côté du bassin de Penouille, et de les relier par deux câbles de vingt pouces qui seraient immergés à marée basse, ce qui aurait pour effet de bloquer la passe. Mais la roue de l'histoire tourna trop vite, et la flotte du brigadier Wolfe arriva en vue de Gaspeg au début de septembre : sept navires et mille sept cents hommes. Devant pareille puissance, la flottille des pêcheurs basques, bretons, rochelais et normands décampa. Les soldats débarquèrent pour saccager. Révol ne fut pas témoin de la razzia, car il venait de rendre l'âme, probablement heureux de ne pas voir ainsi détruite l'œuvre d'une vie entière. Il n'entendit pas non plus cette exclamation de jubilation du capitaine Bell, un officier de la flotte de Wolfe : « Le tout fit un feu magnifique. »

Françoise et Pierre Le Vicaire ainsi que leurs filles furent témoins de ce spectacle horrible. Ils virent l'entrepôt de fourrures disparaître en fumée. Une partie de plaisir pour les soldats qui, après s'être livrés au pillage, passèrent une partie de la journée à cueillir framboises et atocas.

Le 13 septembre, le capitaine Irving répéta le même scénario à Papôg, à Grande-Rivière et à Paspecbiac[3]. Il détruisit tout : maisons, goélettes, instruments de pêche, magasins, vingt mille quintaux de morue, ainsi que les réserves d'hiver en vêtements et en nourriture. À Papôg, les pillards s'emparèrent des boissons et de la réserve de cognac des de Bellefeuille. La plupart des habitants avaient cependant pu

---

3. Actuellement Paspébiac.

remonter les rivières à bord de petits canots et se cacher à l'intérieur des forêts.

Pendant ce temps, à bord du *Feu du Mauvais Temps*, Joseph, Jean-Baptiste, René et Membertou transportaient des vivres pour le poste de Ristigouche. Pas très loin de Nipisiguit, ils croisèrent une petite chaloupe dans laquelle se trouvaient deux pêcheurs basques, un dénommé Roussy (cousin de Françoise) et un jeune mousse, du nom de Aspirot.

— Apaizak obeto[4]? leur cria Jean-Baptiste.

— Toute la baie, de Papôg à Gaspeg, a été rasée par les troupes anglaises. Nous fuyons vers le poste de Ristigouche... Il faudrait secourir les autres qui se cachent dans les ruines ou à l'intérieur des terres... Ils ne peuvent fuir par la mer, car la plupart des chaloupes ont été détruites.

René voulait absolument porter secours aux malheureux. Ce qui faisait hésiter Joseph, c'était précisément la présence de René, car personne ne pouvait l'assurer que les navires anglais étaient partis.

— Notre goélette pourrait prendre un navire de guerre de vitesse, avança René. On pourrait naviguer de nuit...

Ces arguments, ainsi que le fait que Geneviève et son mari étaient à Papôg, finirent de convaincre Joseph. Aux premières lueurs de l'aube, ce qui restait du poste de pêche apparut : des amas de ruines et de cendres. Ils prirent à bord les gens qui se cachaient au fond des barachois, dont Gabriel et Geneviève, Pierre Gallien et le père Duburon, qui avait avec lui deux petites Indiennes ; et, au moment où la goélette levait l'ancre, un dénommé Morin, dont la seigneurie avait été détruite à Cloridorme, vint les rejoindre.

L'inquiétude grandit au Ruisseau lorsque des petites colonnes de fumée noire s'élevèrent au fond de la baie. Angélique ne souhaitait qu'une chose : que son mari, son frère et ses enfants soient sains et saufs. Mais entre-temps, il y avait beaucoup à faire. Et tous mirent l'épaule à la roue. Les habitants du Ruisseau, mais aussi ceux du Bocage, plus haut, les Blanchard, Cormier, Landry, Léger, Poirier et les autres camouflèrent les

---

4. En langue basque : « Comment allez-vous ? »

210

habitations et cachèrent les voitures d'eau[5] derrière l'île de Pokesudie. Il ne restait plus qu'à attendre. Ce ne fut pas très long. À l'aide d'un petit miroir, les guetteurs postés à l'île de Miscou signalèrent la présence de deux voiles anglaises à l'horizon. La mer était un peu agitée, et la nuit s'annonçait noire, sans étoiles. Saint-Jean appliqua alors une stratégie qui s'inspirait de celle utilisée dans certains coins de Bretagne et qui consistait à allumer un fanal attaché aux cornes d'un bœuf en mouvement. De la mer, on prenait cette lumière pour un point fixe et, le plus souvent, les navires qui se guidaient sur ce point s'échouaient. Le Vieux attacha alors un fanal sur le dos de la vache du Ruisseau, qu'il promena ensuite sur la côte. Et il arriva ce que tous souhaitaient: un des navires s'échoua sur un récif et brisa sa coque. L'équipage réussit à nager jusqu'au second vaisseau, qui repartit sans insister, fait qui ne fut jamais relaté dans le journal de bord de l'orgueilleux Wolfe.

Le lendemain fut un jour de réjouissance. D'autant plus que Joseph, Jean-Baptiste, René, Membertou, Geneviève et son mari arrivèrent au Ruisseau. Angélique était heureuse de retrouver sa famille. Mais le Vieux restait à l'écart, inquiet parce qu'il était sans nouvelles de sa fille Françoise. Le missionnaire Duburon avait sauvé du pillage de Papôg quelques bibelots, des ferrements, des étoffes. Une bonne façon de gagner les cœurs! Mais il fut étonné de voir que son petit sermon pour remercier Dieu de ses bienfaits suscitait le rire chez les Indiens. La Robe noire mit cela sur le compte des réjouissances, sans se douter que certaines phrases traduites par Membertou parlaient davantage de fornication que du paradis.

— Enfin, les voies du Seigneur sont mystérieuses et, pour la plus grande gloire de Dieu, «Ad majorem Dei Gloriam», se disait le missionnaire.

Après le sermon, on festoya grâce aux provisions et aux tonneaux de vin trouvés à bord du navire anglais, qui agrémentèrent un repas de cerf cuit à la broche.

— Buvons à notre victoire, proposa Léger.

---

5. Petits bateaux.

— Ou encore à celle de Montcalm à Carillon, surenchérit Landry.

En effet, pendant l'été, les troupes canadiennes et françaises avaient réussi à repousser l'envahisseur dans les environs de Montréal.

— Mais on perd aussi des hommes, et chaque victoire nous rapproche de la défaite finale, conclut le Vieux.

Françoise arriva en soirée avec ses filles Anne et Marie, maintenant orphelines, car leur père avait été tué lors du raid anglais. Une nouvelle qui attrista tous ceux qui connaissaient Pierre. Pour le Vieux et sa famille, il n'était plus possible de nier la réalité de la guerre qui ravageait la baye des Chaleurs. Pour les habitants du Bocage, habitués depuis trois ans à l'horreur, ce qui venait d'arriver confirmait qu'ils n'avaient pas trouvé le havre de repos, que l'étau se resserrait, et que ce n'étaient pas les canons pris aux Anglais, bien camouflés par Joseph, qui allaient infléchir le destin.

* * *

Il y avait tout de même deux personnes en Acadie qui savouraient leur bonheur: les deux amoureux du camp de l'Espérance, Tjigog et Mathilde. Elle avait survécu à la petite vérole grâce à l'amour et aux soins constants de Tjigog, qui avait facilité ce miracle. Les quelques cicatrices qu'elle gardait n'avaient pas altéré la beauté de son visage. Mais les épreuves se succédaient: les vaisseaux anglais et un détachement de soldats sous les ordres du colonel James Murray poursuivirent durant l'automne l'œuvre de destruction entreprise par ceux qui les avaient précédés. Ainsi furent détruites une église en pierre sur la rive nord de la baie intérieure de la Miramichy, de nombreuses maisons ainsi que les réserves de nourriture. Le commandant Murray détacha ensuite une frégate, un brulôt[6] et six navires transportant trois cents hommes, afin d'en finir avec le camp de l'Espérance. Mais les Acadiens, les Indiens et

---

6. Petit navire chargé de matières combustibles, et destiné à incendier les bâtiments ennemis.

une centaine de soldats (les ridicules secours de Vaudreuil pour défendre l'Acadie) ancrèrent quelques vaisseaux armés de canons et de pierriers pour barrer la rivière, puis s'embusquèrent de chaque côté, ce qui fit reculer les envahisseurs.

— Un répit inutile, s'apitoya Joseph-Jean.

— S'ils ne peuvent gagner par le fer et le feu, ils vaincront par la famine, grogna Beausoleil.

— Il faudrait quitter ces lieux, proposa Tjigog.

Une constatation qui s'imposait, car Boishébert, après avoir participé à la bataille de Louisbourg, avait quitté la Miramichy. Portant fièrement la croix de Saint-Louis qu'il venait d'obtenir, il avait gagné Québec pour contenir l'ultime assaut, avec quelques soldats, Indiens et Acadiens.

— Pour aller où ? demanda Mathilde.

Plus question de revenir en arrière, puisque les soldats de Scott venaient de détruire les villages de Beausoleil, de Sylvabro et de Le Coude. D'autres détachements commandés par Monckton avaient rasé ce qu'il restait d'habitations à la rivière Saint-Jean, dans la région de Sainte-Anne-des-Pays-Bas et dans la seigneurie de René et Mathieu d'Amours. Et maintenant, la flotte de Wolfe venait d'anéantir les installations de pêche sur la rive nord de la baye des Chaleurs, de Papôg à Mont-Louis.

— Moi, je ne bouge pas d'ici, insista Beausoleil, qui venait de perdre son corsaire. Mais vous devriez vous placer sous la protection du poste de Ristigouche. Là, vous trouverez de la nourriture.

La suggestion obtint l'assentiment de tous. Et Mathilde quitta la Miramichy avec beaucoup de peine, car elle dut alors se séparer de son fidèle Quenouille, enterré à l'ombre des grands bouleaux.

Chapitre 23

La mer s'éleva jusqu'aux nues, Notre vaisseau prenait le
même cours Et suivant le torrent des vagues suspendues
Ne faisait que monter et descendre toujours…
[…] la mer sait emprunter Sa plus grande beauté de la
voûte azurée le ciel est le miroir de l'eau.

Dièreville, *Voyage à L'Acadie 1699-1700*

Joseph comptait appareiller pour la France dès la fonte des
glaces, à la fin d'avril 1759. Une semaine à peine avant son
départ, une bien mauvaise surprise l'attendait. Installé dans les
grands pins du promontoire de l'île avec son beau-père, il
attendait un navire qui devait faire escale au Ruisseau lorsqu'il
aperçut des vaisseaux dans le lointain.

— Est-ce que je rêve ? s'exclama-t-il. La mer semble couverte de voiles !

— C'est la flotte anglaise qui monte à l'assaut de
Québec ; la ville va y passer, soupira le Vieux.

Les voiles blanches défilèrent toute la journée au large de
Miscou : deux cents navires de toutes sortes, navires de ligne,
flûtes, frégates, transports de troupes, galiotes. On en vit encore
passer le lendemain, des retardataires dans cette interminable
procession.

— Pas question de partir cette année ; la flotte anglaise
rôde partout, ragea Joseph. Je dois encore reporter ce
voyage !

Joseph annonça sa décision à sa famille, ce fut une déception pour Membertou et René, mais une joie difficile à dissimuler pour Angélique, qui priait quasiment que la flotte anglaise reste sur les côtes durant un quart de siècle encore. Quant au Vieux, des images d'une forteresse en ruine surgissaient dans sa tête. Il avait bien raison, car, à l'automne, la nouvelle de la capitulation de Québec se répandit, nouvelle qui ne le surprit pas et qu'il accepta même avec un certain fatalisme, en gardant l'œil ouvert cependant. Tous ne réagirent pas de la sorte. Certains furent paralysés par la peur et la résignation, d'autres furent consumés par la colère.

Joseph, qui avait été d'une humeur massacrante mais qui n'avait rien fait de tout l'été, se reprocha son manque d'audace.

— Il n'est même plus possible de faire parvenir une lettre à Émilie… Mais je le jure, au printemps prochain, plus rien ne me retiendra ; j'irai avec ma goélette s'il le faut.

* * *

On crut au miracle lorsqu'un navire français, le *Bonté de Dieu*, arriva au Ruisseau au début de juin 1760. Un des rares vaisseaux de commerce à se risquer sur les côtes atlantiques pour acheter des fourrures.

— Comment a-t-il pu éviter les navires anglais ? se demanda le Vieux.

— Faut vraiment être attaché à l'argent, songea Jean-Baptiste.

— Ça fait bien mon affaire, conclut Joseph. Autrement, il ne me restait plus que ma goélette pour affronter ces mers démontées.

Devant le départ imminent de Joseph et de ses fils, Angélique cacha sa tristesse sous un masque d'indifférence ; elle ne voulait plus souffrir. Elle comprenait pourtant très bien les motifs de Joseph, mais le manque qu'elle anticipait devint si intense qu'il submergea tout ou presque. « Pourquoi lui faut-il partir ? N'avons-nous pas vécu ensemble des moments fabuleux ? Trois naissances, quelques résurrections ! Pourquoi ? Pourquoi ? »

Comme dans une pièce de théâtre, elle voyait se dérouler devant ses yeux les scènes de leurs premiers moments d'amour, lorsque les bouleaux chantaient une symphonie juste pour eux, le long de la rivière Poquemouche... et, du même coup, sa jalousie envers Émilie se raviva.

Quant à Joseph, l'angoisse l'avait envahi à l'idée d'être séparé d'Angélique, de l'abandonner en fait. Et puis, que lui réservait Versailles ? Il redoutait qu'une catastrophe l'empêche de revenir d'Europe. Il y avait aussi ses filles. Geneviève était trop absorbée par le beau Gabriel pour vraiment se rendre compte que son père s'apprêtait à partir, mais il en était tout autrement pour Josette qui, depuis l'annonce du départ de son père et de ses frères, avait une démarche moins dansante, comme si la peine avait alourdi son corps. Pour oublier sa culpabilité face à Josette, Joseph se répétait : « C'est le destin. Je ne peux échapper à cette mission ; je dois aller chercher du secours. Et puis, je pourrai garder l'œil ouvert sur la question de mes origines. »

Il ne s'avouait pas son désir de revoir Émilie et sa fille. L'appréhension que cette rencontre suscitait en lui, la peur des réactions qu'il aurait lorsqu'il serait devant elle, tout cela était refoulé au fond de sa conscience, pendant qu'il cherchait à se convaincre qu'il était animé de nobles motifs de devoir et d'héroïsme.

Membertou était prêt à partir, et rien ne pouvait plus le retenir. Il était comme un chevalier sans peur et sans reproche, voulant défendre et promouvoir la religion des Mi'kmaqs et rencontrer, à Paris, les grands théologiens pour discuter avec eux de sa quête mystique.

René, quant à lui, changeait d'humeur constamment. Il exultait à l'idée de voir de ses yeux ce qu'il avait imaginé par les livres, mais, très attaché à sa mère et à Josette, il redoutait qu'on l'oublie pendant son absence. Il éprouvait également une vive insécurité à l'idée que sa mère ne soit pas près de lui pour tenter de répondre à ses questions.

Alors que Jean-Baptiste ne laissait point paraître sa tristesse, le Vieux manifestait ouvertement sa peine, craignant de ne pas revoir tous ces êtres qui lui étaient si chers : Joseph, qu'il avait adopté tel un fils et qu'il admirait plus que Jean-Baptiste; Membertou, qui ne serait plus là pour faire des mauvais coups ou pour lui prêcher la bonne nouvelle, et René, qui avait le don de le rajeunir, avec ses questions et ses fantaisies. Toutefois, ses soucis ne lui avaient pas fait oublier de mettre de côté quelques pierres précieuses pour les cas de nécessité.

Joseph, Membertou et René s'installèrent dans une cabine, payée à prix d'or et située sur le gaillard arrière, près de celle du capitaine. Les vents favorables permirent au navire de doubler l'île de Miscou pour s'engager en haute mer. Toute la journée, Joseph resta dans sa cabine, plongé dans une tristesse qu'il n'arrivait pas à chasser. En plus, le temps humide vint raviver le mal de dos qu'il n'avait pas ressenti depuis qu'il avait travaillé sur les fortifications de Louisbourg, et Joseph manifesta sa mauvaise humeur jusqu'au lendemain. Le deuxième jour, René eut le mal de mer, à cause du roulis et du tangage accentués par des vents contraires. Il resta donc avec Joseph, qui lui fit prendre un peu de thétiaque (mélange de plusieurs médicaments destinés à calmer les estomacs nerveux). Sans vouloir l'avouer, René était inquiet à cause des légendes sur les monstres marins, ceux qu'on ne peut calmer qu'en leur lançant des barils avec lesquels ils puissent jouer, et les autres, les serpents de mer, qui s'enroulent autour des navires et qui ne lâchent prise que si on joue certains airs de trompette. Joseph, sentant le trouble chez son fils, avait cherché à le distraire en lui disant:

— Il faut craindre davantage les navires anglais que les monstres à deux têtes.

Dès les premiers jours, Membertou donna l'impression d'être un marin d'expérience. Il participa aux manœuvres des voiles dans les grands mâts, grimpant aux cordages et se glissant le long des vergues.

Au large des îles de la Madeleine[1], la mer s'apaisa. La préoccupation de tous demeurait les glaciers blancs qui défilaient devant le navire, tels des châteaux de givre à la dérive, et

1. Ainsi nommées en 1663 du nom de l'épouse de François Doublet, apothicaire de Honfleur.

qui faisaient peser sur eux une menace plus pressante, pour le moment, que les navires anglais qui se trouvaient dans les parages. Pour se protéger contre les icebergs, on avait accroché des tonneaux à la poupe du navire de façon à le délester s'il fallait manœuvrer vite pour esquiver un tel danger. Le vaisseau empruntait la route du nord en suivant le quarante-sixième parallèle, tel que l'avait recommandé, au siècle précédent, l'intendant Jean Talon et comme l'indiquaient les cartes de Nicolas Bellin. Afin d'éviter les navires de guerre anglais, le capitaine avait décidé de passer par le détroit de Belle-Isle, entre Terre-Neuve et le Labrador, malgré le danger que présentaient les glaciers. Les jours passèrent, et les vents et les courants demeurèrent favorables.

— Des Esquimaux[2], là-bas! cria Membertou un bon matin.

À quelques encablures du vaisseau, un homme pagayait avec une habileté surprenante dans un canot de quatre toises de long, fait de peaux de loup marin et effilé aux deux extrémités.

— De farouches guerriers, comme les Béothuks, commenta Joseph.

— Qui c'est, les *béotuc*? demanda René.

— Les Indiens de Terre-Neuve. Ils se teignent le visage en ocre[3] rouge, d'où le nom de Peaux-Rouges que les Européens ont donné aux peuples autochtones. Et ils refusent tout contact avec les Blancs.

Au large des Grands Bancs, endroit renommé pour la pêche à la morue, Joseph captura plusieurs flétans, poissons à la chair délicieuse. Cette activité, ainsi que l'effervescence des oiseaux, lui fit oublier momentanément ses soucis. René, remis de ses maux d'estomac, s'amusait avec les happes-foies, oiseaux au dos gris et au ventre blanc, plus gros que le pigeon et au bec crochu comme celui d'un perroquet; il les capturait avec une perche au bout de laquelle il avait attaché un cerceau muni d'un filet et les relâchait aussitôt. Membertou sonda à plusieurs

---

2. Inuit.
3. Colorant minéral naturel.

reprises le fond de la mer avec un poids de plomb enrobé de suif, dans lequel s'incrustait un sable blanc comme du sel. Puis, à l'aide d'un loch, il calcula la vitesse du navire : il jeta à la mer une petite planche en bois de chêne attachée à un filin portant un nœud à toutes les huit toises et put ainsi mesurer le temps écoulé avec un sablier.

Une cérémonie burlesque appelée le baptême du bonhomme Terre-Neuve[4] eut lieu, comme l'exigeait la coutume, lors du passage sur le banc de Terre-Neuve. Des matelots couverts de peaux de bêtes, et d'autres, le visage bien noirci de noir de fumée, exigeaient que chaque passager s'assoie sur une planche assez chancelante au-dessus d'une baille pleine d'eau. La seule façon d'éviter la baignade consistait, à ce moment-là, à donner une offrande suffisante. Joseph, René et Membertou durent donc débourser des écus pour éviter le baptême forcé !

Le neuvième jour, Membertou, malin comme la grêle, entra dans une colère terrible. Un marin à la jambe de bois, surnommé Gueule-de-bois, avait volé son bâton de chasse totémique arborant un lièvre et un aigle sculptés, qui avait, dit-on, la propriété de conférer à son possesseur la rapidité du lièvre et l'acuité visuelle de l'aigle. Membertou avait sorti son tomahawk et, n'eut été de l'intervention du capitaine, Gueule-de-bois n'aurait pas vécu longtemps. Ce dernier fut puni selon les lois en vigueur, avec une extrême dureté. On le soupçonnait d'être un mangeur de sable, c'est-à-dire de tricher pendant son quart de timonerie en retournant plus rapidement le sablier. On baissa sa culotte goudronnée, puis on l'attacha au bâton de la pompe qui servit de chevalet. Il eut droit à vingt coups de martinet, sorte de fouet à plusieurs cordes pleines de nœuds. Gueule-de-bois resta inconscient quelques instants, le dos zébré de marques rouges. Membertou, qui regrettait sa colère, ramena le pauvre hère dans sa cabine et pansa ses plaies avec un onguent spécial qu'utilisait Angélique et qui endormait la douleur et hâtait la cicatrisation. Il se fit ainsi un ami de son ennemi de la veille, qui l'initia aux tâches de marin ainsi qu'à l'art des nœuds.

---

4. Il avait une longue barbe postiche et un vieux capot ressemblant à une peau d'ours et il était décoré de queues de morue.

Le soir du onzième jour, le grincement du gouvernail empêcha René de dormir. En fait, il s'ennuyait surtout de sa mère. Il alluma une chandelle et commença à composer un petit poème dans lequel il lui exprimait son affection. Joseph s'éveilla, bourra sa pipe d'un tabac appelé le chevalier Bart, l'alluma et alla rejoindre son fils.

— Tu t'ennuies pas trop? lui demanda-t-il.

— Oui, beaucoup, répondit René en pleurnichant, mais j'ai hâte de voir les châteaux, en France.

Il y eut un moment de silence, puis il demanda à son père, sur un ton de reproche:

— Pourquoi n'as-tu pas amené maman?

Joseph ne savait trop quoi répondre.

— Elle n'aurait jamais voulu laisser son père seul si longtemps.

Angélique lui manquait et il l'imagina blottie contre lui. Comme son fils n'arrivait pas à dormir, Joseph joua aux échecs avec lui. René gagna la première partie; il avait tendu un piège à son père en sacrifiant un fou. Joseph n'aimait pas perdre, mais il n'en laissa rien paraître. René perdit la deuxième partie, Joseph ayant décidé de brouiller le jeu avec une guerre des pions. René non plus n'aimait pas perdre. Ce n'était pas pour rien qu'on imitait parfois le paon en le voyant. Côté caractère, Joseph n'avait rien à redire: son fils tenait de lui.

Comme il faisait très chaud pendant la partie d'échecs, Joseph enleva sa chemise. Sur son épaule un tatouage représentait deux lévriers et une hermine dans la partie supérieure et, un peu plus bas, des fleurs de lys inversées sur fond gris. René l'avait vu souvent lorsque Joseph allait dans la suerie, mais il ne se lassait jamais d'entendre son père conter l'histoire fabuleuse de ses origines.

— J'ai quitté Nantes lorsque je n'étais qu'un poupon… Malheureusement je n'ai pu en savoir davantage, car ma nourrice est décédée durant la traversée. Ce tatouage est le seul indice de mes origines. Je me demande bien qui étaient mes parents et s'ils sont toujours vivants.

Cette question le préoccupait plus qu'il ne le laissait paraître. Bien des fois, sur les remparts humides de Louisbourg ou dans des moments de solitude, au Ruisseau, il avait réfléchi à cette énigme. Mais il n'avait d'indice que ce tatouage, qu'on devinait fait de main de maître : sa seule piste pour sonder le mystère... avec le violon, un Stradivarius sur lequel était gravé un nom, « Le Bouthillier ».

La fatigue le gagna et il alla border René, sans oublier de lui donner une petite gorgée de sirop d'érable pour qu'il fasse de beaux rêves.

Le navire filait bon train. René fréquentait de plus en plus Gueule-de-bois, qui l'initia au maniement du sabre et se révélait très agile en dépit de sa jambe de bois, ou grâce à elle, peut-être. Membertou se plongea davantage dans ses méditations mystiques et s'imagina dirigeant au son du tam-tam des célébrations religieuses, comme chef spirituel des Indiens d'Amérique. Dans un moment d'exaltation, il se prit pour un nouveau Messie, celui qui donnerait aux Indiens les moyens de résister à la religion des Blancs. Il se rappela les histoires d'Élouèzes-de-feu sur les grands chamans indiens et il se crut leur héritier. Mais il n'avait pas échappé à l'influence des Blancs. Son grand-père lui avait souvent parlé du père Gaulin, surnommé le second patriarche par les Mi'kmaqs : un homme animé de la foi du charbonnier, qui partageait la vie des Mi'kmaqs et subissait les rigueurs du froid et la fatigue des longs portages. Membertou se voyait comme son digne successeur, mais selon les mœurs et les traditions indiennes. « N'ai-je pas un nom prédestiné : Membertou, comme le grand chef mi'kmaq qui, en 1610, à Port-Royal, reçut le baptême en grande pompe. Un chef qui a gardé intactes pendant plusieurs hivers les habitations de Champlain et de Poutrincourt. Oui ! Je ferai connaître aux Européens l'honnêteté et la probité des Indiens ! » s'exclama Membertou qui, en tant que futur chaman, connaissait bien le pouvoir contenu dans un nom.

Joseph passa beaucoup de temps sur le pont, à réfléchir à son avenir et à méditer sur le sort des Acadiens. Il imaginait déjà l'arrivée de la flotte qui délogerait les Anglais du territoire et qui les déporterait... dans les jungles de l'Amazonie ! Il pensait à Émilie qui l'attendait, mais, depuis qu'il était en route, le désir de la revoir faisait place à un calme relatif. Il passait de longs moments à s'immerger dans le parfum d'Angélique, comme s'ils étaient allongés sur leur couche de fourrures, dans l'arôme des feux d'érable. Un antidote pour contrer la puanteur des cales, odeurs que ni le vinaigre ni le charbon brûlé n'arrivaient à neutraliser. Une incroyable puanteur montait également de la sentine, étroit réduit sous la Sainte-Barbe[5], dans les entrailles du navire. Cela signifiait que la cale était sèche. Bonne nouvelle pour le commandant! Mais le vingtième jour de la traversée, un bordage se détacha et l'eau commença à monter dans la cale. Les pompes ne suffirent plus à la tâche. Comme on ne pouvait réparer la fissure de l'intérieur, on aménagea un échafaudage pour permettre au charpentier de travailler et on réduisit la vitesse du navire. Mais la mer commençait à s'agiter, et une vague emporta le malheureux. Joseph, qui avait vécu son enfance dans la forge de son père adoptif, descendit alors sur l'échafaud avec une plaque de plomb, de la filasse et du suif. Luttant contre une mer de plus en plus déchaînée, il réussit à fixer la plaque de plomb et à colmater la fuite. Lorsqu'il remonta, l'équipage l'accueillit en héros, mais René lui reprocha d'avoir risqué sa vie, trop énervé pour lui dire qu'il était fier de lui.

Le vingt-neuvième jour, le *Bonté de Dieu* arriva en vue des côtes de France. La traversée avait été rapide. L'équipage entonna le *Te Deum* pour remercier la Providence. Le vaisseau remonta la Loire sur une vingtaine de lieues, jusqu'à Nantes, le plus achalandé des ports français de la côte atlantique, point où le fleuve se divise en plusieurs bras pour former de petites îles, qui sont couvertes d'arbres et d'habitations. Autour des voyageurs se dressait une forêt de mâts, et Joseph y reconnut une galiote hollandaise, fort utilisée en raison de son faible tirant d'eau. Mais il s'attarda davantage aux gros vaisseaux qu'il avait vus à Louisbourg, ceux de la Compagnie des Indes occidentales. Sur les quais, de vastes entrepôts où les riches armateurs entreposaient les produits exotiques du commerce triangulaire : Nantes, l'Afrique, les Antilles. Gueule-de-bois montra à Joseph l'édifice de la Bourse, dominé par la masse imposante

---

5. Où l'on entreposait la poudre.

de la cathédrale, qui semblait veiller sur les riches demeures de l'île Feydeau. Membertou admira, sur le rivage opposé, les moulins à vent, les champs de blé et les prairies à troupeaux. Quant à René, il s'attarda à regarder les enfants qui jouaient sur la grève, près des carcasses des carènes, dans une fête des sens : la lumière du soleil, les couleurs vives, l'harmonie des sons et les odeurs agréables de goudron.

Chapitre 24

La situation des habitants de l'Acadie me fait une peine
extrême, et j'ai fait ce que j'ai pu pour qu'on prît des
mesures pour l'adoucir.

Lettre du marquis de la Galissonnière
à Mgr Pontbriand de Québec, le 19 mai 1752

À Nantes, c'était jour de marché. Les villageois en sabots,
mais en habits et jupes du dimanche, affluaient des alentours pour acheter les produits étrangers : sucre, tafia, coton,
tabac, épices, café, bois rares et mille autres produits. « Avec
cette abondance, on ne croirait pas que la France est en guerre
depuis tant d'années », pensa Joseph.

Les rues étaient encombrées de berlines, de carrosses, de
voitures, de chevaux. Et il y avait tous les gens qui arrivaient
par le coche d'eau. Membertou fut impressionné par le nombre
de confréries religieuses dont il croisa des représentants, chacune ayant un costume distinctif, à croire qu'il y avait en ville
un synode, et il reconnut ceux des récollets, des capucins et des
jésuites. Joseph, lui, fut saisi par la saleté des rues boueuses, qui
charriaient en leur centre les égouts et les détritus. Partout, une
grande animation. Les marchands de guenilles, les raccom-
modeurs de faïence, les chanteurs ambulants, les femmes du
port marquées par la vie, qui hélaient le marin fraîchement
débarqué. Les planteurs, vêtus de lin blanc, avec les Noirs en
costumes bariolés, donnaient à certaines rues un air tropical.

René n'avait jamais vu de Noirs et il interrogea Joseph, qui ne savait trop comment lui expliquer qu'ici, comme en Amérique, on faisait le commerce des esclaves.

— Des navires partent de Nantes avec de la pacotille pour acheter des Noirs en Afrique et les échanger aux planteurs de coton et de canne à sucre, en Amérique et dans les Antilles.

— Mais ce sont des esclaves, s'étonna René.

— Eh oui! La richesse de la ville est basée en grande partie sur ce commerce, tout comme celle des colonies de la Caroline d'ailleurs. Il y a même quelques esclaves en Nouvelle-France.

— Comment des catholiques peuvent-ils agir de la sorte? s'indigna René.

Joseph n'était pas trop d'humeur à justifier le mode de vie des chrétiens.

— Ce n'est pas dans tous les milieux qu'on reconnaît que les Noirs ont une âme. Et ce commerce rapporte, cet argument-là a du poids. Tu vois le grand Noir, là-bas... Eh bien, il doit valoir dans les cinq cents livres. On les considère comme du bétail. Et leur valeur augmente lorsqu'ils sont beaux, forts et en santé, avec une dentition saine.

— Les Africains acceptent ça?

— Certes non, mais il faut dire que certains roitelets d'Afrique sont pires que les traiteurs. Ils sont prêts à n'importe quelle bassesse pour de la pacotille.

René n'en revenait pas de voir une nation si chrétienne vendre aux enchères des êtres humains à cause de leur couleur. Membertou, qui faisait semblant de n'écouter que d'une oreille distraite, ne put que conclure à l'hypocrisie des Blancs et de leur religion. Une façon pour lui de se convaincre qu'il serait chargé de reconstruire l'Arche d'alliance et de délivrer les Noirs, ses frères, auxquels il s'identifiait. «C'est la même chose pour les Indiens, pensa-t-il. On cherche à détruire notre culture et nos coutumes pour mieux nous dominer.»

La petite famille se fraya un chemin dans la cohue, pour remonter tranquillement vers les quartiers nobles de Saint-Pierre et vers les riches demeures de l'île Feydeau. Joseph ne désirait pas prolonger sa conversation sur les sombres aspects de la nature humaine. Il avait d'autres soucis que la traite du bois d'ébène, expression qui paraissait mieux dans les salons pour parler de l'esclavage. Le gouverneur Vaudreuil lui avait remis une lettre pour l'introduire à la cour de Versailles. Une lettre qui datait de presque trois ans déjà ! À l'époque, Joseph était loin de croire que Nantes serait sa première escale. C'est alors qu'il pensa au marquis de la Galissonnière, un ancien gouverneur du Canada, qui avait fait construire un arsenal et un chantier naval à Québec ainsi qu'une ligne de fortifications le long des Grands Lacs et du Mississippi, jusqu'en Louisiane, ligne que les Anglais n'avaient pas encore réussi à démolir. Joseph avait hâte de rencontrer ce grand stratège. Il était l'un des rares gouverneurs à avoir reconnu l'importance de l'Acadie comme pivot de la défense de la Nouvelle-France ; il y avait fait construire le fort Beauséjour, pas très loin de la Grand'Prée. Cela avait permis à près de deux mille Acadiens de se placer dans le giron de l'abbé Leloutre, dans la zone d'influence française. Malheureusement, la Galissonnière avait été remplacé par la Jonquière en 1750, après seulement deux ans à Québec. Mais il avait poursuivi ses démarches en Europe, comme membre de la Commission chargée de partager les frontières de l'Acadie entre la France et l'Angleterre. «Un problème qui stagne depuis près de cinquante ans et qui est en train de se régler par les déportations», s'attrista Joseph.

Ils contournèrent le quai Duguay et arrivèrent au manoir du marquis de la Galissonnière. Ils entrèrent dans un parc magnifique, un jardin de plantes et de fleurs exotiques, qui rappela à Joseph que le marquis était un botaniste réputé et qu'il était lié aux grands savants de l'époque. Il y avait une harmonie dans les teintes de vert, de brun, de jaune et de rouge, et un équilibre dans les formes. L'odeur de l'air salin, qui se mêlait au parfum des plantes, ramena Joseph aux grands espaces et il se souvint des théories d'Angélique qui discourait sur la vie des végétaux et sur leur âme, qu'elle appelait dévas. L'attente fut courte, et Jacques, le fils du marquis, accepta de les recevoir après avoir lu la lettre de Vaudreuil.

— Mon père, malheureusement, est décédé...

— Je suis désolé, je ne le savais pas, s'attendrit Joseph. Votre père reste, dans nos mémoires, en Nouvelle-France, un homme de courage et d'honneur. Le plus grand gouverneur depuis Frontenac.

— Mon père n'a pas ménagé ses efforts pour la France. En 1756, il commandait la flotte qui a battu les Anglais à Minorque, au large des Baléares...

«Si seulement nous avions une partie de cette flotte», songea Joseph.

— Le roi l'a nommé maréchal de France, continua le marquis, mais hélas! il n'a pu savourer ses victoires; il est mort en octobre de la même année. Son départ laisse un grand vide.

Joseph était franchement désolé, d'autant qu'il ne savait plus, maintenant, qui contacter pour obtenir des soldats et des armes, à moins de faire confiance au fils du marquis et de lui confier le secret du trésor qui dormait bien au chaud dans ses fourrures.

— Je vous en prie, soyez mes hôtes, offrit le marquis.

Le soleil se couchait et, dans l'air, les odeurs des jonquilles, des roses, des muguets s'entremêlaient à celles de centaines d'autres fleurs. Les serviteurs dressèrent la table tout à côté d'une petite source d'eau fraîche qui serpentait entre des érables et des sapins du Canada. Le faste étalé, la nappe brodée, l'argenterie, les verres de cristal et la porcelaine de Limoges représentaient un tout autre monde. Membertou semblait indifférent à tout ce luxe, tandis que René restait muet, sidéré, trop impressionné pour goûter le vin du pays, un muscadet que venait d'apporter un serviteur en livrée.

Jacques de la Galissonnière avait un autre invité : François Bonamay, régent de la faculté de médecine de Nantes. Le vieux bonhomme grisonnant et bedonnant, ami de la famille, conseillait le marquis en matière de botanique. La discussion s'orienta sur le livre qu'il venait de publier, intitulé *De Florac mammetensis prodomis*. La conversation n'avait rien à voir avec les préoccupations de Joseph, qui mentionna toutefois quelques plantes du pays, inconnues en France. Le marquis remarqua, après un moment, la gêne de ses invités dans ce monde régi par l'étiquette.

— De quelle région venaient vos ancêtres ? demanda-t-il à Joseph.

— Je ne sais pas, malheureusement. J'ai été adopté en bas âge par une famille de Québec. Le vaisseau venait de Nantes et ma mère adoptive m'a confié que les passagers fuyaient les persécutions religieuses dirigées contre les huguenots.

— C'est bien ici, l'informa Bonamay, que Henri IV a proclamé l'édit de Nantes, qui accordait la liberté de culte aux huguenots. Mais ça s'est gâté par la suite, sous le cardinal Richelieu…

— Et vous n'avez aucun indice ? poursuivit le marquis.

— Si, un tatouage, mais je n'ai jamais su ce qu'il représentait. Et un violon, avec un nom gravé.

Joseph montra le dessin tatoué sur sa peau.

— Nom de Dieu ! s'exclama le marquis, ce sont les armoiries des ducs de Bretagne. Deux lévriers et l'hermine… et des fleurs de lys inversées.

Le marquis était estomaqué.

— En quelle année êtes-vous né ?

— On m'a parlé de 1715…

— Une étrange rumeur a circulé dans les milieux nantais cette année-là, intervint Bonamay. Un des neveux des ducs de Bretagne, Jean Le Bouthillier, s'était amouraché d'une gitane de passage à Champtoceaux. Il l'a rencontrée alors qu'elle dansait pour les nobles, pendant les fêtes de la moisson…

Le nom était celui qui était gravé sur le violon, mais Joseph n'avait retenu qu'une chose : la danse. « Oui, peut-être cela explique-t-il mon penchant pour la voltige du corps », pensa-t-il.

Bonamay continua :

— … Il y a eu des persécutions en ces temps-là. Il se peut que votre mère ait fait tatouer ces armoiries avant de disparaître. Et puis votre père aurait été incapable de vous protéger, puisqu'il est mort peu après dans son lit, d'une mort suspecte…

Joseph ne savait trop que penser. Comment pourrait-il éclaircir ce mystère ? En d'autres temps, il eût été fasciné par cette quête, mais là, sa mission primait tout. Après le départ de

Bonamay, Joseph décida de faire confiance à son hôte ; l'accueil qu'il leur avait réservé l'incitait aux confidences. Et il lui parla du trésor et de son projet d'armer une flotte.

— Je pourrais vous organiser une rencontre avec le ministre de la Marine, lui expliqua le marquis, mais il vous faudra aller à Paris. En attendant, soyez mes invités !

* * *

René avait perdu son compagnon Gueule-de-bois, qui était parti rejoindre sa famille, à l'île d'Yeu. Il en profita pour satisfaire sa curiosité et explorer Nantes. Sur la place du pilori, un malheureux subissait sa peine sous la pluie de quolibets des « honnêtes gens ». René n'aima pas ce spectacle et se dirigea rapidement vers une rue très animée, qu'on appelait rue de la Juiverie. Il écouta des joueurs de biniou et de bombarde, tout en admirant les balcons ventrus, lourds de symboles sculptés représentant le commerce nantais : sphères, marins, Indiens et Noirs. Ces balcons étaient accrochés à des maisons à plusieurs étages, en colombages, et soutenus par des piliers et des poutres de bois sculptées. En échange de quelques pièces, un astrologue du roi lui fit sa carte du ciel, mais son lieu de naissance, en Amérique, semblait embêter le devin, qui ne possédait pas, dans son grand livre, les données sur ce continent. René ne fit donc pas grand cas des malheurs qu'il lui prédit : mort des êtres chers, exil pour lui et autres choses du genre. Il porta d'autant moins attention que des ménestrels fredonnaient un air qu'Angélique lui chantait parfois :

« Depuis le mois de mai, les fleurs sont rouges…
mignonne… si mignonnement… »

Il poursuivit son exploration. Au coin des rues de la Juiverie et des Petites Écuries, un amuseur public racontait l'histoire de Merlin l'enchanteur.

— Il naquit sur une île tout près, appelée Noirmoutier. Fils d'une druidesse et d'un démon, il épousa, à l'âge de dix ans, une sorcière d'une grande beauté qui cherchait à transformer en or le sable de la mer. Les cornues surchauffèrent et explosèrent, entraînant la magicienne. Pour s'amuser, Merlin créa alors avec de la glaise, un os de baleine et une fiole de sang, les géants Grandgousier et Gargamelle, qui engendrèrent Gargantua.

* * *

Le lendemain, le cocher du marquis promena René et Membertou dans la campagne environnante. Ils firent halte en face du vieux cimetière d'Oudun, où reposaient plusieurs ancêtres d'Acadiens : des Richard, Dupuis, Blanchard, LeBlanc, Samson et bien d'autres encore, dont les noms étaient gravés sur les pierres tombales. Membertou avait la tête ailleurs et, pour une fois, il n'était pas perdu dans ses rêveries mystiques. La forêt, tout près, lui avait rappelé la vie trépidante du chasseur et il rêvassait de chasse et d'ours.

— Mon grand-père chassait les ours dans ces forêts, lui raconta le cocher. Malheureusement, on n'en trouve plus.

René, lui, ne s'intéressait ni aux ours ni aux cimetières. Captivé par l'ancienne civilisation celtique, dont témoignaient les dolmens qu'il avait érigés à Caraquet, il s'était mis en tête de se rendre à Corsept pour voir le menhir de la Pierre Blanche, autour duquel des femmes stériles venaient, la nuit, faire des incantations magiques. Cela lui fit encore penser à Angélique, la sage-femme. Un ennui vif comme une blessure le prit. Il chercha Membertou. Il avait disparu dans la forêt, à la recherche des oiseaux d'Amérique, et René dut remettre à plus tard son expédition. Il bouda alors, car il en voulait à son frère d'avoir bousculé ses projets.

Sur le chemin du retour se dressait, à quelques pas du château des ducs de Bretagne, la cathédrale de Nantes. René pria pour sa mère devant les statues des martyrs nantais Rogatien et Donatien, ceux qui avait proclamé leur foi devant l'empire romain. Il ne put que s'émerveiller devant la splendeur du temple : les cierges allumés, les vitraux, les peintures, les statues finement sculptées. Le *Magnificat* de Bach montait des grandes orgues ; des notes qui semblaient soulever l'édifice et le rapprocher du ciel. L'odeur de l'encens lui fit oublier l'humidité et le moisi. Dehors un orage éclata. Son, eau, lumière et mystère. Membertou ne put rester impassible devant tant de magnificence et, tourné vers l'Orient, d'où vient la lumière, symbole du Christ, il vit dans cet orage un signe qui confirmait qu'il avait pour mission de promouvoir la religion indienne.

* * *

Le marquis avait envoyé à la cour de Versailles un pigeon voyageur pour annoncer l'arrivée de Joseph. Tout semblait se dérouler normalement. Il partit donc à la chasse, un faucon sur un poing. Dans l'attente du départ pour Paris, Joseph alla visiter le port de Nantes. Il y rencontra des pêcheurs bretons qui faisaient souvent le voyage sur les Grands Bancs pour y pêcher la morue. «Beaucoup de ces navires partent de Nantes. Pas étonnant, se dit-il, qu'un navire or aux voiles herminées figure sur les armoiries de la ville.»

La rue Henri IV lui rappela l'édit de Nantes. Il se remit à penser à son passé et s'informa un peu partout. On lui parla de Champtoceaux, petit village situé sur le bord de la Loire, à une dizaine de lieues de Nantes. Mais, là-bas, on ne put rien lui apprendre, tout juste lui dire qu'on avait entendu parler d'une danseuse.

— Il ne me reste qu'à explorer du côté de la famille des ducs de Bretagne…

Découragé devant l'ampleur de la tâche qui l'attendait, Joseph s'étendit au bord de la Loire et resta immobile, jusqu'à ce que les rayons du soleil se soient dissous dans l'eau. La lune se leva, puis l'étoile du Berger se montra au-dessus du fleuve, et il eut l'impression de voir ses parents naturels s'aimer dans les rayons de la nuit.

Chapitre 25

La vue d'un seul pavillon françois auroit opéré la reddition de la ville de Québec.

Le gouverneur Vaudreuil, en 1760, qui attendait une flotte de secours pour reprendre Québec

Ristigouche, mai 1760. Selon une ancienne légende, pour arriver à Ristigouche, les ancêtres des Mi'kmaqs auraient marché jour après jour dans la direction du soleil levant, ne s'arrêtant, chaque soir, qu'une fois le soleil couché, et ce, pendant soixante-dix-sept jours. Ils nommèrent la baie de Ristigouche Gtan Nemetjoei[1] et les environs, Papisi genatjg[2], car cette région était leur lieu de ralliement en temps de paix. De leur capitale, Tchigouk[3], les Mi'kmaqs régnaient sur les bandes de Miscou, Poquemouche, Nipisiquit, Miramichy et Percé. Voilà ce que Tjigog raconta à Mathilde lorsqu'ils arrivèrent à Ristigouche, soixante-dix lieues à l'ouest de la Miramichy.

— Et Ristigouche veut dire quoi? demanda Mathilde.

— Une main à cinq doigts, dont Ristigouche[4] serait le pouce, car quatre rivières l'alimentent.

---

1. Mer poissonneuse.

2. Lieu de fête.

3. Atholville.

4. Le père Pacifique raconte que le mot Ristigouche aurait été donné à toute la région par un chef mi'kmaq, en souvenir de l'extermination d'un groupe d'Iroquois, dont il avait donné le signal par ce cri: « *listo gotj* », désobéis à ton père.

Était cantonné à Ristigouche un régiment de soldats sous les ordres de Jean-François Bourdon[5], sieur Dombourg, commandant et lieutenant des troupes de la marine pour le poste de Ristigouche et pour le reste de l'Acadie française. Le poste n'était qu'un simple fort entouré d'une palissade, avec une caserne, des magasins, un hôpital et quelques bâtiments. Aux alentours, le village indien abritait une soixantaine de familles avec leur chef Joseph Claude, dont le père avait été nommé responsable de toute la région par le gouverneur Beauharnois en 1730. Mathilde, son ami Tjigog, sa tante Anne et son oncle Joseph-Jean n'étaient pas les seuls réfugiés dans la région de la Ristigouche. Près de deux mille exilés affluaient de partout. Les derniers arrivés, ceux de l'île Saint-Jean et de la Miramichy, avaient dû passer l'hiver dans le dénuement le plus extrême, dans des campements de fortune soit à la Petite-Rochelle soit sur le Pain-de-Sucre, montagne qui surplombait le poste. Malgré tout, ils gardaient l'espoir de jours meilleurs, quand ils retrouveraient leurs familles, leurs terres, leur prospérité d'antan. Mais les nouvelles étaient des plus mauvaises. La France était en train de perdre la guerre en Europe et, en Amérique, la situation s'aggravait de jour en jour. Durant l'hiver de 1760, le duc de Lévis, déployant ce qui restait de troupes valides en Nouvelle-France, avait assiégé Québec, où s'étaient retranchés les Anglais après leur victoire contre Montcalm sur les plaines d'Abraham. Au printemps, les troupes françaises vainquirent les Anglais à Sainte-Foy, puis Murray et le reste de ses troupes se retirèrent de nouveau dans la forteresse et furent aux prises avec la famine et l'épidémie. Chaque camp s'accrochait à l'espoir que la flotte qui avancerait sur le fleuve Saint-Laurent serait la sienne. Il ne restait plus que quelques îlots de résistance, dont Montréal et le poste de Ristigouche.

* * *

Mathilde était de plus en plus attachée à Tjigog et passait ses journées avec lui. Le 17 mai, ils canotèrent jusqu'au cimetière

---

5. Époux de Marguerite Gauthier, fille de Joseph.

indien de l'île aux Hérons, pour aller chercher un petit goupillon que le père Ambroise, un récollet, avait oublié lors d'une sépulture. En face, les montagnes verdoyantes de la Gaspésie ; à gauche, le fond de la baye des Chaleurs, le cul-de-sac où, en 1534, Jacques Cartier chercha son fameux passage pour les Indes, et, à côté, la pointe de Miguasha[6], qui recelait un trésor de fossiles. Sur l'île, les hérons aux grandes pattes furent ravis de contempler le spectacle que leur offrit Tjigog lorsque celui-ci, inspiré sans doute par les mânes de ses ancêtres, séduisit Mathilde. Elle se laissa bercer par la douce sensation qui l'envahit et se donna à Tjigog. Dans toute sa pureté, sans retenue, sans réserve, sans défense.

— Je veux savoir ce qu'est l'amour. Je veux sentir l'amour. Montre-moi…

C'est ainsi qu'après avoir gelé dans le caveau de la Grand'Prée, avoir brûlé de fièvre au camp de l'Espérance, avoir connu la misère, la faim, la soif, la douleur, Mathilde découvrit un bien-être qui lui sembla être l'ultime perfection des sens. Après avoir revécu dans son esprit les mille inquiétudes et tourments des dernières années, elle trouvait enfin, sur l'épaule de Tjigog, l'apaisement. Pendant que le souffle chaud de Tjigog lui caressait la peau, elle ressentit une douleur vive et soudaine comme une brûlure, qui s'estompa rapidement pour faire place à une sensation exquise.

— Le feu de ton corps, c'est bon… Ah oui! Comme c'est bon. Elle répétait Ah! oui! Comme c'est bon!

Tellement bon que Tjigog et Mathilde crurent entendre, dans le bruissement des feuilles, le chant des âmes mi'kmaques en route pour leur grand voyage. Mathilde n'exprima pas tout le plaisir qu'elle goûta dans son corps, son cœur, son esprit. C'était sans importance. Elle aimait Tjigog. Pourquoi? C'était un mystère. Et elle aima Tjigog, comme on peut aimer à seize ans, d'un amour total, généreux, quasiment irréel et, surtout, si délicieux.

* * *

6. Mot indien qui veut dire longtemps rouge.

À l'exception de Tjigog et de Mathilde, les gens heureux n'étaient pas très nombreux en cette saison au poste de Ristigouche. Le commandant Bourdon s'inquiétait pour l'avenir, à cause de tous les réfugiés et des magasins qui étaient vides. Après la chute de Louisbourg, à l'été de 1758, il était passé par l'île Saint-Jean et avait finalement atteint le poste de Ristigouche.

Bourdon était bien accepté des Mi'kmaqs, car il parlait leur langue, et les Acadiens l'estimaient beaucoup. Il s'était servi de son influence pour inciter les Acadiens à venir à Ristigouche, plutôt que de se constituer prisonniers au fort Beauséjour. En effet, pendant l'hiver, il avait envoyé une lettre aux habitants de la baie des Ouines et de Richibouctou.

> Je suis extrêmement surpris que tous n'ayez fait aucun accord avec les Anglais sans m'en donner avis… Où donc est ce zèle pour la patrie, cette fermeté pour la religion ? Quoi, dans un moment, tant d'années de jeûne et de fuites à travers bois, exposés à mille dangers, sont aujourd'hui perdues ?

Ses exhortations portèrent fruit. Il est vrai qu'il fut soutenu à Richibouctou par un autre patriote, Joseph Dugas, capitaine de milice et gendre de Joseph Le Blanc, dit Le Maigre. Bourdon devait maintenant nourrir tout ce beau monde et les soucis l'accablaient, mais Dupont-Duvivier, un ancien officier de Louisbourg, arrivait au même moment avec pire nouvelle :

— La flotte anglaise remonte le fleuve, d'après un Algonquin qui vient d'arriver par la Matapédia.

— Alors, Lévis ne pourra reprendre Québec, s'attrista Bourdon.

D'autres officiers vinrent aux nouvelles. Le capitaine Saint-Simon, natif du Canada, qui s'était battu avec Boishébert à Louisbourg, se présenta tout fringant. Marot, le chirurgien et major des troupes, accourut également ainsi que Bazagier, le commissaire du roi et écrivain de la marine, qui arrivait de l'île aux Noix, sur le Richelieu.

— Il ne nous reste plus qu'à plier bagage, soupira Marot.

— Si tu penses qu'on va abandonner, s'indigna Saint-Simon, alors que la flotte française est en route.

— Tu rêves, répliqua Marot. La France a perdu sa guerre en Europe. Au mieux, elle nous enverra quelques chaloupes ! Face à l'armada anglaise qui remonte le fleuve, que pouvons-nous faire ? Ils ont déjà tout détruit jusqu'à Québec. Et, à l'automne, tout ne sera que feu et cendres jusqu'à Montréal. La Nouvelle-France est à l'agonie. Nous ne pouvons arrêter des boulets avec nos mains ; il faut capituler.

Saint-Simon, qui n'avait pas envie de rendre les armes sans combattre, proposa :

— Nous avons une bonne défense de terre. Il s'agirait de consolider nos batteries de Pointe-à-la-Garde et de Pointe-à-la-Batterie ; les Anglais n'oseront pas débarquer.

Duvivier l'appuya, mais Bazagier, habitué à raconter l'événement plutôt qu'à le créer, affichait une certaine neutralité qu'il exprima ainsi :

— De toute façon, il nous faudra attendre des instructions de Vaudreuil.

— Il n'y a rien à attendre, corrigea Marot. Lorsqu'on est mourant, on n'a pas besoin d'un laissez-passer pour crever. Nous devons évacuer ce poste.

— Ah oui, explosa Saint-Simon. Monsieur Marot ne s'intéresse qu'à son sort et fait le grand seigneur… Ils vont aller où, exactement, les deux mille Acadiens qui sont ici ? Tu les logeras peut-être dans ta cabine parfumée durant la traversée ? ironisa-t-il.

Cette querelle menaçait de perturber sérieusement l'atmosphère de l'état-major. Alors le commandant Bourdon, qui n'était pas intervenu depuis le début, crut le moment venu de trancher :

— Messieurs, nous aurons l'occasion de nous quereller et de nous faire du mauvais sang. Je crois sage d'attendre, de renforcer les défenses du poste et d'envoyer à Montréal un émissaire pour connaître les intentions de Vaudreuil. Après tout, les Anglais n'ont pas encore pris Montréal. Rappelez-vous qu'en 1711, la flotte de l'amiral Walker s'est brisée sur les récifs de l'île aux Œufs. Il nous faut attendre des nouvelles du chevalier François Le Mercier, qui est parti en France, sur le Machault, chercher des secours du roi. N'oubliez pas que Vaudreuil a réclamé quatre mille hommes de troupe et dix mille tonneaux de vivres et de munitions, soit un convoi de plusieurs dizaines de navires marchands, escortés par des navires de guerre.

Mais il n'y croyait pas lui-même! De plus, il était insatisfait que ses états de service n'aient pas été reconnus par Versailles. «J'ai fait partie de la flotte du duc d'Anville et je me suis battu à Port-Royal et à Louisbourg, dont je suis le plus ancien lieutenant, mais je n'ai jamais reçu la commission de capitaine», songeait-il avec amertume.

* * *

Après la razzia des troupes anglaises, sur la côte nord de la baye des Chaleurs, Alexis Landry, Olivier Léger, Olivier Blanchard, Charles Poirier et Alexis Cormier avaient quitté le Bocage pour le poste de Ristigouche, un lieu plus sûr. On les retrouvait, au printemps, en train de réparer une goélette, une vieille carcasse qu'en d'autres temps ils auraient laissée pourrir sur la grève. Joseph Dugas, assez doué en charpenterie, leur prêta son aide. Il s'enorgueillissait d'avoir pour ancêtre Abraham, l'armurier qui occupa les fonctions de lieutenant-général auprès du gouverneur d'Aulnay.

— Même le gouverneur Lamothe-Cadillac était impressionné par son jugement, racontait-il.

— Si tu nous délivres des Anglais, se moqua Olivier Blanchard, je suis prêt à te nommer vicomte de Ristigouche!

Il n'était pas le seul à se glorifier d'avoir des ancêtres illustres. Car il y avait aussi Joseph Boudreau. À croire qu'en ce temps-là, tous les Acadiens s'appelaient Joseph! Natif de Beaubassin, il venait d'arriver à Ristigouche avec sa fiancée, Jeanne-Marie Haché. Boudreau avait pour ancêtre Michel, un ancien lieutenant général de Port-Royal. Il n'était ni marin ni charpentier mais il connaissait la terre, car il cultivait une grande ferme, à Beaubassin, et il avait de bons bras et un désir farouche de trouver une terre tranquille. Il mit donc l'épaule à la roue. Olivier Léger, le cousin de Blanchard, moqueur lui aussi, avait attribué à Dugas le sobriquet de sultan d'Acadie, ce qui faisait de Boudreau son grand vizir.

Comme il faisait partie d'une famille de soldats, Léger arma la goélette avec des pierriers, genre de petit canon mobile. Il en disposa quatre et camoufla le dernier sur la plateforme du mât. Il savait très bien que la goélette ne résisterait pas longtemps à un vrai navire de guerre, mais il espérait néanmoins qu'Alexis Landry pourrait disposer les voiles de façon à maximiser l'effet du vent. Ce dernier n'avait pas son pareil pour flairer le vent, au sens propre comme au figuré. Il s'intéressa donc à l'assemblage des voiles et des cordages avec ardeur. Alexis s'était donné la mission de perpétuer la race acadienne en Amérique, après en avoir fait serment à ses fils enterrés au camp de l'Espérance. À la façon dont sa fille Agathe regardait Joseph Dugas, il se doutait bien que cette histoire-là finirait par lui donner une progéniture. Joseph Dugas voulut quand même prévenir Alexis Landry que c'était bien beau d'arranger les goélettes, mais qu'il fallait encore leur trouver un havre de paix, et il raconta une histoire vécue :

— Après la chute de Québec, des Acadiens réfugiés là-bas obtinrent du brigadier général Monckton la permission écrite de revenir en Acadie, sur les bords de la rivière Saint-Jean. Savez-vous ce qu'on leur a dit lorsqu'ils sont arrivés sur les lieux en novembre ? Que cette autorisation avait été obtenue sous de fausses représentations et que leur permis concernait une autre rivière Saint-Jean. Devinez où ils sont maintenant ? À Halifax, d'où ils partiront pour les cachots d'Angleterre.

* * *

Tjigog s'était lié d'amitié avec Louis de Lentaigne [7], un Normand qui, après la destruction des établissements de pêche à Papôg, avait décidé de s'enrôler dans la compagnie de Dupont-Duvivier. En ce 19 mai 1760, Tjigog se retrouva donc

---

7. Aujourd'hui Lanteigne. Descendant du Sieur de la Championnière.

invité avec Mathilde au baptême du fils de Louis, Eustache, avec lequel sa marraine, Marie Chenard, paradait dans l'église. Le récollet Ambroise célébra la cérémonie, surveillé de près par Bourdon, qui servait de parrain et qui voyait là une occasion d'honorer ses soldats et de relever le moral des réfugiés. Le petit Eustache, incommodé par la chaleur, était pas mal braillard ce jour-là. Pour qu'il soit plus au frais, sa mère, Marguerite Chapados, décida de lui enlever sa couche. Près des fonts baptismaux, en l'occurrence une petite source de montagne, Eustache pissa sur Tjigog qui se tenait tout près…

— Un vrai jet de guerrier, constata Tjigog en riant.

— Tu devras lui faire un cadeau, fit observer Mathilde, qui avait appris que c'était la coutume chez certains Indiens lorsque des incidents semblables se produisaient.

L'oncle Joseph-Jean et sa femme avaient apporté des têtes de violon cueillies sur la montagne du Pain-de-Sucre. Un certain froid s'était installé entre eux et Mathilde depuis qu'elle était amoureuse de Tjigog. Au fond, tante Anne n'approuvait pas cette liaison, sans trop savoir pourquoi. «Je me sens peut-être une responsabilité envers ses parents, qui n'aimeraient pas la voir mener une vie de coureuse de bois», se disait-elle. L'épouse d'Olivier Blanchard, Catherine Amirault, était venue les rejoindre avec son fils Thaddée-Maxime. Elle apportait un petit rafraîchissement: une cruche remplie d'une boisson au gingembre.

— Que de chemin parcouru depuis que le père Le Guerne a baptisé mon fils au printemps de 1756, à Petcoudiac. Mais que nous réserve le futur? demanda-t-elle à Anne, inquiète pour l'avenir de ses enfants.

Le père Ambroise avait plus d'une corde à son arc. Il avait déniché de la farine, Dieu sait où, et préparé des petites galettes en forme de cœur, qu'on distribua à la ronde. Et lorsqu'il clama: «*Tahoé nka méramon ignemoulu; nkameramon achkou ouigitesg…*» (Amis, je vous donne mon cœur; vous en ferez toujours partie…), les Indiens tombèrent à genoux pour remercier le ciel. Il choisit ce moment pour donner lecture d'une lettre qu'il avait envoyée à l'archevêque de Québec, Mgr Pontbriand:

Nous renouvelons nos vœux auprès de Dieu pour la conservation de votre Grandeur, et je lui demande la bénédiction pour moy et pour la partie du troupeau qu'elle a bien voulu me confier et j'ai l'honneur d'être avec un profond respect et une vive reconnaissance pour vos bontés...

Denys de Saint-Simon, qui assistait à la fête, n'avait pas le cœur bien gai.

— Troupeau, ça fait penser à mouton, et ce n'est pas ainsi qu'on gagne des guerres.

Il ne pouvait admettre la défaire prochaine. Ni en accepter les conséquences pour son avenir, c'est-à-dire l'obligation de quitter le pays où il était né.

Pendant que les plus chanceux savouraient leurs galettes, un Mi'kmaq installé près d'un totem représentant un saumon donnait un spectacle. Il avala une pierre à fusil après l'avoir broyée avec ses dents, alluma une pipe en récitant des incantations, puis s'enfonça dans la gorge un petit bâton mesurant environ un pied de long. Tjigog connaissait cette magie, mais pas Mathilde, qui s'énerva lorsqu'elle le vit devenir livide, en train d'étouffer. Mais il ressortit aussitôt de sa gorge le bâton avec la pierre à fusil, intacte ! La fête se termina par une grand-messe, avec chorale de jeunes Indiens, au cours de laquelle le père Ambroise éleva vers le ciel le calice en or que Jérémie Godin, dit Bellefontaine, avait sauvé de l'église de la Grand'Prée.

* * *

En 1685, Richard Denys avait cédé au Séminaire de Québec un terrain situé près d'un petit ruisseau qui se jetait dans la Ristigouche pour qu'on y installe une mission permanente. Tjigog construisit une palissade de pieux à l'embouchure de ce ruisseau. À marée haute, le gaspareau et les plies passaient par-dessus l'obstacle pour aller se gaver du limon des marais. Il suffisait d'attendre que la marée baisse pour ramasser le poisson retenu prisonnier derrière la palissade. En ce soir du 20 mai, Tjigog et Mathilde firent bonne provision, mais

Mathilde n'était pas dans son assiette à cause d'une querelle alimentée par de vieilles superstitions. Ses règles s'étaient déclenchées en matinée et durant la journée, elle avait rangé le fusil de Tjigog, ce qui enlevait le pouvoir de l'arme à feu, selon certaines croyances mi'kmaques. Elle trouvait ridicule cette superstition, de même que celle qui voulait qu'on arrache les yeux des poissons capturés pour ne pas être aperçu de leurs semblables, ce à quoi Tjigog répliquait que ses croyances n'étaient pas plus ridicules que celles de Mathilde.

— Tu as bien, toi, à la hauteur du cœur, une croix sur ton corsage, pour te mettre sous la protection de Jésus!

Le soleil se couchait dans la baie, et le ciel était rouge comme un brasier.

— Regarde, s'exclama-t-elle. Un navire en flammes, qui se découpe sur le bas du ciel.

— Le retour de Corte Real, murmura Tjigog en tremblant.

— Voyons, calme-toi, ce ne sont que des sornettes.

Tjigog sentit la terreur le paralyser à l'approche de la boule de feu. Mathilde connaissait la légende et tenta de calmer son ami.

— Tiens, il y a un autre vaisseau, fit observer Mathilde... mais alors, ce n'est pas un seul vaisseau fantôme... C'est toute une flotte!

— Et elle est française, car je distingue le fleurdelisé, remarqua Tjigog, soulagé.

Ils rentrèrent au camp en courant à toutes jambes pour propager la bonne nouvelle. La joie éclata, car il y avait des années que les Acadiens n'avaient vu autant de vaisseaux et de soldats français, surtout ceux qui se terraient depuis des années dans les bois en se demandant, dans les moments de désespoir, si la France était un pays réel ou une illusion. Mais certains furent bien déçus d'apprendre qu'il n'y avait que trois navires: le *Marquis de Malauze*, une frégate de vingt-huit canons, le *Bienfaisant* et le *Machault*, deux navires marchands armés de quelques canons, avec seulement deux cents soldats. Il y avait encore six petites goélettes anglaises, saisies en cours de route, ce qui compensait les pertes des bateaux français et qui ramena chez certains l'espoir que le vent pourrait tourner. Pour les optimistes, il y avait des vivres, des munitions, des soldats. Le commandant de la flotte, François Chenard de la Giraudais, raconta leur aventure :

— À l'automne, la France a perdu presque toute sa flotte contre l'Angleterre lors de la bataille des Cardinaux. Ça fait que c'est quasiment un miracle qu'elle ait pu envoyer du secours. Bien des gens ne veulent pas du Canada et sont d'accord avec Voltaire, qui a dit : «Vous savez que ces deux nations sont en guerre pour quelques arpents de neige vers le Canada, et qu'elles dépensent pour cette belle guerre beaucoup plus que tout le Canada ne vaut.» Toutes ces pressions exercées pour faire annuler l'expédition ont retardé les préparatifs de départ, surtout que les marins refusaient de partir avant d'avoir reçu leur solde pour l'année d'avant. Finalement, six vaisseaux sont partis de Bordeaux le 10 avril, chargés de deux mille tonneaux de marchandises et emportant quatre cents hommes de troupe. Il était déjà tard et il fallait arriver devant Québec avant les Anglais, qui bloquaient les côtes avec la Royal Navy. Malheureusement, deux jours plus tard, les Anglais ont coulé le *Soleil* et, le 17 avril, ce fut le tour de *L'Aurore*. On aurait pu croire qu'avec des noms si prometteurs… avoua-t-il, avec une boule dans la gorge. Tout alla bien par la suite, jusqu'au 30 avril, lorsque la *Fidélité* fit naufrage au large des Açores. Près de l'île d'Anticosti, nous avons arraisonné un petit bateau anglais qui nous a appris que les Anglais nous avaient précédés de quelques jours. Nous n'avions plus le choix ; il nous fallait soit retourner, soit relâcher en Louisiane ou dans la baye des Chaleurs. Nous avons opté pour cette dernière possibilité et mis le cap sur Ristigouche. Nous devons refaire nos provisions d'eau et de biscuits et faire parvenir les instructions de Versailles au gouverneur Vaudreuil.

— J'irai à Montréal par la Matapédia, proposa Saint-Simon. Je reviendrai avec les instructions du gouverneur.

— Et les goélettes anglaises ? demanda Du Calvet, récemment arrivé de la Miramichy et qui s'occupait de l'inventaire des magasins.

— Nous les avons capturées dans la baye des Chaleurs, pas loin des ruines de Papôg. Elles se rendaient à Québec par

Boston et Louisbourg, avec une bonne cargaison de nourriture.

— Justement, renchérit Bourdon, tu vas avoir fort à faire pour la distribuer à tous ces malheureux.

Ce commentaire provoqua au moins un sourire de satisfaction chez Du Calvet, qui était reconnu pour sa bonté, car il cherchait toujours à faire augmenter les rations.

Bourdon jongla jusque tard dans la nuit sur le sort de la Nouvelle-France, qui était des plus sombres, et sur le sien. Il avait dû s'incliner devant son successeur, Gabriel François Dangeac, qui commandait les troupes du roi, mais il ne lui en voulait pas, car il savait reconnaître un homme d'expérience et il était soulagé de ne pas avoir à signer la prochaine capitulation. Il se demandait néanmoins à quoi pouvait servir une flotte qui partait en retard et arrivait après celle des Anglais.

— Pourtant, Vaudreuil avait mis l'accent, dans sa dépêche à la cour, sur le fait qu'il valait mieux perdre des navires dans les glaces qu'arriver trop tard... Quatre mille hommes demandés, quatre cents accordés, deux cents arrivés à bon port. Que faire?

Un peu abattu, il feuilleta le journal de bord tenu par de La Giraudais, où il lut:

Nous sommes partis de la rivière Bordeaux le 10 avril 1760. Les vents au N.E., petit frais à 10 h du matin nous estions dehors de tous les dangers de ladite rivière...

— Ouais, hors de tout danger!

Chapitre 26

On plaint ce pauvre genre humain qui s'égorge dans
notre continent à propos de quelques arpents de glace en
Canada.

Correspondance de Voltaire

Nantes-Paris, près de cent vingt lieues. Avec les relais, il fallait compter six jours, même à un train d'enfer. Joseph, Membertou, René et un serviteur du marquis prirent place dans une berline tirée par quatre chevaux noirs. Pendant le long trajet, Joseph cessa de penser à ses origines, sa mission, Angélique et Émilie, pour rêver à tous les bons moments qu'il avait passés avec ses enfants. Il avait peine à admettre que vingt années s'étaient écoulées depuis son arrivée au Ruisseau. Tout juste le temps d'apprivoiser Membertou que Geneviève était née. Contrairement à Membertou, Geneviève était plutôt douce et aimait jouer dans le calme avec les poupées que sa mère lui confectionnait, des poupées à son image, avec leurs tresses blondes et bouclées. Elle développa très tôt une grande coquetterie ; elle passait des heures devant le miroir à s'amuser avec les peignes, les poudres et les parfums de sa mère. Alors que Geneviève admirait la beauté, Membertou valorisait la force ; quand il passait devant le miroir, c'était pour admirer ses muscles. Joseph approuvait davantage la conduite de son fils, et quand la coquetterie de Geneviève l'agaçait trop, il la faisait fâcher en lui demandant :

— Qui est la plus belle ?

Et il répondait lui-même :

— C'est Membertou !

Ce qui produisait l'effet désiré. Mais un peu plus tard, elle sut quoi répliquer :

— Ce n'est pas Membertou ; un gars n'est pas « belle ».

Josette, quant à elle, avait toujours été différente, plutôt secrète et solitaire, habile à déjouer les provocations de Membertou. Et quand elle se trouvait en compagnie de Geneviève, elle entrait dans le monde des contes de fées, de la princesse au bois dormant réveillée par son prince charmant. Membertou, alors adolescent, s'éloigna de ses sœurs pour s'intéresser aux autres filles. Chez les Indiens, les jeux amoureux étaient considérés comme sains et naturels, ce qui faisait le désespoir des missionnaires. Membertou avait acquis une assez bonne expérience, et sa cote de popularité était élevée auprès des filles de la tribu. Mais vers dix-huit ans, il était devenu de plus en plus taciturne, irritable et coléreux. Joseph était étonné de cette transformation qui avait commencé à s'opérer lors du passage au Ruisseau d'un descendant du baron de Saint-Castin, avec sa femme, une d'Amour, et leur fille, surnommée Perle-de-Rosée. Cette dernière avait sans cesse refusé les avances répétées de Membertou, mais avait fait la fête avec d'autres jeunes hommes du campement. Joseph avait soupçonné une peine d'amour, puis quelque chose de plus profond, une colère contre la femme qui pouvait humilier l'homme. C'est ainsi que Joseph en était arrivé à expliquer les attitudes religieuses de Membertou. Il ne niait pas le désir de spirituel de celui-ci, mais l'emballement religieux manifesté après le départ de Perle-de-Rosée ne pouvait que lui laisser croire à un accès d'impulsivité sans fondement réel : une recherche d'éternité née de l'amertume. C'était donc à partir de ce jour que Membertou s'était intéressé aux activités du chaman.

Le soleil était déjà haut lorsque les voyageurs s'arrêtèrent près d'un ruisseau, sur un petit pont de pierres moussues. Joseph, qui commençait à connaître les mœurs alimentaires du pays, tailla avec son canif un gigot de mouton, du saucisson de Lyon, puis du jambon de Bayonne, sans oublier le fromage et le pain croustillant, qu'il partagea avec ses fils. Un repas que Joseph arrosa copieusement de muscadet, le cépage blanc du pays. René s'adaptait bien à ce menu, mais il n'en était pas de même de Membertou, qui rêvait de pemmican[1], de saumon fumé et de framboises sauvages.

Ils reprirent la route. Les rêveries de Joseph portèrent sur son fils René, ce fils qui lui ressemblait : blond, grand et mince, aux yeux gris. Ce garçon généreux s'intéressait à tout ce qui sortait de l'ordinaire, comme la magie et l'occultisme. En tant que cadet, il était très choyé et, par conséquent, indiscipliné. « C'est quasiment un homme. Bientôt il s'intéressera aux femmes. »

Parfois dérangé par les grognements du cocher, le halètement des chevaux et les secousses de la berline, Joseph passa l'après-midi à ressasser ses souvenirs de René grimpant aux arbres pour y dénicher les œufs d'oiseaux qui finissaient en omelettes. Il le revoyait, caché dans les hautes herbes en train de savourer les petites fraises des champs, ou jouant des tours, comme la fois où il avait placé une peau d'anguille dans le lit de Josette, qui avait hurlé d'horreur à la vue du serpent ! Il eut un moment de tristesse en repensant à son fils atteint de la rougeole, que sa mère avait bercé en le tenant au chaud dans une couverture rouge. « Le rouge a un pouvoir de guérison pour cette maladie », jurait-elle.

Joseph se sentait coupable envers ses enfants, coupable de les avoir négligés parce qu'il était trop pris par sa propre quête ; coupable de ne pas avoir été assez présent, physiquement ou autrement ; coupable surtout envers Membertou, qu'il avait adopté comme fils, mais sur qui il sentait bien qu'il n'avait plus d'ascendant.

Joseph revint sur terre un moment. La berline longea la Loire, qui avait retrouvé un niveau plus modeste après les crues printanières. De temps en temps, une péniche passait, en route vers l'Atlantique, mais on était loin du trafic de Nantes. René n'avait d'yeux que pour les châteaux, une suite ininterrompue de barreaux de donjons, de murailles dentelées et de toitures

---

1. Préparation de viande concentrée et séchée.

d'ardoises, qui défilaient devant lui. Par moments, il avait l'impression que les forteresses étaient à la portée de sa main, qu'il n'avait qu'à tendre le bras pour toucher le pont-levis qui, tel un trait d'union, rattachait au monde ordinaire les demeures princières, par-delà la ceinture d'eau. Il s'émerveilla à la vue des palais des nobles de France, qui accumulaient droit de cuissage, privilèges et richesses, alors que les manants cultivaient leurs terres.

— Comment devient-on noble? demanda-t-il à son père.

— Tu nais noble, ou bien le roi t'anoblit pour un acte de bravoure ou d'importance que tu as accompli pour le royaume.

— Et alors tu deviens propriétaire d'un château?

— Pas nécessairement, car il y a des nobles très pauvres, qui n'ont ni terre ni fortune personnelle.

René ne tenait pas en place tant son émerveillement était grand devant les palais qu'il apercevait. Lui revinrent en mémoire les histoires de son grand-père sur l'hôtel des Invalides, construit pour abriter les soldats blessés au service de Louis XIV, où avait séjourné un oncle de celui-ci. Et René imagina un immense dôme doré, resplendissant au soleil, qui reflétait la lumière dans des cours entourées d'étages à arcades avec des spirales de lumière qui semblaient parfois se poser sur la tête de l'oncle comme une couronne d'empereur. Son grand-père lui avait aussi parlé de Versailles; un palais plus grand encore que l'île Caraquet et plus haut que les gigantesques épinettes de Pokesudie, avec des murs en marbre blanc et des diamants aux fenêtres, ainsi que des fontaines, dans les jardins, qui éclaboussaient les nuages comme les marées d'automne au-dessus des caps de Grand-Anse.

Membertou, qui depuis peu s'intéressait à la Bible, méditait sur une phrase de l'Ecclésiaste: «Vanité des vanités, tout n'est que vanité… Tout n'est que vanité et poursuite de vent.» Il est vrai que l'épisode de Perle-de-Rosée l'avait affecté, mais il y avait autre chose, que Joseph était loin de soupçonner: le trésor de l'île. Pour la majorité des gens, découvrir un trésor fabuleux exacerbe les passions ainsi que les désirs de pouvoir, de gloire, de consommation. Mais croire cela de Membertou eût été oublier l'Indien chez lui, pour qui la terre, comme la mer, n'était pas à vendre, les biens de l'un appartenant à tous, et pour qui il eût été impensable de manger son chevreuil sans inviter son voisin. C'est pourquoi la vue de tous ces joyaux lui avait fait, au contraire, saisir la fragilité des choses et l'injustice provoquée par la richesse. Lentement, il commença à s'intéresser aux valeurs religieuses de son peuple plutôt qu'à celles des missionnaires. Il n'avait quand même pas perdu son autre passion : la chasse en forêt, les grands espaces.

— Regarde, lui lança René, alors que la diligence passait devant un manoir superbe.

Membertou n'y fit pas vraiment attention. Il préféra savourer les souvenirs du premier gibier qu'il avait tué à la chasse lorsqu'il avait cinq ans. À cette occasion, toute la tribu avait fait une grande fête, et le lièvre capturé au collet fut bouilli et distribué en minuscules portions à tous, sauf au chasseur et à ses parents, tel que le voulait la coutume. Un souvenir aussi vivace que celui de son premier orignal... quoique, cette fois, la tribu avait pu festoyer plus longtemps !

Après sept jours d'escales, d'arrêts, de départs, le postérieur endolori par les cahots de la route, Joseph et ses fils arrivèrent en vue de Paris, et les tours de la cathédrale Notre-Dame apparurent à l'horizon. Les cloches carillonnaient, comme pour élever une prière au-dessus du vacarme de la ville. Il avait plu en après-midi, et la grande rosace de la cathédrale semblait traversée par un arc-en-ciel qui tombait dans la Seine. Membertou pensa à Noé qui, de son arche, avait admiré un arc-en-ciel après qu'une colombe lui eut apporté un brin d'herbe. Pour Membertou, l'arc-en-ciel était un signe du Grand Manitou, dessiné dans le ciel pour lui indiquer que sa décision de devenir chaman était la bonne. Devant le portail du jugement, il s'arrêta pour regarder les tableaux sculptés. La pesée des âmes : les élus transportés au ciel par des anges ; les autres conduits en enfer par des démons. Il n'était pas d'accord avec cette vision religieuse qu'avaient les Blancs, car il n'arrivait pas à comprendre comment un dieu d'amour pouvait ainsi punir ses créatures.

René pensa à son grand-père qui, dans sa petite enfance, avait assisté, sur le parvis de Notre-Dame, à une représentation du *Miracle de Théophile*, pièce du trouvère Rutebeuf, donnée sur le parvis de la cathédrale : Théophile, qui a vendu son âme au diable, est finalement sauvé par la Vierge, qui annule le contrat. Puis devant le portail de Sainte-Anne, son attention se porta sur le dragon que saint Marcel, évêque de Paris au Vᵉ siècle, terrassa en lui enfonçant sa crosse dans la gueule au moment où l'eau de pluie coulait de la gueule des gargouilles.

Joseph était bien déçu de la tournure des événements. Rien n'avait marché comme prévu. D'abord, il lui avait fallu se satisfaire du fils de la Galissonnière, très gentil du reste, au lieu du père. « Son père m'aurait aidé davantage, car il connaissait le Canada et l'importance de ce pays pour l'avenir de la France. Ensuite, il m'aurait accompagné à Paris au lieu de me laisser me débrouiller seul. » Le jeune marquis lui avait certes remis des lettres et des laissez-passer, mais Joseph se sentait mal à l'aise d'affronter sans aide ce monde régi par une étiquette et une hiérarchie rigides.

À l'intérieur de la cathédrale, au-dessus de l'orgue, le soleil couchant lançait des jets de lumière à travers la rosace. Dans la partie supérieure des vitraux, les douze vertus étaient représentées par des guerrières couronnées et armées d'une lance pour s'opposer aux douze vices. Mais Joseph n'était pas d'humeur très chrétienne. La misère causée par les déportations avait attiédi sa ferveur d'antan. Il avait, malgré tout, besoin de réfléchir, de méditer, voire de prier. « Tant qu'à faire, décida-t-il, autant prier devant ce qu'il y a de plus sacré ici. » Il se dirigea donc vers la salle des trésors, pour se recueillir devant le précieux manuscrit du *Livre des Serments*, et se jura de mener à bien sa mission. Il possédait de l'or, et l'or n'ouvrait-il pas toutes les portes ?

René fut envoûté par la magie des lieux. Il avait l'impression de se promener dans un gigantesque vaisseau renversé, où défilaient les bâtisseurs de la cathédrale : les ouvriers, les tailleurs de pierre, les sculpteurs, les verriers… Il avait la tête pleine de questions sur les techniques d'architecture, sur les symboles gravés dans la pierre, sur les livres de psaumes aux riches enluminures, dans leurs reliures en vélin vert, avec des estampes aux armes de saint Louis. Il imagina le son des trompettes, le sacre des rois et, sur la place de Grève, les fêtes populaires avec feux d'artifice et coups de canon. Impressionné par toute la beauté et tout le savoir que contenait la cathédrale, il songea à ses lectures sur l'alchimie, et il se dit qu'un jour, il trouverait le moyen de transmuter en or les cailloux de l'île Caraquet.

À retracer, de vitrail en vitrail, l'histoire de la création du monde, de la tentation d'Adam et Ève jusqu'à la rédemption des péchés du monde, Membertou commençait à être impressionné même s'il n'admettait pas la véracité de ces histoires. L'idée lui vint de construire pour les Indiens un temple qui pourrait rivaliser avec cette cathédrale. « Il y aura des tableaux de licorne », se promit-il. Il fit rapidement le tour de la salle des trésors, pour voir la couronne d'épines, le Saint Clou et un morceau de bois de la Croix, enrobés d'or et sertis de joyaux, que saint Louis avait rapportés des Croisades. Dans ce sanctuaire où trônaient calices, ciboires, patènes et ostensoirs, avec des gravures d'anges dorés en médaillon, il se crut un moment dans la grotte de l'île. Mais lorsqu'il vit la collection de bagues des évêques, que venaient baiser les serfs qui vivaient dans la misère, un sentiment de dégoût l'envahit. Devant la tunique de saint Louis et la petite chaîne avec laquelle il se flagellait, Membertou s'imagina stoïque devant la torture. « En tant qu'Indien, je supporterais la douleur mieux qu'un Européen ! »

Puis il décida de rendre hommage au Grand Manitou. Il alluma presque tous les cierges de la cathédrale, dont la lumière d'or s'éleva vers le ciel, couleur qui, pour Membertou, exprimait bien peu la lumière du Grand Manitou.

C'est à ce moment-là que Joseph et René vinrent le rejoindre, prêts à partir. Ils quittèrent l'île de la Cité par le pont Notre-Dame, pour atteindre la rive droite de la Seine, où se dressait le Louvre, le palais que la monarchie avait habité avant de déménager à Versailles et qui était maintenant occupé par un groupe d'artistes. Joseph aperçut des tuyaux de poêle qui sortaient de la façade du palais ; des édifices meurtris et négligés qui souffraient dans leurs pierres et dans leur âme. Des baraques de cabaretiers gangrenaient les murs du Louvre de pustules. On était loin de la splendeur du temps où les rois y habitaient. En raison de la démolition d'un immeuble, la diligence dut emprunter, près du Marais, des ruelles parsemées de détritus qui s'amoncelaient dans les rigoles, entre des constructions délabrées aux façades éventrées, aux lucarnes borgnes. Jusqu'à sept étages qui penchaient dangereusement et qui ne laissaient pas filtrer la lumière du soleil. À la vue de ces édifices chancelants, Joseph pensa au tremblement de terre qui avait secoué Lisbonne cinq ans plus tôt, faisant vingt-cinq mille victimes. «Ici, ce serait la catastrophe», se dit-il.

À droite, à gauche, des aveugles, des mendiants, des boiteux, des estropiés, des culs-de-jatte, qui étalaient leurs misères. Membertou n'en revenait pas.

— C'est ça, la civilisation? Comment peut-on laisser ces gens dans la misère alors qu'il y a tant d'abondance?

Joseph se demandait aussi comment, en ce siècle dit de lumières, il pouvait y avoir tant de noirceur.

Sans grande conviction, il raconta à ses fils que plusieurs miséreux se déguisaient en malades et en mendiants pour retrouver, le soir venu, leur aspect normal dans leur cour des miracles. Et qu'ils fêtaient avec les produits escroqués aux bourgeois naïfs. Mais il devait bien reconnaître que ce qu'il voyait n'était pas que simulation. Joseph expliqua à ses fils qu'il y avait le roi et les nobles, qui possédaient richesses et privilèges, les bourgeois, qui en possédaient un peu moins, les paysans, qui en avaient très peu, et finalement les gueux, qui n'avaient rien du tout. «Ça ressemble à ce qui se passe dans les cieux, intervint René. Sur les images du missionnaire, il y a Dieu, en haut, sur son trône, puis, un peu plus bas, les anges. Viennent ensuite les saints, puis les âmes du purgatoire et, finalement, les damnés, qui souffrent et qui n'ont rien.»

Membertou, pour une fois, admit que René avait raison. L'ordre humain s'appuyait sur l'ordre divin pour justifier sa légitimité!

Toutes ces injustices ramenèrent Joseph à la vie paisible au Ruisseau. Il se prit à s'ennuyer des forêts immenses, de l'air salin, de la brise dans les voiles de sa goélette, de la chaleur d'Angélique, du sourire de ses filles. L'hospitalité de la tribu et la liberté en Nouvelle-France lui manquaient beaucoup!

La diligence déboucha enfin sur la place de Grève, lieu de fêtes populaires et d'exécutions, place qui descendait en pente douce jusqu'au bord de la Seine, d'où son nom de grève. Une potence se dressait au centre de la place, et le cocher expliqua :

— C'est ici qu'on exécute les prisonniers. Avant votre arrivée, on a écartelé Damien, le serviteur du roi. Il avait blessé légèrement son maître avec un petit canif.

— Pourquoi ? s'étonna Joseph.

— Je ne sais trop… Je crois qu'il avait l'esprit un peu dérangé et qu'il reprochait au roi de manquer à ses devoirs. Notre roi, qu'on surnomme le Bien-Aimé, l'est un peu moins ces temps-ci, à cause des dépenses qu'il fait et de la vie scandaleuse qu'il mène. Puis, les gens ne veulent plus de la guerre et des impôts.

René avait des frissons en pensant à l'écartèlement.

— Ça doit faire terriblement mal !

«Un guerrier doit savoir supporter la douleur et résister aux tentations de la chair», se dit Membertou.

Le paysage changea lorsqu'ils arrivèrent dans la rue Saint-Antoine, que l'on disait la plus belle de Paris. Elle était étonnamment large, ce qui en faisait un lieu de prédilection pour la promenade et les réjouissances populaires. Elle traversait le Marais, cet ancien marécage que les moines et les Templiers avaient cultivé au XIIIᵉ siècle et qui était devenu un quartier huppé et à la mode, avec ses prestigieux hôtels et ses constructions classiques et discrètes, entre cour et jardin. C'est dans ce quartier qu'on trouvait les salons des Précieuses, des libertins et des philosophes ainsi que les palais des grands seigneurs, décorés par les meilleurs artistes du Grand Siècle.

Au 62, rue Saint-Antoine, la diligence passa sous une porte cochère soutenue par des colonnes doriques et s'arrêta dans la cour de l'hôtel de Bethune-Sully, un édifice superbe, immense. C'était un hôtel en pierre de taille avec façade ciselée ; ses linteaux aux frontons courbes montraient des sculptures, dont les plus éclatantes illustraient les quatre éléments et les quatre saisons avec des déesses nues et des figures représentant des signes du zodiaque.

Les voyageurs furent reçus par le vicomte Turgot de Saint-Clair, qui habitait le pavillon de droite pendant ses séjours à Paris. Le vicomte prit connaissance de la lettre de son ami le marquis de la Galissonnière, qui le priait d'offrir l'hospitalité à ses hôtes. L'accueil qu'il leur réserva ne fut pas des plus chaleureux, mais au moins il leur procura des chambres.

Chapitre 27

Les descendants des Français qui s'habitueront au dit pays [le Canada], ensemble les Sauvages qui seront amenés à la connaissance de la Foi, et en feront à leur mieux profession, seront censés et réputés naturels Français. S'ils viennent en France, jouiront des mêmes privilèges que ceux qui y sont nés ?

Le cardinal Richelieu, dans la charte
de la Compagnie des Cent Associés

Tu n'as pas le droit d'empêcher les gens de faire ce qu'ils croient bon, puisque c'est là leur culture. Moi, je porte bien ta bannière lors de la procession du Saint-Sacrement. Pourquoi me refuses-tu le droit de porter le calumet de mon peuple ?

Le chef Orambeche, en 1719

L e vicomte Turgot de Saint-Clair avait une nièce qui s'appelait Aglaë. Une beauté. Avec sa longue chevelure noire et son teint bronzé, elle ressemblait beaucoup à Perle-de-Rosée. Membertou ne resta pas indifférent à ses charmes et, en la voyant, il ne put empêcher un picotement de lui courir sur la peau. La jeune femme, très chaleureuse, posa toutes sortes de questions sur la Nouvelle-France et sur les mœurs indiennes, en laissant paraître une attirance pour Membertou.

— Tu pourrais m'enseigner le tir à l'arc ? lui demanda-t-elle en apercevant un carquois de flèches dans ses bagages.

Il accepta de le faire dès le lendemain, heureux de pouvoir montrer ses talents de chasseur.

Ce soir-là, avant de s'endormir, Membertou sentit la tentation s'infiltrer dans son lit lorsqu'une chaleur lui effleura l'échine. Aux murs, les frises de style pompéien, illustrant des vestales, ces vierges sacrées, semblaient le narguer. Membertou finit par s'endormir, mais ses rêves furent peuplés d'anges qui prenaient la forme d'Aglaë et de Gougous armées de tomahawks qui l'empêchaient de s'approcher de la belle !

Le lendemain, Aglaë amena Membertou dans le bois de Vincennes. Quelques lieues vite franchies à cheval. Vêtue d'un costume d'amazone, jupe sombre, casaquin rouge vif bordé de fourrure de martre et bottes de cuir fauve bien cirées, la belle s'offrait à la caresse du vent pendant qu'elle conduisait sa jument alezan. Membertou l'observait en songeant à une peinture qu'il avait remarquée au palais : une femme à demi nue qui représentait le jour. Pour la randonnée, il avait troqué son costume des grandes forêts pour un habit de cavalier : une redingote gris perle. Les gens du Ruisseau ne l'auraient jamais reconnu. Conformément au souhait formulé par Aglaë, il avait avec lui arcs, carquois et flèches, tout l'attirail de chasse qu'il avait apporté du Ruisseau. Son cœur se mit à battre plus fort lorsqu'elle le prit par la main pour l'entraîner dans un sentier un peu plus sauvage.

Elle avait une démarche leste, comme une biche au printemps, et ses longs cheveux volaient au vent. Une brise légère propageait son parfum, un mélange d'iris, de lys et de camomille. Ils débouchèrent dans une petite clairière où se dressaient de grands chênes, et la première leçon de tir à l'arc débuta. Aglaë se révéla fort adroite, même si elle demandait constamment conseil à Membertou, qui dut guider son regard, son épaule, son bras, sa main. Il sentit monter le désir au contact de sa peau satinée. Vers le midi, après de nombreux tirs, Aglaë étendit une petite nappe à pois dans un coin ombragé de la clairière et sortit de son panier une omelette aux fines herbes, préparée le matin par la cuisinière. Membertou ramassa quelques fleurs sauvages et en fit un bouquet qu'il déposa au centre de la nappe.

— Connaissez-vous les omelettes aux œufs de cygne ?
demanda Membertou.

Aglaë dut bien avouer qu'elle n'en avait jamais mangé.
Elle l'interrogea sur l'immensité des forêts. Elle avait peine à
imaginer les espaces infinis et les rythmes différents de ceux de
la ville que lui décrivait Membertou.

— Et l'hiver, il fait froid ?

Membertou lui expliqua qu'au Canada, l'hiver durait jusqu'à cinq mois, qu'il faisait très froid et qu'il neigeait beaucoup ; et il lui parla des bancs de neige qui pouvaient mesurer
plusieurs toises de hauteur, des branches des grands conifères
qui ployaient sous les masses de blancs flocons et des habitants
qui revêtaient des fourrures pour se tenir au chaud.

— Et les ours ? Comment survivent-ils l'hiver ?

— Ils s'installent, dès l'automne, dans une cavité du sol
qu'ils aménagent avec des branches de sapin, un genre de
tanière couverte de branches qui forment un toit. Puis ils dorment et lèchent leurs pattes tout l'hiver. À la fonte des neiges,
il ne faut pas trop rôder alentour, car ils sont affamés…

Membertou interrompit sa description, se leva et mima
l'ours à la recherche de nourriture qui casse les branches des
hêtres pour en extraire les faines[1]. Aglaë entra dans le jeu.
Membertou la captura, mais fut incapable de la serrer dans ses
bras comme il en avait envie, par crainte d'être blessé comme
il l'avait été avec Perle-de-Rosée. Pour reprendre ses sens, il se
lança dans de longues histoires sur la chasse.

— Il y a un gros animal qu'on appelle orignal. Pour le
chasser, il faut le poursuivre à travers bois, en raquettes, dans la
neige, jour et nuit, pendant plusieurs jours. Jusqu'à ce qu'il soit
épuisé. Nous l'utilisons à plusieurs fins : la viande est savoureuse, et la langue est particulièrement délicieuse ; la peau sert
à faire des vêtements et des couvertures ; les intestins et l'estomac sont utilisés comme contenants ; les nerfs et les tendons,
comme fil à coudre ; avec les os, on fait des outils ; et les dents
ornent nos parures. Puis nous prions pour que l'animal nous
pardonne de l'avoir tué ; c'est, pour nous, une nécessité vitale…

---

1. Anecdote racontée par le père Clarence d'Entremont dans Nicolas Denys.

Tout énervé, tout essoufflé, il ne savait plus trop ce qu'il racontait. «S'est-elle aperçue de mon trouble?» se demanda-t-il. Il n'arrivait pas à lire la pensée de la belle Aglaë, qui n'en laissait d'ailleurs rien paraître.

— Viens manger, lui proposa-t-elle.

Elle dégustait; ses gestes étaient lents et raffinés. Il l'observait, mine de rien. De temps en temps, elle s'essuyait les lèvres avec un petit mouchoir en toile de lambrai. Puis, Aglaë sortit du panier des pâtes de fruits et du vin de cassis. Membertou s'était ressaisi lorsqu'elle lui demanda.

— Et vos habitations?

— On les appelle wigwams. Ils sont faits en écorce de bouleaux ou en peaux d'animaux. Ce sont des maisons démontables qu'on peut emporter quand on part à la chasse. C'est plus petit que vos châteaux! Mais il n'y a aucune perte d'espace. Les Français eux-mêmes reconnaissent qu'il n'est pas possible de faire mieux dans un espace aussi restreint.

Aglaë avait lu *Le bon sauvage* de Montaigne, ce qui lui donnait une vision bien romantique des Indiens. Elle demanda:

— Et l'hospitalité?

— Elle est sacrée, même envers l'ennemi. Les biens accumulés servent à offrir des présents, à partager. C'est un honneur et une joie si l'autre accepte le présent qu'on lui offre. Tel est le sens du don. Mais depuis la venue des Blancs, avec l'eau-de-vie, les médailles et la pacotille, ces coutumes se perdent, hélas!

Il n'osa pas lui confier qu'il avait en tête de devenir chaman, afin de faire revivre ces traditions… s'il réussissait à résister à la tentation!

Le moment était venu de rentrer à l'hôtel. Comme il cherchait tous les prétextes pour la toucher, mais aussi parce qu'il n'avait pas perdu sa galanterie, Membertou lui fit un marchepied de ses deux mains pour l'aider à monter en selle! Aux abords de la rue Saint-Antoine, Membertou aperçut un pauvre homme qui se promenait avec une toilette portative et des chiffons, en criant: «Soulagez la nature, Mesdames!» Les dames galantes pouvaient se «soulager discrètement», en pleine rue ; à l'abri des regards, sous leurs voiles et leurs nombreux jupons. Membertou regardait, ahuri. Il le fut plus encore lorsqu'on lui offrit, alors qu'il s'apprêtait à traverser une ruelle étroite, de louer une sorte de parapluie en cuir pour se mettre à l'abri des étrons et de l'urine provenant des pots de chambre que vidaient les habitants des étages supérieurs des bâtiments.

« Chez nous, songea-t-il, nous n'avons pas ces mauvaises manières. Et la propreté est assurée par les sueries puis le plongeon dans l'eau glacée. L'odeur est plus agréable et c'est meilleur pour le corps ! »

* * *

René sortit avec son père afin de visiter Paris. Ils passèrent par le jardin et l'orangerie de l'hôtel qui donnait directement sur la place Royale[2], vaste place carrée entourée de pavillons et d'hôtels avec rez-de-chaussée à arcades de deux étages, surmontés d'un toit d'ardoises percé de lucarnes. Cette place était le centre de la vie mondaine, des carrousels et des plaisirs ainsi que le rendez-vous des duellistes qui bravaient les édits royaux. Devant la maison natale de Richelieu, le cardinal qui avait cassé les reins aux protestants de France, Joseph médita sur ses origines mystérieuses. Il était encore plongé dans ses réflexions quand ils arrivèrent devant l'hôtel Bouthillier-de-Chavigny, dans la rue des Francs-Bourgeois. La congestion causée par les charrettes et les tombereaux aux essieux grinçants, par les portefaix, par les porteurs d'eau, par les marchands de ferraille et de peaux de lapin et par les troupeaux de porcs à clochettes retint l'attention de René. Il s'attarda, fasciné par l'effervescence de ce quartier animé par le cri des lavandières, par les musiciens ambulants qui grattaient leur vielle, par les chansons à boire des ivrognes des tripots. Les vendeuses de marée faisaient leur numéro :

« Voilà le maquereau, qui n'est pas mort !

Il arrive ! Il arrive !

Des harengs qui glacent, des harengs nouveaux !

---

2. Place des Vosges.

Pommes cuites au four!... Il brûle... Il brûle.
Voilà le plaisir, Mesdames! Voilà le plaisir. »

Un quartier qui avait aussi son lot de mendiants et d'éclopés, ainsi que ses palais scintillants et ses riches en jabot de dentelle roulant carrosse doré, d'où le contraste saisissant entre la misère et l'opulence. En rentrant, Joseph reçut de Versailles un message portant un sceau de cire qu'il décacheta délicatement. On lui confirmait une audience auprès du ministre, dans deux jours. Joseph était impressionné par son invitation à la cour. Un peu énervé aussi, car les conversations qu'il avait eues avec le vicomte lui démontraient qu'à la cour, on ignorait tout du continent lointain, que c'était le dernier de ses soucis; on reprochait même au roi de dépenser ses écus pour des forêts enneigées et pour des Indiens à plumes, car le coût de la vie augmentait en raison de cette guerre. Mais depuis que la France reculait sur les champs de bataille, en Europe et dans ses colonies, les rumeurs de paix s'amplifiaient.

* * *

Après l'angélus, Joseph, René et Membertou se retrouvèrent dans la salle à manger du vicomte. Au plafond était représenté le mythe grec de Dionysos, le dieu du vin, de la bonne chère et du délire extatique. Au mur, on avait pendu un tableau d'Abraham Bosse ayant pour thème le sens du goût et un autre, de Chaudin, sur la nourriture. Un livre de cuisine à la mode trônait sur un buffet, à côté de celui d'Érasme sur le savoir-vivre et sur les manières à table. Mais Joseph était bien trop préoccupé par son audience à Versailles pour s'attarder au décor. Et il ne pouvait faire part de ses préoccupations au vicomte qui, ce soir-là, était absent. Le souper se déroula en silence. René était absorba par les devinettes d'Épinal, qu'il avait achetées place Royale. Membertou toucha à peine aux anguilles à la tartare (l'anguille étant un mets recherché chez les Mi'kmaqs), ni au sauté de turbot à la crème. Il avait perdu l'appétit pour une raison bien simple: Aglaë avait envahi tous ses sens! Il quitta la table le premier pour retrouver son lit, avec, sur la peau, la chaleur d'Aglaë. En traversant la bibliothèque, il n'avait pas même perçu l'odeur du cuir des milliers de reliures, pas plus qu'il n'avait remarqué la douceur du tapis des Gobelins sur lequel il avait marché ou le canapé Régence en bois doré, recouvert d'une tapisserie illustrant une fable de La Fontaine : *Le chien et le loup.*

— Elle s'intéresse peut-être à moi par curiosité, comme un seigneur au voyageur venant d'un pays lointain, s'inquiéta-t-il.

Membertou ne savait trop que penser. Par contre, la tentation était bien là et il ne pouvait la nier, vu la gigantesque érection qui soulevait sa courtepointe. Il s'endormit finalement, sans enfiler son bonnet de nuit ni sa robe doublée en peaux de lapin, car il s'imaginait difficilement accoutré de pareils oripeaux.

René rêva aux génies ailés qui décoraient sa chambre. Pendant ce temps, Joseph était accoudé à sa lucarne en œil-de-bœuf. Il veilla presque jusqu'à l'aube, le regard fixé sur les peintures de Joseph Vernet, qui illustraient les ports de France. Il cherchait un moyen d'amener une de ces flottes en Acadie, tandis que la grande horloge de la place égrenait les heures.

* * *

Cédant aux pressions de Membertou, Joseph obtint une rencontre avec le père Minelli, un théologien jésuite qui, pendant près de cinquante ans, avait arpenté les corridors de la Sorbonne et du collège Louis-le-Grand, fief de la noblesse dans le quartier latin. Maintenant à sa retraite, il officiait rue Saint-Antoine, à l'église Saint-Paul-Saint-Louis, église d'architecture baroque qui s'inspirait de celle du Gesù, à Rome. Il faisait un soleil radieux ce matin-là. Sur la Seine, des chalands transportaient le bois pour l'hiver, tandis que les mariniers et leurs familles s'affairaient dans leur maison flottante. Pas très loin des maisons de Rabelais et de Villon, Joseph et Membertou se reposèrent quelques instants sous un grand orme en mangeant des marrons achetés dans la rue et en regardant un ours décharné tenu en laisse qui faisait son numéro.

— Bande de barbares ! s'indigna Membertou. Comment peut-on maltraiter des animaux à ce point ?

À l'entrée de l'église se tenait un vendeur de scapulaires bénis qui, disait-on, « chassaient le diable à la queue rouge ». Le père Minelli était en train de célébrer la messe, les bras levés vers le dôme, le regard tourné vers la coupole en forme d'ogive où était peint un soleil d'or sur fond bleu, ce qui donnait l'impression de contempler un morceau du ciel. Membertou eut une pensée pour sa sœur Geneviève qui portait le même nom que la sainte patronne de Paris, dont il reconnut la statue. Les fidèles priaient afin d'obtenir cent jours d'indulgence pour les âmes du purgatoire, pendant que Joseph attendait impatiemment la fin de la cérémonie devant les reliquaires contenant le cœur de Louis XIII et celui de Louis XIV.

Ses fils vinrent le rejoindre après la messe, et ils suivirent l'illustre jésuite par de longs corridors obscurs, recouverts de tableaux qui racontaient l'évangélisation chrétienne. Plusieurs scènes de torture montraient des missionnaires de la Société de Jésus, dont saint François Xavier, en train de se faire écorcher vifs. À l'entrée de son bureau, une statue de saint Louis de Gonzague, l'angélique patron de la jeunesse, montrait du doigt les plaisirs terrestres, avec cette phrase : « *Quid hoc ad æternitatem ?* » (Qu'est ceci en regard de l'éternité ?)

Finalement, le prêtre répéta cette devise à leur intention. Membertou, croyant qu'il leur souhaitait la bienvenue selon les usages propres au monde civilisé, lui adressa en retour un petit discours en mi'kmaq à la gloire du roi, tout en souhaitant au missionnaire une chasse fabuleuse et un paradis peuplé de chevreuils et de saumons. Cela n'eut pas l'heur de plaire à la vénérable éminence, qui trouva extrêmement inconvenant qu'on passe du latin, langue religieuse, à une autre moins que profane.

— Un Indien du Canada, s'exclama-t-il. Bienvenue dans la grande famille du Christ, finit-il par articuler.

Il avait des réserves sur l'accueil à réserver aux Indiens, même si le pape Alexandre VI avait affirmé, dans la bulle « Inter Cotera » qu'il avait promulguée en 1493, qu'ils étaient humains et qu'on pouvait les évangéliser. Membertou, qui avait entendu avec joie le mot de bienvenue, s'empressa de tendre au jésuite un exemplaire du catéchisme mi'kmaq du père

Biard, une grammaire et un dictionnaire du père Maillard ainsi que quelques amulettes que lui avait confiées Élouèzes-de-feu. Le prêtre ne remarqua même pas ces présents et commença un sermon sur l'impureté, avec l'espoir secret de dépasser les sommets atteints dans l'église Saint-Paul-Saint-Louis par Bossuet, le grand prédicateur. «Les captifs brûlés à petit feu par les Iroquois, l'odeur de la chair brûlée par les haches rougies et la puanteur qui s'en dégage; tout cela n'est rien à côté de l'enfer, clama-t-il. Le péché de la chair, c'est flageller le Christ et faire pleurer la Vierge Marie, c'est perpétuer l'orgueil d'Adam et Ève, de cette souillure originelle qu'il faut racheter...» Cette allusion aux tortures indiennes avait indisposé Membertou, mais il n'en laissa rien paraître. Finalement le prêtre descendit sur terre:

— Le fondateur du Séminaire de Québec, Mgr de Laval, avait beaucoup d'affection pour les Indiens, qu'il appelait ses bons sauvages. Mais je me dois de faire preuve de prudence avant de vous recommander, car les jésuites ont beaucoup d'ennemis, entre autres la maîtresse du roi, la marquise de Pompadour... Il me faudrait aussi connaître vos idées sur le rôle du missionnaire indien.

— Je ne désire aucunement devenir missionnaire, expliqua Membertou. Je veux seulement promouvoir la religion de mon peuple en devenant chaman, mais j'aimerais concilier les croyances indiennes et celles du catholicisme. Elles sont très proches les unes des autres. Nous croyons à une migration de l'âme après la mort, à une juste récompense des bons et des mauvais. Pendant un certain nombre d'années, les mauvais expient leurs fautes en se nourrissant uniquement d'écorce de bouleau. Les bons mangent à leur faim des orignaux et des castors qu'ils capturent dans des chasses extraordinaires. Mais nous ne croyons pas à l'enfer, au châtiment éternel, et nous n'arrivons pas à comprendre qu'un dieu infiniment bon laisse brûler, sans recours, certaines de ses créatures.

— L'homme est mauvais en raison du péché originel, et seule une conduite exemplaire peut le racheter, si Dieu lui accorde sa grâce... Vous avez des habitudes qui sont contraires au dessein de Dieu; vous continuez à manger de la viande le vendredi, vous encouragez la nudité dans vos sueries, ce qui est un vice... Vous permettez l'acte de chair avant le mariage... il dut s'arrêter, ces mots lui étant restés dans la gorge.

— Alors, pourquoi acceptez-vous que l'on mange du castor? Tout ce qui vit dans l'eau n'est pas un poisson! Cent cinquante jours de jeûne par an, c'est trop. Le climat très froid et l'effort dépensé pour chasser exigent une nourriture soutenante. À propos des sueries, nous les utilisons parce qu'elles ont des propriétés curatives. Même vos missionnaires reconnaissent qu'il n'y a pas, chez nous, de goutteux et de ventrus. Ne disent-ils pas que le corps est sacré, puisqu'il est un chef-d'œuvre du Créateur?... Alors, il faut en prendre soin. Pourquoi cette insistance sur les péchés de la chair? Le mal n'est-il pas dans le regard de celui qui le voit? Il n'y a ni viol, ni prostitution chez nous...

La moutarde commençait à monter au nez de l'éminent prélat.

— ... Nos prêtres ont bien de la difficulté à comprendre vos superstitions. Certains furent torturés par les Iroquois... Le prix qu'il faut parfois payer pour amener sur terre le royaume des cieux, ajouta-t-il avec un air d'humilité.

Joseph ne put s'empêcher d'intervenir.

— Les Indiens ont recours à la torture moins souvent que les inquisiteurs de la foi. Et ils ne maltraitent pas les femmes. Vous appelez cette violence l'amour du prochain?

— Elle n'est pas gratuite; elle vise à faire avouer l'hérétique...

— Ah oui?! riposta Membertou. Les Iroquois ont traité certains missionnaires de cette façon parce qu'ils cherchaient à détruire les croyances iroquoises. N'oubliez pas qu'en plus les Français donnent des armes à feu aux tribus ennemies des Iroquois. Alors, ces prêtres, comme représentants des Français, sont, eux aussi, perçus comme des ennemis. Certains missionnaires ont déclaré que les Indiens sont tous menteurs, païens et voleurs. Et puis, d'autres ont été avertis de ne plus caresser les jeunes enfants Agniers, s'ils tenaient à leur vie...

Le père Minelli, le visage empourpré, semblait au bord de l'attaque d'apoplexie. Jamais, en cinquante années de pratique de la théologie, sauf dans les procès de sorcières, il n'avait entendu pareilles hérésies.

— Dehors, païens, engeance de Satan! éructa-t-il en jetant les amulettes comme si elles lui brûlaient les doigts.

Membertou était amer, car il s'attendait à être reçu comme un ambassadeur étranger, chargé d'une mission pour son peuple. Joseph, pour calmer la colère de son fils, chercha à lui faire comprendre que tous les prêtres n'agissaient pas de la sorte.

* * *

Le lendemain, Membertou et Aglaë se dirigèrent vers le bois de Vincennes. Confortablement installés dans une chaise de poste, voiture à deux roues tirée par des chevaux, ils franchirent le portail de l'hôtel Bethune-Sully. Ils suivirent la petite rue de la Bastille, où la prison du même nom dressait son rectangle de pierre haut de quinze toises, un lieu sinistre hérissé de créneaux, entouré de fossés remplis d'eau de la Seine. Mais Membertou, de plus en plus hypnotisé par Aglaë, n'accorda qu'un regard méprisant à ce produit de la civilisation blanche.

— Sans les Indiens, la France n'aurait pas tenu dix ans en Amérique, à cause du climat, de la maladie et des Anglais qui sont vingt fois plus nombreux, lui expliqua Membertou. Les Mi'kmaqs considèrent votre roi comme un père, un protecteur. Nous lui avons toujours été fidèles, et il a toujours soutenu que les Indiens ne doivent pas être molestés, qu'ils ont le droit de chasser et de pêcher où ils le veulent. Le cardinal de Richelieu a même affirmé qu'un Indien baptisé doit être considéré comme un citoyen français. Mais à Paris, je ne le vois pas, ce respect; on nous traite comme moins que rien!

— Pas moi, s'écria Aglaë.

Il la sentit sincère. Il est vrai que l'attirance d'Aglaë pour Membertou tenait aussi à son intérêt pour l'exotisme, le charme de l'étranger. Il y avait une autre raison, liée aux mœurs de l'époque: la mode était au teint laiteux, et une peau bronzée écœurait. Par conséquent, bon nombre de filles superbes comme elle souffraient dans leur âme et s'infligeaient mille sacrifices, se cachant du soleil sous des ombrelles, des voilettes et de grands chapeaux, et se frottant la peau avec des poudres et des décolorants. La fascination et la passion qu'elle sentait chez Membertou avait fait boomerang. Un amour inexplicable malgré tout, comme tous les amours, d'ailleurs. Un cadeau des dieux !

De retour dans leur petite clairière du bois de Vincennes, Membertou sentit le vertige s'emparer de lui et il composa un poème, un genre d'ode s'inspirant du *Cantique des cantiques* de Salomon, mais en version indienne.

— Que tu es belle, ma bien-aimée, que tu es belle. Le mystère illumine tes prunelles de l'éclat du coquillage poli, et ton regard raconte la douceur de l'écume sur le sable chaud. Ta voix évoque la caresse de la brise sur les galets de l'aurore.

Aglaë décida d'entrer dans le jeu qu'ils prenaient, au fond, tous les deux assez au sérieux.

— Que tu es beau, mon bien-aimé, que tu es beau, enchaîna-t-elle.

Membertou poursuivit, emporté dans son élan poétique :

— Ton odeur est plus suave que celle du rosier sauvage à la pleine lune, lorsque chante le huard, plus fraîche que celle du nouveau-né qui dort sur sa fourrure de loutre. Tes seins sont plus attirants que la chaleur du soleil, ton ventre se courbe comme le bas du ciel au crépuscule, et tes hanches ressemblent au hamac qui se berce sous la lumière des étoiles.

Que tu es belle, ma bien-aimée, que tu es belle, comme la rosée sur le nénuphar de la source. Emmène-moi, car les neiges fondent, la terre chantonne et la verdure caresse le sol. Célébrons. Laisse la corolle de la marguerite s'ouvrir au chant de l'hirondelle de mer.

Et Aglaë, de sa voix douce comme la flûte du roseau, lui répondit :

— Que tu es beau, mon bien-aimé, que tu es beau !

Au pied du grand chêne, Membertou l'embrassa, timidement d'abord, puis de plus en plus passionnément. Enfin, emporté par l'instinct, il déchira quasiment les innombrables jupons et les chemises de dentelle qui l'empêchaient de fusionner avec cette chair délicieuse et bronzée. Le désir monta chez

Aglaë et devint de plus en plus intense sous les caresses de son bien-aimé. Chez Membertou, un grondement s'amplifia graduellement comme la charge d'une horde de caribous ; les sons venaient du fond de la sauvagerie et se répercutèrent dans le bois de Vincennes. Jamais Aglaë n'avait connu une telle extase. Les petites flatteries édulcorées de la noblesse parisienne avaient peu d'éclat à côté de cette puissance qui semblait monter des entrailles de la forêt. Elle bascula hors du temps et de l'espace et elle griffa Membertou presque jusqu'au sang. Il crut sentir le souffle chaud du Grand Manitou sur son épaule lorsque sa belle, assouvie par tant de volupté, se laissa crouler dans l'herbe fraîche pour se reposer. Et la devise italienne inscrite sur une fresque dans la chambre d'Aglaë (un enfant ailé, muni d'un carquois, qui symbolise l'amour), se réalisa : « *Puri-nulla-nuociam* » — « Purs, nous ne nuisons aucunement ». Dans la plus pure tradition indienne du don et du partage.

Chapitre 28

> Le S. De La Giraudais doit entendre que ce n'est qu'en
> cas de l'impossibilité absolue et bien constatée que sa
> Majesté lui permet d'aller à la Louisiane et ensuite à
> Saint-Domingue, l'objet essentiel et pour lequel il doit
> faire les plus grands efforts étant d'arriver en Canada.
>
> Post-scriptum à des instructions à la flotte de secours,
> écrit de la main du roi Louis XV

Ristigouche, juin 1760. Gabriel Dangeac, commandant du poste de Ristigouche, connaissait bien le pays, puisqu'il était né à Plaisance, à Terre-Neuve. En 1713, lorsque la France avait cédé Terre-Neuve et l'Acadie aux Anglais en vertu du traité d'Utrecht, Dangeac était passé à Louisbourg, où il avait épousé Geneviève Lefebvre de Bellefeuille et avait été promu capitaine des troupes. C'est là qu'il mérita la croix de Saint-Louis pour sa bravoure dans la défense de la forteresse.

À Ristigouche, Dangeac faisait face à plusieurs besoins pressants. En premier lieu, il lui apparut essentiel de renforcer les batteries qui contrôlaient le chenal. Il confia cette tâche à son adjoint Donat de la Garde, qui fit transporter du *Machault* quatre canons de douze livres et un de six livres ainsi que des bombes à mortier, des boulets à fleur de lys, des boulets de forme spéciale (ramés, maillés ou étoilés), conçus pour détruire les voiles et les gréements. Noël Labauve l'aida avec zèle, car déjà il lui semblait entendre siffler, dans un air de revanche si doux à son oreille, les boulets en forme d'haltère ou de chaîne qui dévasteraient les matures. Tout en caressant ces munitions, il récita une prière en latin gravée sur sa corne à poudre. Il prenait un plaisir immense à astiquer les pièces d'artillerie, à ranger soigneusement les boulets de douze livres et à calculer l'inclinaison des bouches. Ça lui faisait oublier momentanément le drame qu'il avait vécu en 1755 quand la guerre et la maladie lui avaient pris sa mère et sa femme, Catherine Richard, et avaient parsemé son exil de huit petites croix : ses enfants. Il avait alors confié les deux derniers à sa belle-sœur, Marguerite d'Entremont, qui avait perdu tous les siens, et avait pris ensuite le maquis avec son fusil. Sur la crosse, chaque Anglais tué était représenté par une coche. Lorsqu'il arriva à Ristigouche, au printemps de 1760, il n'y avait plus de place pour d'autres marques sur son arme ; c'est dire combien il portait les Anglais dans son cœur ! Mais il n'était pas le seul à vouloir se venger. Pierre Frigault[1], qui s'était battu à Louisbourg en 1758, s'y connaissait pas mal en artillerie. De la Garde l'avait chargé de bien entreposer les tonneaux de poudre noire, qu'il fallait préserver de l'humidité et du feu, ainsi que les grenades à main. Avec un groupe de soldats, Pierre Gallien, Louis de Lentaigne et Jacques Morais[2] suaient sang et eau à haler les canons du *Machault*, des engins de douze pieds pesant trois mille livres chacun et capables de tirer des boulets de douze livres. Le même scénario avait lieu avec le capitaine Dupont-Duvivier, qui consolidait la batterie située de l'autre côté du chenal avec l'aide des Mi'kmaqs et d'un groupe d'Acadiens.

En deuxième lieu, il fallait nourrir les soldats. Pas très loin du village de La Petite Rochelle, sur une ancienne concession de Pierre Le Moyne d'Iberville, Dangeac fit construire des fours à pain et à biscuits. Il y avait longtemps que Mathilde n'avait pas humé l'odeur du pain frais et plus longtemps encore

---

1. Surnommé le « frigolé », celui qui fait des fritures, probablement à cause d'un ancêtre cuisinier.

2. Qui venait de la rivière Ouelle, entre les semences et les récoltes, pêcher dans la baye des Chaleurs.

qu'elle n'en avait dégusté. Entourée de framboisiers et de mûriers sauvages, accompagnée par le concert des rouges-gorges, des mésanges et des geais, elle se sentit heureuse ; elle n'entendait pas les canons qui tonnaient à proximité, trop absorbée qu'elle était par sa tâche et occupée à rêvasser à une tartine de pain chaud au miel.

Finalement, il fallait encore et toujours soulager la misère des réfugiés. C'est ce qui amena Dangeac à écrire dans son journal, le 25 mai 1760 :

> *J'ai trouvé dans ce séjour de misère plus de mille cinq cents âmes exténuées de nanisions[3] et mourant de faim ayant été obligées de manger des peaux de castor pendant tout l'hiver à qui j'ai fait donner une demi-livre de farine par jour et un quarteron de bœuf en attendant les ordres de monsieur le marquis de Vaudreuil ce petit secours les a tirées des portes de la mort, ce que je continue jusqu'à ce jour.*

Dangeac, qui doutait de la valeur des renforts, se consolait à la pensée qu'au moins il apportait un certain secours à ces malheureux. « De toute façon, se disait-il, je n'ai pas le choix si je veux éviter le pillage des magasins et des vaisseaux. » Il est vrai que les tonneaux de vin rouge et les tierçons d'eau-de-vie étaient destinés exclusivement à l'état-major, ainsi que le porc salé et les jambons. On avait apporté de France une impressionnante cargaison de souliers pour les soldats de Québec, mais Dangeac pressentait que ceux-ci ne les chausseraient jamais. Alors, en échange de fourrures, il en avait distribué un certain nombre aux va-nu-pieds qui, quelques années auparavant, vivaient dans l'opulence sur leurs terres fertiles. Tout un spectacle que de voir les réfugiés chaussés de leurs souliers à boucles ! La distribution donna du travail à Pierre Du Calvet, qui devait noter rigoureusement ce que recevait chacun et qui se réjouissait de pouvoir aider les réfugiés. La nouvelle du ravitaillement eut tôt fait de se répandre, et de nombreux

---

3. Inanition.

Acadiens affluèrent à Ristigouche dans des embarcations de tout genre. C'est ainsi qu'arriva de Richibouctou le corsaire Le Blanc, dit Le Maigre, dont les Anglais avaient mis la tête à prix, et qui trouva lui aussi chaussure à son pied !

Il faisait, en ce 10 juin, une chaleur écrasante ; le temps était lourd et humide. Tjigog, qui aidait à débarquer les munitions, s'esquiva avec Mathilde, qui ne pouvait plus supporter la chaleur des fours à pain. Ils canotèrent jusqu'à une petite crique de l'île aux Hérons, où Tjigog avait secrètement aménagé une hutte bien dissimulée dans la forêt. Ils durent d'abord allumer un petit feu d'herbes et de brindilles pour éloigner les moustiques qui pullulaient en cette période de l'année. Pendant que la fumée dressait une barricade, ils en profitèrent pour se baigner. La mer était chaude dans ce fond de baie entouré de montagnes ; ils contemplèrent celles-ci longuement, en flottant sur le dos pour se laisser bercer par les vagues.

— Cette région est sacrée aux yeux des Mi'kmaqs, lui expliqua Tjigog. Selon une légende, Dieu a créé l'homme à l'embouchure de la rivière Ristigouche, puis il a donné la Gaspésie en cadeau à l'être qui venait de naître.

— Tu y crois, toi, à cette légende ? demanda Mathilde.

— Ben, pas vraiment. Surtout depuis que je suis baptisé. Quand je doute, je regarde mon tatouage.

Il portait au bras un tatouage fait avec du vermillon et de la poudre à canon : une croix, le nom de Jésus au-dessus et la devise : « La seule vérité », au-dessous.

— Une chaloupe, là-bas, lui fit remarquer Mathilde.

Une petite embarcation s'approchait de l'île, et ils regagnèrent rapidement la crique afin d'éviter les regards indiscrets. Il y avait deux passagers dans l'esquif. À la pointe de l'île, l'un d'eux fit une fausse manœuvre et le canot chavira. Tjigog s'élança. En s'approchant à la nage, il reconnut Frigault et Gallien, qui avaient fui la batterie pour se soustraire aux corvées du jour. Frigault arrivait tant bien que mal à se maintenir à flot, mais Gallien avait disparu sous l'eau après la troisième plonge. Tjigog plongea et l'aperçut pris dans une grosse algue. De peine et de misère, il réussit à le ramener sur la côte.

— Vite ! cria-t-il à Mathilde.

Elle n'avait pas perdu son temps. Elle avait rempli de fumée une panse d'orignal qui servait à conserver l'huile de loup marin. Tjigog en munit l'extrémité d'un bout de pipe qui servirait de canule. Il introduisit le petit tuyau dans le postérieur de Gallien et comprima la panse avec ses mains pour pousser la fumée. Il était peut-être trop tard déjà, car Gallien avait passé pas mal de temps dans l'eau. Frigault, qui avait récupéré rapidement, aida ensuite Tjigog à pendre Gallien par les pieds à la première branche solide qu'ils trouvèrent. Il ne restait plus qu'à attendre. Et lentement, très lentement, ce lavement de fumée lui fit rendre l'eau, et la vie revint dans son être.

Personne, au camp, n'entendit parler de cet incident, car les témoins avaient conclu un pacte du silence, chacun ayant ses raisons pour ne pas ébruiter son escapade. Gallien voua cependant à celui qui l'avait sauvé d'une mort certaine une vive gratitude.

* * *

Le 12 juin, le commandant de la flotte de secours, Chenard de la Giraudais, fit décharger la goélette *Augustus* capturée peu de temps auparavant et la plaça sous les ordres du sieur Lavary Le Roy, à qui il donna la mission d'explorer les alentours et de le prévenir s'il arrivait une flotte ennemie. De la Giraudais n'était plus très sûr d'avoir bien fait en écoutant les anciens soldats de Louisbourg, qui l'avaient incité à venir dans cette baie. Mais, finalement, il s'était rendu à leurs arguments, qu'ils avaient présentés avec beaucoup de conviction en raison de leur attachement au pays. La plupart de ces hommes s'étaient battus à Louisbourg ou bien ils avaient de la famille au pays. De la Giraudais n'avait qu'une alternative : retourner en France ou mettre le cap sur la Louisiane avec les risques que cela comportait. Olivier Blanchard, qui avait un talent naturel pour la navigation, fut nommé pilote sur l'*Augustus*. Tjigog demanda à faire partie de l'équipage. Cela ne plut pas du tout à Mathilde, qui lui reprocha de l'abandonner. Elle avait le pressentiment qu'après avoir perdu successivement ses parents naturels et ses parents adoptifs, elle allait vivre un autre deuil.

Pourtant, elle savait qu'il fallait se battre mais, à l'idée qu'elle pourrait à nouveau être seule, elle sentait son cœur se serrer.

Le 22 juin, à 16 heures, le commandant Dangeac, chef à la nature ardente et impulsive et qui avait des airs de grand seigneur avec sa moustache à l'espagnole, recevait pour le thé, coutume anglaise que pratiquait aussi la haute société, en Acadie et en Nouvelle-France. Bourdon, «toujours en froid» avec la France qui ne reconnaissait pas ses services, figurait au nombre des invités, ainsi que de la Giraudais, qui avait délaissé ses navires pour quelques heures; il avait demandé à Dupont-Duvivier de surveiller le débarquement, puis de dissimuler des vivres dans des caches, en forêt, au cas où les magasins seraient pillés par l'ennemi. Dangeac avait invité l'officier Donat de la Garde, afin de s'enquérir de l'état des défenses de terre. Il y avait encore Du Calvet, qui devait parler des marchandises et du moral des réfugiés. Bazagier, l'écrivain du roi, avait également répondu à l'invitation, pour décrire l'événement de première main. Quant à Marot, le chirurgien, Dangeac ne se rappelait pas l'avoir invité, mais savait qu'il ne manquait jamais une occasion de se distraire.

Toutes ces belles gens prirent place autour d'une table en bois d'épinette, dans une petite crique, avec vue sur le chenal et les navires. Point de soldats malpropres, de réfugiés, d'Indiens ou de «guenilloux». Il fallait choisir ses convives; après tout, la porcelaine qu'on venait de sortir des cales du *Machault* ne pouvait servir que huit personnes; de la vraie porcelaine chinoise de la période Ch'ien Lung. Le service complet comprenait une théière ornée d'un dragon bleu, un pot à lait avec dragon rouge, un sucrier rehaussé de deux faisans ainsi que des bols à thé sur lesquels étaient peints des paysages fleuris, sans oublier un vide-tasse et des soucoupes en porcelaine couleur coquille d'œuf. C'était une tradition que de rapporter avec les vivres et les munitions un peu de pacotille (porcelaine, parfum, bijoux, vêtements) à vendre aux marchands, ce qui permettait à certains officiers de s'enrichir et aux armateurs de couvrir leurs frais.

Cet après-midi-là, Dangeac en avait gros sur le cœur.

— Comment faire comprendre à ces idiots, à Versailles, que ce pays n'est pas que neige et glace? Un jour, la France sera surpeuplée ; elle aura besoin de minerai, de poisson, d'espace, de défi, de nouveaux idéaux… et elle ne pourra que tourner en rond dans la nostalgie de sa grandeur d'antan. La cour ne se rend pas compte qu'elle perd sa place parmi les puissances mondiales en abandonnant son empire d'Amérique.

— Le ministère de la Marine avait pourtant approuvé l'envoi de secours au plus tard le 15 février, lança de la Giraudais.

— Faut dire, l'interrompit de la Garde, que les financiers de Bordeaux étaient plutôt réticents à financer une flotte qui risquait de se faire attaquer par la marine anglaise ; ils ont essuyé pas mal de pertes depuis le début de la guerre. Et on ne peut pas blâmer l'équipage de refuser de partir avant d'avoir reçu son dû pour l'expédition de l'année d'avant. J'en aurais fait autant !

— La cour n'avait qu'à les payer au lieu de dilapider l'argent du peuple en bals. Mais, au fond, hormis pour ses fourrures et sa morue, on n'en veut pas du Canada, conclut Bourdon.

Du Calvet n'avait dit mot. Préoccupé par l'inventaire des marchandises, il en avait surtout contre la pacotille et les boîtes de porcelaine qui encombraient le fond des cales et qui ne serviraient à rien dans la Ristigouche, alors que les rations des réfugiés étaient si maigres. « À Québec, on aurait pu faire des échanges », se dit-il, ayant déjà calculé les profits possibles.

— Au lieu de cette pacotille, on aurait pu apporter davantage de vivres et de munitions, reprocha-t-il.

Malgré sa propre rancœur, Dangeac ne lui donna pas raison.

— La pacotille, ça rembourse l'armateur et permet de payer l'équipage et la cargaison.

Mais Du Calvet n'en démordait pas.

— Les armateurs en profitent pour modifier le prix des vivres. Prends Joseph Cadet, l'homme de confiance de Bigot, qui s'occupe du ravitaillement de la colonie : il vend à des prix exorbitants des produits qu'il a obtenus pour presque rien en temps de paix.

— Mais ça ne lui a pas porté chance, intervint Bourdon. Les navires de Wolfe n'ont pas épargné ses établissements de pêche, en Gaspésie. Trente-six mille quintaux de morue détruits, ça fait mal!

Marot sirotait son thé. Il écoutait d'une oreille distraite, en pensant à l'injection qu'il devait préparer pour un ancien officier de Louisbourg, une injection dans la vessie pour une infection qui ressemblait à une maladie vénérienne. Il avait hâte de retourner en France, car il ne pouvait plus endurer ce pays de sauvages, où sa perruque ne restait pas frisée convenablement plus d'une journée.

Bazagier, lui, n'aimait pas le thé et se versa plutôt un autre coup de rouge (son péché mignon), qu'il dégusta dans un verre en cristal de Bohème, prenant bien note de tout, afin de pouvoir produire un rapport adéquat des événements.

Donat de la Garde ne voulait plus de thé et, selon la coutume, il retourna sa tasse dans sa soucoupe et posa sa cuillère en équilibre sur le dessus pour signifier qu'il avait terminé. Il rêvassait, se revoyant en mer au large de Minorque, en train de canonner la flotte anglaise.

Dangeac, qui désirait rendre hommage à de la Giraudais, raconta :

— Lorsque les Anglais nous ont repérés, à la sortie de Bordeaux, c'est grâce à tes manœuvres pour attirer le gros de la flotte ennemie que nous avons réussi à sauver quelques navires.

— Une poursuite qui a duré dix heures. Heureusement que le *Machault* est rapide et que la nuit est tombée, ajouta modestement de la Giraudais.

Il bomba le torse et sortit de sa poche sa pipe, fabriquée par la maison R. Tippet, de Bristol, puis sa tabatière en laiton et en cuivre provenant des Pays-Bas; sur un côté était gravée une parole de l'Évangile et, sur l'autre, la devise «Je tiendrai ma promesse de ne plus manger de friandises, sinon aujourd'hui, du moins demain!» Il bourra sa pipe, l'alluma et fuma tout en pensant aux friandises. Sa gourmandise était notoire, et il remettait toujours au lendemain le début de son régime, ce qui n'aidait pas à faire diminuer sa bedaine, qui ne cessait de prendre du volume avec les années, ni à guérir sa goutte.

— J'espère que Saint-Simon s'est bien rendu à Montréal avec les instructions à l'intention de Vaudreuil, lança Marot, qui n'avait jamais pardonné à Saint-Simon leur dernier affrontement.

— T'inquiète pas, répondit Bourdon. Il connaît le pays comme le fond de sa poche. Mais il ne sera pas de retour avant la mi-juillet.

— Pour être plus sûr, je vais envoyer dès demain un autre émissaire avec les duplicata de la cour, proposa Dangeac.

— J'aime mieux ne pas être dans les bottes de Vaudreuil. Porter la Nouvelle-France sur son dos… dit Bazagier.

— En attendant, on est bloqués au fond de cette baie, soupira Marot.

Chapitre 29

Listuguj: Ula wegewas'g'p tan Hiatew ugjet Pilei
Wenjuagina tujiw 1760. eg (en mi'kmaq)
Ristigouche : c'est ici que fut scellé le sort de la Nouvelle-
France en 1760.

— La flotte anglaise est là ! J'ai dû abandonner ma goélette... sans avoir eu le temps de la brûler... finit par
dire d'un ton syncopé le sieur Le Roy, qui arrivait de la pointe
Miguasha.

Au détour de l'île aux Hérons, Le Roy était arrivé nez à
nez avec le *Fame*, navire de soixante-quatorze canons commandé par l'amiral Byron, surnommé « Jack-la-tempête », ce
même Byron qui, au printemps, avait complètement rasé
Louisbourg et avait envoyé à Halifax le mobilier et les matériaux saisis, pour y décorer et consolider les édifices publics ! Il
était suivi du *Dorsetshire*, de l'*Achilles*, ainsi que de deux frégates, le *Repulse* et le *Scarborough*, respectivement armés de
soixante-dix, de soixante, de trente-deux et de vingt canons.

Dangeac fit un calcul rapide. Deux cent cinquante-six
canons ! Il n'en avait pas cinquante à leur opposer sur ses trois
navires, surtout qu'un certain nombre de ceux-ci faisaient
maintenant partie des batteries de terre. Il avait aussi six
petites goélettes, des prises anglaises, utilisées comme prisons,
et une trentaine de sloops et de brigantins acadiens, de la
Miramichy et d'ailleurs, qui étaient arrivés à Ristigouche

depuis la venue de la flotte française. «De toute façon, ces petites embarcations ne feraient pas le poids», conclut-il. À terre, il pouvait compter sur les troupes régulières de la Marine : deux cents soldats qui avaient presque tous combattu à Louisbourg, trois cents Acadiens capables de porter les armes et environ deux cent cinquante Mi'kmaqs, pour faire face à plus d'un millier de soldats anglais. Dangeac confia à de la Giraudais et à Bourdon :

— M'est avis que la partie est perdue, mais je n'ai pas l'intention de me rendre sans combattre.

— Le désavantage n'est pas si grand, si on provoque une bataille terrestre au lieu d'un combat naval. Prenons les canons du *Marquis de Malauze* et du *Bienfaisant* pour consolider nos batteries de terre, proposa Bourdon.

— Bien sûr, s'enthousiasma de la Giraudais. Sans instructions de Vaudreuil, nous sommes ici maîtres après Dieu. Écoutez, le chenal est peu profond en aval de la batterie à de la Garde ; nous pourrions y couler cinq ou six goélettes à une demi-portée de la batterie.

— Excellente idée, renchérit Dangeac. Qu'attendez-vous ? Allez donner vos ordres.

* * *

Le 25 juin, le vaisseau amiral *Fame* s'échoua à une lieue des batteries. Cette bonne nouvelle sema néanmoins la discorde dans l'état-major. Dangeac et de la Giraudais voulaient attaquer le navire, mais les autres officiers cherchèrent à les en dissuader.

— Les canons vont nous pulvériser. Ils ont deux ponts complètement armés, tonna de la Garde.

— Avec un groupe de Mi'kmaqs, nous sèmerons la terreur au cours de l'abordage, avança Dangeac.

— C'est de la folie, riposta Dupont-Duvivier. Il y a quatre cents hommes à bord.

— Abordons-le de nuit, par la proue, proposa de la Giraudais.

— Avec la pleine lune, ça va être difficile de passer inaperçus, objecta Dupont-Duvivier.

L'expérience des dernières années, longue série de replis et de défaites, avait sapé le moral des hommes et des officiers et paralysé leur volonté de foncer, à tel point que Dangeac hésita à donner l'ordre d'attaquer. Lorsqu'il s'y décida enfin, il était trop tard : le *Fame* s'était dégagé du banc de sable, remorqué par l'*Achilles* et le *Dorsetshire*, après s'être délesté de quelques ancres et colis peu importants.

Durant les jours qui suivirent, les marines anglaise et française jouèrent au chat et à la souris. Des navires anglais s'approchaient de la batterie, cherchaient un passage en sondant le chenal, n'en trouvaient pas, s'échouaient, se faisaient remorquer... et recommençaient, sous le feu nourri des batteries françaises, des soldats, des Acadiens et des Mi'kmaqs. Le 2 juillet, l'amiral Byron réussit à conduire le *Fame* et ses soixante-quatorze canons jusqu'en face de la batterie commandée par de la Garde. Le soleil était déjà à son zénith, et la bataille faisait rage depuis l'aube. Noël Labauve était noir de poudre, et Frigault, son assistant, rouge comme un coq et couvert de sueur sous l'effort. Pendant ce temps, Tjigog transportait en radeau, avec l'aide de Lentaigne, les barils de poudre pour réapprovisionner la batterie, malgré les objections furieuses de Mathilde. Gallien et Morais avaient été légèrement blessés par des éclats de métal de leur canon de douze livres qui venait d'exploser à l'extrémité est de la batterie.

— Repliez-vous, ordonna de la Garde.

La situation se dégradait de minute en minute, et les boulets des canons anglais tombaient de plus en plus abondamment. Déjà, de la Garde avait commencé à enclouer les canons en enfonçant un clou spécial dans la lumière, afin de les faire sauter pour qu'ils ne tombent pas aux mains de l'ennemi. Noël Labauve, déjà grièvement blessé, se jura qu'il ne reculerait plus, que Ristigouche serait son dernier refuge... et lorsque les habits rouges furent suffisamment proches, il alluma la mèche de deux grenades à main, sorte de boulets creux remplis de poudre à canon, mais ne les lança pas. Il mourut, emportant avec lui quelques-uns des assaillants.

Dangeac, qui observait la manœuvre, l'œil rivé à sa lunette, récita une prière pour Labauve, puis ragea de voir le reste des assaillants prendre la batterie, pourtant inutilisable. Puis les Anglais incendièrent les maisons du campement acadien. Près de deux cents habitations de La Petite Rochelle y passèrent. Ce n'étaient pas des palais, il va sans dire, mais elles offraient tout de même à leurs occupants la sécurité d'un toit, symbole du point d'ancrage. La chapelle en bois rond disparut aussi en fumée. Heureusement, les villageois avaient prévu un tel désastre et s'étaient retirés un peu plus profondément dans la baie.

Dangeac ramena ses navires vers le fond de la baie, faisant transporter leur cargaison sur de plus petits bateaux pour tenir compte du peu de profondeur de l'eau à cet endroit. Mais, une fois rendu, impossible d'aller plus haut. Il fit installer deux nouvelles batteries à la Pointe-aux-Sauvages et à la Pointe-à-la-Mission, de chaque côté de l'étroite baie, et fit couler cinq autres goélettes afin de bloquer le passage.

— Si ça continue, se disait le corsaire Le Blanc, il ne nous restera plus de goélettes.

À l'aube du 8 juillet, les *Repulse*, *Scarborough* et *Augustus* (ce dernier étant un schooner armé de quatre petits canons qui avait été pris au sieur Le Roy à la pointe Miguasha) réussirent à franchir la barrière formée par les épaves, mais les autres navires ennemis furent bloqués en raison de leur tirant d'eau. Les Français n'avaient que les dix canons de tribord du *Machault* (des canons de douze livres), les trois pièces de quatre livres de la batterie de la Pointe-aux-Sauvages et les cinq canons de la Pointe-à-la-Mission à opposer aux cinquante-six canons anglais. Le *Marquis de Malauze*, où les prisonniers anglais étaient détenus pour leur propre bien (à terre, les Mi'kmaqs les auraient scalpés), ne pouvait participer à la bataille bien qu'il fût directement sur la ligne de feu. Quant au *Bienveillant*, la plupart de ses canons avaient été amenés à terre pour armer les batteries.

Les combats commencèrent à perdre de leur intensité après quelques heures. Le commandant du *Machault* fit appel aux services d'Olivier Léger pour colmater les fuites causées par les boulets. Pendant ce temps, Olivier Blanchard, Charles Poirier et Alexis Landry transportaient les barils de poudre aux batteries de canons sur la côte. De la Garde, Gallien, Frigault et Morais canardaient les navires anglais depuis la batterie de Pointe-à-la-Mission. Lentaigne sondait le fond de la baie avec l'aide de Tjigog, afin de pouvoir piloter les navires vers le fond du cul-de-sac, s'il y avait lieu de le faire. Dupont-Duvivier, Joseph-Jean et Joseph Boudreau se dépêchaient de mettre à l'abri les marchandises débarquées du *Bienveillant* et des petits schooners. Comme les risques de pillage étaient élevés, Du Calvet, papier et plume d'oie en main, notait tout ce qui transitait d'un point à un autre, tellement absorbé par sa tâche qu'il semblait inconscient de la bataille qui faisait rage dans la baie.

Depuis la destruction des fours à pain, Mathilde, sa tante Anne et quelques autres femmes avaient pour tâche de préparer les repas des combattants, ce qui n'était pas une mince affaire dans les circonstances. D'autres prenaient soin des blessés, sous la supervision de Marot qui, malgré sa couardise, faisait consciencieusement son travail.

Les Anglais réussirent à faire sauter la batterie du sud, celle de la Pointe-aux-Sauvages, pendant que les tirs combinés du *Machault* et de la batterie de Pointe-à-la-Mission, sur la rive nord, endommageaient gravement le *Repulse*.

— Dommage que le chenal ne soit pas plus profond! songea de la Giraudais. Le *Repulse* aurait déjà sombré.

Le bâtiment avait subi des avaries sous la ligne de flottaison, un des mâts était cassé et une grande partie de la voilure gisait sur le pont.

— Concentrez le tir pour mettre ses canons hors d'usage, ordonna Dangeac.

Ce qui fut fait. Mais un quart d'heure plus tard, Lentaigne, la mine sombre, s'adressa à Dangeac:

— Nous n'avons presque plus de poudre, parce que plusieurs barils ont été portés à bord de la goélette de Dupont-Duvivier.

— Prenez des chaloupes et allez chercher la poudre, décida Dangeac.

C'était une entreprise périlleuse que de se promener en chaloupe sous le tir des canons ennemis, surtout dans une chaloupe remplie de barils de poudre. Mais Lentaigne se porta volontaire et Tjigog offrit de l'accompagner, en priant le ciel que Mathilde ne le voie pas tenter cette manœuvre désespérée. Ils prirent chacun une rame et, après une quinzaine de minutes d'efforts, ils avaient rejoint l'équipe de Dupont-Duvivier. Joseph-Jean et Joseph s'empressèrent de charger une vingtaine de barils dans la chaloupe. Une bien maigre provision, qui ne permettrait pas de tenir bien longtemps, mais l'heure n'était pas aux atermoiements. Ils repartirent, chargés à ras bords. Le cul-de-sac de la baie n'était que bruits, échos, clameurs, grondements, explosions et hurlements. Par moments, la fumée était si dense qu'on ne distinguait plus les navires, ce qui facilita les choses pour Lentaigne et Tjigog, qui regagnèrent le *Machault* sans trop de mal. Mais la situation ne faisait qu'empirer.

— Je n'arrive plus à réparer les fuites, hurla Léger, dans l'eau jusqu'au cou avec ses hommes.

Aux pompes, les hommes ne fournissaient plus. À onze heures, il y avait plus d'une brasse d'eau dans la cale. De la Giraudais et Dangeac décidèrent alors d'abandonner le navire et, à midi, ils furent les derniers à quitter le *Machault*, comme il se doit. Ils prirent la direction de la batterie de la Pointe-à-la-Mission pour lui fournir des renforts.

— Venir de si loin pour finir ainsi, confia Dangeac.

— Au moins, ils n'auront pas mes navires, grimaça de la Giraudais.

En effet, le *Machault* venait de sauter, puis ce fut au tour du *Bienveillant*, gerbe de fer et de feu, qui explosa en une dernière salve pour sauver l'honneur, un brasier douloureux qui emportait aussi une partie de la cargaison qu'on n'avait pas eu le temps de décharger. Il restait encore, au milieu du chenal, le *Marquis de Malauze*, qui avait joué son rôle sur la ligne de feu en rendant plus difficiles les tirs ennemis. Les Anglais n'avaient pas voulu y toucher, compte tenu que plusieurs des leurs y étaient prisonniers. Mais le temps pressait, car les chaloupes anglaises arrivaient à l'abordage du *Marquis de Malauze*. Le capitaine enferma dans la cale les prisonniers qui ne voulaient débarquer par crainte des Mi'kmaqs, puis décampa avec ses hommes. Les Anglais avaient décidé de couler le navire, mais six d'entre eux, qui s'étaient attardés pour boire du vin et du brandy, coulèrent avec le vaisseau.

Sur la rive, Dangeac et ses hommes se préparaient à repousser la deuxième vague de l'assaut ennemi. Les Acadiens étaient réunis en plusieurs groupes, sous les ordres du major de milice Joseph Dugas, de ses assistants, Joseph et Pierre Gauthier, et des capitaines de milice Joseph Vigneau, Armand Bujeau, Abraham Hébert et Benjamin Allain. Vers le milieu de l'après-midi, Byron envoya vers le fond de la baie une goélette armée et dix-sept barges transportant quatre cent vingt-cinq soldats, afin de prendre pied à terre. Mais les soldats français, les Acadiens et les Mi'kmaqs les attendaient avec détermination, bien installés derrière les arbres de la rive. Finalement, les Anglais durent battre en retraite devant la batterie de la Pointe-à-la-Mission qui les narguait encore.

Comme les Anglais ne voulaient pas s'exposer aux pièges d'un combat à terre, la flotte leva l'ancre à la mi-juillet, c'est-à-dire vers la fin de la deuxième main de la lune où les oiseaux perdent leurs plumes. Le *Repulse* suivait la flotte clopin-clopant.

Dangeac fit le bilan :

— Pendant dix-sept jours, avec une frégate et deux navires marchands, nous avons tenu tête à cinq navires de guerre et à deux cent cinquante-six canons. Puis, nous les avons empêchés de débarquer.

— Nous n'avons plus de navires, mais la garnison est toujours en état de combattre et nous avons encore deux batteries d'une vingtaine de canons, ajouta Bourdon.

— Et des munitions et des vivres pour plusieurs mois, compléta de la Giraudais.

Les réfugiés n'étaient pas dupes de cet optimisme de façade, destiné surtout à maintenir le moral des troupes. Saint-Simon était revenu de Montréal, complètement fourbu, avec les instructions de Vaudreuil. Il avait compté les heures, espérant arriver à temps pour la bataille. Il était donc terriblement déçu et réagit bien mal à l'humour de Tjigog qui lui demanda :

— Est-ce que tu trouves les lunes de Montréal plus longues que celles de Ristigouche ?

Chapitre 30

Autrefois de Versailles
Nous venait le bon goût.
Aujourd'hui la canaille
Règne et tient le haut bout
Si la Cour se ravale,
De quoi s'étonne-t-on?
N'est-ce pas de la halle
Que nous vient le poisson?

Billet anonyme, raillant la maîtresse du roi,
la marquise de Pompadour, née Poisson

Versailles, été 1760. Le vicomte Turgot de Saint-Clair, qui avait tout fait pour éviter Joseph, profita du rendez-vous de ce dernier à Versailles pour l'accompagner. Le vicomte y avait à faire, mais il commençait aussi à être impressionné par ce « paysan » qui obtenait plus facilement que lui une audience à la cour. Il profita de leur randonnée de quelques heures en chaise de poste pour vanter les mérites de la civilisation française.

— Versailles, c'est une tentative pour montrer l'harmonie de l'univers, pour récapituler l'histoire du monde. Les meilleurs artisans d'Europe ont construit un poème de marbre, d'or et de lumière…

Joseph écoutait d'une oreille distraite, conscient de l'importance énorme de sa démarche. Le doute, la crainte s'infiltrèrent en lui.

— Comment moi, simple habitant d'une colonie française, vais-je convaincre Berryer, le ministre de la Marine?

Il savait peu de choses au sujet de cet homme. Il avait lu dans la *Gazette de France* que cet ancien policier se montrait plus intéressé à surveiller ses subalternes et à réprimer les abus qu'à organiser la marine et à en définir les politiques générales. Le vicomte, qui ne pouvait le renseigner davantage, continuait à pérorer.

— Les créateurs de Versailles se sont inspirés du mythe d'Apollon, le dieu-soleil, qui y est omniprésent, dans les statues et les fresques représentant la mythologie, les quatre éléments, les quatre continents, les quatre points cardinaux.

Ce discours avait pour effet d'augmenter l'angoisse de Joseph qui, habitué aux grands espaces de la forêt et de la mer et à l'effervescence de petites villes comme Québec et Louisbourg, n'arrivait plus à imaginer son rôle à Versailles. Il essaya de se ressaisir en portant attention aux paroles du vicomte.

— Est-il vrai, demanda-t-il, que presque toute la noblesse française loge au palais?

— En effet, répondit Saint-Clair, près de deux mille personnes, certaines délaissant leur château de province pour une mansarde sous les toits.

— Vous y habitez aussi?

— Pas encore, répondit le vicomte, humilié de ne pas compter parmi les élus.

Devant eux, le château de Versailles surgit, s'étirant à perte de vue, entouré de fleurs, de jardins, de palmiers, d'orangeraies, une harmonie de verdure et de couleurs sillonnée, sur près de deux lieues, par le Grand Canal.

— On compte mille quatre cents jets d'eau, certains ne fonctionnant qu'au passage du roi, raconta le vicomte.

Joseph en oublia son angoisse et s'émerveilla devant la fusion de l'eau et de la lumière, la fête des cristaux fluides qui éclataient en gerbes, devant les vases sculptés.

— Et dire que tout ça a commencé par un simple pavillon de chasse pour Louis XIII, s'exclama-t-il.

Il n'arrivait cependant pas à se sentir à l'aise; cette géométrie lui était étrangère. Versailles, avec ses deux mille fenêtres et ses mille cheminées, ne ressemblait en rien aux châteaux de Louisbourg et de Québec, qui ne pouvaient rivaliser ni en hauteur, ni en longueur, ni en beauté. Devant ces édifices qui n'avaient pas d'équivalent chez lui, il pensa aux forêts canadiennes, à la diversité de leurs essences et à leur métamorphose au fil des saisons. Même la mer, avec ses nombreux visages, ne montrait pas de ressemblance avec cette symphonie de jets d'eau qui s'élevaient au-dessus des bassins. Dans son esprit s'opposaient deux mondes, deux types de beauté ; d'une part, celle de la nature sauvage, familière, rassurante, qui est le reflet du cœur et des instincts et, d'autre part, celle de la civilisation des hommes, issue de l'esprit et de la raison. Les jardins lui parurent froids et calculés, éléments d'une nature domptée qui portaient déjà la marque de l'étiquette de Versailles. Alors, une gêne l'envahit face à ce monde hiérarchisé, il eut l'impression qu'il allait faire une gaffe chaque fois qu'il ouvrirait la bouche. Il se trouva bien seul, sans allié, sans repère, sans la chaleur d'Angélique et sans la sagesse du Vieux.

Un officier de la garde examina les laissez-passer, puis la chaise de poste fut dirigée vers les grandes écuries de la place d'Armes qui abritaient deux cents carrosses et plus de deux mille chevaux. Le vicomte prit alors congé de son compagnon de voyage en lui souhaitant bonne chance sur un ton plutôt ironique. Sous le regard impassible d'une file de bustes de personnages de l'Antiquité, Joseph s'avança dans la cour de Marbre. Pour pénétrer dans la salle du Cabinet du conseil, il devait passer devant les Cabinets de la reine et l'antichambre de l'Œil-de-Bœuf, à sa gauche, tandis qu'à sa droite se trouvaient la Chambre du roi, le Cabinet de la pendule et le Cabinet intérieur du roi. C'est à ce moment qu'il songea pour la première fois que son père avait peut-être vécu dans un décor semblable. Il l'imagina en habits de soie et de satin, entouré de serviteurs en livrée, en train de converser avec le roi près des jets d'eau. Ses rêveries furent interrompues par le capitaine de la garde, qui lui demanda son laissez-passer avant de l'introduire dans une antichambre. Au grand étonnement, mal dissimulé, de deux dames coiffées de leurs perruques poudrées qui attendaient une audience, on le conduisit immédiatement dans la salle du Cabinet du conseil, qui était en quelque sorte le cœur de la vie française, le lieu où le roi et ses ministres prenaient les grandes décisions concernant la France et ses citoyens. Le roi y recevait aussi les gens de la cour, qui venaient lui rendre hommage, solliciter une faveur ou une grâce ou encore offrir leurs services. À certaines occasions, les gens du peuple venaient lui faire part de leurs doléances.

Le ministre Berryer était là, en train de tremper sa plume dans un porte-encrier en or ayant la forme de la fleur de lys, emblème des Bourbon. Le décor était somptueux : boiseries blanches et or, grands rideaux bordant de hautes fenêtres à carreaux et, au centre de la pièce, la table du Conseil, recouverte d'une nappe de satin bleu broché d'or. Un immense lustre de cristal était suspendu au-dessus de la tête du ministre. « Que dire, que faire ? » s'inquiéta Joseph.

Il se croyait prêt mais, à cet instant, son cœur battait si fort qu'il ressentit un serrement dans la poitrine, tandis qu'un léger tremblement lui agitait les mains et qu'une bouffée de chaleur désagréable lui parcourait le corps. Il eut une nouvelle bouffée lorsqu'il s'aperçut que le ministre continuait d'écrire comme s'il n'avait pas existé. Il essaya de se concentrer et détailla le personnage. Un gros bonhomme un peu obèse, au nez rouge, avec des oreilles à large pavillon qui se dressaient comme des voiles, lui donnant un air bouffon. Joseph hésitait sur ce qu'il devait faire ; il avait le sentiment que le ministre ne pourrait qu'être sympathique à sa cause, mais son instinct lui dictait d'être prudent. Joseph se demanda encore si Berryer avait réellement du pouvoir. Il avait entendu dire que la position du ministre était précaire, qu'il n'avait pas les faveurs de la marquise de Pompadour ; plusieurs racontaient qu'il était incompétent mais, avec tous les jaloux qui se promenaient dans les parages, il était difficile de départager la vérité et le mensonge. Finalement, ce dernier leva les yeux et considéra Joseph quelques instants avant de déclarer :

— Le roi vient de me quitter pour aller jouer une partie de billard dans le salon de Diane…

« Il cherche à me montrer son importance », pensa Joseph.

— Le marquis de la Galissonnière m'a prié de vous recevoir ; il affirme que vous avez un plan intéressant pour gagner la guerre en Nouvelle-France.

Le ton était froid, distant, ironique. Joseph tenta de percer ce mur, tout en étant indigné que le Berryer ne lui ait pas demandé qui il était, s'il avait de la famille, comment s'étaient déroulés la traversée et le voyage depuis Nantes... Il entreprit alors de lui décrire tout cela, de lui parler de la vie quotidienne au Canada, de l'amener d'abord sur un terrain plus humain, pour savoir s'il était sympathique à la survie de l'Acadie et de la Nouvelle-France. Mais le ministre donnait des signes d'agacement.

— Le marquis de la Galissonnière m'a parlé d'un trésor, dit-il brusquement.

Joseph n'avait pas l'intention de commencer par là. Il essaya donc la flatterie, faisant observer au ministre qu'il avait entendu parler de l'habileté avec laquelle il avait réorganisé la marine et de son intérêt pour la Nouvelle-France. Mais celui-ci, tout habitué qu'il était à ces manœuvres, insista. Alors, Joseph décida de plonger et il fixa l'éminent personnage droit dans les yeux.

— Depuis 1755, les troupes britanniques et celles des colonies anglaises d'Amérique nous pourchassent à travers toute l'Acadie. Il y a déjà deux ans que Louisbourg a capitulé...

— On disait pourtant la citadelle imprenable...

— Je m'y suis battu en 1745. C'est un château de sable. Les Anglais n'ont eu qu'à y débarquer des canons du côté de la terre !

Les erreurs passées de la France n'avaient aucun intérêt pour le ministre, qui changea le sujet.

— Une flotte de six navires est partie de Bordeaux pour reprendre Québec. On devrait avoir de bonnes nouvelles bientôt.

Joseph ne put se retenir devant un optimisme si peu éclairé :

— Six navires ! Face aux nombreux vaisseaux anglais, cette flotte n'ira pas loin. Pendant ce temps, de loyaux sujets de

Sa Majesté sont pourchassés à travers l'Acadie et déportés jusque dans les cachots d'Angleterre. Les familles sont éparpillées dans le plus grand dénuement…

Le débat sur le sort des Acadiens avait l'air d'irriter le ministre

— Il est difficile de s'occuper de toutes les parties de l'Empire. Et puis, lorsque la maison brûle, s'occupe-t-on des écuries ? (Avec l'air de dire : «J'en ai de l'esprit, hein !»)

Il tenta ensuite de se reprendre.

— C'est tragique, ce qui vous arrive.

Joseph voulait lui lancer au visage que l'écurie, c'était plutôt à Paris qu'elle se trouvait. Mais il se contint.

— N'oubliez pas, continua Berryer, que nous devons faire la guerre non seulement en Amérique mais aussi en Europe. Nous n'avons pas assez de navires ni de marins. Nous devons également défendre les côtes françaises et nos colonies des Indes, à Pondichéry.

Joseph n'était pas très concerné par les Indes et il revint à la charge.

— La Nouvelle-France, avec ses espaces immenses, ses richesses innombrables et ses mers poissonneuses, demeure le gage de la prospérité et de la puissance commerciale de l'Empire français. Vous devrez faire un effort plus sérieux si vous ne voulez pas laisser ce continent à l'Angleterre.

Le représentant du roi n'aimait pas se faire ainsi dicter sa politique par un habitant des colonies.

— Je crois que les Anglais vont signer la paix bientôt, se défendit-il. Dans le cas contraire et surtout si nous perdons la guerre en Nouvelle-France, le peuple ne nous suivra pas… L'opinion est un peu plus favorable à l'égard des Antilles, car c'est un pays chaud qui produit de la mélasse et du rhum.

«Du moment qu'ils ont leurs sucreries», pensa Joseph, et il enchaîna :

— Mais c'est grand comme ma main. Quand la France n'aura plus ses colonies d'Amérique, les Anglais deviendront encore plus forts en Europe, et la France regrettera d'avoir perdu ce continent.

Finalement, le ministre demanda :

— Alors, que proposez-vous ?

Pour Joseph, le moment tant attendu était arrivé, mais il ne faisait pas confiance à son interlocuteur.

— Le marquis de la Galissonnière vous a parlé d'un trésor découvert à l'île Caraquet. Il pourrait financer une flotte et une armée pour attaquer Boston et Halifax et chasser les Anglais de l'Acadie. Voilà qui ouvrirait un second front en Nouvelle-France et aiderait à soulager la pression exercée dans la région des Grands Lacs.

— Votre idée est excellente. D'ailleurs, ce projet a déjà été proposé et abandonné, faute d'argent. Mais là, c'est différent. Vous connaissez le proverbe : « Faux comme diamants du Canada », en usage depuis que Cartier nous a apporté une cargaison de pierres sans valeur ramassées sur le cap Diamant. Il faudrait donc que nous puissions évaluer nous-mêmes la valeur de ce trésor. Où l'avez-vous caché ? demanda-t-il d'un ton doucereux.

Joseph vit de longs doigts crochus prêts à s'emparer des pièces d'or et répondit sans préciser davantage :

— Sous bonne garde, dans une abbaye.

Sa réticence ne passa pas inaperçue.

— La semaine prochaine je pourrai peut-être vous en dire davantage. Venez au bal costumé qui sera donné dans la galerie des Glaces…

Joseph savait qu'une telle décision ne pouvait se prendre dans l'heure, mais il était néanmoins déçu. « Après tout, j'ai l'argent », se dit-il.

Il n'était pas habitué à pareils délais. Au fond il n'avait pas confiance, car il n'avait pas senti d'intérêt pour le Canada chez le ministre. Il pensa aux Acadiens qui, éparpillés à tous les vents, souffraient dans l'attente d'un geste de la mère patrie. Mais il n'y avait rien à ajouter ; le ministre lui signifiait la fin de l'audience.

* * *

Membertou avait oublié ses chasses fabuleuses, ses forêts d'épinettes, ses féroces caribous et, surtout, l'omniprésence du spirituel. En hommage à la beauté de Paris, il déclamait, tout fier de connaître ces vers de Ronsard :

« Paris, séjour des rois, dont le front spacieux
Ne voit rien de pareil sous la voûte des cieux. »

Il faut dire que ce qu'il voyait, ce n'était pas Paris mais Aglaë !

Il avait décidé d'aller acheter des pistolets pour son grand-père chez un armurier du quartier latin, pendant qu'Aglaë l'attendait au café Procope, en lisant *Manon Lescault*. Membertou arriva enfin, après un temps qui avait paru bien long à Aglaë.

— C'est ici, lui raconta-t-elle, que les grands penseurs, d'Alembert, Diderot, Voltaire, Rousseau et d'autres préparent le nouvel ordre.

— Vous avez certainement besoin d'une révolution, grogna Membertou. D'abord, je me suis fait insulter par vos prêtres, ce qui dénote un grave manque de fraternité. Ensuite, pendant que j'assistais à un spectacle de marionnettes, on m'a dérobé ma bourse. Si les hommes étaient libres et égaux, il n'y aurait pas de voleurs et nous aurions un juste prix pour nos fourrures au lieu de nous faire exploiter par les nobles et par les marchands.

— Ça n'arrive pas chez vous, ces incidents-là ?

— Non, ce qui est à l'un appartient à tous.

— Alors, vous vous considérez comme supérieurs aux Français, ironisa-t-elle.

Membertou ne remarqua pas la moquerie.

— On nous surnomme EL'NU (vrais hommes) ou Mi'kmaqs, qui signifie alliés. Nous avons la capacité de supporter les rigueurs de la faim et du climat, ce que les Français n'ont pas. Combien de Blancs font des jeûnes de huit jours ? Ils sont tous goutteux et ventrus et ne peuvent nous suivre dans la forêt.

— Il ne faut pas nous juger trop sévèrement. Je suis issue de cette civilisation et tu sembles me trouver quelques vertus.

Il n'était pas dans les mœurs de Membertou de lui demander pardon pour l'avoir blessée, mais son regard exprima alors son embarras.

***

René trouvait la bibliothèque du vicomte beaucoup mieux garnie que celle de sa mère. Il y avait des volumes sur la légende de Nicolas Flamel qui, au Moyen Âge, avait découvert le secret de la fabrication de l'or. René échafaudait les plans du laboratoire qu'il se construirait, l'imaginant rempli de tubes, d'alambics, de cornues, de vapeur de soufre, de fioles de vif-argent, de venin de crapaud et de poudre de perlimpinpin. Il se promettait de la trouver, cette fameuse substance appelée pierre philosophale, qui avait des propriétés merveilleuses, notamment celle de changer les métaux en or et même de procurer l'immortalité, disait-on. Quand il n'était pas absorbé dans ses projets d'alchimie, il travaillait à élaborer un jeu qu'il avait appelé *L'île des esclaves*, d'après une œuvre de Marivaux, qui avait évité la Bastille de justesse avec cette histoire qui se passait dans une île où les maîtres devenaient valets et les valets, maîtres.

***

Les difficultés pleuvaient sur Joseph à mesure qu'il progressait dans sa mission. Il exécrait Voltaire et ses amis, en raison de l'influence qu'ils exerçaient sur les politiques concernant la Nouvelle-France. Il était toutefois d'accord avec une des pensées de ce dernier :

« Paris est une grande basse-cour composée de
coqs d'Inde qui font la roue, et de perroquets
qui répètent des paroles sans les entendre. »

Joseph avait une semaine devant lui. Il calcula que s'il dormait cinq heures par nuit, il lui restait environ cent trente heures, sans compter qu'il devait prendre le temps de manger. Joseph était désavantagé, comme quiconque arrive à Paris sans relations et sans connaître le milieu. Il avait de l'argent, certes, mais il ne savait pas comment s'y retrouver dans cette jungle.

— Pas question de retourner voir le père Minelli. Turgot de Saint-Clair ne m'aidera pas ; d'ailleurs il ne semble jouir d'aucune influence à la cour. Il faut absolument que je rencontre le roi en personne, et je pourrai difficilement lui parler au bal masqué.

Joseph envisagea les plans les plus fous, même celui d'escalader les balcons du roi pour se rendre dans ses appartements!

— Qui exerce des pouvoirs à la cour? Oui, c'est vrai, les gens d'Église.

Il pensa à l'abbé Leloutre et il lui vint une idée. L'aumônier général de la Nouvelle-France et de l'Acadie, l'abbé de l'Isle-Dieu, ne demeurait-il pas à Paris? Il se renseigna et, après deux jours de démarches, à faire le pied de grue dans les antichambres et les parloirs, il fut reçu par l'abbé. Ce dernier avait au moins le mérite de s'intéresser à l'Acadie, qu'il avait défendue dans ses écrits et en y envoyant de l'argent. Mais ni l'accueil chaleureux ni les bons mots du prêtre ne firent oublier ses soucis à Joseph. Et la réponse de l'abbé fut décevante:

— Je vais essayer, mais je n'ai pas beaucoup d'influence à la cour, car je ne suis pas dans les bonnes grâces du roi.

Joseph comprit alors qu'il devait se débrouiller seul. Il passa les jours suivants à s'informer à gauche et à droite afin de trouver quelqu'un qui accepterait d'armer une flotte et de recruter des soldats. Il glana de l'information dans les palais les plus luxueux comme dans les lieux les plus sordides, tripots enfumés et crasseux où se tenait la lie des ports. Il obtint des noms, des rendez-vous, mais tout n'était que délais, tergiversations et filouteries. Les armateurs qu'il rencontra ne faisaient pas l'affaire; soit qu'ils exigeassent une autorisation de la cour, soit qu'ils cherchassent à extorquer de l'argent. Joseph s'entêta et continua à arpenter Paris, l'estomac en boule, sans appétit. Évidemment, il n'avait pas le temps de s'occuper de René et de Membertou, qui semblaient d'ailleurs bien s'organiser sans lui. Il dormait peu et mal, ses rêves étaient remplis de visages faméliques. Lorsque le sommeil ne venait pas, il lisait les journaux du pays, le *Mercure Gallant* et la *Gazette de France*, afin de connaître les habitudes des nobles et leur influence à la cour ainsi que les préoccupations quotidiennes des gens, dans l'espoir de trouver une idée lumineuse et pour mieux se préparer à sa rencontre dans la galerie des Glaces. Il feuilleta quelques volumes de la bibliothèque du vicomte et jeta un bref coup d'œil sur les œuvres des penseurs de l'époque, ceux qui rédigeaient l'Encyclopédie, « le travail général des efforts de l'esprit humain dans tous les genres ». Il avait lu dans un journal que ce travail dérangeait et qu'on cherchait à en empêcher la publication.

Depuis son arrivée en France, Joseph était serein lorsqu'il pensait à Émilie, peut-être en raison de sa proximité, mais il s'ennuyait d'Angélique. Au hasard de ses déplacements dans Paris, il lui acheta les textes de quelques pièces de Racine et de Molière. Mais il revint rapidement à ses soucis, car le bal costumé arrivait à grands pas.

Chapitre 31

C'est là la vieille devise : Si les cieux s'écroulent sur nos
têtes nous devons, en vrais Gaulois, les retenir sur la
pointe de nos lances.

William Kirby dans *Le Chien d'or*

Lorsque Joseph se présenta dans la galerie des Glaces, il en
oublia ses tracas tant il fut saisi par la beauté des lieux.
Une cascade de rayons dorés pénétrait par les fenêtres et les
arcades pour se refléter en face, dans les miroirs biseautés, tandis qu'au dehors les ombres que créait le soleil couchant s'allongeaient dans les jardins et les bassins. L'apothéose de la
lumière sur les parquets, dans les glaces et sur les lustres de
cristal. Il se serait cru dans un monde féerique, irréel, où une
foule étrange, costumée et bruyante s'agitait. Mais il revint vite
à la réalité, l'angoisse s'empara de lui devant tout ce beau
monde qui déambulait à l'aise dans son rôle. Sous une arcade
soutenue par des pilastres de marbre rouge et surmontée d'un
chapiteau en bronze sur lequel étaient peints la fleur de lys et
le soleil royal encadré de deux coqs gaulois, il vit celui qui avait
occupé ses pensées toute la semaine : le roi Louis XV, le Bien-
Aimé, en personne, costumé en chauve-souris ! Un accoutrement que Joseph trouva ridicule. Il s'approcha, mais beaucoup de courtisans s'agglutinaient auprès du roi comme des
sangsues. La reine Marie Lesczynska l'accompagnait, habillée

en nymphe. Le Régent[1] brillait dans ses cheveux. Elle paraissait fatiguée, et le petit domino qu'elle portait ne dissimulait pas la tristesse écrite sur son visage.

«La reine est d'une fidélité résignée envers son époux», pensa Joseph.

Il aperçut près du roi sa maîtresse, la marquise de Pompadour. Elle avait un visage à l'ovale parfait et resplendissait de beauté dans sa robe de brocart d'argent. Joseph remarqua sa chevelure châtaine coiffée à l'égyptienne, comme la portait la reine Néfertiti.

«En effet, constata Joseph, elle a le port d'une reine.»

Au cours de ses randonnées dans Paris, Joseph avait appris l'influence et l'emprise qu'elle avait sur le roi et sur ses politiques, ce qui incitait bien des gens à rechercher ses faveurs. D'autres la haïssaient justement pour cette raison ou parce qu'ils ne lui avaient jamais pardonné ses origines roturières. «C'est peut-être la Pompadour que je devrais essayer de rencontrer», songea-t-il. Mais il se sentait maladroit dans son costume de corsaire. L'idée de s'habiller ainsi lui était venue parce qu'il pensait constamment aux armes, aux soldats et à la guerre et qu'il se souvenait bien de son séjour à Louisbourg. Personne ne le voyait, ne le remarquait, et il se rendit compte qu'il n'arriverait pas à approcher le roi. Il se mit à la recherche de Berryer.

René, puisant son inspiration dans son jeu, portait les oripeaux d'un mendiant. À l'écoute des commérages, il circulait de groupe en groupe. L'idée de jouer le rôle d'un va-nu-pieds dans la galerie des Glaces ne le gênait nullement; au contraire, c'était sa façon de protester contre cet étalage de richesses. Deux dames costumées en Muses parlaient de la Pompadour.

— Le roi la loge au-dessus de ses appartements, racontait la plus jeune. Il est même question qu'il y installe un ascenseur.

— Elle a l'art de le distraire, renchérit sa compagne. Faut dire qu'elle est habile; elle manœuvre de façon à ne jamais humilier la reine. Et elle a des appuis chez les artistes et les gens de lettres.

---

1. Diamant célèbre.

Tout près, des dames déguisées en sorcières discutaient du procès d'une devineresse qui avait dépassé les bornes avec ses philtres d'amour, ses poisons et ses boissons abortives. D'autres invités, parés d'habits de théologiens, analysaient les misères du roi face au pouvoir religieux, en commentant le débat sur le jansénisme dont profitait le Parlement pour empêcher l'État de fonctionner en remettant à plus tard la tâche d'enregistrer les édits royaux. Certains s'échauffaient au sujet d'un dénommé Fontenelle, qui était mort à l'âge respectable de cent ans. Dans la querelle des Anciens et des Modernes, il avait, disait-on, pris parti pour ces derniers. Cela ne disait pas grand-chose à René, qui se dirigea vers l'extrémité sud de la galerie des Glaces, où se trouvait le Salon de la paix, la pièce la plus agréable du château puisque le soleil l'éclairait toute la journée. Cette pièce servait également de salon de jeu à la reine qui, le dimanche, y donnait des concerts de musique profane et de musique religieuse. Au-dessus de la vaste cheminée était pendu, dans un grand cadre ovale, un portrait de Louis XV donnant la paix à l'Europe. «J'espère qu'il amènera aussi la paix chez nous», souhaita René avant de reprendre son observation des gens.

Des invités jouaient aux cartes avec un jeu Henri IV illustré de personnages de l'Antiquité, mais la plupart se prélassaient dans des chaises appelées «péchés mortels»; c'étaient des chaises permettant une posture qui prédisposait aux rêveries et aux galantes caresses. Une vieille dame qui portait une broche aux armoiries des ducs de Bretagne s'exclama en voyant René:

— Mais comment se porte ce cher filleul? Comme vous avez grandi!

Devant son air stupéfait, elle ajouta:

— Voyons, vous étiez plus espiègle la dernière fois. On ne reconnaît plus sa vieille tante?

Trop ahuri pour s'informer, il balbutia:

— Vous vous trompez, Madame, je ne suis pas votre filleul.

Et il continua sa route, intrigué, se promettant de signaler cet incident à son père. «Est-ce que je ressemble à un filleul des ducs de Bretagne?» se demanda-t-il.

À l'autre bout de la galerie des Glaces, dans le Salon de la guerre, Joseph reconnut le ministre déguisé en crocodile. Près des longues tables couvertes des plats les plus fins d'Europe, Berryer s'empiffrait. Il plongeait les deux mains dans un grand plat qui contenait une pièce de bœuf garnie de bouchées à la moelle, de feuilletés de ris de veau et de tartelettes à la mousse de jambon. L'estomac de Joseph se noua. Une telle abondance lui coupait l'appétit en lui rappelant toutes ces bonnes gens qui crevaient de faim en Acadie.

— Avez-vous de si bons mets en votre contrée? lui demanda Berryer, la bouche pleine.

Il dégoûtait Joseph, qui eut volontiers écrasé son nez de bouffon.

— L'esturgeon à la fricassée de poulet et les mûres sauvages au sirop d'érable sont des délices de chez nous. Mais dites-moi plutôt où en sont vos démarches.

— J'ai parlé de votre projet. Les ministres sont d'accord; la Pompadour aussi…

— Vous en avez parlé au roi? interrompit Joseph.

Berryer entamait les couronnes de pigeonneaux confits enrobées de confiture au chocolat. C'est la bouche dégoulinante qu'il répondit:

— Pas encore. Sa Majesté était bien occupée avec ses jardins. Des bulbes de tulipes viennent d'arriver de Hollande. Mais le roi approuvera ce projet, soyez-en sûr, dans la mesure où le trésor est suffisant. Il nous faudra en évaluer la valeur avant d'autoriser l'opération.

Tout cela ne souriait pas à Joseph. Pas du tout. «Une fois que je leur aurai remis le trésor, quelle garantie aurai-je? Comment faire pour rencontrer le roi?» s'inquiéta-t-il. Il réfléchit et se rappela une conversation qu'il avait eue avec le vicomte au sujet des personnages influents à la cour. Celui-ci lui avait parlé du duc de Choiseul et de son intérêt pour la Nouvelle-France, et en disait beaucoup de bien comme secrétaire d'État aux Affaires étrangères. Une idée commençait à germer dans son esprit.

— Oui, vous avez raison, répondit-il à son interlocuteur goulu, il faut faire évaluer ce trésor. Donnez-moi quelques jours pour prendre les dispositions nécessaires.

Le ministre sourit, découvrant ses grandes dents jaunes et exhalant une haleine fétide caractéristique de bien des nobles de Versailles.

Le soleil se coucha dans la galerie des Glaces. Les quarante et un lustres illuminaient les rideaux de damas blancs brochés d'or aux emblèmes du roi. Ce n'était plus l'image des jardins qui se réfléchissait dans les miroirs mais celle des belles dames qui se pavanaient sur les tapis de la Savonnerie, rivalisant de beauté. Les Précieuses portaient leurs trois jupes superposées : la secrète [2], la friponne et la modeste. Chacune avait sa marque de beauté, selon le code des mouches : près de l'œil, la passionnée, au coin de la bouche, la «baiseuse», sur le front, la majestueuse. En plus, elles faisaient l'étalage des poudres de Chypre, des essences de Nice, des pommades de Florence. Quelques dames dansaient le menuet : grâce et élégance, mouvements lents et berçants, frou-frou des robes de soie et de satin. Tout cela dans un arc-en-ciel de couleurs : vert pâle, vert laurier, rouge de cinabre, où ressortait la blancheur des mousselines et des dentelles. Joseph remarqua les corsages en satin qui enveloppaient les seins de telle sorte qu'ils semblaient prêts à bondir de leurs nids, comme pour se mesurer aux pierres rutilantes qui ornaient les costumes.

Mais rien ne produisit plus d'effet que l'entrée d'Aglaë au bras de Membertou. Ils firent sensation avec leurs costumes indiens. Et Membertou n'avait pas oublié l'arc, le carquois de flèches et le tomahawk. Il marchait du pas altier et fier du guerrier. Déjà quelques jeunes nobles étaient jaloux de Membertou, qui était devenu la coqueluche des dames de Paris, mais qui s'en foutait comme de ses premiers mocassins. Il n'y avait que sa bien-aimée qui comptait pour lui.

— Après-demain, lui proposa Aglaë, tu pourras venir avec moi assister au grand lever du roi. Il sera surpris d'y voir un Indien et ça te donnera une occasion de lui parler du projet de ton père.

Enivré par le parfum de fleur d'oranger qui se dégageait de la couronne de fleurs qui auréolait la tête d'Aglaë, par son haleine parfumée à l'eau spiritueuse de sieur Pierre Bocquillon,

---

2. La plus proche du corps.

appelée Trésor-de-la-Bouche, et charmé par le grain de beauté dessiné sur son front ainsi que par cette chair qui rosissait à la courbure de ses seins, il répondit tout simplement :

— Oui, prêt à répondre ainsi à n'importe quelle demande d'Aglaé.

Puis, il reprit ses esprits.

— Je ne suis pas le premier ambassadeur de mon peuple. Quelques-uns sont venus avec Jacques Cartier, dont le fils du chef Donnacona ; il en est mort de dépaysement. Un autre s'est enlevé la vie en se frappant la tête sur les murs. Certains furent exhibés de ville en ville comme des bêtes de cirque et on a même cherché à les impressionner en leur faisant passer les troupes françaises en revue. Un autre soi-disant découvreur, Champlain, est aussi venu à la cour montrer ses curiosités. Puis quelques Agniers, considérés comme ennemis des Français, ont fini sur les galères du roi qui en a voulu d'autres, car on les disait bien vigoureux et accoutumés à la peine.

— Tu es trop sévère. Notre roi a eu comme compagnon d'enfance un petit Iroquois. Et on m'a raconté qu'un chef Abénakis nommé Nescambouit[3] a été reçu en audience particulière par Louis XIV. Le roi lui a remis un sabre d'honneur et lui a témoigné les plus grands égards…

Elle se tut, car un groupe de jeunes nobles, vêtus en guerriers grecs, s'avançaient vers eux. Elle reconnut parmi eux Godefroy, le fils de Berryer, qui la pourchassait de ses assiduités depuis quelques mois.

— Monsieur contemple les beautés de l'empire… Avez-vous de si belles choses en vos contrées ?

Membertou avait plutôt le goût de le scalper, mais il préféra combattre sur un autre plan.

— Certes je viens des grandes forêts, mais l'harmonie de la nature, des passions et de la beauté qu'on traduit ici en vers existe aussi chez nous.

Assez heureux de l'effet qu'il venait de produire, il enchaîna :

---

3. Celui qui est si important et si haut placé par son mérite qu'on ne peut atteindre par la pensée même sa grandeur.

— Depuis que j'ai posé les yeux sur Aglaë, j'ai oublié qu'il y avait ici des splendeurs qu'on croit suprêmes !

Cela fit s'esclaffer le groupe qui accompagnait Godefroy. Pour ne pas perdre la face, ce dernier répliqua :

— Aglaë est certes une splendeur, mais je m'étonne qu'elle vous permette de faire partie de sa suite.

Aucun Indien ne tolérerait qu'on insulte de la sorte la femme qu'il aime. Et l'ours mal léché en Membertou commençait à sortir de son hibernation lorsque Godefroy proposa :

— J'aimerais que vous me montriez votre habileté dans l'art de la guerre. Passons au jardin…

— La hache de guerre a été trop longtemps enterrée, ironisa Membertou. Elle commence à rouiller !

Aglaë sentit l'horreur la glacer et elle tenta de s'interposer. En vain. Le petit groupe se dirigea alors vers le bassin d'Apollon, où, installé dans le char du soleil tiré par quatre chevaux, entouré de jets d'eau et de lumières, enveloppé par la mélodie de Lulli qui filtrait de la galerie des Glaces, le dieu de la lumière fut témoin de l'éclatement de l'orage.

* * *

En demandant un délai à Berryer, Joseph gardait en tête l'espoir de rencontrer le duc de Choiseul afin d'obtenir audience auprès du roi. Il réussit à aborder le duc entre deux danses. De petite taille, le menton rond marqué d'une fossette, le front haut et dégarni, des airs de grand seigneur, le duc avait des idées arrêtées sur ce qu'il fallait faire pour débarquer en Angleterre et pour reformer l'armée et la marine de France.

— Notre flotte est dans un état lamentable. Elle est prioritaire. L'an prochain, je pourrai peut-être vous aider.

C'était loin, trop loin. Joseph répliqua :

— La France ne tient pas beaucoup à sa colonie. Au mieux, elle voudra la garder comme monnaie d'échange. C'est ridicule, mais il y a plus d'honneur à assister au lever du roi et à lui présenter sa culotte qu'à défendre les territoires de l'Empire. Vous savez, la France n'a à peu près rien fait pour l'Acadie, et j'en ai honte. La colonisation s'y est effectuée grâce aux efforts des seigneurs, les Poutrincourt, les Razilly, les d'Aulnay et quelques autres. Le roi ne leur a accordé qu'un titre de concession, qu'il révoquait parfois sans raison, et il laissait à leur charge les frais d'implantation des colons. Ces gens se sont ruinés pour une mère patrie ingrate.

Profitant du fait qu'il avait capté l'attention du duc, il poursuivit dans le même souffle :

— Le baron de Saint-Castin, qui commandait les Abénakis du Maine, a servi pendant trente ans de rempart entre les colonies de la Nouvelle-Angleterre et celles de l'Acadie. Vous savez comment il en a été récompensé ? Par le vol de ses terres, qu'il n'a jamais pu recouvrer lors de son retour en France. Il y a les pauvres gens de mon pays qui sont éparpillés aux quatre points cardinaux, jusque dans les cachots d'Angleterre. Je vous en supplie, faites que le roi me reçoive !

Joseph lui expliqua son plan, ses moyens, et lui raconta son entrevue avec Berryer.

— Je parlerai au roi dès ce soir, promit Choiseul.

Joseph savait qu'il y avait loin de la coupe aux lèvres, mais il était un peu rassuré. Il se mit à rêvasser à sa rencontre avec le roi, rêverie que vint interrompre Aglaë qui arrivait en courant, tout essoufflée, les yeux rougis.

— On a provoqué Membertou à l'épée et ça a mal fini… pour Godefroy. Il baigne dans son sang… un coup de tomahawk… Membertou n'avait pas le choix, mais personne ne prendra la part d'un Indien du Canada…

Joseph était atterré.

— Membertou n'est pas blessé ? s'inquiéta-t-il. Où est-il maintenant ?

— Il est sain et sauf, caché dans les grandes écuries. Il vous faut fuir, insista Aglaë.

— Mais je dois rencontrer le roi bientôt… Le duc de Choiseul doit m'obtenir une audience…

— Non, vous risquez plutôt la potence. Vous n'avez personne ici pour vous protéger.

Joseph dut bien admettre qu'Aglaë avait raison. Leur vie était en danger, mais il ne voulait pas abandonner.

— Membertou pourrait se cacher en dehors de Paris d'ici à ce que je rencontre le roi…

— Je doute que cette rencontre puisse avoir lieu maintenant. On vous mettra aux arrêts plutôt.

— Hélas, j'ai bien peur que vous ayez raison, conclut Joseph. Mais je reviendrai.

Finalement, ils quittèrent Paris. Et sans Aglaë, ce que Membertou ne comprenait pas. Dans son pays, quand on aimait, on suivait. Ses traits étaient décomposés. La rage, la colère, la peine, toutes ces émotions se lisaient sur son visage.

— Pourquoi ne vient-elle pas avec moi? Elle m'a pourtant juré son amour. Serait-elle comme les autres, sans parole, sans honneur?…

Pour le moment, Joseph était plus préoccupé par le besoin de trouver un refuge que par les sentiments de Membertou. Se rappelant la nef figurant sur les armoiries de Paris et la devise qui y était inscrite, «*Fluctuat nec mergitur*[4]», Joseph décida de fuir Paris par la Seine, sur un coche d'eau, en direction de Rouen.

— J'espère qu'on nous cherchera plutôt sur les routes en direction de Nantes.

Et il lui vint en tête ce poème de Joachim du Bellay:
«Heureux qui, comme Ulysse, a fait un beau voyage…
quand revoiray-je, hélas de mon petit village
fumer la cheminée, et en quelle saison
revoiray-je le clos de ma pauvre maison
Qui m'est une province et beaucoup davantage!»

---

4. Elle est ballottée par le flots mais ne sombre pas.

Chapitre 32

Les habitans des trois postes de Miramichy, de celui de
Chipegan, des trois de Caraquet, étoient fort à plaindre
en juillet : ils se plainoient être dans le même état depuis
quelques années [...]

Carnet de Bazagier, Paris,
le dernier jour de décembre, 1760

L e poste de Ristigouche était en effervescence à l'été 1760.
D'abord, il fallait affréter un bâtiment pour envoyer à la cour
les dépêches de monsieur de Vaudreuil, qui était en train d'organiser le dernier noyau de résistance à Montréal. Comme tous
les navires de guerre avaient été coulés, le sort tomba sur le plus
gros bâtiment encore en état de naviguer : la goélette de Nicolas
Gauthier cachée dans le havre de Bonaventure. Le sieur de la
Giraudais fit armer la goélette, qu'il rebaptisa le *Petit Machault*.
Elle allait transporter une cargaison des plus belles fourrures de
la région et un tableau à offrir au roi. Il s'agissait d'une peinture
de la bataille de la Ristigouche, que Mathilde avait esquissée à la
pleine lune. La scène lui avait été inspirée par Tjigog, qui lui avait
raconté que trois étoiles près de l'étoile polaire représentaient
trois Mi'kmaqs qui étaient partis un jour en canot en direction de
la Grande Ourse, mais qui n'étaient jamais arrivés à destination.
C'était comme le secours de la France qui n'arrivait pas !

Il fallait organiser la distribution de vivres et de secours
non seulement pour les cent soixante familles acadiennes et

deux cent cinquante familles de Mi'kmaqs qui habitaient Ristigouche, mais aussi pour les familles de réfugiés acadiens qui vivaient misérablement dans les villages environnants : trente-six à Caraquet, trente-cinq à la Miramichy, dix-sept à Papôg et Gaspeg, cinq à Chipagan, sans oublier les Mi'kmaqs qui y résidaient. En plus, le poste de pêche de Chipagan avait été méthodiquement canonné par la flotte de Byron qui revenait vers Louisbourg, et les forbans n'avaient pas oublié d'achever, à la Miramichy, le travail de destruction qu'avait entrepris Murray en 1758.

Pour exécuter les ordres de Vaudreuil, c'est-à-dire organiser la résistance et armer des corsaires, Dangeac mobilisa toutes les énergies disponibles. Il maugréait : « Le gouverneur nous donne des instructions, mais il ne sait pas encore que la flotte de guerre n'existe plus. »

Il restait toutefois quatorze petits bateaux, jaugeant entre trente-cinq et quatre-vingt-dix tonneaux, dont la plupart avaient besoin de réparations majeures. La Ristigouche devint alors un immense chantier maritime où l'on réparait tout ce qui pouvait flotter : goélettes, schooners, chaloupes. Les Acadiens, s'ils avaient encore à apprendre le métier de marin, excellaient généralement en charpenterie. On entendait donc sonner les marteaux des Landry, grincer les scies des Dugas et gémir les varlopes des Poirier. Participaient également aux travaux Olivier Blanchard, qui excellait dans les calculs, Joseph Boudreau, qui se spécialisait dans l'utilisation du goudron et de l'étoupe, Olivier Léger, qui vérifiait les angles avec son équerre. Ainsi le sieur Gramond arma la chaloupe *La Fortune*, dont les vingt-cinq hommes, parmi lesquels Joseph Jean, capturèrent, dans les parages de Gaspeg, quelques vaisseaux anglais chargés de vivres et qui étaient partis de Boston pour se rendre à Québec. Une autre équipe, dirigée par le sieur Juny, remit à flots *Les Bons Enfants,* fit plusieurs prises au large de l'île Saint-Jean et sauva la vie à deux familles acadiennes dont l'esquif était en train de sombrer près de l'île d'Anticosti.

* * *

Guerre ou paix, défaite ou victoire, cela émouvait moins Mathilde que les sautes d'humeur de Tjigog. Elle était si bien dans ses bras que rien ne l'aurait dérangée, pas même de voir les quatre piliers du ciel s'écrouler. Pas en ce soir de pleine lune de juillet en tout cas.

— La lune est la femme du soleil et la mère de l'espèce humaine, lui raconta Tjigog. Elle protège la femme enceinte et dispense le lait nourricier.

Tjigog parlait ainsi car il songeait à fonder une famille. Mais cette heureuse pensée était assombrie par l'inquiétude que lui inspirait l'état de son ami Lynx coriace. Ce dernier arrivait de la rivière Saint-Jean où il avait été gravement blessé au cours d'une escarmouche avec les Anglais. Mathilde n'oublierait jamais le stoïcisme dont il avait fait preuve lorsqu'on lui avait amputé les deux jambes. Une opération barbare, avec scies et couteaux, pratiquée dans des conditions terribles d'hygiène, par un chirurgien plus barbier que disciple d'Hippocrate, avec pour seul anesthésique une bouteille de rhum. Ce fut la première fois qu'elle vit des larmes dans les yeux de Tjigog.

Le 26 juillet 1760, fête de la bonne sainte Anne, patronne vénérée des Indiens, fut une triste journée pour Tjigog. On enterra ce jour-là Lynx coriace au cimetière de la pointe Bourdon. Le père Ambroise profita du rassemblement pour rappeler aux réfugiés le caractère éphémère de l'existence. Comme si c'était nécessaire! Pas plus tard que la veille, le père Étienne avait dirigé, avec les quatre frères Godet[1] comme servants et porteurs, un autre service funèbre, celui de Germain Savoie, également décédé des suites de ses blessures lors de la bataille navale.

Mais le quotidien reprit le dessus et, le 10 août, le *Petit Machault*, dont la mise à flot avait dû être retardée en raison de fuites, partit pour la France. Chacun avait usé de son influence pour chercher à obtenir une place à bord, et de la Giraudais était loin de voir d'un bon œil cette surcharge du frêle esquif, qui devait traverser un océan. Le lendemain, les majors de milice Joseph et Charles Dugas ainsi que les capitaines Pierre

---

1. Gaudet.

Gauthier, Armand Bujeau et Abraham Dugas embarquèrent dans un rafiot et mirent la voile sur Caraquet. Quelques jours plus tard, Dangeac décida par prudence d'envoyer un second navire, afin d'être sûr que les nouvelles du Canada arriveraient à la cour, d'autant plus qu'il venait de recevoir des instructions de Vaudreuil, qui préconisait l'évacuation du poste et le rapatriement en France. Encore fallait-il avoir les bateaux pour le faire !

* * *

Antoine-Charles Denys de Saint-Simon possédait déjà, à vingt-six ans, une bonne expérience des armes. Il était né à Québec et, dès l'âge de 12 ans, il était cadet dans les troupes de la Marine. En 1755, il avait assisté à la défaite du général Braddock, en Ohio. Il avait été ensuite affecté en Acadie, et, au printemps 1760, le gouverneur Vaudreuil l'avait nommé assistant de Dangeac, au poste de Ristigouche. C'est peu dire qu'il aimait se battre. Le bouillant officier était de la graine d'homme d'action ; Simon, son grand-oncle, était le frère de Nicolas Denys, celui qui, au siècle précédent, avait gouverné pendant cinquante années les côtes de l'Acadie. Le jeune Saint-Simon avait décidé d'armer de dix pierriers et de trois canons la goélette de trente-cinq tonneaux appartenant à la famille Bujeau[2]. On la surnomma le *Corsaire acadien*, car elle avait pour équipage un groupe de quarante-sept Acadiens, dont des Acadiens d'origine poitevine[3], de Port-Royal, de la Grand'Prée et de Memramcouk, et des pêcheurs ou soldats d'origine normande[4], de Papôg et de Gaspeg, qui venaient au Ruisseau échanger des produits ou des baisers. Comme Mathilde refusait catégoriquement de quitter Tjigog d'une semelle, elle fut autorisée à faire partie de l'équipage. Elle s'était d'ailleurs taillé une place parmi les hommes grâce à son habileté à pointer les pierriers.

---

2. Bujold.
3. Boudreau, Blanchard, Cormier, Dugas, Landry, Léger, Poirier…
4. Albert, Brideau, Frigault, Gallien, Gionet, Lanteigne, Morais…

Durant tout le mois d'août et jusqu'en septembre, le corsaire que Tjigog appelait affectueusement *La Méchante Gougou* captura plusieurs vaisseaux au large de Gaspeg. Ces prises permirent de ravitailler les postes environnants. Le 19 septembre, le jour de la demie de la lune «où le chevreuil court sa femelle», une nouvelle prise vint fournir les moyens de faire la fête; sa cale était remplie de barils de rhum. Au début d'octobre, la lune «des amours de l'orignal» était à peine commencée qu'une frégate prit le *Corsaire acadien* en chasse. La nuit était loin, et la goélette dut fuir, poursuivie par la frégate ennemie armée de vingt-deux canons. Saint-Simon profita du léger vent du suroît qui soufflait en direction de Caraquet pour y mettre la voile. Plusieurs membres de l'équipage connaissaient cette région, certains pour avoir hiverné au Bocage deux années plus tôt. Gabriel Albert proposa:

— On pourrait contourner l'île de Pokesudie et remonter la rivière de la baie de Chipagan. On a un tirant d'eau plus faible que leur maudite frégate.

— Ça ne marchera pas, répliqua Frigault. La marée est trop basse et on va s'échouer avant d'avoir atteint la rivière…

— Eh bien, on se battra à terre, trancha le sieur Pansé, officier de Ristigouche qui secondait Saint-Simon.

Petit à petit, en raison de sa plus grande légèreté, le *Corsaire acadien* s'éloignait de la frégate anglaise. Les hommes semblaient hypnotisés par la rive au loin, comme s'il eût été possible d'augmenter la vitesse du navire en soufflant dans les voiles. Mais il n'y avait qu'une seule chose à faire: échouer la goélette et déguerpir, ce qu'ils firent à quelques encablures du rivage. Déjà les boulets sifflaient dans les cordages et les voiles. Le mât de misaine heurta Lentaigne, qui perdit conscience et tomba dans l'eau glacée. Tjigog le repéra immédiatement et se porta à son secours. Malgré l'effet paralysant des courants glacés d'octobre, il réussit à le ramener sur le rivage. L'équipage était déjà en train d'armer les mousquets, à l'abri derrière les bouleaux, les plaines[5] et les cerisiers sauvages. Mathilde s'élança à la rencontre de Tjigog, qui prenait pied sur la terre

---

5. Érables argentés.

ferme lorsque le malheur frappa : une mitraille atteignit son amoureux en pleine poitrine. Effondrée, Mathilde s'allongea près de Tjigog ensanglanté qui, les yeux vitreux, n'eut la force que de caresser ses cheveux, en balbutiant qu'il emporterait dans son cœur le plus merveilleux des souvenirs pendant le grand voyage. Sa vie se répandait à gros bouillons dans le sable et dans l'eau à laquelle se mêlaient les larmes de Mathilde, dont l'univers venait de s'écrouler encore une fois.

* * *

Attente et absence : voilà à quoi se résumait la vie au Ruisseau à l'automne de 1760. Le départ de Joseph, René et Membertou avait laissé un grand vide pour tous, et Angélique ne savait trop qui lui manquait le plus. Alors elle se tenait occupée à mille tâches quotidiennes. Jean-Baptiste faisait la navette entre Caraquet et Ristigouche pour assurer le ravitaillement ; c'est ainsi qu'il apprit rapidement les événements de la bataille navale. Prudents, les habitants du Ruisseau camouflèrent toute trace de vie pour ne pas être les prochaines victimes de la flotte de Byron.

Le Vieux scrutait l'horizon chaque jour, dans l'espoir de voir apparaître une voile familière. Mais la mer restait muette. D'autres questions lui venaient aussi. Sentant sa mort prochaine, il s'interrogeait sur l'existence d'une vie après la mort. Il se surprenait, car depuis les persécutions religieuses qu'il avait connues dans sa jeunesse, il avait adopté à ce sujet une attitude de cynisme et d'indifférence. Il jugeait peu vraisemblable qu'un Dieu qui crée des hommes à son image et à sa ressemblance puisse tolérer les guerres, la souffrance, la famine. Bien sûr, on lui avait parlé de la liberté de l'homme, de sa capacité de choisir le mal ou le bien, mais il se demandait quand même : « Est-il vraiment libre ? Qui ne fait pas son possible ? » Mais le doute revenait, lancinant. « Comment expliquer le changement des choses et des êtres s'il n'y a pas une cause, une logique ? Comment expliquer l'ordre dans la nature ? Comment, puisque chaque effet a une cause, ne pas remonter finalement à une cause première ? »

Il avait observé dans sa vie des objets et des êtres qui avaient atteint des niveaux de perfection divers, comme hiérarchisés, ce qui le portait à croire qu'il devait exister un état optimum de perfection, un absolu. Il avait aussi observé la finalité des choses : les produits de la terre servent à nourrir, la chenille devient papillon, le soleil procure chaleur et lumière, les nuages annoncent l'orage ou la tempête. Perdu dans ses doutes, il se demandait, à l'instar du philosophe Pascal, comment il pouvait y avoir une horloge sans horloger. Mais son cœur résistait encore, rongé par les rancœurs du passé.

Il avait toutefois connu de petites consolations : la chaleureuse Honguedo, la visite de sa fille Françoise, le pelage des animaux pris à la chasse qui, cette année, s'annonçait épais et soyeux. Pour passer le temps, il astiquait ses armes à feu : d'abord son mousquet préféré, un Brown Bess anglais de quarante-deux pouces, de calibre .70, puis le mousquet Charleville des armées françaises. Et sans le dire, pour ne pas alarmer Angélique, il s'ennuyait et s'inquiétait pour Joseph, René et Membertou.

* * *

L'été indien apparut à Angélique dans toute la splendeur des couleurs d'automne pendant qu'elle ramassait sa provision d'herbes médicinales pour l'hiver : salsepareille, anis, herbe à dinde, grand plantain, tanzy ; ainsi que l'ergot du seigle, dont elle faisait une potion contre les troubles cardiaques qu'elle servait quotidiennement à son père. Elle s'approvisionnait aussi en racines de framboisiers, dont elle mélangeait le décocté à du lait pour soigner la diarrhée des bébés, sans oublier la résine de violon [6] qui, avec un peu de mélasse et d'huile de ricin, donnait un bon remède contre les vers intestinaux.

Ses rêveries ravivaient le souvenir de ses longues marches avec Joseph dans les feuilles d'automne, comme dans une symphonie excitant tous les sens : le bruissement des feuilles sous leurs pas, l'odeur des pins et des épinettes, le tango des couleurs dans les jets de lumière tamisée qui alternaient avec

---

6. Mélèze.

l'ombre, les caresses que Joseph et elle avaient échangées pendant que les écureuils constituaient leurs réserves dans les vieux chênes, que les abeilles s'affairaient autour de leur pyramide de miel et que les oiseaux saluaient d'un petit battement d'ailes avant de filer vers le sud. À ce moment, elle sentit au cœur deux pincements : le premier à cause du manque qu'elle ressentait, le second, par jalousie envers Émilie.

Ses filles vinrent la rejoindre. Elles cueillirent des herbes, des écorces et des fruits pour faire des teintures : le muguet pour le vert doré, les fleurs de citronnelle pour le rose, la mûre pour le violet, l'écorce du marron d'Inde pour le rouge, d'autres encore, pour compléter la gamme des couleurs. Angélique profita d'un moment d'intimité avec Geneviève pour lui faire part de ses inquiétudes.

— Écoute, dit-elle, je sais ce qu'est la passion... Si tu veux attendre pour fonder une famille, j'ai des tisanes pour éviter cela... pour le moment.

Ce jour-là Geneviève se sentit bien proche d'une mère si compréhensive.

Angélique chérissait terriblement ses enfants, plus que le trésor de l'île, plus même que Joseph. D'avoir ses deux fils au loin, c'était déjà trop. Elle avait reçu par un navire qui avait fait escale au Ruisseau des lettres de Joseph, de René et de Membertou. Des nouvelles venant de Nantes, alors que ses hommes s'apprêtaient à partir pour Paris. Mais depuis, plus rien ! L'inquiétude !

Les préparatifs pour l'hiver allaient bon train. Angélique prépara des huiles médicinales à base d'huile de foie de morue et des onguents à partir de la gomme de sapin, puis elle ramassa des écorces de cèdre blanc et des baies d'églantier[7] en vue de prévenir le scorbut. Josette et Geneviève terminèrent la fabrication de récipients en argile ou en écorces de bouleau dans lesquels seraient conservés les pois, les haricots secs, la farine de maïs et les huiles. D'autres membres de la tribu réparèrent les canots, taillèrent des lanières de peau pour fabriquer des raquettes et confectionnèrent des flèches empennées,

---

7. Rosier sauvage.

longues et bien droites. La plus grande préoccupation restait la nourriture : les saumons, truites et anguilles des rivières, à fumer ou à saler, les viandes boucanées qu'il fallait pendre aux arbres pour les protéger des bêtes et de l'humidité du sol, sans oublier une cargaison de vivres pour Ristigouche et le camp de l'Espérance. On avait décrit au Vieux la misère qui régnait à la Miramichy, ce qui lui rappelait ses premières années au Canada, lorsqu'il s'était installé au poste de Miramichy pour y faire la traite des fourrures. C'était alors l'abondance, après le régime des galères. Des images qui le rendaient morose. Mais il retrouva sa bonne humeur lorsqu'il participa à la chasse au flambeau dans la petite lagune de Pokesudie ; à cette occasion, il fallait se camoufler dans un canot à la dérive, puis allumer soudainement les torches au moment où l'on arrivait au milieu des canards et des sarcelles. Les oiseaux se mettaient alors à tournoyer dans la plus grande confusion. Il ne restait plus qu'à donner quelques coups de bâton pour remplir les canots.

Jeannette-Anne travailla à l'assemblage des manteaux de fourrure jusqu'à l'heure de son accouchement. Selon la tradition mi'kmaque, elle donna naissance dans le silence, puis retourna à son travail. Jean-Baptiste fabriqua pour la petite Thérèse-Anne une planchette à dos qui servirait à la transporter. Lorsqu'elle travaillait à l'extérieur, Jeannette-Anne appuyait la planchette contre un arbre afin que l'enfant puisse voir autour d'elle et ainsi connaître le monde qu'elle allait découvrir.

Chapitre 33

Les îles de la Manche sont des morceaux de France
tombés dans la mer et ramassés par l'Angleterre.

Victor Hugo

Le vent de l'Océan donne à Jersey du miel exquis, de la
crème d'une douceur extraordinaire et du beurre d'un
jaune foncé qui sent la violette.

Chateaubriand

Sur la Seine, août 1760. La pierre précieuse que Joseph montra au capitaine aurait convaincu ce dernier de les conduire
en enfer s'il le lui avait demandé. C'est ainsi que Joseph et ses fils
se retrouvèrent, un peu après minuit, sur un coche d'eau qui
s'éloignait de Paris par la Seine, lentement. Trop lentement au
goût de Joseph, qui craignait qu'on les retrouve avant qu'ils
n'aient atteint l'île de Jersey. «Mon destin est bien étrange,
songea Joseph. La liberté nous sera accordée par l'Angleterre,
qui a juridiction sur cette île. » Depuis sa venue en France, Joseph
n'arrivait plus à se représenter clairement le visage d'Émilie, qui
s'estompait à mesure qu'il se rapprochait de Jersey, faisant place
aux images de déportés attendant leur libération des prisons
d'Angleterre. Il s'inquiétait aussi pour les autres qui, afin d'éviter
les déportations, jouaient à cache-cache dans les grandes forêts
d'Amérique. En cette date fatidique du 23 août 1760, à la toute
fin du mois des mûres noires, Joseph s'avoua:

— J'ai tenté le sort. Un homme seul ne peut changer le destin. J'ai péché par orgueil.

Et, dans un geste s'apparentant au renoncement de certains moines, il décida de raser sa barbe, idée qui ne plut guère à René qui craignait de ne plus reconnaître son père. Mais Joseph était bien décidé à changer de visage, comme s'il voulait ainsi rompre avec le passé. En guise de compromis, il céda aux protestations véhémentes de René et garda sa moustache. René avait raconté à son père le curieux épisode avec la vieille dame, celle qui l'avait pris pour son filleul.

— C'est difficile à croire ! s'exclama Joseph. Mais ce n'est pas impossible.

Ce fait le renforçait quand même dans sa croyance que son père faisait partie de la famille des ducs de Bretagne ; l'hérédité venait de le confirmer à travers son fils. Mais il relégua cette information dans un coin de sa mémoire, car il n'était pas d'humeur à penser à ses origines.

— Plus tard, je retournerai en Bretagne.

René s'ennuyait mortellement de sa mère. Il l'avait un peu oubliée à Paris, car les nouveautés découvertes chaque jour ainsi que ses projets touchant l'alchimie et son jeu du nouvel ordre social l'avaient tenu occupé. Mais il avait dû quitter la demeure du vicomte en toute hâte, sans rien pouvoir emporter. Heureusement, Aglaë l'avait trouvé à temps dans les jardins de Versailles pour lui dire que Joseph le cherchait et que Membertou se cachait dans les grandes écuries.

Quant à Membertou, son univers était morne et gris à cause de l'absence d'Aglaë. Il ne rechercha ni explication ni justification. Il ne ressentait qu'un manque terrible et une douleur sourde au creux du ventre. Le silence dans lequel il se mura devint pour lui un refuge, que Joseph et René respectèrent. Paris était loin lorsque le soleil se leva et ils décidèrent de débarquer du coche d'eau. Les petites « pierres magiques » de Joseph firent leur effet et à bord d'une berline ils prirent le chemin de Rennes et Saint-Malo.

René oublia son ennui en apercevant la ville fortifiée de Saint-Malo. Il se souvint des histoires que lui contait son grand-père au sujet de cette capitale des corsaires. Plusieurs prises, dans le port, confirmaient le dynamisme de la ville. Au loin se dressait l'imposante abbaye du Mont-Saint-Michel. Tout près du château de la duchesse Anne, Joseph loua un corsaire pour aller à Jersey. On ne lui posa pas de question; le scintillement des pierres suffisait. Et il considérait ce navire comme le plus sûr pour traverser à l'île.

— Après tout, le corsaire est spécialisé dans l'art de déjouer l'ennemi.

René, qui n'avait pas perdu son goût de jouer des tours à Membertou, lui lança :

— C'est de Saint-Malo que Jacques Cartier est parti pour découvrir le Canada.

Membertou sursauta.

— Les Indiens habitaient déjà l'Amérique depuis des millénaires. Les Blancs n'ont rien découvert. Ils ont répandu la maladie et le vice.

Il s'en fallut de peu, ce jour-là, que Membertou ne jetât son frère à la mer, mais ce dernier l'avait au moins sorti de son mutisme. Il y avait plusieurs Jersiais à bord, dont un dénommé Le Gresley, instituteur, qui leur résuma dans son patois[1] l'histoire des îles anglo-normandes.

— En 1066 le duc de Normandie, Guillaume le Conquérant, a conquis l'Angleterre et, depuis, les îles de Jersey, Guernesey, Alderney et quelques poussières en font partie. Les habitants, les Normands, ont conservé la langue et la culture françaises, des traditions renforcées par les Français qui demeurent à proximité, sur les côtes de Bretagne et de Normandie. En somme, un territoire anglais, mais avec ses propres lois et son propre parlement, de très belles îles avec un climat assez doux en raison des courants chauds de l'océan[2].

— On dit que les catholiques n'y sont pas les bienvenus ? s'enquit Joseph.

— Certes non! Beaucoup de huguenots français sont venus s'installer dans l'île pour fuir les persécutions. Les papistes n'ont pas leur place chez nous. Dès 1560, les églises ont

1. Le jersiais est du vieux français du XIIᵉ siècle.
2. Gulf Stream.

été nettoyées par les calvinistes et transformées en temples protestants.

Pour ne pas éveiller les soupçons, Joseph raconta qu'il fuyait les persécutions religieuses au Canada et qu'en France, il n'avait pas trouvé la liberté qu'il cherchait. Sachant que tous les habitants de l'île se connaissaient, il brûlait de poser des questions sur Émilie, mais il décida de ne pas trahir leur secret.

Afin d'éviter les navires de guerre, le capitaine attendit la nuit, avec l'intention de faire un détour pour faire croire que le vaisseau arrivait d'Angleterre. Pas très loin de Jersey, l'île de Sercq montrait son air farouche, un rocher à la majesté sauvage, celle de la nature à vif, presque sans arbres. Le Gresley déclama pour Joseph les paroles par lesquelles Rabelais avait immortalisé cet îlot:

« Îles des forfants, des larrons, des meurtriers
et assassineurs. Ils sont pires que les cannibales. »

— Ne vous en faites pas, sympathisa-t-il en lisant l'inquiétude sur le visage de Joseph. Jersey est un coin bien tranquille. En 1483, le pape Sixte IV a proclamé, dans une bulle, que les îles et les environs, aussi loin que portait le regard, seraient neutres en temps de guerre. Que les pirates seraient excommuniés. Cette tradition de paix date de près de deux siècles.

Une masse sombre se profila dans les lueurs de l'aube, et Jersey apparut: sept lieues sur trois. D'un côté, de hautes falaises de granit trouées de cavernes; de l'autre, de longues plages de sable blanc parsemées de petites criques. Puis le navire jeta l'ancre dans une vaste baie en face de Saint-Hélier, la capitale.

— Quelle réception Émilie me réservera-t-elle après tout ce temps? Et ma fille Héloïse?

Il n'allait pas tarder à trouver réponse à ces questions.

* * *

Émilie attendait Joseph. Elle attendait en fait depuis toujours. Après tant d'années, elle n'osait y croire. Elle relut encore la lettre que Joseph lui avait envoyée de Nantes. Elle la replaça dans le coffret en bronze qui contenait toutes les lettres qu'elle lui avait écrites : une par mois depuis qu'elle avait quitté Québec vingt ans plus tôt, sauf une fois où elle avait été très malade. Plus de deux cents lettres qu'elle n'avait jamais envoyées, à deux exceptions près.

Son mari, Alexandre Le Breton, était décédé à un âge avancé. Il avait été bon pour elle et, à défaut d'amour et de passion, elle lui avait donné amitié et tendresse. Alexandre s'était enrichi avec le commerce des pêcheries de Terre-Neuve et ils habitaient une belle maison connue sous le nom de « terreneuve », qui avait une grande porte centrale sous un porche sculpté et de nombreuses fenêtres que surplombait un toit d'ardoise. Même si les revenus de son mari l'en dispensaient, Émilie avait accepté de travailler comme gouvernante auprès des enfants du seigneur De Carteret, le bailli de l'île, question de compenser la nombreuse famille qu'elle aurait aimé avoir.

Ses journées étaient bien remplies ; d'abord elle tricotait des chandails jersiais, puis elle bricolait dans son petit coin de poterie. Et elle cultivait des fleurs : œillets, chrysanthèmes, tulipes et un petit champ de lavande. Elle avait un peu vieilli, mais sa beauté s'auréolait davantage avec l'âge et, comme Pénélope, elle faisait attendre ses prétendants depuis quatre ans qu'elle était veuve. Les longues heures qu'elle passait au château lui fournissaient l'occasion de lire, de jouer de la musique, de déchiffrer les documents légaux, d'apprendre l'anglais, le hollandais et l'espagnol, car des visiteurs de plusieurs pays d'Europe y séjournaient.

Les voyageurs, complètement fourbus, hélèrent un cocher. Celui-ci savait où demeurait Émilie : de l'autre côté de l'île, près de la baie de Bonne-Nuit. Empruntant des petites routes bordées de peupliers, de chênes, de marronniers, ils longèrent des fermes aux murs de granit, aux cheminées massives et aux fenêtres sculptées, la date de construction et le blason de famille taillés dans la pierre. Les clôtures et les bornes aussi étaient faites de pierre. Ils firent le voyage en silence. Dans le cas de Membertou, c'était à croire qu'il s'était muré dans les oubliettes d'une forteresse ; dans celui de René, c'était plutôt en raison de sa curiosité.

«Pas question de l'aimer», se disait René à propos de la femme qui faisait concurrence à sa mère dans le cœur de son père, mais il était curieux de la connaître.

Joseph, de son côté, essayait de se remémorer leur dernière rencontre, avant son départ pour la trappe dans la région de Trois-Rivières. Il y avait si longtemps, et les souvenirs étaient devenus si flous, mais il n'avait pas oublié leur dernière étreinte, quand Émilie, les larmes aux yeux, lui avait promis : «On se mariera au printemps. Reviens vite!»

«Savait-elle qu'elle était enceinte à ce moment-là? se tortura-t-il. Pourquoi n'a-t-elle pas attendu jusqu'à l'été?»

Les questions qui se bousculaient dans sa tête l'angoissaient d'autant plus que chaque tour de roue le rapprochait de la réponse. Finalement, il aperçut la maison et un petit champ de lavande qui se confondait avec le violet et le rose du soleil couchant dans la mer. Joseph demanda à René et Membertou d'attendre dans la voiture, pendant qu'il irait voir si Émilie était là. Au fond, c'était un prétexte pour que les retrouvailles se passent dans l'intimité. Il descendit de la calèche et, le cœur battant à se rompre, il contourna la demeure. Émilie était là, en train de distiller son parfum d'huile de lavande. C'est à cet endroit précis, dans la fusion des odeurs de lavande et d'air marin, qu'il la prit dans ses bras. Elle tremblait comme une hirondelle transie qui retrouve la chaleur et le gîte après un long voyage. Elle balbutia :

— Tu n'as pas changé, mais tu es encore plus beau que dans mes rêves. Je sais ce qu'est l'attente.

Elle se serra encore plus fort contre lui. Elle sanglotait et ses larmes mouillèrent aussi le visage de Joseph, qui ne savait pas trop s'il pleurait lui-même.

Il était trop ému pour parler, et il avait tant de choses à dire qu'il ne savait pas par où commencer. Ce fut donc dans le silence que Joseph et Émilie communiquèrent en se dévorant des yeux, comme des enfants ravis.

Ils entrèrent dans la maison. Émilie mit le couvert; Joseph ne se lassait pas d'observer ses gestes raffinés, sa démarche fluide, son air radieux. Elle avait préparé de bien bonnes choses, des plats de l'île, cuits sur la braise, au feu de bois et de varech, et qui mijotaient depuis presque une éternité. Les fils de Joseph vinrent les rejoindre. René, comme pour alléger la solennité du moment, rompit le silence avec des questions sur la vie d'Émilie et des commentaires sur la cuisine de l'île, sur tous ces plats succulents et différents qui garnissaient la grande table. Une certaine complicité s'installa entre René et Émilie. Cette dernière l'interrogea sur la traversée, le mal de mer, Paris et Versailles. René lui répondit avec un brin de fierté qu'il avait le pied marin, qu'il travaillait sur de grands projets d'alchimie… Joseph continuait d'observer en silence, heureux de ce rapprochement. Mais le succès fut moins grand avec Membertou, qui ne laissa échapper qu'un grognement lorsque Émilie tenta de le faire parler de la vie au Ruisseau. Joseph se décida à demander si Héloïse était là.

— Elle est partie pour l'île de Guernesey, répondit sa mère. Elle s'est entichée d'un huguenot français réfugié là-bas. Elle est partie en me donnant comme prétexte qu'elle allait visiter le frère de mon défunt mari. Je ne sais pas quand elle reviendra. Elle me cause bien des soucis ; elle est très bohème et révoltée. Je crois qu'elle a ton côté aventurier, lança-t-elle à Joseph en le taquinant.

— J'espère que cela ne lui rendra pas la vie trop difficile. Mon besoin d'aventures dans les forêts laurentiennes nous a causé bien des misères.

Joseph se souvint du moment où il était parti, alors qu'Émilie, seule à Québec, s'inquiétait de l'enfant qui allait naître. « Si j'avais su », pensa-t-il.

René s'était tu subitement. Son visage s'était fermé, et un sentiment de jalousie s'était emparé de lui. Il devait partager Joseph non seulement avec Émilie mais aussi avec Héloïse. Habitué, en tant que cadet, à tenir une place privilégiée auprès de Joseph, il se sentit soudain menacé par cette inconnue. Il n'aimait pas voir son père si préoccupé par cette Héloïse. Il décida donc de rejoindre Membertou, qui était parti se coucher.

Malgré la fatigue, Joseph s'attarda quelques instants encore. Surtout qu'il pouvait parler plus librement d'Héloïse en l'absence de René et de Membertou.

— J'ai hâte de la voir. Mais sait-elle que je suis son père ? que je suis ici ? Comment va-t-elle réagir en me voyant ? Peut-être me hait-elle à cause des souffrances que vous avez subies par ma faute.

— Joseph, je t'en prie, ne te blâme pas. Tu ne pouvais pas savoir que j'étais enceinte, ni moi, deviner que tu étais toujours vivant. Je lui ai tout expliqué et je lui ai beaucoup parlé de toi. Héloïse a compris que le destin nous a joué un mauvais tour. Elle est curieuse de te connaître.

C'est là-dessus que s'acheva le repas. Tout en douceur, comme les grains de sable qui, au-dessus de la cheminée, s'écoulaient dans le sablier. Ils prirent le chemin des rêves, près de la baie de Bonne-Nuit, aussi appelée baie du Bon-Repos.

Dès les premières lueurs de l'aube, René s'éveilla.

— Viens, allons voir Lillie, lui proposa Émilie.

— C'est qui ?

— Celle qui me donne du bon lait chaud. En un an, dix fois son poids en lait. Une race pure, les jersiaises.

Mais René ne semblait pas passionné outre mesure par Lillie, petite vache beige pâle aux yeux foncés qui broutait dans la prairie.

— Qu'est-ce qui t'intéresse, toi ? lui demanda Émilie.

— Tout ce qui touche aux pouvoirs magiques.

— Il y a, près d'ici, la Fontaine des Mittes, qui a la vertu de donner la parole aux muets, pourvu qu'ils boivent son eau avant le coucher du soleil.

René, que les dolmens intéressaient davantage, lui demanda s'il y en avait dans la région.

— On raconte qu'à la Hougue Bie, un valeureux chevalier tua un dragon qui ravageait l'île. Son écuyer voulant revendiquer l'exploit assassina le chevalier. Alors, la maîtresse de ce dernier fit élever à sa mémoire un dolmen que tu aimeras peut-être visiter. Mais d'abord, il te faut bien manger, un bon petit-déjeuner avec des œufs, du lard au fou[3], des mèrvelles[4] et du nièr beurre[5], sans oublier le bon lait chaud de Lillie.

---

3. Bacon,
4. Sorte de beignes.
5. Beurre noir.

Après le petit-déjeuner, René partit à la découverte de l'île en compagnie d'Alphonse Mourant, le serviteur d'Émilie. Des Ibériens, des Celtes, des Gallois y étaient passés et elle avait déjà été conquise par les Romains, qui l'avaient nommée Cæsarea. À la « terreneuve », Membertou resta enfermé dans sa chambre toute la journée.

* * *

Dans l'odeur des pins et des fougères, empruntant un sentier bordé de bruyères, d'ajoncs et de genêts, Joseph et Émilie se dirigèrent vers la crique de Bonne-Nuit. Au bord d'une mer bleu turquoise, ils s'étendirent sur le sable chaud au pied d'une falaise de granit rose pour partager un moment qu'ils attendaient depuis l'aube du rêve.

— J'ai pleuré longtemps après mon départ pour la France. Je te croyais mort, et il y avait une partie de toi dans mon ventre. Paradoxalement, c'est aussi ce qui m'a donné le courage de persévérer. Souvent le désir me prenait de retourner auprès de ma famille. Je ne sais pourquoi je suis finalement restée. Héloïse a grandi et…

Émilie n'avait pas le goût de s'attarder à tous les rendez-vous manqués.

— C'est comment maintenant la rue Cul-de-Sac?

— C'est plein de nouvelles maisons. Mais avec la guerre, j'ai bien peur que les canons anglais vont changer le paysage.

Puis Joseph lui parla de sa sœur Cristel.

— Le plus terrible, avoua-t-elle, c'est de ne pas voir les siens, entendre leur voix, les toucher, assister aux derniers moments de ses parents. La douleur s'amplifie avec les années. Ah Joseph! Ne me laisse plus; cette fois, j'en mourrai. Angélique a eu sa part assez longtemps. Tes enfants sont presque tous grands. C'est mon tour. Non, ne m'écoute pas; tu dois retourner là-bas.

Joseph la sentait déchirée par une lutte terrible. Il la berça pendant qu'elle se laissait aller à pleurer de peine et de joie à la fois. Il recueillit chaque larme comme une goutte d'or qui abreuvait son être. Elle finit par s'apaiser alors que Joseph restait indécis : s'abandonner ou ne pas s'abandonner ? Il avait pensé qu'en la revoyant il verrait se terminer cet épisode de sa vie, qu'il pourrait y mettre le point final. Mais la magie était toujours là, plus forte même et plus ancrée. Il se sentait tiraillé par le devoir familial, par l'amour qu'il ressentait pour Angélique et par cette vague culpabilité qui l'empêchait de s'abandonner à sa passion pour Émilie. À travers ses sanglots, elle proposa :

— Viens, je vais te donner un bon massage ; ça t'aidera à te détendre. J'ai appris cette technique de voyageurs venant d'Orient qui ont séjourné au château.

Joseph enleva ses vêtements et s'étendit sur le sable frais, à la limite des vagues. L'écume chaude de la mer venait mourir à ses pieds. Émilie commença le massage, pendant que s'établissait une sorte de télépathie entre eux. En caressant les pieds de Joseph, elle refit tous les trajets qu'il avait faits entre Québec, Caraquet et Louisbourg. Elle ressentit la fatigue de ses pieds et la fit disparaître. Elle palpa ses jambes musclées, qui avaient arpenté le pont des navires et les côtes de la baye des Chaleurs. Pendant ce temps, Joseph perçut la force et la douceur des bras qui avaient bercé leur fille et des mains qui avaient pétri le pain, tissé la laine, et une vague inquiétude l'effleura à la pensée qu'elles avaient aussi caressé Alexandre. Émilie massa les épaules, puis caressa le cou. Elle sentit le poids des tracas de Joseph. Elle effleura ses cheveux, qui volaient au vent à l'île Caraquet, et, lorsqu'elle arriva aux yeux, la jalousie s'empara d'elle parce que ces yeux avaient regardé Angélique avec amour. Elle toucha ses lèvres, comme pour l'entendre dire qu'il l'aimait. Toute cette douceur enveloppante avait revigoré Joseph, et quand elle atteignit sa poitrine, ce fut comme si un diamant de lumière éclairait son cœur et il s'enfonça dans cette clarté, pour bercer les joies et les misères, les doutes et les certitudes. Il ouvrit grand les bras et y accueillit en tremblant cette fleur rare qui avait survécu au déluge. Ils roulèrent dans les vagues chaudes, dans cette transparence de bleu, de vert, de turquoise, d'or et de lumière, comme pour retourner à l'origine de la Création, avant le Bien et le Mal, lorsque la vie se développa dans l'eau. Pour s'immerger aussi dans la mer, qui rappelle la mère et la naissance et qui lave de toutes souillures. Ils s'aimèrent longtemps à l'ombre du grand rocher-cathédrale, dans le fracas des vagues qui résonnaient comme un carillon joyeux.

Lorsque leur cœur et leurs sens furent rassasiés, Joseph raconta à Émilie ses mésaventures à Versailles.

— L'abbé Leloutre est prisonnier au Elizabeth Castle, dit-elle. Mais il est toujours influent à la cour et il pourra peut-être t'aider.

— Ce serait un grand soulagement.

Il se souvint d'avoir parlé avec l'abbé Leloutre à Louisbourg. Celui-ci, grand vicaire d'Acadie et ami du marquis de la Galissonnière, était la bête noire des Anglais, qui l'accusaient de fanatiser les Indiens et de fomenter la révolte chez les Acadiens.

— Mais il doit être difficile de le rencontrer?

— Pas du tout. Il ne peut sortir de la forteresse mais, à l'intérieur de sa prison, il est assez libre de ses mouvements. Et je connais le gouverneur du château.

Elizabeth Castle était situé sur un îlot, en face de Saint-Hélier. Une forteresse imprenable, d'où il était impossible de s'échapper. Avec l'appui du seigneur Dumaresq, qui avait beaucoup d'influence dans l'île, Émilie et Joseph avaient pu rencontrer George Collingwood, le commandant des lieux, qui autorisa la rencontre avec l'abbé. Joseph se dirigea donc, à marée basse, vers cette masse de pierre sombre et sinistre qui bloquait l'horizon pas très loin de récifs noirs; un trajet d'une lieue, jonché de roches et de varechs. En frissonnant, il passa sous la grande rose des Tudor et les armoiries de la reine, gravées dans l'arche d'entrée: le lion d'Angleterre et le dragon du pays de Galles. La forteresse de granit était défendue par une centaine de canons de gros calibre, munis de roues, qui formaient une batterie à barbettes et qui couvraient tous les angles de tir. Sur le sol, devant la baraque des soldats, il remarqua un cratère, vestige de la guerre civile du siècle précédent, quand la forteresse avait été bombardée avec des projectiles de quatre cent cinquante livres, contenant quarante livres de poudre. En essayant de chasser de sa mémoire ses souvenirs de

Louisbourg, il suivit un soldat qui l'escortait. Joseph monta et descendit des escaliers de pierre, traversa des caves voûtées, ténébreuses et humides pour arriver enfin à la cellule de l'abbé.

Ce fut un moment intense lorsqu'il retrouva l'ancien vicaire général de l'Acadie. L'abbé Leloutre, ému, tomba à genoux pour remercier le ciel d'avoir rendu cette rencontre possible. Joseph l'imita. « Enfin du réconfort, dans cette mission difficile, se dit Joseph. La première fois depuis mon arrivée en Europe. » Et il ne venait pas de n'importe qui ! Il venait d'un être ardent et dévoué qu'on surnommait le Moïse d'Acadie et qui pourrait peut-être lui fournir les moyens de parvenir à ses fins à la cour de Versailles. L'abbé, de son côté, était d'autant plus heureux que c'était la première fois, depuis sa mise sous les verrous, qu'il pouvait parler à un Acadien, le toucher, apprendre des nouvelles de vive voix de son pays d'adoption. Il avait une allure d'ascète dans sa longue soutane noire. Dans son visage, sa mâchoire carrée révélait sa détermination ; une trace d'arrogance aussi dans le regard. Son visage était de ceux qu'on n'oubliait pas, avec sa barbe embroussaillée et ses épais sourcils noirs ; mais ce qui frappait le plus, c'étaient ses yeux, vifs et perçants, illuminés par une flamme intérieure d'autant plus brillante, à ce moment-là, que des larmes perlaient dans son regard.

L'abbé Leloutre fit entrer Joseph dans une cellule propre et sobrement meublée : un crucifix au mur, un lit, un bureau, quelques chaises et une table sur laquelle était posé un tricot.

— Eh oui, je tricote. Ça me fait oublier. Le tricot est tellement populaire dans l'île qu'on a dû passer une loi pour interdire aux hommes de tricoter à l'époque des moissons et de la cueillette du varech. Allez donc dire après ça que les hommes ont tous les droits ! lança-t-il avec une pointe d'humour.

— Ça doit effectivement vous aider à oublier que les Anglais ont fini par vous mettre en cage, sympathisa Joseph.

— C'est la deuxième fois qu'on m'emprisonne. Cette fois-ci, j'avais pris le second nom de mon père, le sieur Desprez, mais ma ruse n'a pas marché. J'ai alors demandé aux autorités anglaises de subir un procès, mais on se garde bien de me l'accorder. Il ne me reste donc qu'à attendre la fin de la guerre… Mais parlez-moi des Acadiens.

Joseph lui raconta la misère des gens, la faim, la maladie, l'éparpillement des familles, la situation au camp de l'Espérance, la résistance.

— Et dire qu'on m'a traité de fanatique! soupira l'abbé. Il est vrai que j'ai tout fait pour alerter les Acadiens des déportations qui s'annonçaient, mais je l'ai fait dans l'honneur et la dignité et j'ai encouragé ceux qui se sont efforcés de reprendre la Grand'Prée et Port-Royal. Les Duvivier, Ramesay, De Villiers, Boishébert, Beausoleil…

Son récit prenait quasiment la forme d'une plaidoirie.

— Ceux qui parlent ainsi cherchent à vous discréditer, observa Joseph, mais les Acadiens et les Français connaissent votre dévouement.

— Pas tous. Les rumeurs ont souvent plus d'emprise que la vérité. J'ai dépensé cinquante mille livres, des argents de Versailles et des fonds personnels, pour assécher les marais de Beauséjour, pour construire des aboiteaux qui inciteraient les Acadiens de Beaubassin, de Port-Royal et de la Grand'Prée à venir y cultiver de bonnes terres. Certes, j'ai exercé des pressions pour que les Acadiens émigrent à Beauséjour ou à l'île Royale, car je connaissais la détermination des Anglais d'Halifax à se débarrasser d'eux. Tu sais que certains croient que j'ai incendié le village de Beaubassin pour forcer les Acadiens à passer sous juridiction française. D'autres me tiennent responsable de la mort de l'émissaire Howe, au fort Lawrence, tandis qu'au contraire, je l'avais prévenu de ne pas entrer en contact avec les Indiens. J'ai cherché à convaincre, mais jamais je n'ai fait de chantage avec les sacrements; je n'aurais pu vivre en paix avec ma conscience. Il est également vrai que j'ai encouragé les Indiens à lutter contre les Anglais, mais il faut dire, à notre décharge, que les Anglais leur avaient volé leurs terres et qu'à Halifax une chevelure indienne valait cinquante livres anglaises. Il ne faut donc pas s'étonner que j'aie payé pour des scalps anglais mais, chaque fois que j'ai pu le faire, j'ai donné une rançon aux Indiens pour qu'ils libèrent leurs prisonniers anglais; j'ai même des documents des autorités d'Halifax qui attestent cette initiative.

Leloutre avait oublié jusqu'à la présence de Joseph; il répétait sa défense en prévision de son procès.

— J'ai cherché par tous les moyens à humaniser les Sauvages, mais ceux-ci ont leurs coutumes et il n'y a pas de guerre qui se fasse avec douceur. Mon grand regret, c'est de n'avoir pu faire comprendre aux Acadiens que leur neutralité était leur plus grande ennemie, que la déportation se tramait depuis des années. S'ils leur avaient opposé des tactiques de guérilla, les Anglais n'auraient jamais réussi dans leurs sinistres desseins. Ma devise, celle de Morlaix, ma ville natale, est: «Si l'Anglais te mord, mords-le.» Je regrette de ne pas les avoir assez mordus.

Voyant que l'abbé Leloutre en avait pour des heures à se vider le cœur, Joseph chercha à lui expliquer la raison de son voyage, les difficultés rencontrées et les possibilités offertes par le trésor.

— Un coffre rempli d'or et de pierres précieuses, assez d'argent pour financer une flotte de guerre, un cadeau du ciel que je n'ai pu utiliser à cause de nos mésaventures à Versailles.

Par la fenêtre du cachot, le prêtre regardait, au loin, les côtes de France. La colère se lisait dans ses yeux.

— Les colonies sont le dernier de leurs soucis. Il y a deux fois plus d'habitants en France qu'en Angleterre et, pourtant, il y a vingt fois moins de Français que d'Anglais en Amérique. À la cour, on ne pense qu'à se vautrer dans la luxure et le libertinage. C'est un monde de frivolités, avec ses Précieuses qui pérorent dans les salons, ses Encyclopédistes qui décrient la foi et ses courtisans qui ne cherchent que les faveurs du roi. Ils usent de la raison et de la science pour ridiculiser les croyances et séparer la morale de la religion. Ça finira mal, cette histoire-là! À trop contester la vérité et l'ordre établi, on finira dans le chaos.

Joseph trouvait qu'il s'éloignait un peu trop du sujet.

— Je voudrais vous confier le secret du trésor, de sorte que si je meurs, vous puissiez vous en servir pour aider les Acadiens. Le trésor se trouve à l'abbaye de Melleray près de Nantes, sous la garde de l'abbé directeur. Et voici le mot de passe: *le feu du mauvais temps.*

— Quelle heureuse nouvelle! Je vais écrire à l'abbé L'Isle-Dieu; il finira peut-être par convaincre le roi. À mon tour de vous confier un secret. Je suis en pourparlers avec des marchands huguenots, des Jersiais d'origine française. En qualité de sujets britanniques, ils ont une certaine influence sur les politiques anglaises; ce sont des marchands qui veulent s'enrichir avec le commerce de la morue, et ils considèrent que l'Acadie, vu la richesse de ses mers, pourrait être la base d'un empire mondial. Mais, pour cela, il faut une main-d'œuvre adaptée au pays. Alors, Charles Robin et ses frères comptent écrire au gouverneur d'Halifax pour lui demander d'arrêter les déportations, afin qu'ils puissent organiser leurs postes de pêche. Les Anglais accepteront peut-être, puisque des intérêts économiques sont en jeu.

— Mais les Acadiens seront quasiment des esclaves à la solde des Robin, argumenta Joseph.

— Entre deux maux, on choisit le moindre, mon fils; l'esclavage vaut mieux que l'anéantissement. Au moins les Acadiens resteront chez eux et conserveront leur langue et leur foi. Lorsque la tempête sera passée, ils pourront revendiquer leurs droits.

Joseph était bien conscient qu'il n'y avait pas de solution facile et il admit que le plan de l'abbé Leloutre avait du sens. Le missionnaire continua:

— Vous savez, je ne peux sortir de cette prison, mais je reçois beaucoup de visiteurs et de lettres. Je sais ce qui se passe. Je sais par exemple que la Virginie a refusé de laisser entrer les Acadiens déportés chez eux; ils sont près de mille cinq cents à avoir été refoulés vers l'Angleterre dans des conditions effroyables. Les survivants sont détenus à Liverpool, Bristol, Penryn et Southampton, dit-il, consterné.

— Comment sont-ils traités?

— Comme des rois! À Bristol, on ne les attendait pas, alors on les a laissés trois jours et trois nuits sur les quais et la petite vérole a fait des ravages chez ceux qui n'avaient pas déjà succombé de fatigue et de désespoir. Je corresponds avec le duc de Nivernais, l'ambassadeur de France à Londres, pour faire en sorte que ces gens reviennent en France. L'argent du trésor arrive à point nommé.

— Pourquoi faites-vous tout cela?

— Parce que les Acadiens sont ma famille maintenant et qu'ils souffrent. Je ne cherche pas la reconnaissance. Ce peuple est généreux, certes, mais étouffé en pleine croissance, un peuple en plein envol, à qui on a coupé les ailes ; un chêne naissant terrassé par les intempéries. Des moments terribles vous attendent. L'Acadie a été une terre de compromis depuis sa fondation, pour garantir sa survie, en faisant alliance avec les Indiens, pour son économie, en tolérant le commerce avec les Anglais de la Nouvelle-Angleterre ; enfin, cette neutralité a fini par vous perdre.

Il n'y a pas de sens à la souffrance collective, pensa Joseph, mais il n'avait pas envie d'argumenter là-dessus. Avant de partir, il voulait se confier à l'abbé, lui parler des deux amours de sa vie. Il lui parla de ses fiançailles avec Émilie, de son départ pour Caraquet, de son mariage avec Angélique, de ses enfants.

— Vous savez, dit l'abbé Leloutre, on regarde différemment les enseignements de l'Église à force de vivre avec les Indiens. Ces derniers croient bon d'offrir aux visiteurs ce qu'ils ont de plus cher : leur épouse. Je ne suis pas d'accord, mais je ne peux nier qu'il y a, dans ce don, une forme de beauté. Dans son histoire, l'Église a eu de grands élans d'humanité : des mariages ont été annulés, des hérétiques ont été pardonnés… Aujourd'hui, la plupart des grands personnages ont des maîtresses et cela est plus ou moins toléré. Récemment, des Acadiens de Saint-Malo ont présenté une requête afin de pouvoir se marier quasiment entre frères et sœurs, et l'abbé L'Isle-Dieu a recommandé d'accélérer les dispenses pour que le rameau acadien ne soit pas dispersé. Cela a été accepté. La Bible ne pouvait prévoir toutes les situations.

Et il ajouta :

— Les voies du Seigneur sont impénétrables.

Joseph s'étonna qu'il tînt un discours quasiment hérétique, qui justifiait chacun, en somme, d'agir selon sa conscience.

Avant de clore l'entretien, l'abbé Leloutre lui parla de Thomas Pichon qui, en 1755, avait livré aux Anglais des informations militaires qui avaient facilité la prise du fort Beauséjour.

— Méfiez-vous de cet homme. Il réside actuellement à Jersey, à la solde de l'Angleterre, pour deux cents livres par an.

C'est un serpent, un être qui vendrait sa propre mère pour satisfaire son désir de pouvoir et d'argent. Mieux vaut qu'il n'apprenne pas votre venue ici.

L'abbé Leloutre ne voulait pas en dire davantage. Il donna sa bénédiction à Joseph, puis dit :

— J'ai une question un peu étrange à vous poser. Après le désastre de la flotte du duc d'Anville, j'ai fait à une bonne âme la promesse de veiller sur une petite orpheline, Mathilde Chiasson. Elle a été adoptée à la Grand'Prée par la famille Clairefontaine. Vous n'auriez pas entendu parler d'elle par des réfugiés du camp de l'Espérance ?

Joseph ne savait rien de Mathilde et il regrettait de ne pouvoir rassurer le missionnaire en lui assurant qu'elle était saine et sauve quelque part. Il quitta l'abbé au moment où la cloche avertissait qu'il fallait partir en raison de la marée montante.

Sa rencontre avec l'abbé Leloutre l'avait apaisé et, ce soir-là, après que René et Membertou furent endormis, il s'installa dans son grand lit qui sentait la lavande après avoir pris un bain calmant dans des algues marines. Sur la petite table de chevet en bois d'acajou étaient disposées des petites bouteilles de jade et de porcelaine de Chine contenant du tabac à priser. Émilie, qui était venue le rejoindre, lui raconta :

— Fumer n'est pas bien vu. Mais priser, c'est différent, même pour les femmes. Car on dit que cela a des propriétés médicinales.

Joseph était en paix, prêt à essayer tout ce que lui proposerait Émilie. Tout en prisant, il parla de sa visite à l'abbé Leloutre et de l'attitude de ce dernier face à leur relation. Puis il proposa :

— Pourquoi n'irions-nous pas rendre visite à Héloïse à Guernesey au lieu de l'attendre ?

— Oh oui ! Ça lui fera plaisir. Chaque fois que je lui parlais de toi, elle me demandait si elle te verrait un jour. Et je suis inquiète lorsqu'elle est au loin.

Dans les bras l'un de l'autre, sur l'oreiller rempli de graines de houblon et de fleurs d'immortelles, ils s'endormirent en rêvant d'ivresse et d'éternité.

* * *

Le lendemain, René se rendit visiter le Royal Square de Saint-Hélier et il resta particulièrement impressionné par un malheureux condamné au pilori.

— C'est cruel. On lui a coupé l'oreille et on l'a accroché au pilori. J'ai rencontré un exilé acadien bien gentil qui m'a raconté le crime de ce malheureux, raconta René.

— On pourrait l'inviter ici, suggéra Joseph. Il t'a dit son nom?

— Oui, Thomas Tyrell.

— Ah non! Écoute, il faut éviter cet homme à tout prix, car il pourrait nous causer des ennuis. Son vrai nom est Thomas Pichon, le traître du fort Beauséjour. Tyrell, c'est le nom de sa mère. J'espère que tu ne lui as pas parlé de moi?

— Non, j'ai dû partir à ce moment-là avec monsieur Mourant.

Joseph était un peu rassuré. Il décida alors, après quelques hésitations, de faire part à son fils de son projet de voyage.

— Nous partons pour l'île de Guernesey. Pour rendre visite à Héloïse, ta sœur.

— Puis-je rester ici? demanda René en grimaçant. J'ai d'autres dolmens à voir.

« Il est peut-être jaloux », songea Joseph avec inquiétude. Mais il comprenait la réaction de René. « Il a besoin de temps pour comprendre que mon amour pour lui ne diminuera pas à cause d'Héloïse. »

Membertou, barricadé dans sa chambre, ne voulait pas venir lui non plus. Joseph n'insista pas, surtout qu'il préférait que Membertou reste avec René. Et il se consola en pensant que le vieux Mourant et sa femme, dame LeCouteur, allaient bien veiller sur eux. Joseph étreignit ses fils comme s'il laissait derrière lui la moitié de son cœur. Émilie ne put tirer qu'un autre grognement de Membertou, mais René laissa éclater sa joie lorsqu'elle lui offrit des pièces de monnaie armoricaines et romaines trouvées sur l'île, près de dolmens. Émilie et Joseph s'embarquèrent pour Guernesey; leur bateau était un trois-mâts qui faisait le cabotage entre les îles anglo-normandes.

Quelques heures après leur départ, une comète traversa le ciel. Le soir venu, une lune très brillante et de couleur rouge sang se leva. En même temps, René aperçut, dans la baie de Bonne-Nuit, un vaisseau en flammes qui semblait surgir d'une boule de feu.

— Je croyais qu'on ne voyait le feu du mauvais temps que sur nos côtes, s'étonna-t-il.

Vers minuit, une tempête s'éleva et toute la nuit, pendant que Membertou dormait à poings fermés, René entendit le vent se déchaîner dans la baie et hurler dans le grenier. À l'aube, la mer, jonchée de débris, repoussait sur la côte des épaves de navires, des marchandises, des malles. Descendu sur la grève pour aller aux nouvelles, il apprit que la petite goélette qui emmenait Joseph et Émilie avait coulé au large de l'île. René, fou de douleur, se lança dans la mer et se mit à nager vers le large et les épaves de la nuit, pour secourir son père, qu'il imaginait agrippé au mât de la goélette. Puis une image terrifiante se superposa à la première et il crut voir Joseph qui gisait par le fond, prisonnier des algues. N'eût été de l'intervention de Membertou, qui l'empêcha de dériver vers les courants du large, il aurait rejoint son père dans les profondeurs de la mer.

La nouvelle fut un choc terrible pour Membertou, mais elle l'aida à sortir de sa peine d'amour. Il s'occupa de René, qui pleurait tout le temps. Et l'attente commença. Il y aurait eu quelques survivants. D'heure en heure, parents et amis attendaient une confirmation. Quelques corps boursouflés, enroulés dans le goémond et suivant le mouvement des vagues, étaient venus s'échouer sur la plage, mais, parmi eux, pas de Joseph ni d'Émilie. Membertou et René s'accrochaient encore à l'espoir, car plusieurs corps, emportés par les courants, n'avaient pas été retrouvés. Les minutes s'égrenant comme des jours, les heures devinrent des années, les jours, des siècles. Toutes les nuits, René faisait des cauchemars ; monstres, squelettes et sorcières surgissaient des profondeurs marines pour engloutir le navire de son père, et se superposait parfois l'image de Saint-Hélier qui, comme dans la légende, se promenait avec sa tête dans ses mains après avoir été décapité par des pirates. Puis défilaient des images vues dans des grimoires, les livres du diable : le

Grand et le *Petit Albert*. Alors, les menhirs, dolmens, méga-lithes, ceux de Faldouet et de Rocqueberg, qui étaient à la fois capteurs de l'énergie du cosmos et lieux de passage vers le monde invisible, devinrent pour lui des lieux maudits où venaient se poser les sorcières à balais volants pour danser le sabbat, des sites maléfiques qui devaient être exorcisés.

— Elles ont jeté un sort à mon père pour qu'il périsse sur ces côtes de brumes; une malédiction parce qu'il a laissé ma mère.

Au fil des jours, René devint tellement nerveux qu'il développa une sorte d'eczéma, qu'il attribua aussi à un sort. Puis, dans ses rêves, il partit en croisade contre les sorcières, utilisant l'ouvrage d'un dominicain intitulé le *Malleus Maleficarum* pour les identifier. Le livre expliquait qu'il fallait leur demander si elles agissaient sur l'ordre du démon. Lorsqu'elles répondaient par la négative, on les jetait à l'eau: si elles se noyaient, elles étaient innocentes; si elles survivaient, elles étaient coupables! Membertou cherchait à le raisonner, mais René répliquait:

— La magie existe, puisque notre mère avait prédit avec ses blancs d'œufs dans un verre d'eau le naufrage d'un bateau au large d'une île. Et elles sont partout, les sorcières, même en Amérique; plusieurs viennent de Jersey et font le sabbat à Salem, au Massachusetts. Tu te rappelles l'histoire que racontait grand-père au sujet de la démone d'Acadie, la belle Marie qui fut brûlée à Port-Lajoie sur l'île Saint-Jean?

À force d'entendre Membertou invoquer des arguments plausibles pour détruire ses craintes, René fut bientôt à court d'explications; comme il ne comprenait toujours pas la cause de pareille tragédie, il s'attribua le blâme de la mort de son père:

— Si je l'avais accompagné! Si je n'avais pas été jaloux d'Émilie et d'Héloïse!

Après une semaine d'attente, il ne restait plus qu'une chose à faire: retourner au Ruisseau. Alors Membertou communiqua avec l'abbé Leloutre, qui organisa leur voyage de retour sur un vaisseau des Robin en partance pour Boston.

Chapitre 34

Tu possèdes maintenant notre pays et tu n'en es pas satisfait ; tu désires nous forcer à adopter ta religion [...] Comment pouvons-nous accepter de croire en ce que vous dites ? Depuis que nous vous connaissons, nous avons été volés et abusés si souvent que vous ne pouvez nous blâmer d'hésiter à vous croire !

Frère, tu dis qu'il y a qu'une seule façon de croire en Dieu ! Si tu dis vrai, explique-moi pourquoi, parmi ton propre peuple, il y a tellement de différence d'opinion sur le sujet et qu'il existe autant de façons différentes de comprendre les enseignements de ton livre ?

Puisque vous pouvez tous lire le même livre, n'y lisez-vous donc pas tous les mêmes mots ?

Le chef Red Jacket, en 1805, cité par Bernard Assiniwi
dans *Histoire des Indiens du Haut et du Bas-Canada*

Octobre 1760. À l'enterrement de Tjigog, le sieur Pansé récita des prières mi'kmaques traduites par l'abbé Maillard. Gallien, Gionet, Frigault et Lentaigne portèrent la dépouille en terre. Ils déposèrent dans la fosse, avec Tjigog vêtu de son habit de guerrier, son arc, ses flèches, son tomahawk ainsi que la peau d'un loup, son animal totémique. Saint-Simon donna le signal et une salve de mousquet retentit, puis rien, le silence pour quelques instants, silence lourd de tristesse, pendant que tout le camp se recueillait. Lentaigne pleura la perte de l'ami à qui il devait la vie. Gallien aussi.

Mathilde assista à la cérémonie sans vraiment y être, comme si elle était partie avec Tjigog. Elle se réfugia dans sa tente et refusa de voir quiconque. Toute la soirée, on entendit les loups hurler, comme s'ils voulaient signaler ainsi le passage de Tjigog dans un autre monde.

* * *

Au Ruisseau, on avait observé de loin la fuite du *Corsaire acadien*. Malheureusement, la frégate anglaise était passée trop loin des canons installés au Ruisseau. Alors, le Vieux, Jean-Baptiste et quelques Mi'kmaqs amassèrent des vivres, des fourrures et des outils et se dirigèrent vers l'endroit où s'était échoué le navire, à trois heures de marche du Ruisseau. L'équipage du *Corsaire acadien* était en train de monter des abris de fortune et certains s'affairaient à récupérer ce qui restait de l'épave. Il fallait aider ces nouveaux réfugiés à s'installer pour l'hiver, ce qui ne fut pas une mince affaire.

La plupart choisirent de s'implanter à un endroit tout près de l'épave, lieu baptisé à cette occasion Pointe-aux-Pins. Gabriel Albert rentra au Ruisseau, où Geneviève l'attendait, folle d'inquiétude depuis qu'il était parti pour le poste de Ristigouche. François Gionet préféra s'établir à proximité du Vieux, qu'il connaissait pour avoir commercé avec lui. Pierre Gallien fit de même, tandis que Blanchard, Landry, Léger et Poirier décidèrent de retourner au Bocage pour reprendre possession des cabanes abandonnées deux ans plus tôt, lors de la razzia de Wolfe.

Trois nouvelles gagnèrent le Ruisseau en novembre 1760 : deux mauvaises et une bonne. D'abord, la capitulation de Montréal, le 8 septembre, et, ce qui ne surprit personne, la reddition du poste de Ristigouche le 28 octobre. Puis, le décès du responsable des déportations.

— Ironie du sort, c'est en Acadie que le dernier poste de l'empire français en Amérique a baissé le fleurdelisé devant l'Union Jack[1], grogna le Vieux.

---

1. Drapeau de la Grande-Bretagne, créé en 1606 par Jacques 1er.

Dangeac, qui refusait de croire à la chute de Montréal, garda le commandant anglais, le major Elliott, quelques jours de plus avant de le relâcher ; il obtint qu'on laisse aux Acadiens les vivres qui restaient dans les magasins.

« Si la France gagne la guerre en Europe, la Nouvelle-France a encore une chance de redevenir française », se disait le Vieux. Mais, au fond, il n'y croyait plus.

La bonne nouvelle était que le gouverneur Charles Lawrence, qui avait ordonné les déportations, venait de mourir subitement à Halifax, à sa sortie d'un banquet marquant la victoire remportée à Montréal.

— Il est probablement mort de gloutonnerie, commenta le Vieux.

— La déportation, c'est dur à digérer, renchérit Angélique.

L'absence de Joseph et de ses enfants l'inquiétait de plus en plus. Mais l'heure n'était ni à l'analyse ni au retour sur soi, car il fallait se hâter de bâtir des abris avant le froid et les neiges. Tous mirent la main à la pâte pour couper les pins, les sapins et les bouleaux et les équarrir avant de monter les murs. Il fallait ensuite remplir les fentes de mousse et de glaise, puis recouvrir les murs et le toit d'écorce de bouleau avant de monter des cheminées. Les Acadiens étaient aussi habiles à la hache que les seigneurs d'Europe à l'épée, et les travaux s'effectuèrent rondement et dans l'entraide. Ceux qui ne participaient pas à la construction devaient trouver des vivres pour l'hiver, une préoccupation majeure car les provisions de légumes, de poissons et de gibiers des habitants du Ruisseau ne suffiraient pas à nourrir toutes ces bouches. On ramassa donc un peu plus de faînes de hêtre, entre autres, pour remplacer la farine de blé, mais c'était encore insuffisant. Il resta alors à espérer une bonne saison de chasse.

* * *

Le vaisseau des Robin, qui ramenait René et Membertou, avait échappé aux navires ennemis et approchait du Canada. Il battait pavillon anglais, mais l'équipage se tenait prêt à hisser le drapeau français s'il rencontrait des navires de guerre français, ruse fort utile qui avait fonctionné souvent. Il fit escale à Saint-Pierre-et-Miquelon, pour se réapprovisionner en eau potable. Ces quelques îlots, grands comme la main, en bordure de Terre-Neuve, avaient été cédés par la France à l'Angleterre lors de la signature du traité d'Utrecht de 1713. Quelques déportés étaient gardés prisonniers sur l'île mais, tracassés davantage par leur propre misère, René et Membertou en firent peu de cas. Finalement à la mi-novembre, le navire jeta l'ancre au Ruisseau. Les arbres avaient perdu leurs feuilles, le sol était détrempé et le ciel gris. L'état d'âme de René et de Membertou s'apparentait au décor morne et gris. La joie de retrouver les voyageurs se changea rapidement en consternation, lorsque se répandit l'annonce de la mort de Joseph. Angélique ne semblait pas se rendre compte que son mari n'allait pas revenir; elle ne versa pas une larme, comme fixée au stade de la négation. Geneviève, Josette et le Vieux commencèrent aussi par rejeter l'idée que Joseph eût péri sur ce navire. Mais leur refus se transforma rapidement en colère contre l'injustice de cette tragédie, et ils en blâmèrent le ciel. Vint ensuite le chagrin, accompagné d'un certain apaisement. René, lui, faisait peine à voir, indifférent à ses sœurs, à son grand-père, même à sa mère bien-aimée, perdu dans ses images de naufrage, avec des épaves et des corps qui jonchaient le rivage. Sa détresse était si touchante qu'elle les incita tous à sortir de leur peine. Le chaman Élouèzes-de-feu fit des séances d'exorcisme et tenta de communiquer avec l'animal totémique de René, qui était le huard, mais en pure perte. Ours écumant s'essouffla en pirouettes, Jean-Baptiste conta les légendes indiennes des Grands Lacs, la tribu participa à des palabres, des danses et des cercles d'énergie mais peine perdue; René demeurait inatteignable. On recommanda à Angélique de lui donner des bains d'eau glacée, mais elle n'en voyait pas l'utilité. Il fallait faire quelque chose, mais quoi? René avait maigri de façon inquiétante et il ne s'alimentait plus. Le Vieux n'avait pas été nommé sagamo pour rien. Il avait déjà eu l'occasion d'exercer sa sagesse sur René à deux reprises. D'abord lorsque le petit bonhomme, à sept ans, refusait de dormir parce qu'il avait peur dans le noir et qu'il faisait souvent des cauchemars remplis de fantômes blancs qui venaient pour l'enlever. Le Vieux n'avait pu déterminer les causes exactes de cette peur mais, sachant que René s'identifiait beaucoup à un héros indien connu sous le nom de Tukvikgug, il l'avait pris sur ses genoux, un soir d'insomnie, et lui avait conté une histoire.

— Maïka, petite princesse qui habite les hautes cimes des monts Chic-Chocs, en Gaspésie, règne sur la tribu des fantômes blancs. Le monstre Abysse, qui habite au centre de la terre, l'a enlevée et la tient prisonnière dans une grotte noire, sur l'île de Pokesudie. Pour la libérer, les fantômes ailés ont demandé l'aide de Tukvikgug. Après un combat terrible, il a terrassé le monstre, mais seul un enfant détient le pouvoir de secourir la princesse, et c'est pour cette raison que, la nuit, les fantômes ailés viennent te chercher.

— Mais il doit faire noir dans cette grotte !

— Ne te tracasse pas. J'ai un talisman qui me vient de Tukvikgug et qui te protégera. Un petit disque en argent gravé, serti de pierres qui brillent dans le noir. Quand tu seras dans la grotte, Tukvikgug chantera ses exploits contre Abysse ; tu n'auras qu'à te laisser porter par sa voix.

Encouragé par les vertus promises du talisman et du chant de son héros, René s'était alors imaginé qu'il entrait dans la grotte pour secourir Maïka. Et dans l'histoire que lui faisait vivre son grand-père, la fée des Lumières lui était apparue pour lui expliquer que l'Obscurité n'était que la période de sommeil et de rêve de la Lumière. Elle l'avait également assuré que désormais, en raison de son courage, la noirceur ne serait plus une menace pour lui et qu'au contraire sa force serait décuplée dans ces moments-là. En récompense, elle promit de lui accorder un souhait. Il avait alors fait le vœu d'accompagner Joseph à Québec et son vœu s'était réalisé. À partir de ce moment-là, ses peurs avaient disparu. L'année suivante, il s'était mis à mouiller son lit. Le Vieux avait découvert que la source du problème était bien simple : un ours sortant de son hibernation avait surpris René en train de faire pipi derrière un arbre, et celui-ci avait dû se sauver à toutes jambes pour ne pas être dévoré tout rond. Et la honte de ne pouvoir se contrôler pendant la nuit n'avait qu'ajouté au choc et à la peur de l'enfant. Le Vieux était donc parti avec lui de bon matin et, toute la journée, ils s'étaient amusés à pisser un peu partout: sur les arbres, sur les feuilles, sur les fleurs, sur les rochers. Avec un plaisir fou à devenir fontaine, geyser, source et gouttelettes. Et René n'avait plus jamais mouillé son lit.

Mais cette fois, c'était plus grave, et le Vieux réfléchit assez longuement avant de s'exécuter. Par une journée de la fin de novembre où la mer n'était pas trop démontée, il se rendit avec René à son poste d'observation, sur l'île Caraquet, un site que René aimait particulièrement parce qu'il y avait une impression de liberté totale, comme les goélands qui planaient au-dessus de la baye des Chaleurs.

— Je sais que ton père te manque beaucoup, risqua le grand-père, mais pourquoi te laisser mourir?

Il réussit à amorcer le dialogue et, après bien des détours, il finit par convaincre René de lui décrire les pensées qui le tourmentaient.

— Si j'étais allé à Guernesey avec mon père, il ne lui serait rien arrivé… Je ne voulais pas rencontrer Héloïse et j'étais jaloux de la place que prenait Émilie.

Le Vieux savait qu'il ne servait à rien de chercher à le raisonner, de tenter de lui faire voir l'absurdité de cette idée, une idée qui alimentait constamment sa culpabilité. Pour être sûr d'avoir bien saisi le trouble de son petit-fils, il demanda des précisions.

— Le départ du navire aurait-il été retardé si tu avais embarqué avec ton père? Est-ce que tu aurais pu empêcher la tempête d'éclater par quelque truc de magie?

René hocha tristement la tête en guise de réponse.

— Alors, essaie ceci, veux-tu. D'abord, tu fermes les yeux et tu imagines un huard rose nageant sur un lac bleu…

René obéit, apparemment sans enthousiasme mais très intrigué.

— … Maintenant, tu vas imaginer ton père en costume de corsaire et tu vas le faire venir ici. Sur l'oiseau-tonnerre, sur un béluga, ou dans une bulle rose: à ton choix.

René, prenant un certain plaisir à ce jeu de l'esprit, choisit l'oiseau-tonnerre, qui incarne la foudre, s'appliqua à se concentrer sur cette image et, suivant les consignes de son grand-père, demanda pardon à son père pour tous les mauvais coups qu'il avait faits.

— Qu'est-ce qu'il te dit?

— Qu'il m'aime, qu'il me pardonne…

— Demande-lui maintenant s'il désire que tu te laisses mourir. N'a-t-il pas une mission à te confier?

René se concentra de nouveau. Ce fut un peu plus long, un peu plus difficile. Finalement, René reconnut que son père lui demandait de vivre pleinement et de veiller sur sa mère et sur ses sœurs.

— Tu es doué, mon garçon. Voyons si tu peux entrer dans la bulle rose avec l'oiseau-de-feu et t'asseoir à côté de ton père… C'est ça, il est assis près de toi et te donne tendresse et force. Il te fait rire. Il te fait visiter des mondes inconnus. Désormais, quand tu auras besoin de lui, tu n'auras qu'à faire venir la bulle rose.

Une douce quiétude monta en René.

— Il te reste une dernière étape à franchir. Tu vas imaginer une bulle noire maintenant. Rappelle-toi la force que représente le noir, la période de repos de la lumière. Dépose dedans ton chagrin, tes mauvais coups, tes doutes. Laisse-la ensuite s'envoler jusqu'au-dessus de Miscou et éclater sur la tête de la méchante Gougou. La fée des Lumières t'apparaîtra et fera jaillir la bulle rose au bout de sa baguette.

René resta muet, fasciné par ce que lui contait son grand-père.

— Pendant une semaine, trois fois par jour, tu te retireras dans un lieu tranquille et tu joueras à ce jeu, prescrivit le Vieux. J'oubliais, j'ai une surprise pour toi.

Et il l'entraîna par la main vers un enclos où gambadait un petit orignal qui semblait apprivoisé. À leur vue, l'animal s'approcha.

— Tu pourras l'atteler pour te promener l'été, le long des sentiers, ou l'hiver, sur la baie.

René se sentait déjà revivre. Il baptisa son nouvel ami Oregnac, nom basque désignant cet animal. Au bout de quelques jours, une grande transformation s'était opérée en lui et il recommença à sourire.

Membertou aussi avait mûri sous l'effet des cruelles épreuves qu'il venait de traverser. La superficialité et l'hypocrisie des « grands de ce monde », l'abandon par Aglaë, la mort de Joseph, l'avaient bien désillusionné. Mais il se réconfortait en puisant davantage aux croyances religieuses indiennes.

— Dieu nous a donné des couleurs de peau et des façons de vivre bien différentes. Puisqu'il nous a faits distincts, il est normal que nous ayons de lui une conception qui nous est propre et que nous le célébrions à notre façon.

C'est alors qu'il recommença à s'intéresser aux filles de la tribu.

Quant à Angélique, elle refusait toujours de croire à la mort de Joseph.

— J'y croirai quand je le verrai dans son cercueil, disait-elle.

Son mari avait été absent si souvent, si longtemps, qu'elle s'imaginait qu'il en était ainsi une fois de plus. Les seuls signes extérieurs de sa détresse furent un léger embonpoint, dû à un excès de sucreries, et une certaine fébrilité dans ses longues marches quand, à la cadence de ses pas, elle fouettait l'air avec une branche d'arbre poli par la vague. Elle se réjouissait cependant de voir René reprendre goût à la vie, ce fils qui ressemblait tant à Joseph... Son enfant chéri qui, maintenant, contribuait avec zèle à constituer les réserves de vivres que le Vieux envoyait aux réfugiés.

Une douce émotion habitait le cœur de René. Un genre d'instinct protecteur à l'égard de Mathilde. Un besoin quasi irrésistible de veiller sur l'orpheline et de la consoler de la perte de Tjigog. D'autant plus qu'il savait que, sans l'aide de son grand-père, lui-même se serait laissé mourir. Un soir, alors que l'oncle et la tante de Mathilde étaient sortis, il lui rendit visite dans sa cabane. Elle ne disait mot, assise à table dans le noir, indifférente à la vie autour d'elle. René alluma une petite lampe, un navet creux rempli d'huile de foie de morue et coiffé d'un couvercle percé d'un trou d'où sortait une mèche de laine. Une flamme sautillante éclaira un visage triste et fermé. René, soucieux de ne pas la brusquer, se contenta de parler de lui, de son voyage en Europe, du palais de Versailles, de son père, de son deuil, de tout et de rien. Il comprenait que Mathilde eût besoin d'une présence, d'une voix la rapprochant de la vie, cette vie qui lui faisait peur maintenant. Et la soirée passa. En partant, il lut dans le regard de Mathilde une invitation à revenir. Ce soir-là, il s'endormit la joie au cœur.

* * *

Durant l'hiver de 1761, la température fut clémente et la chasse, fructueuse, ce qui permit aux habitants du Ruisseau de nourrir les réfugiés qui ne possédaient pour la plupart que les hardes qu'ils avaient sur le dos. Saint-Simon prit plaisir à chasser, surtout qu'il avait reçu du Vieux un présent inestimable pour un chasseur : trois beaux chiens qui l'aidèrent à attraper des orignaux. Le chaman Élouèzes-de-feu, qui ne voulait pas perdre de son prestige, avait fait cuire un chien en l'honneur de Saint-Simon, et lui fit l'hommage de lui servir cette viande digne des dieux. L'officier apprécia cette marque d'estime, d'autant plus que la viande était effectivement succulente. Dans ses temps libres, Saint-Simon tentait de former des francs-tireurs et parlait de stratégies et d'embuscades. Pierre Gallien aussi s'intéressait à la stratégie, mais à d'autres fins. Il cherchait le meilleur moyen de capter l'attention d'Angélique. René s'en était rendu compte et n'approuvait pas le manège parce qu'il savait qu'à force de rôder autour de sa mère, il finirait par prendre la place de Joseph.

À la fin de l'hiver, le sieur de Niverville et ses douze soldats à la Miramichy apprirent, bien en retard, la capitulation de la Nouvelle-France. Ils rendirent donc les armes et rentrèrent en France. Ce que le sieur de Saint-Simon décida de faire aussi dès la fonte des glaces, car il ne pouvait accepter la défaite. Il partit donc en chaloupe vers Halifax, sachant qu'en vertu des accords conclus lors de la capitulation du poste de Ristigouche, les officiers et les soldats avaient droit à un sauf-conduit pour rejoindre la mère patrie. Plusieurs soldats l'accompagnèrent. Mais un officier, le sieur Pansé, choisit de rester à Caraquet, et deux soldats obtinrent la permission de se fixer dans les environs : le dénommé Chapeau, qui s'établit en bas du Ruisseau, et Bertran[2], qui se construisit une hutte à la tête d'un petit cours d'eau, deux lieues à l'ouest du Bocage. Avant de partir, Saint-Simon donna au Vieux un pistolet espagnol qu'il avait dans ses effets et à François Gionet, qu'il appréciait beaucoup, quelques livres d'histoire de France, geste qui toucha ce dernier, dont les souvenirs de la mère patrie étaient bien vivants. En effet, il avait dû quitter la France à l'âge de quinze ans, condamné à l'exil pour avoir fait du braconnage sur la terre d'un seigneur. Il s'était alors engagé pour trente-six mois sur un navire marchand, mais rendu à Gaspé, il s'était enfui du navire.

Le mois de mai fut une enfilade de départs et d'enracinements. Olivier Blanchard décida de s'installer une quinzaine de lieues au nord-ouest du Ruisseau, à l'embouchure de la rivière Nipisiguit, où il se rendit avec ses quatre garçons et sa fille à bord de sa goélette de quinze tonneaux. Pierre Gallien choisit d'habiter sur l'île Caraquet, dans les ruines d'une ancienne demeure du seigneur Denis Riverin, qui avait dirigé, au début du siècle, un empire de pêche dans la baye des Chaleurs. Gabriel Albert, François Gionet, Louis de Lentaigne et Michel Galland s'installèrent dans les parages.

Dans ses moments de détente, René entraînait Mathilde vers le poste d'observation de l'île. Pour se reposer. Pour admirer le bleu du ciel, la mer et les montagnes de la Gaspésie, au loin. Mais aussi pour apprivoiser son amie à l'amour qu'il ressentait pour elle. De plus en plus intensément. Un amour qui lui faisait voir avec un ravissement toujours renouvelé les nuances de bleu qui les enveloppaient de partout.

La pêche à la morue battait son plein pour Jean-Baptiste, Gabriel Albert et Pierre Gallien. À Québec, le prix du quintal de morue était passé, en deux ans, de vingt-cinq à deux cent cinquante livres. Mais c'était un métier dur. Il fallait descendre une ligne le long du bateau et l'appâter après chaque prise. La ligne brûlait les mains et l'eau de mer ravivait les blessures. Les vêtements, faits de grosse toile, n'étaient pas très étanches. Il fallait beaucoup de courage pour passer de longues heures dans

---

2. À un endroit qui se nomme aujourd'hui le village de Bertrand.

ces vêtements humides, ou beaucoup de passion. Mais tous n'avaient pas la vocation! C'était le cas de Pierre Frigault, habitué aux tâches de soldat. Quant à Alexis Landry, il avait son idée bien à lui : faire fructifier la terre.

— Il y a des digues sur la rivière du Nord. On pourrait les réparer et arranger les aboiteaux, proposa-t-il. Et, de temps en temps, on laissera pénétrer l'eau de la rivière qui déposera dans le pré une couche de limon.

— Ouais, la prairie est fertile, acquiesça Léger, qui croyait déjà voir le foin, le blé et l'avoine atteindre la hauteur d'un homme.

— On aura de la misotte [3] pour le bétail, observa Charles Poirier. Ainsi, on pourra continuer à cultiver selon la coutume en usage à la Grand'Prée, à Port-Royal et à Memramcouk.

Grâce aux aboiteaux, les Acadiens n'avaient pas été obligés de défricher les forêts, pour cultiver la terre comme en Nouvelle-France. Il y avait un endroit, à Caraquet, le long de la rivière du Nord, où il existait des aboiteaux avant même l'arrivée des premiers colons. Plusieurs croyaient qu'ils étaient l'œuvre des Vikings, qui étaient venus en ces lieux vers l'an mille, à la recherche de la terre du vin. On savait avec certitude qu'ils étaient restés quelque temps, puisque les ancêtres indiens d'Angélique avaient mélangé leur sang avec le leur. Puis des conflits avaient surgi. On ne savait trop pourquoi, mais on soupçonnait le manque de femmes. Et ils étaient repartis, après avoir cultivés ces prés. C'est de ces aboiteaux-là que parlait Landry. Il ne restait plus qu'à les rendre fonctionnels de nouveau, ce qu'il fit avec Léger et Poirier.

L'été de 1761 se déroula dans l'incertitude et dans l'inquiétude quant au sort que les Anglais leur réservaient. Les choix étaient là : s'exposer à la déportation, s'exiler à Québec, se terrer au fond des bois ou vivre librement sur ses terres en espérant que le conquérant vous laisse la paix. Dans les ruines de l'ancienne seigneurie d'Esnault, sur le bord de la rivière Poquemouche, le Vieux avait aménagé des caches de vivres où il avait empilé de la viande et du poisson fumés. Jean-Baptiste

----

3. Foin de pré.

avait fait un voyage à Bonaventure, au moulin à grain de Raymond Bourdages, pour se procurer de la farine que ce dernier avait achetée des magasins du roi avant la chute du poste de Ristigouche. Les femmes s'occupèrent des conserves : bleuets, fraises, framboises, cerises sauvages, mûres et pommes de prés, dont les grisettes[4]. Angélique montra à Mathilde comment conserver les grisettes, avec lesquelles on faisait des tartes sans pareille. Comme la cire était rare pour sceller les pots, on versait un peu d'alcool dans ceux-ci avant de les fermer, ce qui, en plus de préserver, avait l'avantage de conférer un goût délicieux au contenu.

* * *

Pierre Du Calvet, l'ancien garde-magasinier de Ristigouche, arriva à la fin de juillet, dans un sloop appelé *Sainte-Anne*. Murray, le gouverneur de Québec, celui-là même qui avait saccagé la Miramichy, l'avait chargé d'une mission décrite dans des instructions signées de sa main :

Pour le service de Sa Majesté britannique,
aux principaux habitants de la baye des Chaleurs,
Ristigouche, Miramichy

À Québec, 7 juillet 1761.

[...] le sieur Calvet est envoyé pour savoir
votre dénombrement et la quantité de bâtiments
nécessaires pour transporter votre monde jusqu'à Québec,
faisant usage d'abord de ceux que vous avez en état
de marche pour commencer cette expédition [...]

Inutile de décrire l'énervement des cent soixante-quatorze personnes de Caraquet qui formaient trente-sept familles. Certains disaient qu'il valait mieux se placer sous la protection du gouverneur Murray que d'attendre les hordes

---

4. Baies plus petites que les canneberges, roses tachetées de gris.

d'Attila qui viendraient d'Halifax. Mais encore fallait-il trouver des embarcations pour s'y rendre ! D'autres refusaient de quitter la baye des Chaleurs. Presque tous étaient méfiants. Ceux qui avaient fait des prises au printemps avec leurs corsaires ne voulaient pas les abandonner. Plusieurs refusaient que leur nom paraisse dans le recensement ou donnaient des renseignements erronés. La plupart ne mentionnaient pas leur voiture d'eau, de crainte qu'on la leur confisque.

Le Vieux avait confiance en Du Calvet. Là n'était pas la question. Deux années plus tôt, il lui avait vendu deux bœufs lorsque ce dernier avait fait transporter à Halifax des prisonniers anglais. Du Calvet, d'ailleurs, avait écrit dans son journal :

« ... Je les escortai moi-même avec soixante hommes dans un bateau jusqu'à l'île de Quarraquet, où, ayant fait tuer deux bœufs, je les approvisionnai et ensuite je les envoyai à Halifax. »

Le Vieux était quand même inquiet. Il ne voulait pas partir, mais il désirait connaître l'opinion de chacun de ses proches. Un conseil de famille eut donc lieu et, finalement, tous se mirent d'accord pour écrire au gouverneur Murray et lui faire part de leur décision.

Chapitre 35

This man, old St-Jean, is a native of old France. He married
an Indian and has lived here near 50 years.
Le marchand Smethurst,
lors de son voyage à Caraquet, en octobre 1761

[…] Now is the time to evacuate that country entirely of the
neutral French and to make the Indians of it our own.
Lettre du gouverneur Murray au colonel Amherst,
le 18 avril 1761

L e territoire de la baye des Chaleurs est-il sous la juridiction d'Halifax ou de Québec? de l'Acadie ou du Canada?

Cette question préoccupait les habitants de la baye des
Chaleurs. Anodine à première vue, la réponse déterminerait
néanmoins s'ils feraient ou non l'objet d'autres déportations.
Relever de Québec signifierait la fin de leurs misères, parce qu'ils
seraient protégés par les clauses de la capitulation générale du
Canada, que Vaudreuil avait signée à Montréal à l'automne
1760. Relever d'Halifax signifierait le contraire, car à l'époque
du gouverneur Nicolas Denys, l'ancienne Acadie comprenait
les territoires[1] des régions atlantiques jusqu'au cap Desrosiers,

---

1. Le Nouveau-Brunswick, la Nouvelle-Écosse, l'Île-du-Prince-Édouard, une
partie du Maine et de la Gaspésie.

par-delà Gaspé, et tous les Acadiens de la baye des Chaleurs ris-
queraient d'être déportés. Quoi qu'il en soit, comme l'expliqua
Pierre Du Calvet, ils devaient se rendre à Québec, à la demande
du gouverneur Murray, pour y chercher refuge.

— Pourquoi ne nous laisse-t-il pas vivre en paix sur nos
côtes ? demanda Jean-Baptiste.

— Parce que, répondit Du Calvet, en attendant la fin de
la guerre en Europe, les Anglais qui veulent commercer dans
la baye des Chaleurs craignent le harcèlement des corsaires
acadiens. C'est une question de gros sous !

— Peut-on se fier à la parole du gouverneur ? demanda
Léger.

Le Vieux clama :

— Il ne faut jamais se fier à la parole d'un Anglais !

— Je crois que le gouverneur n'approuve pas les déportations, répondit Du Calvet. De toute façon, vous serez traités
correctement à Québec, et vous aurez les mêmes droits que les
habitants de la Nouvelle-France.

Mais la décision de Gabriel Giraud, dit Saint-Jean, était
faite ; qu'il relève de qui on voudrait, Québec, Halifax, Rome,
il resterait. Et la plupart de ceux qui avaient participé à la
bataille de la Ristigouche pensaient comme lui. Il se retira
donc dans sa petite bibliothèque pour répondre au général
Murray, avec sa plume d'oie et un parchemin aux armoiries de
sa famille originaire de Normandie, qu'il conservait religieusement dans ses coffres. Il songeait à baser son argumentation
sur le fait qu'il habitait la région de Caraquet depuis de nombreuses années. Les preuves ne manquaient pas ; entre autres,
la visite, en 1724, du sieur l'Hermite, ingénieur de Louisbourg,
qui cherchait des arbres propres à faire des mâts pour les
navires de guerre français ; l'hospitalité du Vieux l'avait tellement impressionné qu'il avait parlé de lui dans son journal.
Saint-Jean aurait pu écrire longuement sur les années de traite
à la Miramichy, décrire les mille et une péripéties de sa vie avec
les Indiens, à Caraquet et à Poquemouche dès 1730, ses transactions avec les commerçants de France, de Québec, d'Angleterre ou des colonies américaines ainsi que ses efforts pour
attirer des colons dans la baye des Chaleurs, mais craignant

qu'un mémoire ne soit pas lu, il y alla tout simplement d'une petite lettre.

> *À Karaquet, le 27 août 1761*
> *Monseigneur,*
> *J'ay reçû avec une humble soumission la lecture de la lettre qu'il vous aplû honnorer les habitans en du 7e Juillet dernier. J'ay l'honneur de vous représenter Monseigneur qu'il y a plus de trente année que Je suis etably à Karaquet, et que [les] Acadiens ny sont que depuis deux à trois ans. C'est sur cette longue possession, Monseigneur que je prends la liberté de vous prier de m'y laisser avec ma famille [...]*

Il avait plutôt envie de l'envoyer au diable, mais, se disant que nécessité fait loi, il marcha sur ses principes et remit la lettre à Joseph Landry et Jeanne Robichaud, qui voulaient trouver asile à Québec. Angélique s'était ralliée avec réticence à la requête de son père, malgré sa hantise de voir un jour ses enfants déportés ou éparpillés aux quatre vents.

Ceux du Bocage craignaient que les bourreaux d'Halifax ne maintiennent leurs prétentions sur l'ancienne Acadie mais, selon leur vieille habitude, ils avaient préféré gagner du temps, conserver la plus grande latitude possible, grâce à la bonne vieille stratégie de la temporisation, ce qui avait eu comme effet de prolonger leur séjour en terre d'Acadie jusqu'en 1755. Ce qui aussi avait scellé leurs yeux et leurs oreilles pour ne pas voir ni entendre parler des malheurs qui s'annonçaient, jusqu'à ce qu'il soit trop tard. Finalement, après bien des agonies, ils envoyèrent la lettre suivante au gouverneur Murray :

> *Nous aurions été bien charmé d'avoir pu les [les ordres] exécuter aussitôt [...] comme nous nous trouvons dans l'impossibilité de faire des voitures [bateaux] maintenant et que la saison pour nous rendre à notre destination serait trop avancée sans exposer nos familles à périr nous vous supplions de vouloir nous permettre d'hyverner à Caraquet [...] ayant travaillé à nous faire*

quelques vivres soit en racines, soit en poisson secs pour
tacher de passer l'hiver, nous vous assurons que dans le
printemps nous ferons nôtre possible pour monter à
Québec [...] nous vous prions d'être persuadé de l'affec-
tion que nous aurons toujours pour exécuter les ordres
qu'il vous plaira nous envoyer [...]

Et bla, bla, bla, à la recherche des meilleurs alibis, à défaut d'être en position de lui adresser une lettre d'injures.

Les discussions et les palabres concernant le départ ou l'enracinement prirent des proportions épiques. Le Vieux proposa de rester. Il se voyait comme celui qui possédait la solution la plus sage, l'égal du roi Salomon, parce qu'il avait passé près d'un demi-siècle à trimer sur ces terres. Mais tous n'étaient pas d'accord. Léger proposa :

— On pourrait rejoindre les troupes françaises à Montréal ; on s'y battrait mieux qu'ici.

— Mais, rétorqua Gabriel Albert, Vaudreuil a déjà signé la capitulation du Canada.

Alexis Landry caressait secrètement l'espoir de se voir confirmer comme celui qui guiderait son peuple vers la Terre promise.

— Le Bocage, c'est notre Jérusalem biblique, avec les ressources de la mer, le foin des prés et les richesses de nos forêts, dit-il. Mais en attendant que l'orage passe, pourquoi ne pas déménager à Bonaventure, où il y a un havre bien protégé ? Plusieurs réfugiés du poste de Ristigouche sont installés en haut de la rivière, avec des vivres et des goélettes.

Membertou, qui ne jurait que par les exploits du grand guerrier Kao-Coke, n'était pas d'accord.

— On peut se cacher aussi bien ici qu'à Bonaventure. Puis, au Ruisseau, on ne perd jamais le nord. Il suffit de regarder en direction de la mer pour apercevoir la Grande Ourse et l'étoile polaire. Nous habitons ces terres depuis des siècles, et personne, ni dieu ni diable, ne nous obligera à partir. S'il le faut, les braves vont se battre.

Cette remarque constituait une flèche oblique à Landry et à son clan. Alexis commençait à avoir des démangeaisons dans les biceps, lui dont le nom, d'origine celte ou germanique[2], signifie terre riche ou puissante, ou encore souverain des terres et seigneur d'un manoir, malgré ce qu'en disaient les mauvaises langues ; celles-ci prétendaient en effet que son nom venait tout simplement de « lavandière », désignant les femmes qui lavaient le linge à la main, et qu'en plus il aurait été anglicisé en « launder ».

— Facile à dire. On voit bien que vous n'avez pas connu l'exil. Ça fait plus de cinq ans que nous sommes pourchassés à travers l'Amérique, que nous enterrons dans des terres étrangères nos enfants, morts de faim et de privations. Quand nos familles seront réduites en esclavage dans les marais de la Géorgie, il sera trop tard pour philosopher. Se battre, oui, mais pas en s'occupant en même temps de nos enfants de deux ans, de cinq ans, de dix ans. Il faut être prudents et assurer la survie de notre peuple.

Il était en train de prendre l'avantage, et le Vieux commençait à en avoir les oreilles rouges, peu habitué qu'il était à voir contester son autorité.

— Tordieu[3], jura-t-il, Membertou a raison. Les Anglais auraient reculé en 1755 si vous vous étiez battus. Ici, nous connaissons tous les recoins de la forêt qui se prêteraient bien aux embuscades, et puis nous avons des canons ; alors, utilisons-les ! Toi, Léger, tu mettras la science de ton ancêtre soldat au service de la défense de nos côtes, proposa-t-il ironiquement.

Frigault, Albert, Gallien, Gionet, de Lentaigne, Morais, Parisé, les Acadiens d'origine normande l'appuyèrent, mus par le désir de prendre une revanche sur l'agresseur. Le conflit commençait à s'envenimer entre les habitants de l'Acadie de la Nouvelle-Écosse et les nouveaux, les Normands de l'Acadie de la baye des Chaleurs. Comme chacun se prenait pour un Messie, un des traits caractéristiques de cette race, il se produisit la plus belle pagaille jamais vue par les goélands du coin. On ne sait plus trop qui la provoqua, mais les gens d'en haut, ceux du Bocage, traitèrent les habitants d'en bas, ceux du

---

2. « *Land rick* ».
3. Juron normand-viking, le dieu Thor.

Ruisseau, de sang-mêlé, de créoles, tandis que ceux-ci les qualifiaient de critiqueux, d'envieux, de comméreux.

« Bande de peureux ! » criaient ceux du Ruisseau, qui se targuaient de descendre de l'homme qui avait mis l'Angleterre au pas, Guillaume le Conquérant.

« Bande de forniqueux ! » répliquaient ceux du Bocage, pour qui la vie avec les Mi'kmaqs au Ruisseau prêtait aux orgies. Les Indiens étaient leurs alliés, mais néanmoins ils ne voyaient pas toujours d'un bon œil ces mélanges de sang. Il y avait aussi chez les gens d'en haut cette croyance qu'ils étaient les vrais descendants des fondateurs de l'Acadie. Originaires de la Grand'Prée, de Port-Royal, de Memramcouk, ils croyaient qu'un Acadien se devait d'être cultivateur, non pas pêcheur. Ils étaient venus du Poitou et vivaient au pays depuis des générations, ce qui n'était pas le cas, observaient-ils, de ces Normands, soldats, pêcheurs et aventuriers qui, en plus, fréquentaient intimement les Indiennes.

Angélique ne put tolérer les insultes dirigées contre les gens de sa race. Il faut dire à sa décharge qu'elle avait un mal de dent terrible, qu'un clou de girofle n'avait pu enrayer. Elle empoigna une femme du Bocage par le chignon du cou. La mêlée dégénéra en bagarre, parmi les cris, les quolibets, les accents différents du Poitou et de Normandie, sans compter les coups de poing et les corsages déchirés.

Mais il y avait au moins deux personnes que tout ce charivari n'atteignait pas, parce que la magie avait joué entre elles et qu'elles étaient amoureuses : René et Mathilde. Le mois d'août s'écoula délicieusement entre les « talles » de bleuets et celles de fraises sauvages, qu'ils cueillaient en prévision de l'hiver. Ils aimaient aussi se bercer au chant de la cigale et s'apprivoiser à l'abri des regards indiscrets. Ils se rendirent quelquefois à l'île de Chipagan, en canot, pour y ramasser des framboises autour du vieux manoir de Nicolas Denys, qui datait de 1645 et qui tombait en ruine. La vigne et quelques poiriers projetaient un peu d'ombre sur ses murs de pierre dégrossie ayant deux pieds d'épaisseur ; à l'intérieur, les murs étaient faits de terre glaise mélangée à un peu de foin de pré. Des morceaux de faïence blanche et de céramique bleue jonchaient le sol. Dans un coin de la pièce principale, des agrès de pêche gisaient, oubliés par des pêcheurs saisonniers, ainsi que des bouteilles de rhum vides. Après avoir rempli leurs paniers à ras bord, les tourtereaux s'installaient pour fumer une pipe d'argile, le regard tourné vers l'île de Miscou, où reposaient pour l'éternité quatre missionnaires jésuites, et cela, sans dire un mot, à partager la chaleur de leur corps. René fit connaître l'île à sa tendre amie :

— Cette île a une longue histoire ; les Indiens y viennent depuis des millénaires et, à marée basse, on peut voir l'épave d'un navire viking. Cartier y est venu lorsqu'il cherchait le passage des Indes. Au début du siècle dernier, les jésuites y ont fondé la mission Saint-Charles, et des commerçants y ont installé un comptoir pour la traite des fourrures ainsi que pour la pêche à la baleine et la chasse aux morses.

— Alors, cette partie de l'Acadie est aussi ancienne que Port-Royal ?

— Oui, les Basques, les Bretons, les Normands y venaient, ces derniers étant plus habitués que les Poitevins au froid de l'hiver.

— Et pourquoi il n'y a plus rien aujourd'hui ?

— Vers la fin du siècle dernier, un canonnier qui faisait sécher de la poudre y mit le feu en allumant sa pipe. L'île fut rasée. Puis, le gouverneur Denys est mort et, tranquillement, la pêche a décliné. Il n'y a que des ruines pour témoigner de ce carrefour de commerce et de pêche ; ces fourneaux délabrés et des côtes de baleines blanchies par le sel et la mer. D'autres parlent de la vengeance de la Gougou, car on raconte qu'elle se cache dans l'île.

Le soleil se rapprochait des vagues. Il était temps de rentrer au Ruisseau. Avec leur petite chaloupe à voile, ils effleurèrent Miscou. À quelques brasses de la côte, un bouillon d'eau douce gros comme deux poings sortait du fond de la mer ; une source bien mystérieuse dont l'eau conservait sa douceur dans un rayon de vingt pas. Ils en profitèrent alors pour remplir un baril. René pensait à son grand-père qui, dans ses premiers temps au pays, avait travaillé à Miscou pour le comte de Saint-Pierre, lequel organisait le commerce de l'huile et de l'ivoire des vaches marines. Quant à Mathilde, elle rêvassait en regardant au delà du goulet la plaine couverte de bruyère mauve, cette terre d'herbe aux outardes, de brandes, de marécages, de lagunes et de mystères.

— J'aimerais habiter cette île avec toi, lui confia-t-elle. Nous en ferions notre royaume et dans chaque crique s'installeraient nos enfants.

À leur retour ce soir-là, leur bonheur était plus rayonnant que jamais. Angélique regarda les amoureux d'un œil amusé, contente de voir son fils heureux et de savoir que Mathilde avait pansé sa blessure grâce à la magie qui grandissait entre eux.

Chapitre 36

[…] en finir avec repaire de la vermine française sur cette côte, qui avait causé tant de dommages les deux ou trois dernières années en interceptant nos navires à destination de Halifax, Louisbourg et des rives du Saint-Laurent.

The Boston Newsletter, le 10 décembre 1761

L e Ruisseau et le Bocage, ces petits havres de paix, furent cependant troublés à l'automne de 1761. Le juge Belcher, successeur de Lawrence, avait chargé le commandant du fort Beauséjour, le capitaine Roderick MacKenzie, d'une mission : se débarrasser des Acadiens installés à la Miramichy, dans la baye des Chaleurs et en Gaspésie.

Le malotru arriva donc à l'improviste, en octobre, avec son régiment de Highlanders. Sa razzia fut d'autant plus efficace que, par suite des démarches de Du Calvet, les habitants ne se méfiaient pas. L'oncle Chiasson et tante Anne, Joseph Boudreau et son épouse, Jeanne-Marie, s'étaient rendus à Chipagan pour un décès dans la famille Brideau. Pour certains, lorsqu'ils aperçurent les soldats anglais qui débarquaient à Chipagan, il était déjà trop tard ; ils n'eurent pas le temps de se cacher. Pierre Douaron[1] et sa femme, Anne Forest, atterrirent dans les cales malpropres des navires anglais. Poursuivant sa

---

1. Doiron. Il était né à Menoudy, qui veut dire Main-à-Dieu.

route, le capitaine Mackenzie arriva en vue de l'île Caraquet. Morais, Pansé et quelques Indiens, dont Membertou, faisaient fumer du hareng sur la plage lorsqu'un navire anglais se montra. Membertou proposa d'utiliser le stratagème de la méchante Gougou.

— Dressons, face au vent, l'épouvantail que nous avions monté pour la cérémonie religieuse. Ses membres gigantesques s'agiteront pendant que nous pousserons des hurlements.

Pour mystifier les Anglais davantage, Membertou et Renard futé pagayèrent vers le navire anglais, en donnant les signes les plus crédibles de la terreur, ce qui incita les Anglais à s'éloigner de l'île.

Au Ruisseau, Pierre Frigault, qui avait aperçu le navire ennemi, eut le temps d'avertir les habitants avant de se sauver dans le haut de la rivière Poquemouche. Il amena Josette, qu'il commençait à courtiser, et ils emménagèrent dans les ruines d'une résidence du sieur Hénault de Barbaucannes, médecin tourangeau qui, au siècle d'avant, s'était établi dans la région avec sa femme indienne. Avec les canons dissimulés sur la côte, le Vieux, aidé de Ours écumant, coula une chaloupe anglaise, mais devant la disproportion des forces en présence, il décida d'aller rejoindre Frigault avec sa famille et ils montèrent un campement près des caches de nourriture et de poudre.

Les Cormier, Landry, Léger, Poirier quittèrent de nuit leur forêt d'érables, de hêtres et de bouleaux du Bocage et traversèrent la baye des Chaleurs pour se rendre à Bonaventure. Ils s'installèrent en haut de la rivière du même nom, près du moulin à grain de Raymond Bourdages, où se trouvaient déjà rassemblés plusieurs réfugiés et soldats de la Ristigouche, dont les habitations étaient camouflées de façon à ne pas être vues de la rive.

À une vingtaine de lieues au sud-ouest du Ruisseau, les Anglais capturèrent Olivier Blanchard, sa femme, sa fille et ses quatre garçons, qui avaient trouvé refuge dans les ruines de la dernière résidence de Nicolas Denys, à Nipisiguit. Il aurait peut-être pu soutenir l'assaut des soudards de MacKenzie s'il avait armé à temps le petit fort, avec ses quatre bastions, sa palissade de pieux de dix-huit pieds et ses six canons. Mais il ne put que tirer quelques coups. Jean-Baptiste, Gabriel Albert et Pierre Gallien, venus échanger leurs produits à Nipisiguit, étaient encore à bord de leur goélette lorsqu'ils entendirent tonner les canons. Ils durent l'abandonner en toute hâte pour fuir dans les bois car un navire anglais arrivait sur eux. Ils n'étaient pas les seuls à se cacher. Ils rencontrèrent un dénommé Gamaliel Smethurst, un marchand de la Nouvelle-Angleterre qui avait obtenu un permis du gouverneur Murray pour commercer dans la région. Smethurst craignait les représailles des Acadiens et il était terrorisé à l'idée de servir de bouc émissaire. Heureusement pour lui, Jean-Baptiste le connaissait bien parce qu'il l'avait vu souvent au Ruisseau. De plus, Smethurst s'empressa de jurer ses grands dieux qu'il désapprouvait totalement les méthodes d'expulsion. «Ouais, faut dire que ça dérange grandement son commerce», songea Jean-Baptiste.

Mais l'heure n'était pas aux longues explications. Alors, Gabriel Albert dénicha une chaloupe, qui avait probablement appartenu à la famille Blanchard, et, par une nuit noire et glaciale d'automne, ils firent voile vers Poquemouche.

En apercevant Smethurst, les Indiens de Poquemouche eurent comme première réaction de vouloir le scalper. Il eut beaucoup de difficulté à les convaincre de sa bonne foi, surtout le guerrier colossal qu'on appelait Caribou féroce.

— Vous faites semblant de commercer avec les Français à Nipisiguit, de manière à les rassembler en un seul lieu, puis les Anglais viennent les faire prisonniers, gronda-t-il, menaçant.

Rivière-qui-grogne partageait son avis. Il traça un cercle sur le sol en y indiquant par un rond la ville de Québec et par un rectangle, celle d'Halifax.

— Si mon petit doigt représente Québec et mon pouce, Halifax, Poquemouche est entre les deux, et nous serons rapidement envahis, prédit-il.

Ce qu'il démontra en ramenant ensemble le pouce et le petit doigt.

Jean-Baptiste et le Vieux durent alors se porter garants de la loyauté de Smethurst.

Partout où était passé MacKenzie, il n'y avait que désolation. L'envahisseur avait détruit les voitures d'eau et les habitations et emporté les vivres, les barriques de poisson fumé, les quintaux de poisson séché et même les lits. Ils espéraient ainsi forcer les réfugiés à se constituer prisonniers. Jean-Baptiste était au désespoir d'apprendre la destruction de ses installations de pêche. Son empire de la morue réduit à un amas de cendres! Mais il n'eut pas le temps de s'apitoyer, car Membertou venait d'arriver avec des nouvelles des Acadiens de la baye des Chaleurs capturés par les Anglais.

— Ils ont entassé presque huit cents Acadiens dans leurs cales infectes. La saison est trop avancée pour continuer leurs raids et ils sont à la veille de lever l'ancre pour Halifax. Il faut faire quelque chose, gémit-il.

Le Vieux sentait un poids écrasant sur ses épaules.

— Comment libérer ces infortunés, hommes, femmes et enfants, enfermés dans les cales? demanda-t-il, au désespoir.

Smethurst, qui cherchait à se racheter, proposa:

— Pourquoi ne pas négocier avec MacKenzie?

— C'est peut-être une idée, appuya Jean-Baptiste. Au printemps, MacKenzie a fait parvenir à tous les chefs indiens une lettre leur assurant qu'ils ne seraient pas dérangés s'ils voulaient commercer avec le fort Beauséjour. Cette lettre, qui aurait dû être adressée à mon père, m'a été remise, peut-être parce je suis considéré comme un Indien de par ma mère. Nous avions décidé de ne pas y donner suite par crainte d'un piège...

— Sa façon d'agir n'a pas l'air d'une négociation, fit observer le Vieux.

— Je le connais, protesta Smethurst. Il est cupide. Son expédition dans la baye de Chaleurs a pour but premier de l'enrichir. Il ferait n'importe quoi pour de l'argent et pour enlever le commerce aux Français... Proposez-lui quelque chose, vous verrez.

Au fond, il n'y avait pas d'autre solution, et la conclusion s'imposa rapidement. Il fallait rendre visite aux envahisseurs qui sur leurs navires se préparaient à quitter la baye des Chaleurs pour Halifax.

Le Vieux ne s'attarda pas plus que nécessaire auprès de ce serpent visqueux de MacKenzie. L'attention de ce dernier fut captivée par une émeraude provenant du trésor de l'île. Le Vieux l'assura qu'il aurait un collier de pierres précieuses s'il relâchait les Acadiens. MacKenzie risquait d'être passé par les armes s'il retournait à Halifax sans prisonniers, mais il prévoyait dire à ses chefs que l'état des navires et la venue un peu rapide des glaces l'avaient empêché de terminer sa tâche. Ainsi, il pouvait libérer quatre cent cinquante-deux Acadiens. Mais trois cent trente-cinq malheureux qu'il destinait aux prisons d'Halifax ou du fort Beauséjour n'eurent pas cette chance. Bien sûr, il garda captifs les chefs de la résistance : Olivier Blanchard, Armand Bugeau, Jean Cormier, Joseph Dugas, Michel Doucet, Pierre Gaudet, Jean Gauthier, Joseph Guilbeau, Paul Landry, Paul Le Blanc, René Terriot, Joseph Richard… La plupart avaient été capturés avec leurs chaloupes armées en corsaires. Pour le Vieux, tant qu'un seul Acadien de la baye des Chaleurs demeurerait prisonnier, la bataille ne serait pas gagnée. Et à partir de ce moment-là, il commença à remettre en question la sagesse de sa décision : celle de rester au Ruisseau avec son clan.

Pendant ce temps, quelques pêcheurs qui n'étaient pas au courant du raid de MacKenzie exploraient à bord du *Sikitoumeg* les fonds de pêche entre Tracadie et la rivière Tabusintac, pas très loin de la Miramichy. Zacharie Douaron, l'amoureux d'Anne, une des filles de Françoise, était du nombre. Pour fuir les déportations et retrouver des membres de sa famille, il revenait d'un périple qui l'avait conduit d'abord à l'île Madame, puis à l'île Saint-Jean et, de là, à Québec, Ristigouche, Gaspeg et Caraquet. Cet équipage de fortune comprenait aussi Marie, l'autre fille de Françoise, avec son amoureux, François Gionet, René et Mathilde, ainsi que Lentaigne et un Mi'kmaq surnommé Saint-Pierre du Caillou en raison de son attachement à l'église. En effet, jeune enfant, il avait été guéri de la petite vérole par le baptême, quand sa mère l'avait tout simplement plongé dans une cuve d'eau bénite. Il faut dire qu'il n'était pas le premier Indien à croire aux vertus thérapeutiques du baptême et depuis, il portait au cou un petit sachet contenant, disait-il, une lettre de Jésus-Christ adressée au pape, dans laquelle il exhortait les Indiens à ne pas commercer avec les Anglais ni à leur acheter de l'eau-de-vie. Saint-Pierre du Caillou, qui avait la tête pas mal dure quand il s'agissait de ses croyances, soulignait malicieusement en clignant de l'œil que la «bulle» n'interdisait pas le commerce avec les Français.

Quand le navire anglais arriva, René et Mathilde étaient seuls à bord parce que, ce jour-là, l'équipage avait décidé de courir le marigot, c'est-à-dire de faire rôtir, à l'abri dans une anse de la côte, un maquereau bien dodu et des raves de harengs, pour se gaver royalement avant de faire la sieste le reste de la journée. Cet usage était répandu chez les pêcheurs, et ceux-ci inventaient alors mille prétextes pour justifier leurs maigres prises. Sur la grève, Lentaigne fut le premier à apercevoir la voile maléfique, mais il eut beau crier à s'en arracher le gosier et souffler dans un borgo[2], nos deux amoureux ne réagirent pas ; ils semblaient voguer dans une autre nébuleuse.

* * *

Lorsque cette triste nouvelle parvint au Ruisseau, ce fut comme si la mort apparaissait dans le regard du Vieux. René comptait pour lui plus que sa propre vie ; il était celui qui, comme mâle, continuerait la lignée, d'autant plus que Membertou ne semblait pas près de fonder une famille. Il passa alors ses nuits à jongler et ses journées à marmotter, à s'accuser des malheurs qui accablaient tous les déshérités de la terre.

Angélique aussi faisait pitié à voir. Elle se coiffa d'un grand mouchoir appelé coiffe normande, que portaient souvent les femmes du pays ; vêtue de noir, le visage fermé, elle ressemblait à une vieille femme marquée par les épreuves. Gallien chercha à la consoler, mais les moyens lui manquèrent et il ne savait plus trop quoi inventer.

— Ils vont signer la paix bientôt, lui assura-t-il. On ne déporte plus dans les colonies américaines depuis l'année passée. Les Anglais ont besoin des Acadiens pour réparer les aboiteaux détruits par les marées dans la baie Française.

---

2. Avec ce coquillage marin, on peut émettre un son qui porte loin.

Ces arguments ne portaient pas, surtout qu'Angélique avait lu dans les cartes qu'il y aurait une mortalité dans sa famille. Puis elle fit des rêves étranges plusieurs nuits d'affilée ; elle quittait son corps et se retrouvait dans un cachot humide où René était prisonnier, fiévreux et pris d'une vilaine toux. Gallien eut beau lui dire que c'était le produit de son imagination, la certitude s'ancra en elle qu'il était malade et qu'il allait mourir.

C'est alors que Membertou décida d'agir. Il rassembla autour de lui les meilleurs guerriers : Caribou féroce, Ours écumant, Rivière-qui-grogne et Thon déchaîné. Ils se rendraient à pied à Halifax, située à cent lieues au sud du Ruisseau, pour tenter de délivrer René, Mathilde et les autres prisonniers. Angélique voulut les accompagner, mais Membertou refusa.

— Ton père a besoin de toi.

Trois célibataires décidèrent de se joindre au groupe : Frigault, Douaron et Gionet, laissant derrière eux les cœurs inquiets de Josette, Anne et Marie. Ils partirent à la fin de novembre, raquettes, haches et fusils en bandoulière, avec la bénédiction du Vieux. Après avoir longé la baie gelée pendant trois jours, ils arrivèrent à la Miramichy, où il ne restait à peu près plus personne. Beausoleil-Broussard, avec ce qui lui restait de famille, était en train de faire rôtir un quartier d'ours.

— Viens avec nous, insista Membertou. Allons semer la destruction dans leur camp, au moment où ils s'y attendent le moins.

— Je ne peux pas. Au printemps, je vais renflouer une petite goélette que les Anglais ont endommagée…

Bref, toutes les excuses étaient bonnes pour ne pas partir.

— Tu sais que les Anglais ont juré d'avoir ta peau ? En ce moment il y a certainement des Rangers en raquettes qui ont pour mission de te trouver.

Beausoleil ne pouvait nier cela et il finit par accepter de suivre Membertou avec une dizaine d'hommes à lui.

* * *

Malgré les prières d'Angélique et les incantations du chaman, le Vieux mourut en janvier 1762. Les cartes ne s'étaient pas trompées; toutefois l'être cher n'était pas son fils mais son père. À l'annonce de sa mort, les Indiens se mirent à crier «Oué! Oué! Oué!» pour faire sortir son esprit. Puis ils défirent leurs tresses et laissèrent leurs cheveux s'éparpiller sur leurs épaules. Ensuite ils s'assirent ensemble par terre dans un profond silence, telles des statues, sans dire un mot, sans lever les yeux sur la dépouille, sans même un soupir, jusqu'au lendemain. Des messagers arrivaient de par toute la baye des Chaleurs. Malgré le froid et la distance, plusieurs vinrent de Nipisiguit, de Bonaventure, de Gaspeg. Les gens du Bocage[3] aussi étaient venus. Les orateurs, c'est-à-dire quasiment tout le monde, firent le panégyrique du défunt. Les éloges n'en finissaient plus. Pendant six jours, on eut cru que le Vieux était le créateur de la galaxie. À l'aube du septième jour, lorsque Lentaigne, dont la grand-mère, Marie Giraud, était la cousine du Vieux, eut terminé son hommage, Angélique déclara: «Je désire qu'il soit enterré maintenant.»

Jean-Baptiste acquiesça. Personne ne voulait éterniser ce deuil, pas même les Indiens pour qui le Vieux était quasiment un dieu. Il fut enterré, malgré la terre gelée, dans le petit cimetière situé à l'ouest du Ruisseau. Le missionnaire revêtit son surplis avec son étole noire, récita la prière de l'absoute et entonna le *De Profundis*. C'est à ce moment qu'Angélique plaça sur la poitrine de son père la croix d'or du trésor de l'île. Elle avait contrôlé sa peine et sa révolte jusque-là, mais lorsqu'on recouvrit son père adoré avec des écorces de bouleau, elle craqua. Elle injuria le Dieu des catholiques, des papistes, des missionnaires, et tous leurs représentants qui avaient enlevé aux Indiens leurs croyances et, de ce fait, leur force. Elle maudit la guerre des Blancs, puis en tendant les bras vers le soleil blafard de janvier, elle rendit hommage au dieu suprême des Mi'kmaqs, en le suppliant de protéger ses fils. Elle partit ensuite seule, à travers bois, dans la neige et le froid, insensible à la douleur, à la faim, et indifférente à la fatigue et à la

---

3. Ils étaient encore à Bonaventure.

poudrerie. Une sorte de fièvre s'était emparée d'elle. Elle tomba quelques fois en griffant les arbres de ses ongles et en hurlant le désespoir qui soufflait dans son être comme un noroît d'hiver. Au soleil couchant, épuisée, perdue, l'œil hagard, elle s'effondra au pied d'une grande épinette. Lorsque la lune se leva, elle avait retrouvé ses esprits, mais la douleur était toujours là. Elle pensa à Joseph, disparu, à René, prisonnier et malade, à Membertou, loin, en danger peut-être, à son père, décédé, et elle demanda vengeance à la méchante Gougou.

Chapitre 37

La France cède l'Acadie, l'île du Cap-Breton, les îles du
Golfe et du fleuve, le Canada et toutes ses dépendences
«dans la forme la plus ample, sans restrictions et, qui
renonce pour toujours à tout dessein de reprise».

Fontainebleau, le 10 février 1763

L'endroit où tu es, où tu fais tes habitations, où tu fortifies
ce fort, où tu veux maintenant comme t'introniser, cette
terre dont tu veux présentement te rendre le maître absolu,
cette terre m'appartient, j'en suis sorti comme l'herbe, c'est
le propre lieu de ma naissance et de ma résidence, c'est ma
terre à moy sauvage : oui je le jure, c'est le Grand Manitou
qui me l'a donnée pour être mon païs à perpétuité.

Déclaration de guerre d'un chef indien
lors de la fondation d'Halifax

Depuis quelques heures, la « bande » du Ruisseau surveillait
les abords du fort Beauséjour. Un fin verglas recouvrait les arbres,
et les branches tintaient dans la forêt de cristal. Un pic noir
s'acharnait sur le tronc d'un bouleau. À part l'oiseau qui picorait
allègrement, aucun mouvement. Un grand silence figeait les
teintes de blanc, de brun et de vert des alentours. On devinait,
sous la neige, les plaines fertiles qui s'étendaient jusqu'à la baie.

Beausoleil méditait tout haut :

— L'abbé Leloutre a dépensé ici cent mille livres pour
construire des aboiteaux. Ils auraient asséché les marais et

permis d'y installer de nombreuses familles… Dire que je me suis battu jusqu'à la dernière heure pour ce fort, s'attrista Beausoleil.

Sa réputation n'était plus à faire chez les Acadiens. Habile tireur de mousquet et capitaine de milice des francs-tireurs, il avait résisté pendant des années aux troupes anglaises. Et lorsque le major Scott avait jeté l'ancre dans la baie de Chipoudy en novembre 1758, pour dévaster par le fer et par le feu les habitations de son village et toute la région environnante, y compris le Coude[1], Beausoleil était allé continuer la lutte à partir de la Miramichy.

— On n'entend parler que de défaites, rugit François Gionet, de villages détruits, de forts qui capitulent, d'aboiteaux inutiles…

— Pas toujours, riposta Beausoleil. Pendant la guerre de la Succession d'Autriche, en 1747, il s'en est fallu de peu que le pays ne soit libéré lorsque nous avons pris par surprise la garnison anglaise, en pleine poudrerie, durant la nuit.

— Tout ça, c'est de l'histoire ancienne, objecta Membertou. Ici, ils sont hautement fortifiés, et nous ne répéterons pas le même exploit. Il faudrait pénétrer dans le fort en plein jour.

— T'es malade ! s'exclama Zacharie Douaron.

— Nous pourrions nous déguiser en Indiens et raconter aux Anglais que nous voulons commercer avec eux, le temps de reconnaître les lieux, et lorsqu'il fera nuit…

— C'est un bon plan… appuya Beausoleil. C'est comme ça qu'on a délivré des Acadiens à Port-Royal il y a quatre ans.

Il regardait le fort d'un air de défi. Les bastions hexagonaux portaient maintenant des noms à consonance barbare : Duc de Cumberland, Prince Edward, Prince Henry, Prince Frederick, Prince William. Ce qui le rendait encore plus enclin à délivrer les prisonniers.

* * *

---

1. Les maisons s'élevaient dans ce qui est aujourd'hui le parc Bore View de Moncton.

Mathilde se portait bien, mais René dans son cachot n'en menait pas large. Malade et fiévreux, il faisait beaucoup de rêves. Ceux-ci portaient surtout sur la nourriture, et il parlait alors de bonne soupe chaude à l'orge avec un morceau de bœuf. Mais sauf en rêve, on ne pouvait manger de la viande que le quart de son soûl, et pas plus tard que la veille, on avait trouvé des rats dans les barils de porc. René rêvait aussi beaucoup de son père, qu'il voyait à l'île de Jersey avec Émilie. Bien vivant. Un rêve tellement réel qu'il avait l'impression d'entendre son père et de pouvoir le toucher. Il lui demanda son aide, et dans son rêve, Joseph lui promit qu'il serait bientôt libéré et qu'entre-temps on veillerait sur lui.

Joseph Gueguen devint son protecteur. Comme il parlait le français, l'anglais et le mi'kmaq, les Anglais l'avaient nommé responsable des vivres et des provisions pour les prisonniers. Gueguen s'arrangea alors pour que René reçoive une meilleure nourriture et en quantité suffisante. Il apporta aussi des guenilles trempées dans du gras animal qui, placées à la verticale sur une pince fixe, servaient de torche et procuraient un peu de lumière. René reconnut Gueguen qui, en tant que domestique de l'abbé Manach, était venu au Ruisseau à l'automne de 1754 lors des pérégrinations de ce dernier.

— Je me suis marié depuis et j'ai deux enfants.

— Mais quand tu es venu au Ruisseau, tu rêvais de devenir prêtre!

— Il m'est arrivé un accident lors d'une traversée à l'île Saint-Jean, en 1755. Une balle m'a coupé un doigt, l'index de la main gauche…

— Mais, l'interrompit René, je ne comprends pas… tenir une hostie et un calice, c'est pas si pesant.

— L'Église est assez inflexible là-dessus. Un prêtre doit avoir tous ses doigts intacts. En fin de compte, ce fut un mal pour un bien, car l'abbé Manach m'a quand même envoyé étudier au Séminaire de Québec et, à mon retour, j'ai rencontré Nanon Arsenault, qui est devenue mon épouse.

— Ouais, tes descendants sont passés à un doigt de ne pas voir le jour, blagua René.

Gueguen trouvait encourageant que René fasse de l'humour, car cela signifiait qu'il n'avait pas perdu le goût de vivre.

* * *

Pendant ce temps, Membertou laissait libre cours à ses instincts de guerrier. Les hommes de sa « bande » se déguisèrent si habilement que leur propre mère ne les aurait pas reconnus, et ils entrèrent dans le fort sans difficulté. Aux yeux des soldats, ce n'était qu'une autre bande d'Indiens qui venait vendre au commandant et aux officiers, un commerce bien profitable. Le capitaine MacKenzie se réjouit ouvertement de voir des représentants du Ruisseau, car c'était la première fois que cette tribu acceptait de commercer avec les Anglais. Il fit donc un effort supplémentaire pour bien les accueillir. D'autant plus qu'il les craignait, car il avait entendu bien des histoires de scalp. MacKenzie ne s'étonna pas non plus que les Indiens soient venus si nombreux pour conclure un marché, puisqu'il ne pensait qu'aux écus sonnants qui agrémenteraient ses vieux jours. Il décida alors de donner une fête et ordonna qu'on serve de l'eau-de-vie et qu'on fasse cuire un bœuf, animal qui, de toute façon, avait été volé aux habitants de Memramcouk.

La fête tombait à point, puisque c'était le jour du mariage de Charles Gautrot et Françoise Bourque au fort même. En attendant qu'un prêtre puisse donner la validation divine à leur union, Gueguen officiait comme célébrant devant les témoins, Barthélémi Doucet et Pierre Douaron. Bien que soulagé d'avoir leurré l'ennemi si facilement, Membertou participa à la fête mais sans vraiment y être. Il était déçu que la plupart des prisonniers de la baye des Chaleurs aient été envoyés au fort Edward et à Halifax, MacKenzie n'ayant gardé que les plus costauds pour les faire travailler, le printemps venu, aux aboiteaux que les Anglais ne savaient comment réparer. Il eut au moins une consolation. Nicolas Gauthier, prisonnier au fort, lui apprit que René et Mathilde étaient bien à Beauséjour et qu'ils n'attendaient que l'occasion de fuir. Le voyage ne serait donc pas blanc, après tout. Alors Gueguen, qui connaissait

Membertou pour l'avoir rencontré au Ruisseau, lui indiqua pendant la fête comment procéder pour tenter l'évasion.

* * *

Au Ruisseau, tous s'activèrent en prévision de l'hiver, mais davantage semblait-il pour oublier l'absence des êtres chers. Josette ramassa la misotte à la rivière du Sud et la rapporta au Ruisseau ; les gens du Bocage avaient coupé le foin à la faux dans les dernières lueurs de l'automne et l'avaient charroyé sur les terres hautes pour en faire des meules avant de partir pour Bonaventure. Ils avaient accepté qu'on l'utilise pour subvenir aux besoins immédiats. Lorsque la glace emprisonna la baie, Josette longea la côte avec deux bœufs ; c'était le chemin le plus court pour aller engranger la misotte dans un hangar situé en bas de la petite rivière du Bocage. Un travail d'Hercule qu'elle accomplit seule, car presque tous les hommes étaient à la chasse. Quant à Geneviève, elle prépara des poutres ainsi que des planches équarries, larges et épaisses, afin de réparer, au printemps, les caissons des aboiteaux endommagés par les glaces. Angélique passa l'hiver à tisser les étoffes et elle dilua ses soucis dans chaque maille qu'elle fabriquait. Ce fut un hiver productif, à la mesure de sa peine. Tous les habits hors d'usage sur lesquels elle put mettre la main furent réduits en charpie, assouplis à la carde, puis divisés à l'infini. Elle passa de longues heures au rouet, à tordre en un long fil la laine et le lin ainsi préparés, pour ensuite le monter sur le dévidoir afin de le rouler en écheveau. La roue qui tournait du matin au soir fit l'effet d'un mantra, qui peu à peu anesthésia sa douleur. La paix revint dans son esprit, et, tranquillement, surgirent du métier des étoffes épaisses, des droguets, et des voiles, dont elle fit des robes, des tabliers et des châles, comme si elle recréait un monde d'harmonie à partir de la matière informe. Elle en vint rapidement à l'étape de la teinture. Certaines femmes n'utilisaient que le noir et le vert, les seules couleurs qu'elles pouvaient obtenir ; d'autres ajoutaient à leur tissage des fils rouges arrachés à des étoffes anglaises. Mais Angélique, elle, pouvait choisir parmi toutes les couleurs de l'arc-en-ciel, en raison de ses connaissances des herbes et des écorces. Jean-Baptiste, bien absorbé par ses préparatifs de pêche, venait quelquefois tenir compagnie à sa sœur, qui se laissait maintenant réconforter par un regard, un geste, un sourire. Et installé près d'elle, il lui fabriqua un chapeau et une paire de mocassins de cuir à l'épreuve du froid, de la neige et de la pluie. Autour d'Angélique, il y avait aussi Pierre Gallien, qui s'attardait un peu plus que nécessaire, de l'avis de Jean-Baptiste, lorsqu'il était de passage au Ruisseau.

À la débâcle du printemps de 1762, Membertou, René et Mathilde arrivèrent au Ruisseau. Tant d'efforts et d'espoir n'avaient pu libérer qu'une poignée de gens, car la plupart n'étaient pas gardés au fort Beauséjour. En plus, il y avait une ombre au tableau : Beausoleil avait été capturé pour permettre l'évasion de Mathilde, un sacrifice à la mesure de l'homme. Angélique, après ce long hiver de tissage, était prête à vivre pleinement sa joie. Quant à Frigault, Josette le reçut en héros. Il faut dire que son ventre s'était arrondi et que, bientôt, un autre être viendrait au monde. Ses cousines Anne et Marie n'en étaient pas là avec François Gionet et Zacharie Douaron, mais elles n'en étaient pas moins terriblement excitées de revoir leurs hommes ; elles avaient dans le regard une lueur qui en disait long. On dansa ce soir-là autour d'un grand feu de joie. Les Acadiens d'en haut et d'en bas de Caraquet ainsi que ceux de Port-Royal et de Papôg s'adonnèrent aux quadrilles, aux cotillons et aux danses plus intimes dans les sous-bois. La danse, omniprésente dans la vie des Indiens, était pour eux un rite sacré.

Toute la nuit, le tam-tam scanda les palpitations de la terre et les battements de cœur des amoureux. Il y avait une odeur de printemps dans l'air ; la nature renaissait dans la boucane des feux d'herbe et la fumée des pipes de plâtre et des calumets. Le tabac faisait toujours partie des rites, pour célébrer la paix, la guerre, les réjouissances et même pour calmer la faim. La fête permit, ce soir-là, la rencontre plus intime des deux races. Délirant de bonheur parce qu'il avait enfin retrouvé les siens, René sortit de son sac les burettes de l'église de Beaubassin que lui avait remises Gueguen au fort Beauséjour et versa aux membres de sa famille une petite gorgée de vin ; puis il adressa, en levant la burette, une muette prière au grand-père qui reposait près du Ruisseau.

En mai, Josette accoucha d'un fils qu'on nomma Pierre. Selon la coutume, on le lava dans le Ruisseau, puis on lui fit boire de l'huile de vache marine, que Jean-Baptiste pêchait au large de Miscou. On prit aussi les précautions qu'il fallait sur le plan spirituel. Alexis Landry vint de Bonaventure avec Raymond Bourdages, qui surveillait son poste de pêche à Caraquet. Ce dernier était marié à Esther, fille du notaire LeBlanc de la Grand'Prée. Alexis ondoya l'enfant dans une cérémonie de baptême laïque fréquente à l'époque, tout comme l'était la messe blanche qu'il célébra ensuite, pendant laquelle l'assistance chanta en pleine verdure le *Kyrie*, le *Gloria* et le *Credo*. Après la messe, les femmes enseignèrent le catéchisme aux enfants.

Landry était en route pour aller visiter ses prés et ses aboiteaux à la rivière du Sud, car il songeait à revenir à Caraquet une fois la paix signée, tout comme Léger, Poirier et d'autres. Il arpenta donc ses prés, vérifia les levées de terre qui servaient de digues et s'assura du bon fonctionnement des aboiteaux. Une seule porte, qui servait de clapet, était brisée et il la remplaça avec une des planches taillées par Geneviève. Ce serait également cet été-là que Parisé, qui avait des connaissances en physique en plus d'une solide instruction comme officier des régiments du roi, lui aurait suggéré d'utiliser le principe de la vis d'Archimède pour irriguer ses terres, en haut de la butte. Un dalot en pente, contenant une vis en spirale, permettait d'utiliser la force du courant de la rivière pour élever l'eau par palier. Un jeu d'enfant ! Gabriel Albert se signala en trouvant un point d'eau au moyen d'une branche de saule, méthode fidèle à l'antique tradition des sourciers. Puis durant l'été, il se construisit une maison à un endroit appelé le petit Marais, entre le Bocage et le Ruisseau.

Pour pallier l'absence de ravitaillement, puisque le poste de Ristigouche avait distribué ses dernières victuailles l'année d'avant, Jean-Baptiste et Gallien perfectionnèrent leur technique de pêche : attachant une extrémité d'un long filet à une bouée, près de la rive, et l'autre à la goélette, ils décrivaient ensuite avec le navire un cercle qui se fermait en un gigantesque piège à poissons. Ils purent capturer également des vaches marines, dont l'huile remplaça le beurre.

* * *

L'Angleterre garderait-elle le Canada ? Telle était la question qui préoccupait tous les habitants de la Nouvelle-France. En échange du Canada, certains marchands de sucre de Londres désiraient conserver la Guadeloupe, prise aux Français en 1759. Certains intellectuels, en Angleterre, parmi les plus clairvoyants, voyaient dans un Canada qui serait possession française le plus sûr moyen d'assurer la fidélité des colonies anglo-américaines, car il en limiterait l'expansion. Mais la majorité préféra conserver ce qui était acquis. Les colonies anglo-américaines étaient farouchement opposées à ce que la Nouvelle-France retourne sous juridiction française. En France, le Canada n'avait ni la faveur populaire ni celle de la cour. En plus des îles à sucre, qui étaient davantage en vogue que les bancs de neige, Choiseul, qui négociait pour la France, ne demandait que des miettes : quelques comptoirs aux Indes de même qu'en Afrique, où le commerce du bois d'ébène offrait des perspectives fructueuses. Les timides protestations des chambres de commerce de Saint-Malo, Nantes, La Rochelle, Bordeaux et d'autres villes qui retiraient des revenus des pêcheries du Canada ne firent pas le poids, et cela, malgré les vigoureux plaidoyers que présentaient depuis des décennies les Frontenac, d'Iberville, de la Galissonnière et Bougainville, pour ne nommer que ceux-là ; ils soutenaient que si elle prenait possession de l'Amérique du Nord, la Grande-Bretagne aurait une telle emprise commerciale et maritime qu'elle occuperait la première place parmi les nations du monde.

Cette discussion sur l'avenir de la Nouvelle-France revenait le soir devant les feux de camp qui s'élevaient timidement dans les coins les plus retirés, de Port-Royal à Gaspeg. Ces flammes fragiles mais tenaces surgissaient du fond des baies ou des mocauques[2] pour faire cuire un repas, réchauffer des cœurs transis, apporter un peu de lumière et de couleur dans l'obscurité.

---

2. Terres marécageuses.

Des flammes qui s'élevaient dans les endroits les plus impénétrables, les mieux camouflés, comme si la nature prenait la défense des réfugiés.

Les Acadiens retinrent leur souffle l'espace d'une vague lorsque la France envoya une petite flotte, un ultime soubresaut pour reprendre le Canada. À l'été de 1762, quelques vaisseaux français s'emparèrent de la ville de Saint-Jean, à Terre-Neuve, et de quelques vaisseaux anglais. Ce fut la panique chez les Anglais, surtout à Halifax, et ils envoyèrent à Boston mille cinq cents Acadiens qui étaient détenus en Nouvelle-Écosse. L'assemblée générale du Massachusetts refusa de laisser débarquer les prisonniers et, après les avoir fait attendre trois semaines au port, les retourna à Halifax comme une marchandise dont on ne veut pas ! Ce va-et-vient fut inutile, puisque la flotte française n'était pas assez importante pour affronter les navires anglais qui attendaient dans les parages de Louisbourg.

Quand cette nouvelle d'une victoire française à Terre-Neuve parvint au Ruisseau, des rumeurs de paix circulaient déjà. La France se décida finalement à céder le Canada en échange de la Guadeloupe. Le 3 novembre 1762, des diplomates français, anglais et espagnols signèrent les premières ébauches du traité qui fut définitivement ratifié, à Fontainebleau, le 10 février 1763. Il n'y avait pas de précédent, dans l'histoire des peuples blancs, d'un abandon aussi complet par une mère patrie. Le traité spécifiait le caractère absolu des conditions acceptées par la France, qui cédait le Canada et toutes ses dépendances et qui accordait dix-huit mois aux colons pour émigrer où bon leur semblerait. Ceux qui resteraient pourraient pratiquer la religion catholique dans la mesure où le permettaient les lois de Grande-Bretagne, et ces lois toléraient mal les catholiques et leur allégeance à Rome ! La France obtint le droit de garder deux petites îles, comme abris pour ses pêcheurs ; les îles de Saint-Pierre et Miquelon, en bordure de Terre-Neuve.

— Incroyable, s'exclama René en prenant connaissance du traité. Rien, pas une ligne, pas un mot pour sauvegarder les droits et les coutumes des gens d'ici.

— Au moins, les Canayens, eux, ont gardé leurs terres, leurs biens et leurs lois, s'apitoya Alexis Landry. Il n'y a rien pour nous, comme si nous n'existions pas. Et nous ne sommes même pas certains de garder nos champs de roches et nos mocauques!

— Comment prouver nos droits sur nos anciennes terres, sans archives? s'attrista Joseph-Jean.

— Nous aurions dû nous allier aux Anglais, gronda Gabriel Albert. Eux, ils défendent les droits de leurs citoyens.

Il aurait certainement blasphémé s'il avait entendu le ministre Choiseul proclamer: «Je puis même ajouter que la Corse est plus utile de toute manière que ne l'était ou ne l'aurait été le Canada.» Choiseul était celui qui avait négocié pour conserver quelques îles des Caraïbes en cédant la Nouvelle-France et l'Acadie. Mais, comme par hasard, sa fortune provenait des Caraïbes!

* * *

Cédant aux pressions assidues de Pierre Gallien, Angélique accepta de l'épouser, et la date du mariage fut fixée: il aurait lieu le 17 mars 1763. Angélique avait une dizaine d'années de plus que son futur époux, mais l'éclat de son visage et la rondeur de ses formes n'en montraient rien. C'était plutôt Gallien qui faisait plus vieux que son âge, avec ses cheveux poivre et sel. Ça lui donnait cependant une belle prestance, atout non négligeable dans sa longue démarche pour obtenir, sinon le cœur, au moins la main d'Angélique. Après des années d'hésitation, elle s'était décidée. «Joseph n'est plus là depuis près de trois ans. Trente mille heures sans amour, c'est long. Et puis, je ne peux le ramener à la vie... Ce n'est pas le grand amour, mais il me plaît... Il est si doux, si patient avec moi...» se disait-elle.

Le jour de la noce, le chaman de la tribu vanta les ancêtres d'Angélique, en remontant jusqu'au chef viking de l'an mille. À l'entendre, ils n'étaient que dieux, rois et héros, tous des gens qui avaient vécu de façon extraordinaire, qui savaient comment donner de sages conseils, qui chassaient comme nul autre. Pour rester dans la tradition, Angélique remercia en promettant la lune et les étoiles et assura les Mi'kmaqs que dorénavant, la région deviendrait le paradis des chasseurs. Dans le même ton, Gallien improvisa une chanson qui racontait son exploit lorsqu'il avait tué un monstre marin quelques années auparavant, une sorte de gougou aquatique qui, dans son histoire, était plus gros que l'île Caraquet. Jean-Baptiste ne fit aucune harangue ; sa sœur lut dans ce geste son peu d'enthousiasme, même si elle savait qu'il comprenait ses besoins.

Il n'y avait pas de missionnaire sur les lieux pour unir les nouveaux époux, mais beaucoup de témoins de leur union. Cela ne dérangeait pas les Indiens, chez qui il allait de soi que les couples mal assortis se quittent sans esclandre. Comme on disait : « Il ne faut pas se marier pour être malheureux le reste de ses jours. » Pareille sagesse avait humanisé les missionnaires, jusque-là prisonniers de leurs dogmes. Cela ne dérangea pas non plus les Acadiens, habitués depuis quelques années aux « mariages blancs ». Mais pour conférer à l'événement un cachet plus officiel, François Gionet avait rédigé, de sa plus belle main, un contrat de mariage sur une écorce de bouleau, et les époux le signèrent.

Tous furent ensuite conviés au festin de noce, composé de produits de la mer (éperlans, loches, petites morues) pêchés au nigog par un trou dans la glace, d'huîtres ramassées à l'aide de râteaux de bois, et de viande des bois, ramenée de la chasse et servie avec des tétines de souris[3] et de la passe-pierre[4]. On avait sorti les violons, les flûtes et les cuillères pour égayer la noce de musique ; l'eau-de-vie coula aussi à flots, pour délier les cœurs, tandis que des convives entonnaient les chansons de France et se contaient leurs histoires de chasse et de flibuste. Et on laissa pleurer, entourés d'affection, ceux qui avaient le vin triste ou qui s'inquiétaient d'un être cher.

Le soir des noces, René bouda, allongé sur son matelas de varech. Ce fut au tour de Mathilde de jouer à la consolatrice. Elle réussit à lui changer les idées au point qu'il sortit sa collection de javelots anciens et de pointes de flèches en silex pour la lui montrer, oubliant ainsi Angélique et Gallien qui, au coin du feu, se dorlotaient dans la courtepointe que leur avait offerte la tribu.

---

3. Plante succulente des marais.
4. *Idem.*

Chapitre 38

Les Acadiens de la Géorgie écrivent au duc de Nivernois, en 1765 :
Après une si longue attente, ils [les Acadiens] se jettent tous d'un commun accord à vos genoux, vous regardant comme leur libérateur [...] Nous vous supplions de bien vouloir nous faire rendre plusieurs enfants qui nous ont été enlevés et transportés dans des plantations de côtés et d'autres où ils ont été vendus par Messieurs les Anglais : cela est fait disgracieux [...]

Une proposition de Jacques Robin, que l'abbé Leloutre avait rencontré à Elizabeth Castle, suscita pas mal de controverses au Ruisseau au printemps de 1763. Il avait demandé au gouverneur de la Nouvelle-Écosse une concession à la Miramichy pour son commerce de pêche et avait adressé à plusieurs Acadiens la requête suivante :

[...] *que tous les Acadiens qui sont à présents sans aucune ressource à Halifax, à Boston, à la Nouvelle York, et tous les Français qui sont sans aucune ressource au Cap-Breton, et ailleurs dans l'Amérique septentrionale, je serais très charmé, dis-je, si tous ces gens voulaient aller à Miramichi, où je leur donnerai de bonnes terres en suffisante quantité, et les moyens de vivre honnêtement de tel métier qu'ils soient, car j'ai besoin entre vous*

de charpentiers, de serruriers, de matelots, de tonneliers,
de laboureurs [...] et je vous avancerai l'argent néces-
saire à cet établissement [...].

Jean-Baptiste reçut cette lettre tel un seigneur qu'un lointain empereur daigne remarquer, tout à fait flatté de son importance. « Voilà l'occasion de bâtir un empire de la morue », pensa-t-il.

Angélique, qui devinait ses pensées, lui fit observer :

— Robin sera le grand manitou et toi, le valet !

— Peut-être, mais n'oublie pas que nombre d'exilés ne reviendront pas, autrement.

— Je sais, mais Robin ne fait pas cela pour tes beaux yeux. Tu es, en quelque sorte, le chef de la bande depuis la mort de notre père, et il veut se servir de ton influence.

— Il pourrait faire venir de nouveaux colons.

— Le prix serait trop élevé. Ça prend quasiment une génération pour s'adapter ici. Et il a, à la portée de la main, une main-d'œuvre aguerrie.

Angélique et Jean-Baptiste n'étaient pas les seuls à discuter vivement. Les Acadiens qui avaient perpétué la tradition agricole se sentaient menacés par le retour massif d'Acadiens pêcheurs. L'éternel conflit entre la mer et la terre. « Après tout, disaient-ils, Robin fixe le prix du poisson que nous lui vendons et celui des produits qu'il nous vend et dont nous avons besoin. Avec un pareil système, il peut maintenir longtemps les gens dans la misère. »

Une autre lettre suscitait une grande curiosité en Acadie. Les Acadiens n'avaient jamais reçu tant de courrier ! Le duc de Nivernois, ambassadeur français à Londres, les invitait à rentrer en France, s'ils le désiraient, en leur promettant des conditions d'établissement fort avantageuses. Le débat reprit de plus belle au Ruisseau, au Petit Marais et à la Petite Rivière du Bocage entre les tenants et les opposants de cette offre ; ceux qui, à leur sortie des prisons de Londres, avaient séjourné quelque temps en France ne voulaient pas y retourner.

— On ne s'adaptera pas là-bas. Il n'y a pas d'espace. Tu passes ton temps à payer des taxes pour le moindre lopin de terre. Y a trop de lois. Si t'es paysan, les seigneurs te mènent. Tout est compliqué. Chacun son rang, sa place, prédisait un dénommé Blanchard.

— Tu veux rire, s'exclama Pansé. Tu crois qu'ici on sera plus libres et qu'avec les lois anglaises, on fera à notre tête ? Pis, de toute façon, il n'est pas dit que les Anglais vont nous accorder des terres.

Un autre facteur vint compliquer le débat lorsqu'ils apprirent que les Anglais, par un décret royal, autorisaient les Acadiens à rentrer chez eux mais qu'il n'était pas question qu'ils reprennent leurs anciennes terres. C'était déjà un rayon d'espoir un peu plus tangible que la couleur du vent, ils apprirent aussi que le « board of trade » de Halifax, dans une réponse de la main du gouverneur Montague Wilmot, rejetait la proposition de Jacques Robin. Alexis Landry résuma la pensée de plusieurs en disant : « C'est parce qu'ils craignent l'influence française dans le Golfe. » Les Acadiens en déduisirent que certes ils pourraient revenir et s'installer, mais sûrement pas dans les meilleurs endroits comme l'embouchure des rivières, qu'on leur réserverait les terres les plus incultes, et il était bien spécifié que les Acadiens n'avaient le droit de revenir qu'en petits groupes seulement.

— Je connais leur tactique, expliqua Gabriel Albert. Ils veulent nous affaiblir en nous éparpillant dans des marécages entre les villages anglais.

Ces événements n'empêchaient pas les Acadiens de la baye des Chaleurs de s'installer le long des rivières, ruisseaux, caps, anses et barachois. Plusieurs commencèrent à se construire des maisons à colombages, avec bois et torchis ; ce dernier était un mélange de terre grasse et de saline[1] provenant des prés de la rivière du Sud et servait de mortier qu'on blanchissait à la chaux. La première du genre fut bâtie par un dénommé Dugas, qui s'inspira des traditions de la haute Normandie.

Aussitôt que la paix fut signée, plus rien ne put arrêter les exilés qui, au cours des sept années précédentes, avaient été ballottés d'un bout à l'autre du monde connu, traités comme

---

1. Foin salé haché.

des pestiférés, déchargés comme du bétail en plein hiver dans des colonies américaines qui ne les attendaient pas, considérés comme un danger public par une population hostile à tout ce qui était français et catholique et qui les associait aussi aux Indiens. Près de la moitié des quelque seize mille exilés étaient morts ou avaient disparu. Lorsqu'ils furent autorisés à quitter leurs terres d'exil, quelques milliers sortirent des limbes pour revenir s'établir le long des côtes de l'Acadie. Ils affluèrent de partout, depuis ceux qui avaient été déclarés *persona non grata* en Virginie et refoulés en Angleterre, jusqu'à ceux qui avaient survécu à la malaria dans les plantations de sucre de Saint-Domingue, en passant par ceux qui avait trimé dans les champs de coton de la Caroline. Ceux des taudis de Boston attendaient depuis longtemps l'annonce de la paix; plusieurs d'entre eux, hommes et femmes, à la recherche de leur famille, avaient dû payer une amende et subir la bastonnade ou une peine de prison pour avoir quitté la zone qui leur avait été assignée. Un groupe d'Acadiens déportés en Caroline avait passé quasiment toute la guerre de Sept Ans à fuir en passant d'un rafiot pourri à un autre. Ils s'échouèrent d'abord en Virginie, où on leur vendit un autre cercueil flottant pour remplacer l'espèce de radeau sur lequel ils bourlinguaient, ce qui leur permit d'aboutir sur une île déserte du Maryland, où ils passèrent quelques mois à le réparer. Peu de gens avaient survécu lorsque le rafiot arriva à la rivière Saint-Jean! D'autres, en Géorgie, traités comme les nègres dans les plantations de coton, partirent d'abord à la recherche de leurs enfants qui avaient été vendus aux enchères, en espérant l'intervention de la France grâce aux efforts diplomatiques du duc de Nivernois! Ceux qui avaient été débarqués en Pennsylvanie n'eurent pas un sort plus enviable. Après avoir été parqués comme des esclaves au port de Philadelphie pendant trois mois, ils furent éparpillés dans cette colonie. Le patriarche LeBlanc, qui avait pourtant rendu bien des services aux Anglais, mourut quasiment dans l'anonymat; il lui manquait encore cent seize enfants et petits-enfants portés disparus. Et la dernière nouvelle qu'on reçut au sujet des malheureux de Philadelphie fut la requête d'un marchand anglais qui voulait se faire payer ses cercueils par l'assemblée législative de la colonie. Des Acadiens partis du Maryland pour rentrer au pays n'eurent pas beaucoup plus de chance. Ils se perdirent dans les immenses forêts en laissant au murmure du vent le soin de parler d'eux.

Agapit Vigneau avait fait trois voyages aller et retour entre Halifax et les colonies américaines. Il finit cependant par arriver au Ruisseau, agonisant et crachant le sang à la suite d'un coup de tisonnier que lui avait donné dans les côtes un fermier de l'État de New York à qui il avait demandé son salaire. Et celui-ci avait ajouté en le chassant: «N'eût été la crainte de la justice, je t'aurais achevé comme une grenouille.»

Les réfugiés revenaient par tous les moyens: à pied, en charrette à bœufs, à cheval, à dos d'âne, en radeau, goélette ou canot. Ceux qui étaient trop faibles pour voyager revinrent par la pensée. Même qu'Anatole d'Entremont, un géant, porta son vieux père sur son dos, tel le prince troyen Énée qui transporta son vieux père Anchise vers un lieu qui allait devenir Rome. Les nourrissons s'accrochaient aux mamelles de leurs mères, les vieillards, à la ligne d'horizon. Sur les ailes du réel, une série de lignes, comme les rayons d'une roue, convergeaient vers un moyeu central, pour ramener les réfugiés vers une terre familière, l'odeur des prés salins, un océan qui goûte la vie, du sirop d'érable. Ils cherchaient leur mère, un frère, un fiancé, parsemant leur chemin de petites croix à mesure que tombaient les compagnons d'infortune épuisés, abandonnant en cours de route un être cher qui, tel un fil d'Ariane, indiquait la piste, ou qui sommeillait pour l'éternité dans le goémon vert, au fond d'un rafiot pourri. Ainsi, les parias de l'histoire des Blancs de cette époque, après avoir connu la prospérité et l'opulence, en étaient venus à ressembler à des guenillous hirsutes et puants.

Un petit nombre d'exilés décida d'aller à Québec ou en France. Quelques autres, se rappelant l'idée audacieuse qu'avait eue le gouverneur Vaudreuil avant la reddition de Montréal, qui avait projeté de gagner la Louisiane avec deux mille cinq cents hommes et deux cent cinquante canots, partirent pour cette contrée. Mais pour plusieurs, ce fut plutôt sur la goélette de Joseph Gauthier qu'ils gagnèrent la Louisiane, sans savoir que, par une clause secrète, la France avait cédé la Louisiane[2] aux Espagnols. Quelques années plus tard, d'autres réfugiés allaient s'établir aux Malouines avec Bougainville. La noblesse et les grands commerçants avaient déguerpi en France, en laissant derrière eux une contrée ravagée, un peuple en haillons, des villages et des bourgades rasés par les flottes ennemies, tout le long de la côte atlantique.

* * *

Le père Bonaventure Carpentier était venu de Bonaventure afin d'apporter son réconfort spirituel. Alors un groupe d'Acadiens se réunirent au Ruisseau pour se demander s'il valait mieux partir ou rester. Mathilde alluma une chandelle posée au centre d'un tapis mi'kmaq. Angélique ouvrit le livre des runes des oracles vikings, ces grands prêtres qui, comme l'oracle de Delphes, disaient essentiellement: «Les réponses sont en vous. Connaissez-vous vous-mêmes.» René sortit du sac de cuir brodé, présent de son père, les vingt-quatre disques sculptés dans des coquillages que l'océan avait longuement polis; le symbole que portait chacun des disques représentait un chemin, une destinée. Il déposa lentement chaque disque sur le tapis. Il régnait dans la grande tente un silence total mais éloquent, comme si, à ce moment précis, il était la seule vérité. René prit la main droite de Mathilde dans la sienne et, les yeux fermés, ils posèrent la main sur un disque qui devait exprimer la réponse contenue en eux et qui prédirait leur avenir et celui de leur peuple. Le disque choisi, comme l'indiquait le livre ouvert par Angélique, symbolisait l'enracinement et la croissance. Tous les Acadiens présents décidèrent de rester au Ruisseau, et il leur sembla que la flamme de la chandelle s'était mise à répandre une lumière plus vive, symbole d'une Acadie qui resterait toujours vivante.

---

2. Le tiers de la superficie des États-Unis actuels, sur la rive droite du Mississippi.

Postface

La poésie de la mer, la douceur de ma mère, les histoires qu'inventait mon père pour nous emmener dans des mondes fabuleux, l'importance des livres chez nous, ces premières graines semées dans mon imaginaire d'enfant servirent de repères. La richesse de notre histoire a fait le reste.

Je m'explique encore mal que notre création littéraire, contrairement à celles de la France et des États-Unis, touche si peu au roman historique. J'ai cherché à pallier ce manque un tant soit peu en choisissant la période la plus riche de notre histoire, les années de 1740 à 1763, la fin de l'empire français en terre d'Amérique, une époque de rupture, riche en aventures et en mythes qui ont encore leurs ramifications aujourd'hui. J'ai donc cherché à lever un coin du voile en montrant les trois cultures qui s'affrontaient : l'indienne, la française et l'anglaise.

Il est toujours difficile de parler des ancêtres. J'ai tenté de le faire avec respect, en faisant ressortir la beauté et la bonté des êtres. Souvent je n'avais qu'un nom et une bribe d'information sur le personnage, alors il a fallu lui donner des traits, des défauts, des qualités, des émotions, une physionomie, tout cela en l'absence de photo et de curriculum vitæ ! Si par hasard un mot, une phrase, un passage concernant un personnage ayant déjà existé apparaît offensant pour un lecteur, cela s'adresse certainement à l'aspect fictif du personnage.

Ce roman se base sur des faits historiques que j'ai cherché à respecter dans la mesure du possible. Joseph, mon aïeul paternel, arriva au Ruisseau (Bas-Caraquet) vers 1740 et épousa Angélique, la fille métisse de Gabriel Giraud, dit Saint-Jean, qui y vivait avec les Mi'kmaqs depuis une trentaine d'années. Le couple eut cinq enfants ; or dans ce roman, il n'est question que de René, Geneviève et Josette.

Comme les origines de Joseph ne peuvent être retrouvées, il n'est pas inconcevable de croire qu'il aurait pu être le fils illégitime d'un duc de Bretagne, ou d'un roi tant qu'à faire ! Certains personnages sont fictifs : Membertou, Émilie, Jehan, Angéline, Tristan, les pères Minelli et Ignace de la Transfiguration, Tjigog, Aglaë, la plupart des personnages autochtones. René est né quelques années plus tard que la date indiquée dans le roman. Il a effectivement épousé Mathilde. Toutefois, celle-ci n'était pas arrivée en Amérique avec la flotte du duc d'Anville, et Joseph-Jean et Anne étaient ses vrais parents. Le triangle amoureux Joseph-Angélique-Émilie sort de mon imaginaire. Mais devenue veuve, Angélique a réellement épousé Pierre Gallien.

Les événements importants sont véridiques. Je me suis permis quelques licences. Par exemple, il est probable que des Acadiens mentionnés n'ont pas participé à la bataille de Ristigouche ou n'étaient pas tous sur le *Corsaire acadien*. De même, aucun bâtiment de la flotte de Wolfe ne s'est échoué à Caraquet et Tjigog étant un personnage fictif, il n'a certainement pas sauvé la vie de Lentaigne. Il n'est pas interdit de croire qu'un vaisseau viking s'est échoué à Miscou. Quant au fabuleux trésor et à la grotte contenant les peintures indiennes, il n'est pas dit qu'ils n'ont pas existé ou qu'ils ne se trouvent pas quelque part sur l'île de Caraquet, encore bien dissimulés ! Autre détail à signaler : au moment de mettre sous presse, nous apprenons que les recherches de l'historien Fidèle Thériault auraient révélé que le camp de l'Espérance dans la Miramichy ne se trouvait probablement pas sur l'île aux pins mais sur la terre ferme... Par ailleurs, d'autres recherches nous montrent que Berryer, le ministre de la Marine française — contrairement à ce que l'on croyait — a fait de gros efforts pour aider la Nouvelle-France.

On pourra toujours trouver à redire sur certaines nuances ; certains diront que telle sorte d'étoffe ne se portait pas à telle époque, d'autres, que la chasse se faisait plus au sud ou plus au nord, plus tôt ou plus tard dans l'année, ou que tel canon tirait des boulets plus petits… Mais j'ai cherché constamment à cerner l'essentiel de la vérité historique telle qu'elle a pu être vécue par une famille de la péninsule acadienne.

J'ai voulu faire ressortir, à l'instar de Robert Sauvageau dans son livre d'histoire de l'Acadie, les actions héroïques qui témoignent d'une vive résistance en Acadie, contrairement à l'image d'un peuple résigné devant les déportations qui a été véhiculée.

Enfin dans son livre intitulé *Le vaisseau fantôme*, Catherine Jolicœur a analysé longuement le phénomène du feu du mauvais temps, mais sans trouver d'explications plausibles. L'ex-maire de Bas-Caraquet, Théophane Noël, a cependant émis une hypothèse intéressante. Au printemps, au moment du frai des harengs, une longue ligne blanche se dessine au large et les pêcheurs amassent de grandes quantités de harengs. Jusque vers les années soixante, les surplus de cette pêche servaient à engraisser les terres ou encore pourrissaient en tas sur la grève. Cela dégageait des gaz contenant du phosphore, ce qui pourrait expliquer que les gens voyaient des dessins sur la mer. Mais pourquoi un vaisseau en flammes? Mystère. Le hareng ne fraie plus dans la baie depuis les années soixante, ce qui coïncide avec l'arrivée des gros navires-usines qui détruisent les fonds marins. Il convient de noter aussi que la pratique d'engraisser les terres de cette façon n'a plus cours depuis l'arrivée de ces navires qui ont perturbé les habitudes de frai et, depuis ce temps, personne n'a plus vu le feu du mauvais temps!